Portugal

2005

- *Selecção de hotéis e restaurantes*
- *Selection of hotels and restaurants*
- *Sélection d'hôtels et de restaurants*

MICHELIN

Portugal

4	*Introdução* *Português*
21	*Introduction* *English*
35	*Introduction* *Français*

LOUIS ROEDERER
CHAMPAGNE

O Guia Michelin propõe-lhe, para cada categoria de conforto e de preço, uma selecção dos melhores hotéis e restaurantes. Esta selecção é levada a cabo por uma equipa de inspectores, todos eles profissionais da hotelaria, que percorrem o país durante todo o ano para visitar novos estabelecimentos e verificar que as prestações dos que já estão citados continuam a manter a qualidade e a regularidade. Os inspectores da Michelin trabalham sempre no anonimato para preservar a sua independência.

As infra-estruturas e serviços aparecem assinalados por símbolos, numa linguagem internacional que lhe permitirá ver rapidamente se um hotel tem estacionamento ou piscina. Para tirar o melhor partido a toda esta informação não deixe de ler a introdução. Um pequeno texto que descreve as principais características de cada estabelecimento.

A inscrição no guia é totalmente gratuita. Todos os anos, os hoteleiros e restauradores mencionados preenchem um questionário no qual assinalam e seus periodes as suas datas de abertura e preços para o ano seguinte. Em cada edição actualizam-se à roda de 100.000 dados (novos estabelecimentos, mudanças de tarifas, datas de abertura).

Também resultam numa inestimável ajuda os quase 45.000 correios electrónicos e cartas que recebemos em cada ano com os comentários e sugestões dos nossos leitores de toda Europa.

Agradecemos desde já a sua colaboração e só nos resta desejar-lhe uma boa viagem com o Guia Michelin 2005.

*Consulte o **Guia Michelin** em www.Viamichelin.es e escreva-nos a : oguiamichelin-port@es.michelin.com*

☐ a. *Comarcal D17*
☐ b. *Nacional N202*
☐ c. *Comarcal D30*

Não sabe como chegar até aqui?
Abra, então, quanto antes um Mapa Michelin!

Pela sua precisão e a sua claridade de leitura, os mapas NACIONAL, REGIONAL, LOCAL ou ZOOM e os Atlas Michelin permitem-lhe escolher o seu itinerário e encontrar facilmente o seu caminho, sabendo onde está exactamente em cada momento.

MICHELIN
A melhor forma de avançar

Sumário

- 9 *Como utilizar este guia*
- 18 *Os mapas de arredores*
- 50 e 51 *Os vinhos e as especialidades regionais*
- 54 *Estabelecimentos com estrelas*
- 54 **"Bib Gourmand"**
  (Refeições cuidadas a preços moderados)
- 55 **"Bib Hotel"**
  (Grato descanso a preço moderado)
- 56 *Hotéis agradáveis*
- 57 *Restaurantes agradáveis*
- 58 *Mapa dos hotéis e restaurantes agradáveis, isolados, e muito calmos, boas mesas classificadas por estrelas,* **"Bib Gourmand"** *e* **"Bib Hotel"**
- 61 *Nomenclatura das localidades*
- 238 *Distâncias*
- 240 *Atlas : principais estradas e Pousadas*
- 242 *Indicativos telefónicos internacionais*
- 244 *Principais marcas de automóveis*

MICHELIN PILOT EXALTO
TRACE O SEU CAMINHO.
Novo pneu Michelin Pilot Exalto: A tecnologia da Michelin ao serviço das performances do seu veiculo, garantindo-lhe as máximas sensações na condução graças a um dominio perfeito das curvas.
MICHELIN
A melhor forma de avançar

ViaMichelin

NAS TUAS VIAGENS, DEIXA-TE GUIAR PELOS PROGRAMAS DE NAVEGAÇÃO DE VIAMICHELIN PARA PDA

SESIMBRA

PORTO

Restaurante

Algarve

ÉVORA

Utiliza os programas de navegação de ViaMichelin para PDA como complemento dos mapas e guias MICHELIN®. Visualiza o mapa digital do teu trajecto, deixa-te guiar pelas instruções de voz*... e localiza em vários clics a direcção escolhida.

Para mais informação: www.ViaMichelin.es

*PDA ligada a uma cabeça receptora GPS

MICHELIN
La mejor forma de avanzar

ViaMichelin. O teu melhor trajecto pela melhor via

A escolha de um hotel, de um restaurante

*Este Guia propõe uma selecção de hotéis e restaurantes
para servir o automobilista de passagem.
Os estabelecimentos classificados, segundo
o seu conforto, estão indicados
por ordem de preferência dentro de cada categoria.*

Classe e conforto

🏨🏨🏨🏨	XXXXX	*Grande luxo e tradição*
🏨🏨🏨	XXXX	*Grande conforto*
🏨🏨	XXX	*Muito confortável*
🏨	XX	*Confortável*
🏠	X	*Simples, mas confortável*
		Simples, mas aceitável
		Outros tipos de alojamento recomendados
		(Turismo de Habitação, Turismo Rural, Agroturismo)
sem rest.		*O hotel não tem restaurante*
com qto		*O restaurante tem quartos*

Atractivos e tranquilidade

*A estadia em certos hotéis torna-se por vezes
particularmente agradável ou repousante.
Isto deve-se, por um lado às características
do edifício, à decoração original, à localização,
ao acolhimento e aos serviços prestados,
e por outro lado à tranquilidade dos locais.
Tais estabelecimentos distinguem-se no Guia pelos
símbolos a vermelho que abaixo se indicam.*

🏨🏨🏨 ... 🏠	*Hotéis agradáveis*
XXXXX ... X	*Restaurantes agradáveis*
🕊	*Hotel muito tranquilo, ou isolado e tranquilo*
🕊	*Hotel tranquilo*
≤ mar	*Vista excepcional*
≤	*Vista interessante ou ampla*

*As localidades que possuem hotéis e restaurantes
agradáveis ou muito tranquilos encontram-se nos
mapas nas páginas 58 e 59.
Consulte-as para a preparação das suas viagens
e dê-nos as suas impressões quando regressar.
Assim facilitará a nossa seleção.*

A instalação

*Os quartos dos hotéis que lhe recomendamos têm em geral casa de banho completa.
No entanto pode acontecer que certos quartos, nas categorias 🏠, 🍸 e 🏚, não o tenham.*

30 qto	*Número de quartos*
|⇕|	*Elevador*
▤	*Ar condicionado*
TV	*Televisão no quarto*
🚭	*Estabelecimento com zona reservada para não fumadores*
☎	*Toma de Modem no quarto*
♿	*Quartos habilitados para deficientes físicos*
🌳	*Refeições servidas no jardim ou na esplanada*
🏋	*Fitness club*
🏊 🏊	*Piscina ao ar livre ou coberta*
🏖 🌴	*Praia equipada – Jardim de repouso*
🎾	*Ténis*
⛳18	*Golfe e número de buracos*
👥 25/150	*Salas de conferências : capacidade mínima e máxima das salas*
🚗	*Garagem (geralmente a pagar)*
P	*Parque de estacionamento reservado aos clientes*
🐕‍🦺	*Proibido a cães : em todo ou em parte do estabelecimento*
Fax	*Transmissão de documentos por telecópias*
maio-outubro	*Período de abertura comunicado pelo hoteleiro*
temp.	*Abertura provável na época, mas sem datas precisas. Os estabelecimentos abertos todo o ano são os que não têm qualquer menção*
✉ 1 200 ✉ 4 150-130	*Código postal*

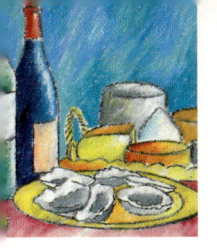

A mesa

As estrelas

Entre os numerosos estabelecimentos recomendados neste guia, alguns merecem ser assinalados pela qualidade da sua cozinha.
*Nós classificamo-los por **estrelas**.*
Indicamos, para esses estabelecimentos, três especialidades culinárias que poderão orientar-vos na escolha.

ॐॐ **Uma mesa excelente, merece um desvio**
Especialidades e vinhos seleccionados : deve estar preparado para uma despesa em concordância.

ॐ **Uma muito boa mesa na sua categoria**
A estrela marca uma boa etapa no seu itinerário. Mas não compare a estrela dum estabelecimento de luxo com preços elevados com a estrela duma casa mais simples onde, com preços razoáveis, se serve também uma cozinha de qualidade.

O "Bib Gourmand"

Refeições cuidadas a preços moderados

Deseja por vezes encontrar refeições mais simples a preços moderados, por isso nós seleccionamos restaurantes propondo por um lado uma relação qualidade-preço particularmente favorável, por outro uma refeição cuidada frequentemente de tipo regional.
Estes restaurantes estão sinalizados por o "Bib Gourmand" Refeição.
Exemplo : Refeição 25.

Consulte as listas e os mapas com estrelas : ॐॐ, ॐ *e com* "Bib Gourmand" *:* , *páginas 54, 58 e 59.*

Os vinhos : ver páginas 50 e 51.

O alojamento

O "Bib Hotel"

Grato descanso a preço moderado

Deseja encontrar um hotel prático e acolhedor com um certo nível de qualidade e a um preço razoável ? Os estabelecimentos seleccionados dispõem de quartos duplos a menos de 65 € nas grandes cidades e zonas turísticas, e a menos de 55 € no resto das localidades, pequeno almoço não incluído. Estão indicados por o **"Bib Hotel"** e qto.
Ex. 25 qto 42/65 *nas grandes cidades e zonas turísticas.*
Ex. 25 qto 38/55 *no resto das localidades.*

Consulte a lista dos **"Bib Hotel"***, páginas 55 e veja a sua localização nos mapas, páginas 58 e 59.*

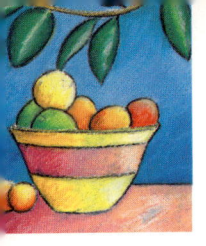

Os preços

Os preços indicados neste Guia foram estabelecidos no Verão de 2004. Podem portanto ser modificados, nomeadamente se se verificarem alterações no custo de vida ou nos preços dos bens e serviços. Em Portugal, o I.V.A. (12 %) está incluído.

Em algumas cidades, por ocasião de manifestações comerciais ou turísticas os preços pedidos pelos hotéis poderão sofrer aumentos consideráveis.

Quando os hotéis e restaurantes figuram em carácteres destacados, significa que os hoteleiros nos deram todos os seus preços e se comprometeram sob a sua própria responsabilidade, a aplicá-los aos turistas de passagem, portadores do nosso Guia.

Entre no hotel ou no restaurante com o Guia na mão e assim mostrará que ele o conduziu com confiança.

Refeições

Preço fixo
Refeição 11,45
Preço da refeição servida às horas normais

Refeições à lista
lista 13,95 a 23,45
O primeiro preço corresponde a uma refeição simples, mas esmerada, compreendendo : entrada, prato do dia guarnecido e sobremesa. O segundo preço, refere-se a uma refeição mais completa (com especialidade), compreendendo : dois pratos e sobremesa.

Quartos

qto 27,45/45	Preço para um quarto individual / Preço para um quarto duplo em época alta
qto ☕ 34,45/49,85	O preço do pequeno almoço está incluído no preço do quarto
Suites, apartamentos	Consulte o hoteleiro
☕ 5,40	Preço do pequeno almoço

Pensão

PA 27,85 Preço das refeições (almoço e jantar). Este preço deve juntar-se ao preço do quarto individual (pequeno almoço incluído) para se obter o custo da pensão completa por pessoa e por dia. É indispensável um contacto antecipado com o hotel para se obter o custo definitivo.

O sinal

Alguns hoteleiros pedem por vezes o pagamento de um sinal. Trata-se de um depósito de garantia que compromete tanto o hoteleiro como o cliente.

Cartões de crédito

AE ⓘ Ⓜ️Ⓒ
VISA JCB

Principais cartões de crédito aceites no estabelecimento :
American Express – Diners Club – MasterCard (Eurocard) Visa – Japan Credit Bureau

As cidades

✉ 7800 Beja	*Código postal e nome do Centro de Distribuição Postal*
ℙ	*Capital de distrito*
733 M 27	*Mapa Michelin e coordenada*
24 000 h.	*População*
alt. 175	*Altitude da localidade*
🚡 3	*Número de teleféricos ou telecabinas*
🎿 7	*Número de teleskis ou telecadeiras*
AX A	*Letras determinando um local na planta*
⛳18	*Golfe e número de buracos*
❊ ≤	*Panorama, vista*
✈	*Aeroporto*
🚗	*Localidade com serviço de transporte de viaturas em caminho-de-ferro. Informações pelo número de telefone indicado*
⛴	*Transportes marítimos*
⛵	*Transportes marítimos só de passageiros*
🛈	*Informação turística*

As curiosidades

Interesses

★★★   *De interesse excepcional*
★★   *Muito interessante*
★   *Interessante*

Localização

Ver	*Na cidade*
Arred.	*Nos arredores da cidade*
Excurs.	*Excursões pela região*
Norte, Sul, Este, Oeste	*A curiosidade está situada : a Norte, a Sul, a Este, a Oeste*
①, ④	*Chega-se lá pela saída ① ou ④, assinalada pelo mesmo sinal na planta*
6 km	*Distância em quilómetros*

O automóvel, os pneus

Marcas de automóveis

No final do Guia existe uma lista das principais marcas de automóveis. Em caso de avaria, o endereço do mais próximo agente da marca pretendida ser-lhe-á comunicado se ligar para o número de telefone indicado.

Velocidade : límites autorizados

Auto-estrada	Estrada	Localidade
120 km/h	90/100 km/h	50 km/h

O uso do cinto de segurança é obrigatório para todos os ocupantes do veículo.

Os seus pneus

Para qualquer assunto relacionado com os seus pneus Michelin, dirija-se à Direcção Comercial Michelin em Tres Cantos (Madrid). Serviço de Atenção ao Cliente, telefone 902 209 230 de 9 a 19 h.

A nossa agência está ao seu dispôr para lhe facultar todas as informações necessárias a uma óptima utilização dos seus pneus.

Automóvel clubes

ACP   *Automóvel Club de Portugal*

Ver no texto da maior parte das grandes cidades, o endereço e o número de telefone das delegações do ACP.

Os mapas de arredores

Não esqueça de consultá-los

Se procura um bom estabelecimento, por exemplo, nos arredores de Lisboa, consulte o mapa que acompanha a planta da cidade.

No "mapa de arredores" (página do lado) aparecem todas as localidades citadas no Guia que se encontram nas proximidades da cidade escolhida, principalmente situadas num raio de 40 km (limite de côr).

Os "mapas de arredores" permitem localizar rápidamente todos os estabelecimentos seleccionados no Guia perto das metrópoles regionais.

Anotação :

Quando uma localidade aparece num "mapa de arredores", a metrópole da qual esta pertence, está impressa na côr AZUL *na linha de distâncias entre cidades.*

Exemplo :

CASCAIS Lisboa 733 P 1 - 29 882 h. - Praia.
Arred. : Estrada de Cascais a Praia do Guincho★ – Sudoeste : Boca do inferno★ (precipício★) AY - Praia do Guincho★ por ③ : 9 km.

🏠₁₈ Quinta da Marinha, Oeste : 3 km
☏ 21 486 98 80 Fax 21 486 90 32.
🛈 Rua Visconde da Luz 14
✉ 2750-326 ☏ 21 486 82 04.
Lisboa 32 ② – Setúbal 72 ② – Sintra 16 ④

CASCAIS será indicado no "mapa de arredores" de LISBOA.

18

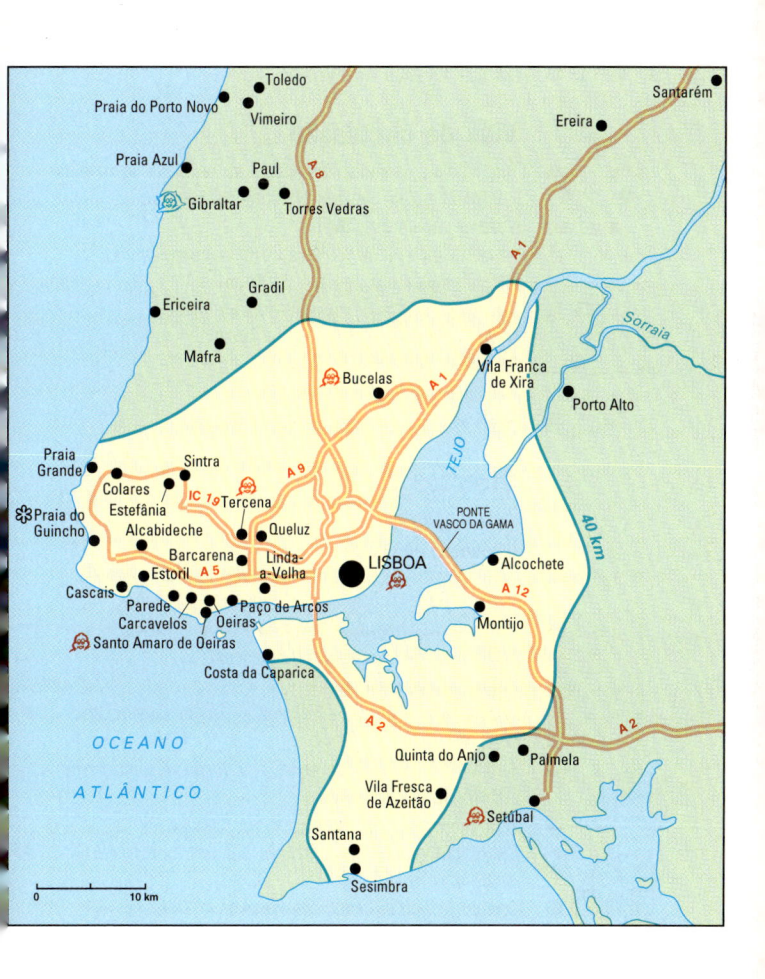

Todos os "mapas de arredores" estão indicados os mapas temáticos páginas 58 e 59.

As plantas

    Hotéis
    Restaurantes

Curiosidades

Edifício interessante
Edifício religioso interessante

Vias de circulação

Auto-estrada, estrada com faixas de rodagem separadas
- número do nó de acesso : completo-parcial
Grande via de circulação
Sentido único – Rua impraticável, regulamentada
Via reservada aos peões – Eléctrico
Rua comercial – Parque de estacionamento
Porta – Passagem sob arco – Túnel
Estação e via férrea
Funicular – Teleférico, telecabine
Ponte móvel – Barcaça para automóveis

Diversos símbolos

Posto de Turismo
Mesquita – Sinagoga
Torre – Ruínas – Moinho de vento – Mãe d'água
Jardim, parque, bosque – Cemitério – Cruzeiro
Golfe – Hipódromo – Arena de praca de touros
Estádio – Piscina ao ar livre, coberta
Vista – Panorama
Monumento – Fonte – Fábrica – Centro Comercial
Porto desportivo – Farol
Aeroporto – Estação de metro – Estação de autocarros
Transporte por barco :
    passageiros e automóveis, só de passageiros
Referência comum às plantas e aos mapas Michelin detalhados
Correio principal com posta-restante – Telefone
Hospital – Mercado coberto
Edifício público indicado por letra :
- Conselho provincial – Câmara municipal – Governo civil
- Tribunal
- Museu – Teatro
- Universidade, Grande Escola
- Polícia (nas cidades principais : esquadra central)
Guarda Nacional Republicana

The Michelin Guide offers a selection of the best hotels and restaurants in many categories of comfort and price. It is compiled by a team of professionally trained inspectors who travel the country visiting new establishments as well as those already listed in the guide. Their mission is to check the quality and consistency of the amenities and service provided by the hotels and restaurants throughout the year. The inspectors are full-time Michelin employees and their assessments, made anonymously, are therefore completely impartial and independant.

The amenities found in each establishment are indicated by symbols, an international language which enables you to see at a glance whether a hotel has a car park or swimming pool. To take full advantage of the wealth of information contained in the guide, consult the introduction. A short descriptive text complements the symbols.

Entry in the Michelin Guide is completely free of charge and every year the proprietors of those establishments listed complete a questionnaire giving the opening times and prices for the coming year. Nearly 100,000 pieces of information are updated for each annual edition.

Our readers also contribute through the 45,000 letters and e-mails received annually commenting on hotels and restaurants throughout Europe.

Thank you for your support and please continue to send us your comments. We hope you enjoy travelling with the Michelin Guide 2005.

Consult the Michelin Guide at www.Viamichelin.es and write to us at:
oguiamichelin-port@es.michelin.com

Contents

- 23 *How to use this guide*
- 32 *Local maps*
- 50 and 52 *Wines and regional specialities*
- 54 *Starred establishments*
- 54 **"Bib Gourmand"**
  (Good food at moderate prices)
- 55 **"Bib Hotel"**
  (Good accommodation at moderate prices)
- 56 *Particulary pleasant hotels*
- 57 *Particulary pleasant restaurants*
- 58 *Map of star-rated restaurants, the* **"Bib Gourmand"***, the* **"Bib Hotel"** *and pleasant, secluded and very quiet hotels and restaurants*
- 61 *Towns*
- 238 *Distances*
- 240 *Atlas: main roads and Pousadas*
- 242 *International dialling codes*
- 244 *Main car manufacturers*

Choosing a hotel or restaurant

This guide offers a selection of hotels and restaurants to help motorists on their travels. In each category establishments are listed in order of preference according to the degree of comfort they offer.

Categories

🏨🏨🏨	XXXXX	*Luxury in the traditional style*
🏨🏨	XXXX	*Top class comfort*
🏨	XXX	*Very comfortable*
🏨	XX	*Comfortable*
🏨	X	*Quite comfortable*
⚐		*Simple comfort*
↑		*Other recommended accommodation*
		(Turismo de Habitação, Turismo Rural, Agroturismo)
sem rest.		*The hotel has no restaurant*
com qto		*The restaurant also offers accommodation*

Peaceful atmosphere and setting

Certain establishments are distinguished in the guide by the red symbols shown below.

Your stay in such hotels will be particularly pleasant or restful, owing to the character of the building, its decor, the setting, the welcome and services offered, or simply the peace and quiet to be enjoyed there.

🏨🏨🏨 ... ↑		*Pleasant hotels*
XXXXX ... X		*Pleasant restaurants*
	🕊	*Very quiet or quiet, secluded hotel*
	🕊	*Quiet hotel*
≤ mar		*Exceptional view*
≤		*Interesting or extensive view*

The maps on pages 58 and 59 indicate places with such peaceful, pleasant hotels and restaurants.

By consulting them before setting out and sending us your comments on your return you can help us with our enquiries.

Hotel facilities

In general the hotels we recommend have full bathroom and toilet facilities in each room This may not be the case, however, for certain rooms in categories 🏠, ⚿ and ⌂.

30 qto	*Number of rooms*
🛗	*Lift (elevator)*
▤	*Air conditioning*
TV	*Television in room*
⇠✕	*Establishement partly reserved for non-smokers*
☏	*Modem point in the bedrooms*
♿	*Rooms accessible to disabled people*
🍽	*Meals served in garden or on terrace*
⌲	*Exercise room*
☸ ⊠	*Outdoor or indoor swimming pool*
⛱ ⚘	*Beach with bathing facilities – Garden*
⚏ ⛳18	*Tennis court – Golf course and number of holes*
⛑ 25/150	*Equipped conference hall (minimum and maximum capacity)*
🚗	*Hotel garage (additional charge in most cases)*
P	*Car park for customers only*
🐕✕	*Dogs are excluded from all or part of the hotel*
Fax	*Telephone document transmission*
maio-outubro	*Dates when open, as indicated by the hotelier*
temp.	*Probably open for the season – precise dates not available.*
	Where no date or season is shown, establishments are open all year round.
✉ 1 200 ✉ 4 150-130	*Postal number*

Cuisine

Stars

*Certain establishments deserve to be brought to your attention for the particularly fine quality of their cooking. **Michelin stars** are awarded for the standard of meals served.*

For such restaurants we list three culinary specialities to assist you in your choice.

❀❀ **Excellent cooking, worth a detour**
Specialities and wines of first class quality. This will be reflected in the price.

❀ **A very good restaurant in its category**
The star indicates a good place to stop on your journey. But beware of comparing the star given to an expensive « de luxe » establishment to that of a simple restaurant where you can appreciate fine cuisine at a reasonable price.

The "Bib Gourmand"

Good food at moderate prices

You may also like to know of other restaurants with less elaborate, moderately priced menus that offer good value for money and serve carefully prepared meals, often of regional cooking. In the guide such establishments bear the **"Bib Gourmand"** Refeição *just before the price of the menu, for example* Refeição 25.

Please refer to the lists and the map of star-rated restaurants : ❀❀, ❀ *and the* **"Bib Gourmand"**: *, on pp 54, 58 and 59.*

Wines : see pp 50 and 52.

Accommodation

The "Bib Hotel"

Good accommodation at moderate prices

For those looking for a friendly hotel which offers a good level of comfort and service at a reasonable price.

These establishments have mostly double rooms costing up to 55 € in the provinces and 65 € in towns and popular tourist resorts. Breakfast is not included.

Look for the "Bib Hotel" *and* qto.
Eg. 25 qto 38/55 *in the provinces.*
Eg. 25 qto 42/65 *in towns and popular tourist resorts.*

Alle the "Bib Hotel" *are listed on page 55 and are marked on the maps on pages 58 and 59.*

Prices

Prices quoted are valid for summer 2004. Changes may arise if goods and service costs are revised. The rates include service charge. In Portugal, the V.A.T. (12 %) is included.

In some towns, when commercial or tourist events are taking place, the hotel rates are likely to be considerably higher.

Hotels and restaurants in bold type have supplied details of all their rates and have assumed responsibility for maintaining them for all travellers in possession of this guide.

Your recommendation is self-evident if you always walk into a hotel, Guide in hand.

Meals

Set meals

Refeição 11,45

Price for set meal served at normal hours

« A la carte » meals

lista 13,95 a 23,45

The first figure is for a plain meal and includes hors-d'œuvre, main dish of the day with vegetables and dessert

The second figure is for a fuller meal (with speciality) and includes two main courses and dessert

Rooms

qto 27,45/45 — *Price for a single room / Price for a double in the high season*
qto ⌑ 34,45/49,85 — *Price includes breakfast*
Suites, apartamentos — *Ask the hotelier*
⌑ 5,40 — *Price of continental breakfast*

Full board

PA 27,85 — *Price of the « Pension » (breakfast, lunch and dinner). Add the charge for the « Pensión » to the room rate to give you the price for full board per person per day. To avoid any risk of confusion it is essential to agree terms in advance with the hotel.*

Deposits

Some hotels will require a deposit, which confirms the commitment of customer and hotelier alike. Make sure the terms of the agreement are clear.

Credit cards

Credit cards accepted by the establishment:
AE ⊙ MC — *American Express – Diners Club – MasterCard (Eurocard)*
VISA JCB — *Visa – Japan Credit Bureau*

Towns

✉ 7800 Beja	*Postal number and name of the post office serving the town*
P	*Provincial capital*
733 M 27	*Michelin map number and co-ordinates*
24 000 h.	*Population*
alt. 175	*Altitude (in metres)*
🚠 3	*Number of cable-cars*
🎿 7	*Number of ski and chair-lifts*
AX A	*Letters giving the location of a place on the town plan*
⛳18	*Golf course and number of holes*
※ ≼	*Panoramic view, viewpoint*
✈	*Airport*
🚗	*Place with a motorail connection; further information from telephone number listed*
🛳	*Shipping line*
⛴	*Passenger transport only*
🛈	*Tourist Information Centre*

Sights

Star-rating

★★★	*Worth a journey*
★★	*Worth a detour*
★	*Interesting*

Location

Ver	*Sights in town*
Arred.	*On the outskirts*
Excurs.	*In the surrounding area*
Norte, Sul, Este, Oeste	*The sight lies north, south, east or west of the town*
①. ④	*Sign on town plan and on the Michelin road map indicating the road leading to a place of interest*
6 km	*Distance in kilometres*

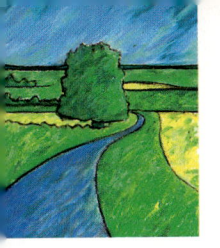

Car, tyres

Car manufacturers

A list of the main Car Manufacturers is to be found at the end of the Guide.

In case of an accident the address of the nearest agent for that marque can be obtained by telephoning the number given.

Maximum speed limits

Motorways   *All other roads*   *Built-up areas*
120 km/h   *90/100 km/h*   *50 km/h*

The wearing of seat belts is compulsory in the front and rear of vehicles.

Your tyres

For any information concerning Michelin tyres, get in touch with the Michelin Head Office in Tres Cantos (Madrid). Customer Service, tel 902 209 230 (9.00 am-7.00 pm).

The staff at our depot will be pleased to give advice on the best way to look after your tyres.

Motoring organisations

ACP   *Automóvel Club de Portugal*

The address and telephone number of the motoring organisation is given in the text of most of the large towns.

Local maps

May we suggest that you consult them

Should you be looking for a hotel or restaurant not too far from Lisbon, for example, you can now consult the map along with the town plan.

The local map (opposite) draws your attention to all places around the town or city selected, provided they are mentioned in the Guide.

Places located within a range of 40 km are clearly identified by the use of a different coloured background.

The various facilities recommended near the different regional capitals can be located quickly and easily.

Note:

Entries in the Guide provide information on distances to nearby towns.

Whenever a place appears on one of the local maps, the name of the town or city to which it is attached is printed in BLUE.

Example:

CASCAIS Lisboa 733 P 1 - 29 882 h. - Praia.
Arred. : Estrada de Cascais a Praia do Guincho★ - Sudoeste : Boca do inferno★ (precipício★) AY - Praia do Guincho★ por ③ : 9 km.

CASCAIS is to be found on the local map LISBOA.

🛆 Quinta da Marinha, Oeste : 3 km
☏ 21 486 98 80 Fax 21 486 90 32.
🛈 Rua Visconde da Luz 14
✉ 2750-326 ☏ 21 486 82 04.
Lisboa 32 ② - Setúbal 72 ② - Sintra 16 ④

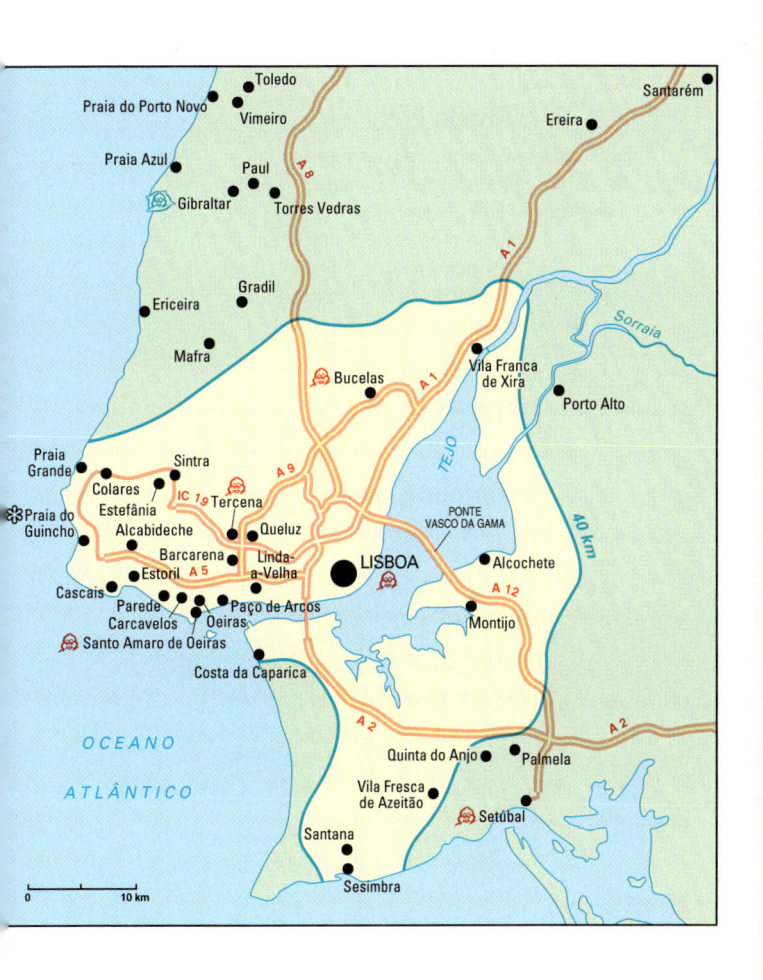

All the local maps are indicated on the thematic maps on pages 58 and 59.

Town plans

□ ● *Hotels*
■ ● *Restaurants*

Sights

Place of interest
Interesting place of worship

Roads

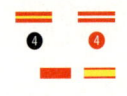

Motorway, dual carriageway
Junction complete, limited, number
Major through route
One-way street – Unsuitable for traffic, street subject to restrictions
Pedestrian street – Tramway
Carmo *Shopping street – Car park*
Gateway – Street passing under arch – Tunnel
Station and railway
Funicular – Cable-car
Lever bridge – Car ferry

Various signs

Tourist Information Centre
Mosque – Synagogue
Tower – Ruins – Windmill – Water tower
Garden, park, wood – Cemetery – Cross
Golf course – Racecourse – Bullring
Stadium – Outdoor or indoor swimming pool
View – Panorama
Monument – Fountain – Factory – Shopping centre
Pleasure boat harbour – Lighthouse
Airport – Underground station – Coach station
Ferry services:
- passengers and cars, passengers only
Reference number common to town plans and Michelin maps
Main post office with poste restante and telephone
Hospital – Covered market
Public buildings located by letter:
D H J *- Provincial Government Office – Town Hall – Law Court*
G *- District government office*
M T *- Museum – Theatre*
U *- University, College*
POL. *- Police (in large towns police headquarters)*
GNR *Guarda Nacional Republicana*

Le Guide Michelin vous propose, dans chaque catégorie de confort et de prix, une sélection des meilleurs hôtels et restaurants. Cette sélection est effectuée par une équipe d'inspecteurs, professionnels de formation hôtelière, qui sillonnent le pays toute l'année pour visiter de nouveaux établissements et ceux déjà cités afin d'en vérifier la qualité et la régularité des prestations. Salariés Michelin, les inspecteurs travaillent en tout anonymat et en toute indépendance.

Les équipements et services sont signalés par des symboles, langage international qui vous permet de voir en un coup d'œil si un hôtel dispose, par exemple, d'un parking ou d'une piscine. Pour bien profiter de cette très riche source d'information, plongez-vous dans l'introduction. Un texte décrivant l'atmosphère de l'hôtel ou du restaurant complète ces renseignements.

L'inscription dans le guide est totalement gratuite. Chaque année, les hôteliers et restaurateurs cités remplissent le questionnaire qui leur est envoyé, nous fournissant les dates d'ouverture et les prix pour l'année à venir. Près de 100 000 informations sont mises à jour pour chaque édition (nouveaux établissements, changements de tarif, dates d'ouverture).

Une grande aide vient aussi des commentaires des lecteurs avec près de 45 000 lettres et Email par an, pour toute l'Europe.

Merci d'avance pour votre participation et bon voyage avec le Guide Michelin 2005.

*Consultez le Guide Michelin sur **www.Viamichelin.es** et écrivez-nous à : **oguiamichelin-port@es.michelin.com***

Sommaire

- 37 *Comment se servir du guide*
- 46 *Les cartes de voisinage*
- 50 et 53 *Les vins et les spécialités régionales*
- 54 *Les établissements à étoiles*
- 54 **"Bib Gourmand"**
  (Repas soignés à prix modérés)
- 55 **"Bib Hôtel"**
  (Bonnes nuits à petits prix)
- 56 *Hôtels particulièrement agréables*
- 57 *Restaurants particulièrement agréables*
- 58 *Carte des bonnes tables à étoiles, des* **"Bib Gourmand"**, *des* **"Bib Hôtel"** *et des établissements agréables, isolés, très tranquilles*
- 61 *Nomenclature des localités*
- 238 *Distances*
- 240 *Atlas : principales routes, Pousadas*
- 242 *Indicatifs téléphoniques internationaux*
- 244 *Principales marques automobiles*

Le choix d'un hôtel, d'un restaurant

Ce guide vous propose une sélection d'hôtels et restaurants établie à l'usage de l'automobiliste de passage. Les établissements, classés selon leur confort, sont cités par ordre de préférence dans chaque catégorie.

Catégories

🏨	XXXXX	*Grand luxe et tradition*
🏨	XXXX	*Grand confort*
🏨	XXX	*Très confortable*
🏨	XX	*De bon confort*
🏨	X	*Assez confortable*
🏡		*Simple mais convenable*
↑		*Autres formes d'hébergement conseillées (Turismo de Habitação, Turismo Rural, Agroturismo)*
sem rest.		*L'hôtel n'a pas de restaurant*
com qto		*Le restaurant possède des chambres*

Agrément et tranquillité

Certains établissements se distinguent dans le guide par les symboles rouges indiqués ci-après.
Le séjour dans ces hôtels se révèle particulièrement agréable ou reposant.
Cela peut tenir d'une part au caractère de l'édifice, au décor original, au site, à l'accueil et aux services qui sont proposés, d'autre part à la tranquillité des lieux.

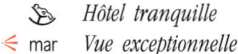

🏨 ... ↑	*Hôtels agréables*
XXXXX ... X	*Restaurants agréables*
🕊	*Hôtel très tranquille ou isolé et tranquille*
🕊	*Hôtel tranquille*
≤ mar	*Vue exceptionnelle*
≤	*Vue intéressante ou étendue.*

Les localités possédant des établissements agréables ou très tranquilles sont repérées sur les cartes pages 58 et 59.
Consultez-les pour la préparation de vos voyages et donnez-nous vos appréciations à votre retour, vous faciliterez ainsi nos enquêtes.

L'installation

Les chambres des hôtels que nous recommandons possèdent, en général, des installations sanitaires complètes. Il est toutefois possible que dans les catégories 🏠, ♀ et ⌂, certaines chambres en soient dépourvues.

30 qto	Nombre de chambres
|$|	Ascenseur
▤	Air conditionné
TV	Télévision dans la chambre
⊁	Établissement en partie réservé aux non-fumeurs
☏	Prise Modem dans la chambre
♿	Chambres accessibles aux handicapés physiques
🍽	Repas servis au jardin ou en terrasse
🏋	Salle de remise en forme
≋ ≋	Piscine de plein air ou couverte
⛱ 🌳	Plage aménagée – Jardin de repos
✂ ⛳₁₈	Tennis – Golf et nombre de trous
👥 25/150	Salles de conférences : capacité des salles
🚗	Garage dans l'hôtel (généralement payant)
[P]	Parking réservé à la clientèle
🚫🐕	Accès interdit aux chiens (dans tout ou partie de l'établissement)
Fax	Transmission de documents par télécopie
maio-outubro	Période d'ouverture, communiquée par l'hôtelier
temp.	Ouverture probable en saison mais dates non précisées. En l'absence de mention, l'établissement est ouvert toute l'année.
✉ 1 200 ✉ 4 150-130	Code postal

La table

Les étoiles

*Certains établissements méritent d'être signalés
à votre attention pour la qualité de leur cuisine.
Nous les distinguons par **les étoiles de bonne table**.*

*Nous indiquons, pour ces établissements, trois
spécialités culinaires qui pourront orienter votre choix.*

ఊఊ **Table excellente, mérite un détour**
*Spécialités et vins de choix...
Attendez-vous à une dépense en rapport.*

ఊ **Une très bonne table dans sa catégorie**
*L'étoile marque une bonne étape sur votre itinéraire.
Mais ne comparez pas l'étoile d'un établissement
de luxe à prix élevés avec celle d'une petite maison
où à prix raisonnables, on sert également une cuisine
de qualité.*

Le "Bib Gourmand"

Repas soignés à prix modérés

*Vous souhaitez parfois trouver des tables
plus simples, à prix modérés ; c'est pourquoi
nous avons sélectionné des restaurants proposant,
pour un rapport qualité-prix particulièrement
favorable, un repas soigné, souvent de type régional.
Ces restaurants sont signalés par le* **"Bib Gourmand"**
Refeição.
Ex. Refeição 25.

*Consultez les listes et les cartes des établissements à
étoiles :* ఊఊ, ఊ *et des* **"Bib Gourmand"** *:* , *pages 54,
58 et 59.*

Les vins : voir pages 50 et 53.

39

L'hébergement

Le "Bib Hôtel"

Bonnes nuits à petits prix

Vous cherchez un hôtel pratique et accueillant offrant une prestation de qualité à prix raisonnable ?
Ces adresses possèdent une majorité de chambres pour deux personnes, petit déjeuner non compris, à moins de 55 € en province et moins de 65 € en ville et stations touristiques importantes.
Elles vous sont signalées par le "Bib Hôtel" *et* qto.
Ex. 25 qto 38/55 *en province.*
Ex. 25 qto 42/65 *en ville et stations touristiques importantes.*

Consultez la liste des "Bib Hôtel", *page 55 et repérez les sur les cartes, pages 58 et 59.*

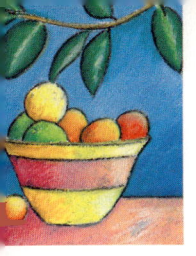

Les prix

Les prix que nous indiquons dans ce guide ont été établis en été 2004. Ils sont susceptibles de modifications, notamment en cas de variations des prix des biens et services.
Ils s'entendent service compris.
Au Portugal, la T.V.A. (12 %) est comprise dans les prix.

Dans certaines villes, à l'occasion de manifestations commerciales ou touristiques, les prix demandés par les hôteliers risquent d'être considérablement majorés.

Les hôtels et restaurants figurent en gros caractères lorsque les hôteliers nous ont donné tous leurs prix et se sont engagés, sous leur propre responsabilité, à les appliquer aux touristes de passage porteurs de notre guide.

Entrez à l'hôtel le Guide à la main, vous montrerez ainsi qu'il vous conduit là en confiance.

Repas

Menu à prix fixe

Refeição 11,45 *Prix du menu servi aux heures normales*

Repas à la carte

lista 13,95/23,45 *Le premier prix correspond à un repas normal comprenant : hors-d'œuvre, plat garni et dessert.*
Le 2ᵉ prix concerne un repas plus complet (avec spécialité) comprenant : deux plats et dessert

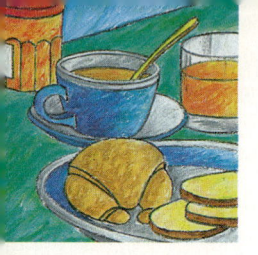

Chambres

qto 27,45/45	*Prix pour une chambre d'une personne /* *Prix pour une chambre de deux personnes* *en haute saison*
qto ⌑ 34,45/49,85	*Prix des chambres petit déjeuner compris*
Suites, apartamentos	*Se renseigner auprès de l'hôtelier*
⌑ 5,40	*Prix du petit déjeuner*

Pension

PA 27,85 — *Prix de la « Pension » (petit déjeuner et les deux repas), à ajouter à celui de la chambre individuelle pour obtenir le prix de la pension complète par personne et par jour.*
Il est indispensable de s'entendre par avance avec l'hôtelier pour conclure un arrangement définitif.

Les arrhes

Certains hôteliers demandent le versement d'arrhes.
Il s'agit d'un dépôt-garantie qui engage l'hôtelier comme le client. Bien faire préciser les dispositions de cette garantie.

Cartes de crédit

AE ⓘ Ⓜ️Ⓒ
VISA JCB

Cartes de crédit acceptées par l'établissement :
American Express – Diners Club – MasterCard (Eurocard)
Visa – Japan Credit Bureau

Les villes

✉ 7800 Beja	Numéro de code postal et nom du bureau distributeur du courrier
P	Capitale de Province
733 M 27	Numéro de la Carte Michelin et carroyage
24 000 h.	Population
alt. 175	Altitude de la localité
🚠 3	Nombre de téléphériques ou télécabines
🚡 7	Nombre de remonte-pentes et télésièges
AX A	Lettres repérant un emplacement sur le plan
⛳ 18	Golf et nombre de trous
✻ ≤	Panorama, point de vue
✈	Aéroport
🚗	Localité desservie par train-auto. Renseignements au numéro de téléphone indiqué
⛴	Transports maritimes
⛵	Transports maritimes pour passagers seulement
🛈	Information touristique

Les curiosités

Intérêt

★★★   *Vaut le voyage*
★★   *Mérite un détour*
★   *Intéressant*

Situation

Ver	*Dans la ville*
Arred.	*Aux environs de la ville*
Excurs.	*Excursions dans la région*
Norte, Sul, Este, Oeste	*La curiosité est située : au Nord, au Sud, à l'Est, à l'Ouest*
①, ④	*On s'y rend par la sortie ① ou ④ repérée par le même signe sur le plan du Guide et sur la carte*
6 km	*Distance en kilomètres*

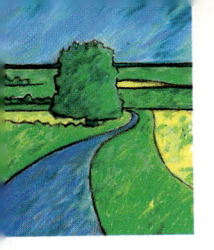

La voiture, les pneus

Marques automobiles

Une liste des principales marques automobiles figure en fin de Guide.
En cas de panne, l'adresse du plus proche agent de la marque vous sera communiquée en appelant le numéro de téléphone indiqué.

Vitesse : limites autorisées

Autoroute	Route	Agglomération
120 km/h	90/100 km/h	50 km/h

Le port de la ceinture de sécurité est obligatoire à l'avant et à l'arrière des véhicules.

Vos pneumatiques

En tout ce qui concerne vos pneus Michelin, adressez-vous à la Division Commerciale Michelin à Tres Cantos (Madrid). Service d'Assistance au Client téléphone 902 209 230 de 9 à 19 h.

Dans notre agence, nous nous faisons un plaisir de donner à nos clients tous conseils pour la meilleure utilisation de leurs pneus.

Automobile clubs

ACP   *Automóvel Club de Portugal*
Voir au texte de la plupart des grandes villes, l'adresse et le numéro de téléphone de l'ACP.

Les cartes de voisinage

Avez-vous pensé à les consulter ?

*Vous souhaitez trouver une bonne adresse,
par exemple, aux environs de Lisbonne ?
Consultez la carte qui accompagne
le plan de la ville.*

*La "carte de voisinage" (ci-contre) attire votre
attention sur toutes les localités citées au Guide
autour de la ville choisie, et particulièrement
celles situées dans un rayon de 40 km
(limite de couleur).*

*Les "cartes de voisinage" vous permettent ainsi
le repérage rapide de toutes les ressources proposées
par le Guide autour des métropoles régionales.*

Nota :

*Lorsqu'une localité est présente
sur une "carte de voisinage",
sa métropole de rattachement est imprimée en* BLEU
sur la ligne des distances de ville à ville.

Exemple :

CASCAIS *Lisboa* 733 P 1 – 29 882 h. – Praia.
Arred. : *Estrada de Cascais a Praia do Guincho*★ –
Sudoeste : Boca do inferno★ (precipício★) AY – Praia do
Guincho★ por ③ : 9 km.

🏨 Quinta da Marinha, Oeste : 3 km
📞 21 486 98 80 Fax 21 486 90 32.
🛈 Rua Visconde da Luz 14
✉ 2750-326 📞 21 486 82 04.
Lisboa 32 ② – Setúbal 72 ② – Sintra 16 ④

*Vous trouverez
CASCAIS sur la
"carte de voisinage"
de LISBOA.*

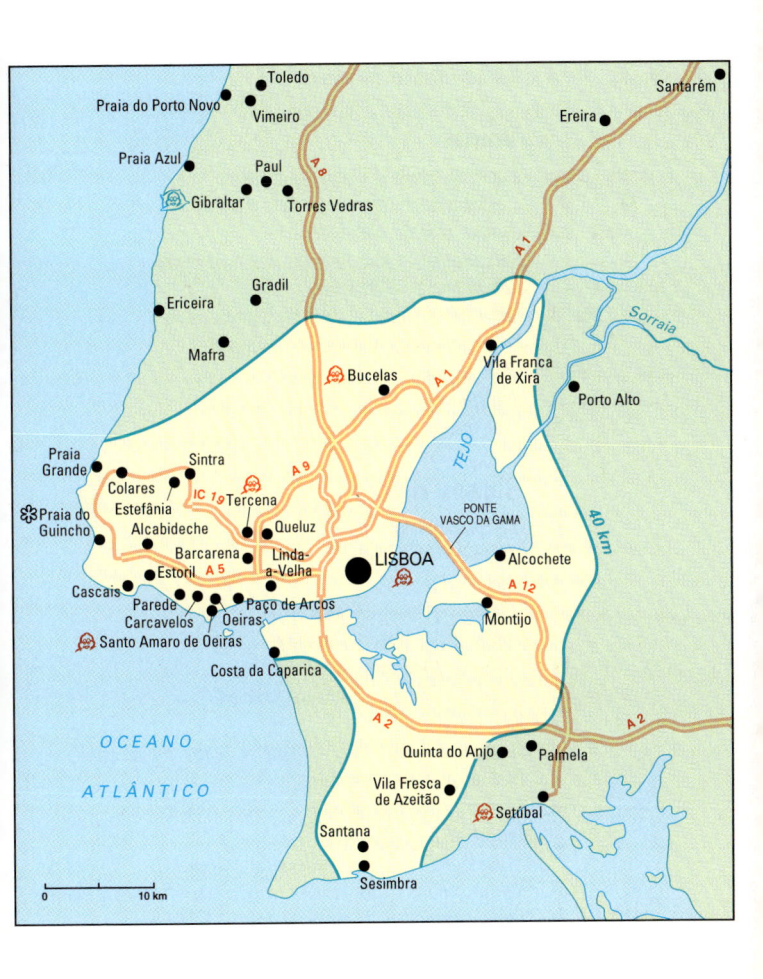

Toutes les « cartes de voisinage » sont localisées sur les cartes thématiques pages 58 et 59.

Les plans

□ ●   *Hôtels*
■ ●   *Restaurants*

Curiosités

Bâtiment intéressant
Édifice religieux intéressant

Voirie

Autoroute, route à chaussées séparées
   échangeur : complet, partiel, numéro
Grande voie de circulation
Sens unique – Rue impraticable, réglementée
Rue piétonne – Tramway
Rue commerçante – Parc de stationnement
Porte – Passage sous voûte – Tunnel
Gare et voie ferrée
Funiculaire – Téléphérique, télécabine
Pont mobile – Bac pour autos

Signes divers

Information touristique
Mosquée – Synagogue
Tour – Ruines
Moulin à vent – Château d'eau
Jardin, parc, bois – Cimetière – Calvaire
Golf – Hippodrome – Arènes
Stade – Piscine de plein air, couverte
Vue – Panorama
Monument – Fontaine – Usine – Centre commercial
Port de plaisance – Phare
Aéroport – Station de métro – Gare routière
Transport par bateau :
   passagers et voitures, passagers seulement
Repère commun aux plans et aux cartes Michelin détaillées
Bureau principal de poste restante – Téléphone
Hôpital – Marché couvert
Bâtiment public repéré par une lettre :
D   H   J   *- Conseil provincial – Hôtel de ville – Palais de justice*
            G   *- Gouvernement du district*
M   T   *- Musée – Théâtre*
          U   *- Université, grande école*
POL   *- Police (commissariat central)*
GNR   *Guarda Nacional Republicana*

MAPAS E GUIAS MICHELIN
MICHELIN MAPS AND GUIDES
CARTES ET GUIDES MICHELIN

Os vinhos
Wines
Les vins

①	Vinhos Verdes	⑨ a ⑫	Lagoa, Lagos, Portimão, Tavira
②, ③	Porto e Douro, Dão		
④	Bairrada	⑬ a ⑮	Borba, Redondo, Reguengos
⑤ a ⑧	Bucelas, Colares, Carcavelos, Setúbal	⑯	Madeira

Vinhos e especialidades regionais

Portugal possui uma tradição vitivinícola muito antiga. A diversidade das regiões vinícolas tem determinado a necessidade de regulamentar os seus vinhos com Denominações de Origem, indicadas no mapa correspondente.

Regiões e localização no mapa	Características dos vinhos	Especialidades regionais
Minho, Douro Litoral, Trás-Os-Montes, Alto Douro ① e ②	**Tintos** *encorpados, novos, ácidos* **Brancos** *aromáticos, suaves, frutados, delicados, encorpados* **Portos** *(Branco, Tinto, Ruby, Tawny, Vintage), ricos em açúcares*	Caldo verde, Lampreia, Salmão, Bacalhau, Presunto, Cozido, Feijoada, Tripas
Beira Alta, Beira Baixa, Beira Litoral ③ e ④	**Tintos** *aromáticos, suaves, aveludados, equilibrados, encorpados* **Brancos** *cristalinos, frutados, delicados, aromáticos*	Queijo da Serra, Papos de Anjo, Mariscos, Caldeiradas, Ensopado de enguias, Leitão assado, Queijo de Tomar, Aguardentes
Estremadura, Ribatejo ⑤ a ⑧	**Tintos** *de cor rubí, persistentes, secos, encorpados* **Brancos** *novos, delicados, aromáticos, frutados, elevada acidez* **Moscatel de Setúbal**, *rico em álcool, de pouca acidez*	Amêijoas à bulhão pato, Mariscos, Caldeiradas, Queijadas de Sintra, Fatias de Tomar
Algarve ⑨ a ⑫	**Tintos** *aveludados, suaves, frutados* **Brancos** *suaves*	Peixes e mariscos na cataplana, Figos, Amêndoas
Alentejo ⑬ a ⑮	**Tintos** *robustos e elegantes*	Migas, Sericaia, Porco à Alentejana, Gaspacho, Açordas, Queijo de Serpa
Madeira ⑯	*Ricos em álcool, secos, de subtil aroma*	Espetadas (carne, peixe), Bolo de mel

Wines and regional specialities

Portugal has a very old wine producing tradition. The diversity of the wine growing regions made it necessary to regulate those wines by the Appellation d'Origine (Denominações de Origem) indicated on the corresponding map.

Regions and location on the map	Wine's characteristics	Regional Specialities
Minho, Douro Litoral, Trás-Os-Montes, Alto Douro ① *and* ②	**Reds** *full bodied, young, acidic* **Whites** *aromatic, sweet, fruity, delicate, full bodied* **Port** *(White, Red, Ruby, Tawny, Vintage), highly sugared*	*Caldo verde (Cabbage soup), Lamprey, Salmon, Codfish, Ham, Stew, Feijoada (Pork and bean stew), Tripes*
Beira Alta, Beira Baixa, Beira Litoral ③ *and* ④	**Reds** *aromatic, sweet, velvety, well balanced, full bodied* **Whites** *crystal-clear, fruity, delicate, aromatic*	*Serra Cheese, Papos de Anjo (Cake), Seafood, Fishsoup, Ensopado de enguias (Eel stew), Roast pork, Tomar Cheese, Aguardentes (distilled grape skins and pips)*
Estremadura, Ribatejo ⑤ *to* ⑧	*Ruby coloured* **reds,** *big, dry, full bodied* *Young* **whites** *delicate, aromatic, fruity, acidic* **Moscatel from Setúbal,** *strong in alcohol, slightly acidic*	*Clams with garlic, Seafood, Fishsoup, Queijadas (Cheesecake) from Sintra, Fatias (Sweet bread) from Tomar*
Algarve ⑨ *to* ⑫	*Velvety* **reds,** *light, fruity* *Sweet* **whites**	*Fish and Seafood « na cataplana », Figs, Almonds*
Alentejo ⑬ *to* ⑮	*Robust elegant* **reds**	*Migas (Fried breadcrumbs), Sericaia (Cake), Alentejana pork style, Gaspacho (Cold tomato and onion soup), Açordas (Bread and garlic soup), Serpa Cheese*
Madeira ⑯	*Strong in alcohol, dry with a delicate aroma*	*Kebab (Meat, Fish), Honey cake*

Vins et spécialités régionales

La tradition viticole portugaise remonte aux temps les plus anciens. La diversité des régions rendit nécessaire la réglementation de ses vins. Les Appelations d'Origine (Denominações de Origem), sont indiquées sur la carte.

Régions et localisation sur la carte	Caractéristiques des vins	Spécialités régionales
Minho, Douro Litoral, Trás-Os-Montes, Alto Douro ① et ②	**Rouges** corsés, jeunes, acidulés **Blancs** aromatiques, doux, fruités, délicats, corsés **Portos** (Blanc, Rouge, Ruby, Tawny, Vintage), riches en sucres	*Caldo verde (Soupe aux choux), Lamproie, Saumon, Morue, Jambon, Pôt-au-feu, Feijoada (Cassoulet au lard), Tripes*
Beira Alta, Beira Baixa, Beira Litoral ③ et ④	**Rouges** aromatiques, doux, veloutés, équilibrés, corsés **Blancs** cristalins, fruités, délicats, aromatiques	*Fromage de Serra, Papos de Anjo (Gâteau), Fruits de mer, Bouillabaisse, Ensopado de enguias (Bouillabaisse d'anguilles), Cochon de lait rôti, Fromage de Tomar, Eaux de vie*
Estremadura, Ribatejo ⑤ à ⑧	**Rouges** de couleur rubis, amples, secs, corsés **Blancs** jeunes, délicats, aromatiques, fruités, acidulés **Moscatel de Setúbal**, riche en alcool, faible acidité	*Palourdes à l'ail, Fruits de mer, Bouillabaisse, Queijadas de Sintra (Gâteau au fromage), Fatias de Tomar (Pain perdu)*
Algarve ⑨ à ⑫	**Rouges** veloutés, légers, fruités **Blancs** doux	*Poissons et fruits de mer « na cataplana », Figues, Amandes*
Alentejo ⑬ à ⑮	**Rouges** robustes et élégants	*Migas (Pain et lardons frits), Sericaia (Gâteau), Porc à l'Alentejana, Gaspacho (Soupe froide à la tomate et oignons), Açordas (Soupe au pain et ail), Fromage de Serpa*
Madeira ⑯	Riches en alcool, secs, arôme délicat	*Brochettes (viande, poissons), Gâteau au miel*

Estabelecimentos com estrelas
Starred establishments
Les établissements à étoiles

ɛ3ɛ3

Albufeira   *Vila Joya*

ɛ3

Almancil	*Henrique Leis*	Cascais	*Fortaleza do Guincho*
"	*São Gabriel*	"	*Porto de Santa Maria*
Amarante	*Casa da Calçada*	Coimbra	*Quinta das Lágrimas*

"Bib Gourmand"
Refeições cuidadas a preços moderados
Good food at moderate prices
Repas soignés à prix modérés

Refeição

Águeda	*Adega do Fidalgo*
Alferrarede	*Cascata*
Alpedrinha	*Quinta do Anjo da Guarda*
Alpiarça	*A Casa da Emília*
Altura	*A Chaminé*
Arcos de Valdevez	*Grill Costa do Vez*
Aveiro	*Olaria*
Bucelas	*Barrete Saloio*
Caminha	*O Barão*
"	*Duque de Caminha*
Canas de Senhorim	*Zé Pataco*
Cantanhede	*Marquês de Marialva*
Carvalhos	*Mario Luso*
Castelo Branco	*Praça Velha*
Chaves	*Carvalho*
"	*A Talha*
Entroncamento	*O Barriga's*
Fão	*Camelo Apulia*
Leiria	*O Casarão*
Lisboa	*D'Avis*
Estreito de Câmara de Lobos	*Santo António*
Maia	*Machado*
Melgaço	*Panorama*
Mogadouro	*A Lareira*
Montemor-o-Velho	*Ramalhão*
Nelas	*Os Antónios*
Oeiras	*Patricio*
Oliveira de Azeméis	*Diplomata*
Pedra Furada	*Pedra Furada*
Póvoa de Lanhoso	*El Gaucho*
Queluz	*O Parreirinha*
Rio Maior	*Cantinho da Serra*
Romeu	*Maria Rita*
Santiago do Escoural	*Manuel Azinheirinha*
São Pedro do Sul	*Adega da Ti Fernanda*
Sertã	*Santo Amaro*
Setúbal	*Isidro*
Viana do Castelo	*Camelo*
Vila Nova de Famalicão	*Tanoeiro*
Viseu	*Muralha da Sé*

"Bib Hotel"

Grato descanso a preço moderado
Good accommodation at moderate prices
Bonnes nuits à petits prix

qto

Arcos de Valdevez	*Costa do Vez*	**Curia**	*Do Parque*
Arganil	*De Arganil*	**Fátima**	*Santo António*
Aveiro	*Do Alboi*	**Frechas**	*Casa dos Araujos*
"	*Hotelaria do Alboi*	**Loivos**	*Quinta do Real*
"	*João Capela*	**Manteigas**	*Albergaria Berne*
Batalha	*Casa do Outeiro*	**Mirandela**	*Jorge V*
Boticas	*Estalagem de Carvalhelhos*	**Penafiel**	*Pena H.*
Braga	*Albergaria Senhora-a-Branca*	**Portalegre**	*Mansão Alto Alentejo*
Bragança	*Nordeste Shalom*	**Porto**	*América*
"	*Santa Apolónia*	"	*Brasília*
Carvalhal	*Montemuro*	**Tondela**	*S. José*
Chaves	*Brites*	**Torres Vedras**	*Páteo da Figueira*

Hotéis agradáveis
Particulary pleasant Hotels
Hôtels agréables

🏛️

Armação de Pêra	Vila Vita Parc	Lisboa	Lapa Palace
"	Sofitel Vilalara Thalasso	"	Pestana Palace
Beja	Pousada de São Francisco	Funchal (Madeira)	Choupana Hills
Coimbra	Quinta das Lágrimas	"	Quinta das Vistas
Estremoz	Pousada da Rainha Santa Isabel	Portimão	Le Meridien Penina

🏛️

Amarante	Casa da Calçada	Ponta do Sol (Madeira)	Estalagem da Ponta do Sol
Cascais	Estalagem Villa Albatroz	Redondo	Convento de São Paulo
"	Fortaleza do Guincho	Viana do Castelo	Estalagem Casa Melo Alvim
Évora	Pousada dos Lóios		
Guimarães	Pousada de Nossa Senhora da Oliveira	Vila Viçosa	Pousada de D. João IV
Funchal (Madeira)	Estalagem Casa Velha do Palheiro		

🏛️

Lisboa	Solar do Castelo	Macedo de Cavaleiros	Estalagem do Caçador
"	Solar dos Mouros	Mangualde	Estalagem Casa d'Azurara
"	York House		

🏠

Alcobaça	Challet Fonte Nova	Pinhão	Casa do Visconde de Chanceleiros
Cascais	Casa da Pérgola	Quintela de Azurara	Casa de Quintela
Fataunços	Casa de Fataunços	Rio Maior	Quinta da Ferraria
Manteigas	Casa das Obras	"	Quinta da Cortiçada
Monção	Solar de Serrade	Sintra	Quinta da Capela
Montemor-o-Novo	Monte do Chora Cascas	Tavira	Convento de Santo António
		Valença do Minho	Casa do Poço

Restaurantes agradáveis
Particulary pleasant Restaurants
Restaurants agréables

XXXX

Albufeira	*Vila Joya*	**Almancil**	*Casa Velha*

XXX

Almancil	*Pequeno Mundo*	**Estreito de Câmara de Lobos**	
Lisboa	*Casa da Comida*	(Madeira)	*Bacchus*
"	*Tavares*	**Porto**	*Churrascão do Mar*

XX

Almancil	*Henrique Leis*

✿ ✿ *As estrelas*
✿ *The stars*
Les étoiles

"Bib Gourmand"
Refeição 25 *Refeições cuidadas*
a preços moderados
Good food at moderate prices
Repas soignés à prix modérés

Atractivos e tranquilidade
Peaceful atmosphere and setting
L'agrément

"Bib Hotel"
qto 55/65 *Grato descanso a preço moderado*
Good accommodation at moderate prices
Bonnes nuits à petits prix

● *Cidade com mapa de arredores*
Town with a local map
Carte de voisinage : voir à la ville choisie

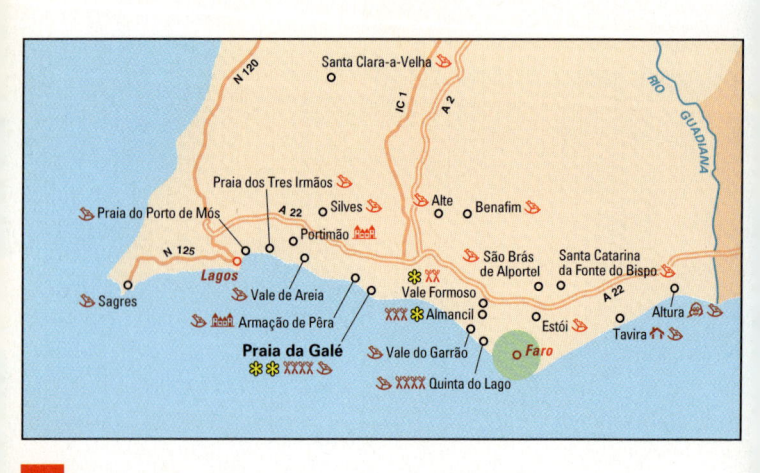

Rio Miño
Valença do Minho
Melgaço
Gondarém
N 13
Monção
Caminha
Arcos de Valdevez
Sta. Marta de Portuzelo
Santa Luzia
Calheiros
Outeiro
Carvalhelhos
Viana do Castelo
Amares
Ruivães
Chaves
Bragança
Vidago
Nantes
IP 4
Apúlia
Braga
Pedra Furada
A 3
Póvoa de Lanhoso
Matosinhos
Laundos
Guimarães
A 24
Pedra Salgadas
Romeu
Vila Nova de Famalicão
Tabuadelo
Mondim de Basto
Macedo de Cavaleiros
Nogueira
Mirandela
Amarante
Vila Real
OCEANO
ATLÂNTICO
Porto
A 4
Cumieira
Frechas
Penafiel
Mogadouro
Carvalhos
Pinhão
Rio Douro
A 24
Lamego
Sta Maria da Feira
Oliveira de Azeméis
A 1
N 102
Carvalhal
Torreira
Santa Cruz da Trapa
São Pedro do Sul
Fataunços
Aveiro
São Miguel do Outeiro
Fermentelos
Viseu
Quintela de Azurara
Mangualde
A 25
Sangalhos
Aguada de Cima
Curia
Nelas
Manteigas
Cantanhede
Tondela
Canas de Senhorim
Belmonte
Caceira de Cima
Buçaco
Figueira da Foz
Coimbra
Arganil
A 23
Montemor-O-Velho
Alpedrinha
A 1
Monfortinho (Termas de)
Leiria
Pedrógão Pequeno
Cernache do Bonjardim
Batalha
Sertã
A 23
Castelo Branco
Alcobaça
Fátima
Alto da Serra
Ferreira do Zêzere
Óbidos
Entroncamento
Martinchel
Tejo
Serra d'El-Rei
Outeiro da Cortiçada
A 23
Alferrarede
Póvoa e Meadas
Praia do Porto Novo
Azóia de Baixo
Rio Maior
Aldeia da Mata
Alvarrões
Gibraltar
Alpiarça
Praia Azul
Ribeira de São João
Flor da Rosa
Portalegre
Gradil
A 1
IP 2
Cabeço de Vide
ESPAÑA
Bucelas
Rio
Figueira e Barros
Sintra
Vila Franca de Xira
Sousel
Campo Maior
Tercena
Lisboa
Estremoz
A 6
Santo Amaro de Oeiras
A 13
Montemor-o-Novo
Cascais
A 2
Arraiolos
Vila-Viçosa
Palmela
Setúbal
A 6
Aldeia da Serra
Praia do Guincho
A 2
Santiago do Escoural
Évora
Guadiana
Alcácer do Sal
Monsaraz
Torrão
Albernoa
Alvito
IP 2
Rio
IP 8
IP 8
Beja
N 260
IP 8
A 2
IP 2
N 120
A 22
A 22
Madrid
Lisboa
Casablanca
ILHA DO PORTO SANTO
ILHA DA MADEIRA
Vila Baleira
Ponta Delgada
Eira do Serrado
Monte
Ponta do Sol
Caniço de Baixo
Estreito de Câmara de Lobos
Funchal

Cidades
Towns
Villes

ABRANTES Santarém 733 N 5 – 17 859 h alt. 188.
Ver : Sítio★.
🛈 Largo 1º de Maio ✉ 2200-320 ✆ 241 36 25 55 Fax 241 36 67 58.
Lisboa 142 – Santarém 61.

De Turismo, Largo de Santo António, ✉ 2200-349, ✆ 241 36 12 61, hotelabrante @iol.pt, Fax 241 36 52 18, ≤ Abrantes e vale do Tejo, ⚒ – 🗏 TV P. AE ① ⓜ VISA JCB. ⚒
Refeição 20 – ⌑ 6 – **40 qto** 55/65.
♦ As excelentes vistas sobre o vale do Tejo constituem uma das suas maiores atracções. Dependências clássicas com detalhes de certa antiguidade e quartos renovados. Amplo refeitório panorâmico, bar e esplanada.

AGUADA DE CIMA Aveiro – ver Águeda.

ÁGUEDA Aveiro 733 K 4 – 11 357 h.
🛈 Largo Dr. João Elísio Sucena ✉ 3750-108 ✆ 234 60 14 12 agueda.rotadaluz@inova et.pt.
Lisboa 250 – Aveiro 22 – Coimbra 42 – Porto 85.

em Aguada de Cima Sudeste : 9,5 km :
Adega do Fidalgo, Almas da Areosa, ✉ 3750-043 Aguada de Cima, ✆ 234 66 62 26, Fax 234 66 72 26, ⚒ – AE ① ⓜ VISA. ⚒
fechado domingo noite – Refeição - grelhados - lista 20 a 27.
♦ A sua grelha encarrega-se de dar o ponto a produtos de excelente qualidade. Refeitório aconchegante com um entranhável estilo típico, e uma esplanada-jardim durante o verão.

ALANDROAL Évora 733 P 7 – 1 422 h.
Lisboa 192 – Badajoz 53 – Évora 56 – Portalegre 86 – Setúbal 160.

A Maria, Rua João de Deus 12, ✉ 7250-142, ✆ 268 43 11 43, Fax 268 44 93 37 – 🗏 AE ① ⓜ VISA JCB. ⚒
fechado do 16 ao 31 de agosto e 2ª feira – Refeição lista 21 a 29.
♦ Com o atractivo e o encanto das coisas simples. O seu interior recolhe a herança da tradição regional alentejana. Cozinha atenta às receitas do lugar.

ALBERGARIA-A-VELHA Aveiro 733 J 4 – 7 421 h.
Lisboa 261 – Aveiro 20 – Coimbra 62 – Viseu 73 – Porto 62.

em Alquerubim Sudoeste : 9 km :
Casa de Fontes ⚒, ✉ 3850-365 Alquerubim, ✆ 234 93 87 01, casadefontes@m ail.telepac.pt, Fax 234 93 87 03, ⚒, 🗏, ⚒ – TV P. AE ① ⓜ VISA. ⚒
Refeição - só clientes a pedido - 25 – **10 qto** ⌑ 80/90.
♦ Belo conjunto cuja casa principal data de 1873, reservando esta zona para as salas e espaços sociais. Os quartos resultam clássicos e algo sóbrios no seu mobiliário.

ALBERNOA Beja 733 S 6 – 890 h.
Lisboa 196 – Évora 104 – Faro 125 – Setúbal 165.

ao Noroeste : 7 km :
Clube de Campo Vila Galé ⚒, Herdade da Figueirinha, ✉ 7801-905 Beja apartado 404, ✆ 284 97 01 00, reserv.clubedecampo@vilagale.pt, Fax 284 97 01 50, ƒ₆, 🗏, 🗏, ⚒, ⚒ – 🗏 TV P. – 🚘 25/300. AE ① ⓜ VISA. ⚒
Refeição 20,50 – **30 qto** ⌑ 156.
♦ Exploração agrícola junto à barragem do Roxo, com várias edificações horizontais onde se distribuem quartos modernos. Completa oferta lúdica. Refeitório rústico com grandes vigas de madeira e uma lareira que preside a sala.

ALBUFEIRA Faro 733 U 5 – 16 237 h – Praia.
Ver : Sítio★.
🏌 Vale Parra, Oeste : 8,5 km Salgados Golf Club ✆ 289 58 30 30 Fax 289 59 11 12.
🛈 Rua 5 de Outubro ✉ 8200-109 ✆ 289 58 52 79.
Lisboa 326 – Faro 36 – Lagos 52.

Alísios, Av. Infante Dom Henrique 83, ✉ 8200-916, ✆ 289 58 92 84, alisios@mail.te epac.pt, Fax 289 58 92 88, ≤, 🗏 – 🚻 🗏 TV P. AE ① ⓜ VISA. ⚒
Refeição - só jantar - 25 – **112 qto** ⌑ 125/145 – 3 suites.
♦ Hotel funcional cuja localização ao pé da praia evidencia uma orientação ao turismo de férias. Correcta zona social e confortáveis quartos com esplanadas e casas de banho actuais. Aconchegante refeitório instalado na cave.

ALBUFEIRA

Vila Galé Cerro Alagoa, Rua do Município, ⊠ 8200-916, ℘ 289 58 31 00, *cerroal agoa@vilagale.pt*, Fax 289 58 31 99, ₤₆, ⨌, ⨌ – 🛗 🔲 📺 ⇐⇒ 🅿 – 🎱 25/140. 🏧 ⓞ ⓜⓒ 🆅🅸🆂🅰 ✂
Refeição - só jantar - 28 – **295 qto** ⇌ 156/195 – 15 suites.
◆ Está dotado de grande capacidade e múltiplas prestações, situado na entrada da localidade. Amplos espaços, delicada linha clássica e um equipamento completo. Restaurante em dois níveis com uma zona para a ementa e outra para o buffet.

Real Bellavista, Av. do Estádio, ⊠ 8200-127, ℘ 289 54 00 60, *info@hotelrealbellavista.com*, Fax 289 54 00 61, ₤₆, ⨌ aquecida, ⨌ – 🛗 🔲 📺 ⇐⇒ 🅿 – 🎱 25/240. 🏧 ⓞ ⓜⓒ 🆅🅸🆂🅰 ✂
Refeição 25 – **190 qto** ⇌ 146/171 – 5 suites.
◆ Na zona alta da cidade e dirigido tanto ao cliente em férias como ao de negócios. Salas amplas, quartos funcionais de corte moderno e uma boa oferta de ócio. Refeitório simples com serviço de buffet.

✕ **O Cabaz da Praia**, Praça Miguel Bombarda 7, ⊠ 8200-076, ℘ 289 51 21 37, Fax 289 51 21 37, ≤, 🍽 – 🔲. ⓞ ⓜⓒ 🆅🅸🆂🅰 ✂
fechado janeiro e 5ª feira – **Refeição** lista 25 a 37.
◆ Modesto estabelecimento com uma agradável esplanada ao lado do mar. Refeitório de simples instalações num estilo clássico bem cuidado. Ambiente confortável e relaxado.

em Areias de São João *Este : 2,5 km :*

Ondamar, ⊠ 8200-918 apartado 2450 Albufeira, ℘ 289 58 67 74, *info@ondamarhotel.com*, Fax 289 58 86 16, ₤₆, ⨌, ⨌ – 🛗 🔲 📺 ♿ 🅿 – 🎱 25/50. 🏧 ⓞ ⓜⓒ 🆅🅸🆂🅰 ✂
Refeição 15 – **92 apartamentos** ⇌ 148/164.
◆ De linha actual, com quartos modernos, funcionais e bem equipados, ao estilo apartamentos T1. Eficiente organização e exteriores atractivos. No restaurante poderá desfrutar dos sabores da cozinha tradicional.

✕✕ **La Belgica**, Beco de Santa Eulália, ⊠ 8200-037 Albufeira, ℘ 289 54 22 12, *la_belgica_restaurant@hotmail.com*, Fax 289 54 23 15 – 🔲. ⓜⓒ 🆅🅸🆂🅰 ✂
fechado 15 dezembro-15 janeiro e domingo – **Refeição** - só jantar, cozinha francesa - lista 24 a 40.
◆ Dois irmãos belgas dirigem o negócio com dignidade. Possui uma esplanada para o aperitivo e uma zona de bar seguida dum refeitório luminoso com mesas bem espaçadas.

✕ **Três Palmeiras**, Av. Infante D. Henrique 51, ⊠ 8200-261 Albufeira, ℘ 289 51 54 23, Fax 289 51 54 23 – 🔲 🅿. 🏧 ⓞ ⓜⓒ 🆅🅸🆂🅰 ✂
fechado janeiro e domingo – **Refeição** lista 20 a 32.
◆ Restaurante assentado e bem consolidado, que deve à sua fama à qualidade dos seus peixes. Séria organização familiar, esmerada manutenção e um cuidado serviço de mesa.

na praia de Santa Eulália *Este : 4 km :*

Grande Real Santa Eulália, ⊠ 8200-916 Albufeira, ℘ 289 59 80 00, *info.gse@grandereal.com*, Fax 289 59 80 01, ≤, 🍽, ₤₆, ⨌ climatizada, ✕✕ – 🛗 🔲 📺 ♿ ⇐⇒ 🅿 – 🎱 25/600. 🏧 ⓞ ⓜⓒ 🆅🅸🆂🅰 ✂
Pergula *(só jantar)* **Refeição** lista 51 a 67 – ⇌ 19 – **158 qto** 395/464 – 31 suites.
◆ Complexo situado na 1ª linha de praia. Dispõe de uma correcta zona social e completos quartos, a maioria de ar colonial e com varanda. Tratamentos de talassoterapia. O restaurante resulta amplo e luminoso.

em Sesmarias *Oeste : 4 km :*

✕✕ **O Marinheiro**, Caminho da Praia da Coelha - Oeste : 4 km, ⊠ 8200-385 Albufeira, ℘ 289 59 23 50, *mail@albufeiratopholidays.com*, Fax 289 59 11 49, 🍽 – 🔲 🅿. 🏧 ⓞ ⓜⓒ 🆅🅸🆂🅰 ✂
fechado dezembro, janeiro e domingo salvo maio-outubro – **Refeição** - só jantar salvo domingo - lista aprox. 26.
◆ Um jovem casal dirige o negócio com orgulho e dignidade, brindando-nos com um refeitório de grande tamanho e alegre decoração, com uma acertada distribuição das suas mesas.

na Praia da Galé *Oeste : 6,5 km :*

Vila Galé Praia, ⊠ 8200-917 apartado 2204 Albufeira, ℘ 289 59 01 80, *galepraia@vilagale.pt*, Fax 289 59 01 88, ⨌, ✕✕ – 🛗 🔲 📺 🅿. 🏧 ⓞ ⓜⓒ 🆅🅸🆂🅰 🆃🅲🅱 ✂
junho-dezembro – **Refeição** - só jantar - 18 – **40 qto** ⇌ 190/209.
◆ Hotelzinho de carácter funcional cujo interior alberga uma pequena zona social e quartos espaçosos equipados com mobiliário escolhido e casas de banho actuais.

ALBUFEIRA

Vila Joya, com qto, ✉ 8201-902 Guia ABF, ☏ 289 59 17 95, info@vilajoya.com Fax 289 59 12 01, ←, 🍴, ♨, ☐ climatizada, ♦, ※ – ■ TV P. AE ① ⓜ VISA JCB. ※
março-15 novembro – **Refeição** 95 e lista 78 a 92 – **15 qto** ☐ 310/400 – 2 suites.
Espec. Salmonete com tomate e cebola em molho de balsamico e presunto de pata negra Coelho em crosta de pão com ravioli de chouriço preto e molho de manjericão e cebola Robalo com fatias de cabeça de vitela e arroz de rucola.
◆ Uma vila ao pé do mar onde impera a elegância. O seu serviço de mesa é esplêndido, com talheres de prata e baixela fina. Complementa-se com belíssimos quartos.

na Praia da Falésia Este : 10 km :

Sheraton Algarve, ✉ 8200-909 apartado 644 Albufeira, ☏ 289 50 01 00, sheraton.algarve@starwoodhotels.com, Fax 289 50 19 50, ← mar e campo de golfe, 🍴, ♨, ☐, ☐, ♣₅, ♦, ※, 🔓 – 🛗 ■ TV ♨ P. – ☒ 25/250. AE ① ⓜ VISA. ※
Além-Mar (só jantar) **Refeição** lista 46 a 73 - **O Pescador** (peixes e mariscos, **Refeição** lista 62 a 80 - **Aldar** (só jantar, cozinha marroquina, fechado janeiro, fevereiro 3ª feira e 4ª feira) **Refeição** lista 45 a 61 – **182 qto** ☐ 450/510 – 33 suites 75 apartamentos.
◆ Magnífico edifício situado sobre uma falésia, num local de grande beleza. O seu elevado conforto e um alto equipamento conformam um interior luxuoso e cuidado. No restaurante Além-Mar desfrutará dum ambiente elegante e refinado.

ALCABIDECHE Lisboa 733 P 1 – 31 801 h.
Lisboa 29 – Cascais 4 – Sintra 12.

na estrada de Sintra :

Atlantis Sintra-Estoril, junto ao autódromo - Nordeste : 2 km, ✉ 2645-545, ☏ 21 469 07 20, hse.reservas@graopara.pt, Fax 21 469 07 40, ←, Serviços terapêuticos, ♨, ☐, ♦, ※ – 🛗 ■ TV ♨ P. – ☒ 25/250. AE ① ⓜ VISA JCB. ※
Refeição 17,50 – **178 qto** ☐ 86/100 – 4 suites.
◆ Aconchegante e com exteriores ajardinados e muito atractivos, colocando à sua disposição quartos espaçosos e confortáveis, além de variados serviços terapêuticos. As grandes janelas do restaurante proporcionam um ambiente luminoso.

✕ **Mesón Andaluz**, Centro Comercial Cascaishopping-Loja 1089 A-2° - Este : 1 km, ✉ 2645, ☏ 21 460 06 59, Fax 21 460 28 09 – ■. AE ① ⓜ VISA JCB ※
Refeição - cozinha espanhola - lista 24 a 33.
◆ A esposa do proprietário homenageia sua terra, proporcionando-nos uma cozinha que une a tradição espanhola com a local, num bonito ambiente típico andaluz.

ALCÁCER DO SAL Setúbal 733 Q 4 – 6 602 h.
🅱 Rua da República 66 ✉ 7580-135 ☏ 265 61 00 70 turismo.alcacer@iol.pt Fax 265 61 00 79.
Lisboa 97 – Beja 94 – Évora 75 – Setúbal 55 – Sines 70.

Pousada D. Afonso II, Castelo de Alcácer, ✉ 7580-123, ☏ 265 61 30 70, guest@pousadas.pt, Fax 265 61 30 74, ←, Museu Arqueológico. Igreja, ☐ – 🛗 ■ TV ♨ P. – ☒ 25/100. AE ① ⓜ VISA. ※
Refeição 26 – **33 qto** ☐ 193/205 – 2 suites.
◆ O passado e o presente convivem num castelo-convento situado sobre uma colina, com o rio Sado ao fundo. Sabe conjugar a sobriedade decorativa e o desenho funcional. Restaurante que destaca pelas distintas maneiras de preparar o arroz.

ALCANTARILHA Faro 733 U 4 – 2 347 h.
Lisboa 258 – Albufeira 12 – Faro 48 – Lagos 36.

Capela das Artes, Quinta da Cruz, ✉ 8365-908 apartado 101, ☏ 282 32 02 00, admin@capeladasartes.com, Fax 282 32 02 09, 🍴, ☐ – ■ TV ♨ P. – ☒ 25/150. AE ① ⓜ VISA
fechado janeiro – **Refeição** (fechado 2ª feira) - só jantar - 20 – **28 qto** ☐ 120/130.
◆ Tem um encanto especial, já que combina o seu trabalho de hotel com a organização de cursos e exposições. Quartos de ar rústico, amplos embora algo sóbrios. Restaurante de corte regional decorado com obras de arte.

ALCANTARILHA

ela estrada N 269 Nordeste : 6,5 km :

⌂ **Casa do Catavento** ⚓, Escorrega do Malhão, ✉ 8365-024, ✆ 282 44 90 84, cas
a.do.catavento@oninet.pt, Fax 282 44 96 38, 🗻, 🛏 – 🍽 rest, 🅿. ✂
fevereiro-outubro – **Refeição** - só clientes a pedido - 20 – **4 qto** ⌕ 63/75.
♦ Situado em pleno campo, possui um ambiente familiar. Aconchegante zona social com
refeitório privado e quartos correctos, todos eles, com a excepção de um, possuem duche.

ALCOBAÇA Leiria 733 N 3 – 4 987 h alt. 42.

Ver : *Mosteiro de Santa Maria*★★ : *Igreja*★★ *(túmulo de D. Inês de Castro*★★*, túmulo de
D. Pedro*★★*), edifícios da abadia*★★*.*

🛈 Praça 25 de Abril ✉ 2460-018 ✆ 262 58 23 77 info@rt-leiriafatima.pt.

Lisboa 110 – Leiria 32 – Santarém 60.

🏨 **Santa Maria** sem rest, Rua Dr. Francisco Zagalo 20, ✉ 2460-041, ✆ 262 59 01 60,
Fax 262 59 01 61 – |≡| 🖿 📺 🚗 – 🛆 25/400. ⓐⓔ ⓜⓞ 𝕍𝕀𝕊𝔸. ✂
76 qto ⌕ 52,50/75.
♦ A estratégica localização junto ao mosteiro, e as suas instalações totalmente renovadas
e ampliadas, proporcionam-lhe uma gratificante estadia. Confortáveis quartos.

🏨 **D. Inês de Castro** sem rest, Rua Costa Veiga 44-48, ✉ 2460-028, ✆ 262 25 83 55,
reservas@hotel-inesdecastro.com, Fax 262 58 12 58 – |≡| 🖿 📺 ♿ 🚗 – 🛆 25/120. ⓞ
𝕍𝕀𝕊𝔸. ✂
39 qto ⌕ 60/80.
♦ Funcional e de recente construção, situado nos arredores da cidade. Dispõe de uma
correcta cafetaria, uma moderna sala para reuniões e quartos de linha actual.

⌂ **Challet Fonte Nova** ⚓ sem rest, Rua da Fonte Nova, ✉ 2461-601 apartado 82,
✆ 262 59 83 00, mail@challetfontenova.pt, Fax 262 59 84 30 – |≡| 🖿 📺 🅿. ⓐⓔ ⓜⓞ
𝕍𝕀𝕊𝔸. ✂
10 qto ⌕ 85/110.
♦ Envolvida em lendas e história. Adentrar-se nesta elegante casa senhorial é fazer um
pacto com o passado. Ao conforto tradicional une-se uma linda decoração.

em Aljubarrota Nordeste : 6,5 km :

⌂ **Casa da Padeira** sem rest, Estrada N 8-19, ✉ 2460-711 Aljubarrota (Prazeres),
✆ 262 50 52 40, casadapadeira@mail.telepac.pt, Fax 262 50 52 41, ≼, 🗻 – 🅿.
8 qto ⌕ 55/80.
♦ Bonita casa decorada com mobiliário português e numa zona ajardinada. Possui uma
acolhedora sala social e correctos quartos, a maioria com casas de banho com duche.

ALCOCHETE Setúbal 733 P 3 – 9 094 h.

🛈 Largo da Misericórdia ✉ 2890-025 ✆ 21 234 86 55 posto-turismo@cm-alcochete.pt
Fax 21 234 86 95.

Lisboa 59 – Évora 101 – Santarém 81 – Setúbal 29.

🏨 **Al Foz,** Av. D. Manuel I, ✉ 2890-014, ✆ 21 234 11 79, comercial@al-foz.pt,
Fax 21 234 11 90 – |≡| 🖿 📺 ♿ 🚗 – 🛆 25/50. ⓐⓔ ⓞ ⓜⓞ 𝕍𝕀𝕊𝔸. ✂
Refeição - ver rest. **Al Foz** – **32 qto** ⌕ 105/125.
♦ Um lugar criado para desfrutar. Hotel de linha actual dotado de confortáveis quartos
e uma boa zona social. Agradável exterior com esplanada e piscina.

🍴🍴 **Al Foz** - Hotel Al Foz, Av. D. Manuel I, ✉ 2890-014, ✆ 21 234 19 37, comercial@al-foz.pt,
Fax 21 234 21 32, ≼, 🍽 – 🍽 🅿. ⓐⓔ ⓞ ⓜⓞ 𝕍𝕀𝕊𝔸. ✂
Refeição lista 24 a 29.
♦ Restaurante panorâmico com uma atractiva esplanada e belas vistas ao rio, onde ofe-
recem um adequado serviço de mesa. A distribuição da sala é um pouco apertada.

ALDEIA DA MATA Portalegre 733 O 6 – 482 h.

Lisboa 201 – Portalegre 27 – Santarém 133 – Castelo Branco 77 – Évora 107.

o Sudoeste : 3 km e desvio a esquerda 3 km :

🏨 **Da Lameira** ⚓, Herdade da Lameira, ✉ 7440-154, ✆ 245 69 74 95, hrlameira@ne
tc.pt, Fax 245 69 73 30, ≼, 🍽, 🎾, 🗻 – 🍽 📺 ♿ 🅿. – 🛆 25/30. ⓐⓔ ⓜⓞ 𝕍𝕀𝕊𝔸 𝕁ℂ𝔹. ✂ qto
Refeição lista 22 a 34 – **25 qto** ⌕ 60/100 – 5 suites.
♦ Numa ampla quinta de caça. A sua variada zona social completa-se com uns confortáveis
quartos de estilo rústico-actual, alguns tipo duplex e a maioria com varanda. O refeitório
resulta sóbrio embora de correcta montagem.

ALDEIA DA SERRA Évora – ver Redondo.

65

ALDEIA DAS DEZ Coimbra 733 L 6 - 627 h alt. 450.
Lisboa 286 - Coimbra 81 - Guarda 93.

Quinta da Geia ⑤, Largo do Terreiro do Fundo do Lugar, ⊠ 3400-214
℘ 238 67 00 10, quintadageia@mail.telepac.pt, Fax 238 67 00 19, ≤ vale e Serra d
Estrela, 斧, ⌂, ⊡ & ℗ - 繥 25. 歴 ① ⑩ VISA. JCB. ※
Refeição 20 - **15 qto** ⊇ 55/85 - 3 apartamentos.
• O encanto dos tempos passados e o conforto actual convivem neste atractivo conjunte
arquitectónico do séc. XVII, em plena serra. Divirta-se no seu cálido e rústico interior
O seu refeitório simples complementa-se, no verão, com uma agradável esplanad
exterior.

ALFERRAREDE Santarém 733 N 5 - 3 831 h.
Lisboa 145 - Abrantes 2 - Santarém 79.

✕ **Cascata**, Rua Manuel Lopes Valente Junior 19-A-1º, ⊠ 2200-26
Abrantes, ℘ 241 36 10 11, restaurante@cascata.pt, Fax 241 36 63 40 - ☰. ① ⑩
VISA. ※
fechado domingo noite e 2ª feira - **Refeição** lista 16 a 24.
• Correcta organização com a direcção dos proprietários. Refeitório clássico onde
poderá desfrutar da cozinha do país, elaborada com produtos escolhidos a preço
moderados.

ALIJÓ Vila Real 733 I 7 - 2 806 h.
Lisboa 411 - Bragança 115 - Vila Real 44 - Viseu 117.

Pousada do Barão de Forrester, Rua Comendador José Rufino, ⊠ 5070-031
℘ 259 95 92 15, guest@pousadas.pt, Fax 259 95 93 04, ⌂, ✿, ※ - ⫪ ☰ ⊡ ℗. 畑
① ⑩ VISA. ※
Refeição 26 - **21 qto** ⊇ 133/145.
• Se uma adequada reforma melhorou o nível de conforto, a sua ampliação incrementou
o número de quartos. Cuidados exteriores e uma aconchegante zona social. Elegante res
taurante com sossegadas vistas aos jardins.

ALJUBARROTA Leiria - ver Alcobaça.

ALMADENA Faro 733 U 3 - 536 h.
Lisboa 284 - Faro 92 - Lagos 9.

✕ **O Celeiro**, Estrada N 125, ⊠ 8600-102 Luz LGS, ℘ 282 69 71 44 - ☰ ℗. 歴 ① ⑩
VISA. ※
fechado novembro e 2ª feira - **Refeição** lista aprox. 27.
• Um tratamento amável e cálido revela uma direcção simples mas eficiente. Dirigido
directamente pelo proprietário, brinda uma decoração singular no estilo loja de
antiguidades.

ALMANCIL Faro 733 U 5 - 8 799 h.
Ver : Igreja de S. Lourenço★ (azulejos★★).
ħ₁₈ ħ₁₈ Vale do Lobo, Sudoeste : 6 km ℘ 289 35 35 35 Fax 289 35 30 03 - ħ₁₈ ħ₁₈ Quinta do
Lago, ℘ 289 39 07 00 Fax 289 39 40 13.
Lisboa 306 - Faro 13 - Huelva 115 - Lagos 68.

✕✕✕ **Pequeno Mundo**, Pereiras - Oeste : 1,5 km, ⊠ 8135-907, ℘ 289 39 98 66
Fax 289 39 98 67, 斧 - ☰ ℗. 歴 ⑩ VISA. ※
fechado 16 dezembro-janeiro e domingo - **Refeição** - só jantar, cozinha francesa - lista
36 a 54.
• Inesquecíveis jantas numa antiga casa de campo decorada com gosto e estilo. Trata-se
dum ambiente atractivo e íntimo, onde se oferece uma ementa de tendência francesa

✕✕ **Aux Bons Enfants**, Estrada a Quinta do Lago - Sul : 1,5 km, ⊠ 8135-908
℘ 289 39 68 40, bonsenfants@hotmail.com, Fax 289 39 68 40, 斧, Instalado numa
antiga casa - ☰ ℗. ⑩ VISA. ※
fechado 15 janeiro-15 fevereiro e domingo - **Refeição** - só jantar, cozinha francesa - lista
29 a 45.
• A elegante fachada contrasta com o interior mais simples. Uma atractiva esplanada
e um refeitório de estilo neo-rústico conformam as instalações. Organização séria
e familiar.

✕✕ **Golfer's Inn**, Rua 25 de Abril 35, ⊠ 8135-150, ℘ 289 39 57 25, Fax 289 50 25 83, 斧
- ☰. 歴 ① ⑩ VISA. ※
fechado dezembro, janeiro e domingo - **Refeição** - só jantar - lista 24 a 33.
• Negócio que, apesar de ter mudado de propriedade, desfruta duma excelente direcção
Pequenos refeitórios de correcto conforto em um ambiente cálido e aconchegante.

ALMANCIL

XX **Couleur France,** Vale d'Eguas - Estrada de Portimão - Noroeste : 1,5 km, ✉ 8135-022, ℰ 289 39 95 15, Fax 289 39 72 11, 🍴 – P. AE ⓪ ⓪ VISA. ⚜
fechado do 4 ao 25 de julho, 28 novembro-27 dezembro e sábado – **Refeição** - só menú ao almoço, cozinha francesa - lista 25 a 39.
 • Com a sua nova localização, melhorou em espaço e conforto. Oferece uma ementa económica ao meio-dia e uma compensada ementa para as jantas. Boa adega de vinhos franceses.

em Vale Formoso :

XX **Henrique Leis,** Nordeste : 1,5 km, ✉ 8100-267 Loulé, ℰ 289 39 34 38, *henriquelei
🕸 s@iol.pt*, Fax 289 39 34 38, 🍴 – P. AE ⓪ VISA. ⚜
fechado 14 novembro-27 dezembro e domingo – **Refeição** - só jantar - 60 e lista 50 a 64.
Espec. Três ravioles "gourmands" com creme suave de aspargos verdes. Canudo de linguado entre a trufa e a raiz de aipo. Stravaganza de chocolates.
 • Atractiva casa de estilo neo-rústico, cujos muros albergam uma pequena sala decorada com gosto esmerado. O mais destacável são as belas vistas desde a sua esplanada.

ao Sul :

XXX **São Gabriel,** Estrada de Vale do Lobo a Quinta do Lago - 4 km, ✉ 8135-106,
🕸 ℰ 289 39 45 21, *info@saogabriel.com*, Fax 289 39 64 08, 🍴 – ▬ P. AE ⓪
VISA. ⚜
fechado dezembro-janeiro e 2ª feira – **Refeição** - só jantar - 49 e lista 44 a 59.
Espec. Delícias de fígado de ganso. Filete de peixe espada preto grelhado. Peito de pombo Bresse assado no forno com molho de vinho do Porto.
 • O seu proprietário soube manter o seu estilo e conforto tradicional. Atractiva esplanada-jardim, bar privado, e dois refeitórios, o principal deles com lareira central.

XX **Chez Angelo,** Corgo da Zorra - Estrada de Vale do Lobo - 4 km, ✉ 8135-107,
ℰ 289 39 22 06, *angelo@sdias.pt*, Fax 289 39 20 00 – ▬ P. AE ⓪ VISA. ⚜
fechado dezembro e domingo salvo julho-setembro – **Refeição** - só jantar, cozinha francesa - lista 34 a 47.
 • De recente abertura, tem o aval dum profissional com experiência. Um jovem chefel controla os fogões, proporcionando-nos uma reconfortante cozinha de estilo francês.

XX **Mr. Freddie's,** Escanxinas - Estrada de Vale do Lobo - 2 km, ✉ 8135-107,
ℰ 289 39 36 51, Fax 289 39 36 32, 🍴 – ▬ P. AE ⓪ ⓪ VISA. ⚜
fechado 23 dezembro-2 janeiro e domingo – **Refeição** - só jantar - lista 21 a 35.
 • Situado numa casa ao rés-do-chão, possui uma eficiente direcção. Aconchegante hall na entrada, seguido dum refeitório bem montado, realçado por um mobiliário de qualidade.

XX **Casa dos Pinheiros,** Corgo da Zorra - Estrada de Vale do Lobo - 3 km, ✉ 8135,
ℰ 289 39 48 32, Fax 289 39 32 88 – ▬ P. AE VISA. ⚜
fechado dezembro e domingo – **Refeição** - só jantar, peixes e mariscos - lista 37 a 58.
 • Negócio dirigido com orgulho e dignidade que tem dado bons frutos. Luminoso refeitório, onde um expositor de peixes e frutos do mar anuncia as especialidades da casa.

XX **Florian,** Vale Verde - Estrada da Quinta do Lago - 7 km, ✉ 8135 Almancil,
ℰ 289 39 66 74, *mirande@oninet.pt* – ▬. ⓪ ⓪ VISA. ⚜
fechado 27 novembro-10 janeiro e 5ª feira – **Refeição** - só jantar - lista 38 a 46.
 • Dispõe de um único refeitório de ar colonial, com quadros antigos, numerosas fotografias e cadeiras em ratan. Talher moderno e ementa internacional de inspiração francesa.

na estrada de Quarteira *Sudoeste : 3,5 km :*

🏠 **Quinta dos Rochas** sem rest, Fonte Coberta, ✉ 8135-019, ℰ 289 39 31 65, *quintadosrochas@mail.telepac.pt*, Fax 289 39 91 98, 🏊 – TV P. ⚜
fevereiro-outubro – ⊠ 5 – **10 qto** 60/70.
 • Casa muito familiar de ar mediterrâneo rodeada de árvores. Põe à sua disposição quartos amplos e cómodos, equipados com mobiliário standard.

em Vale do Lobo *Sudoeste : 6 km :*

🏛 Le Méridien Dona Filipa 🦢, ✉ 8135-901 Almancil, ℰ 289 35 72 00, *reservations@lemeridien-algarve.com*, Fax 289 35 72 01, ≤ pinhal, campo de golfe e mar, 🍴, 🏊 climatizada, 🦆, 🚙, ⚜ – 🛗, ⇆ qto, ▬ TV P. – 🔑 25/120
141 qto – 6 suítes.
 • Rodeado de magníficos campos de golfe, satisfará os amantes deste desporto. Formidável interior, onde o tamanho, a elegância e o conforto são os protagonistas. Boa oferta gastronómica, com vários refeitórios diferenciados para ementa ou buffet.

67

ALMANCIL

em Vale do Garrão *Sudoeste : 6 km :*

Ria Park Resort H. ⌘, ⌂ 8135-951 apartado 3410 Almancil, ℘ 289 35 98 00, *hc el@riaparkhotels.com*, Fax 289 35 98 88, ≤, 🍴, ♨, ♒, ▢, 🐾, ⚓ – 🛗 ▭ 📺 ♿ ▮ – 🅿 25/300. ÆE ⓞ ⓜ VISA. ⌘
Refeição - só jantar - 30 – **166 qto** ⇄ 216/270 – 9 suites.
♦ Este grande hotel é uma opção ideal para o descanso devido a sua tranquilidade múltiplas prestações, com uma excelente área social e amplos quartos. Restaurant espaçoso de estilo clássico que oferece ementa e buffet.

Ria Park Garden ⌘, ⌂ 8135-901 apartado 3055 Almancil, ℘ 289 35 98 22, *hot l@riaparkhotels.com*, Fax 289 35 98 88, ♒, ⚓, ※ – 🛗 ▭ 📺 🅿 – 🅿 25/150. ÆE ⓞ ⓜ VISA. ⌘
Refeição 25 – **76 qto** ⇄ 152/190 – 33 suites.
♦ Desfruta de uns exteriores muito cuidados, com extensas zonas de pinheiros e relvado Quartos de grande amplitude e excelente mantimento, todos eles com a sua própri varanda. Restaurante simples com serviço de buffet.

Formosa Park ⌘, Praia do Ancão, ⌂ 8135-172 Almancil, ℘ 289 35 28 00, *info@ formosa.pinheirosaltos.pt*, Fax 289 35 28 21, 🍴, ♒ – 🛗 ▭ 📺 ⚲♿ 🅿 – 🅿 25/60. Æ ⓞ ⓜ VISA. ⌘
fechado do 4 ao 25 de dezembro – **Refeição** lista aprox. 32 – **61 apartamento** ⇄ 234/292.
♦ Situação tranquila, vistas a uma zona de pinheiros e próximo à praia. Dispõe de aparta mentos bem equipados e amplos, todos com varanda e cozinha. Pequeno restaurante onde se combina o serviço de buffet com uma ementa internacional.

na Quinta do Lago *Sul : 8,5 km :*

Quinta do Lago ⌘, ⌂ 8135-024 Almancil, ℘ 289 35 03 50, *reservation @quintadolagohotel.com*, Fax 289 39 63 93, ≤ o Atlântico e ria Formosa, 🍴, ♨ ♒ climatizada, ▢, 🐾, ⚓, ※ – 🛗 ▭ 📺 ♿ 🅿 – 🅿 25/200. ÆE ⓞ ⓜ VIS JCB. ⌘ rest
fechado do 1 ao 27 de dezembro - **Ca d'Oro** *(cozinha italiana, só jantar, fechado do 1 a 27 de dezembro)* **Refeição** lista 45 a 66 - **Brisa do Mar :** **Refeição** lista 45 a 62 – **132 qt** ⇄ 520/535 – 9 suites.
♦ Situado numa urbanização de luxo, oferece um amplo leque de serviços complementares Magníficas instalações, distinguida linha actual e um elevado equipamento. O elegante res taurante Ca d'Oro destaca pelas cuidadas elaborações.

XXXX **Casa Velha,** ⌂ 8135-024 Almancil, ℘ 289 39 49 83, *comandim@mail.telepac.p* Fax 289 59 15 86, 🍴 – ▭ 🅿 ÆE ⓜ VISA JCB. ⌘
fechado 20 novembro-20 dezembro, 15 janeiro-15 fevereiro e domingo – **Refeição** - s jantar - lista aprox. 46.
♦ Esplêndido ambiente realçado por um excelente serviço de mesa, onde um jog de talheres de prata e uma fina cristalaria satisfarão os mais sibaritas. Agradáve pátio.

X **Casa do Lago,** ℘ 289 39 49 11, *qdl.casanova@mail.telepac.pt*, Fax 289 39 46 83 ≤, 🍴 – ▭ 🅿 ÆE ⓜ VISA. ⌘
Refeição - espec. em peixes - lista 30 a 45.
♦ Situado numa bela paisagem em pleno Parque Natural Ria da Formosa. Restaurant de ar rústico com uma montagem acertada, que oferece uma boa variedade de peixe frescos.

ALMEIDA *Guarda* **733** J 9 – *1 491 h.*
Ver : *Localidade*★ – *Sistema de fortificações*★.
Lisboa 410 – Ciudad Rodrigo 43 – Guarda 49.

Pousada Senhora das Neves ⌘, ⌂ 6350-112, ℘ 271 57 42 83, *guest@pous. das.pt*, Fax 271 57 43 20, ≤ – ▭ 📺 ♿ 🅿 ÆE ⓞ ⓜ VISA. ⌘
Refeição 23 – **21 qto** ⇄ 112/122.
♦ O seu estilo moderno contrasta com a tradição arquitectónica desta pequena aldei amuralhada. A amplitude de espaço e uma excelente manutenção definem o seu interior Refeitório luminoso repartido em duas zonas.

ALMEIRIM *Santarém* **733** O 4 – *11 607 h.*
Lisboa 88 – Santarém 7 – Setúbal 116.

O Novo Príncipe sem rest, Timor 1, ⌂ 2080-103, ℘ 243 57 06 00, Fax 243 57 06 0 – 🛗 ▭ 📺 ♿ 🅿 – 🅿 25/100. ÆE ⓞ ⓜ VISA. ⌘
40 qto ⇄ 40/60.
♦ Bem equipado e com aspecto actual. Possui quartos confortáveis mas reduzidos e cómo das zonas comuns. Destaca o salão de jogos com bilhar americano.

ALMOUROL (Castelo de) Santarém 733 N 4.
Ver : Castelo★★ (sítio★★, ≤★).
Hotéis e restaurantes ver : **Abrantes** Este : 18 km.

ALPALHÃO Portalegre 733 N 7 – 1 517 h.
Lisboa 199 – Portalegre 23 – Cáceres 138.

na estrada de Crato N 245 Sudoeste : 1,5 km :
Quinta dos Ribeiros ⌦ 6050-048, ℘ 245 74 51 00, info@quintadosribeiros.com, Fax 245 74 51 03, ≤, 🏊, 🍴, – 📺 🅿 – 🏋 25/30. ✂ rest
Refeição - só clientes a pedido - 15 – **4 qto** ⌑ 80/90 – 3 suites.
◆ Quinta agrícola com cálidos quartos repartidos em três edifícios que conservam, apesar da sua sobriedade, um ar rústico-regional. Refeitório privado para os clientes que estiverem alojados.

ALPEDRINHA Castelo Branco 733 L 7 – 1 184 h.
Lisboa 253 – Castelo Branco 33 – Guarda 71 – Coimbra 132 – Viseu 143.

na estrada N 18 Norte : 1,2 km :
Quinta do Anjo da Guarda com qto, ⌦ 6230-079, ℘ 275 56 71 26, q.anjo.guarda@mail.pt, Fax 275 56 71 26, ≤ Castelo Branco, Fundão e Serra de Gata, 🏊, ✂ – 📺 🅿. VISA. ✂
fechado 15 janeiro-15 fevereiro – **Refeição** (fechado 2ª feira) lista 15 a 21 – **10 apartamentos** ⌑ 80.
◆ Tem um elegante mobiliário em ratan e belas vistas através da janela panorâmica. Cozinha tradicional elaborada com produtos da zona e quartos como complemento.

ALPIARÇA Santarem 733 O 4 – 8 024 h.
Lisboa 93 – Fátima 68 – Santarém 11 – Setúbal 107.

A Casa da Emília, Rua Manuel Nunes Ferreira 101, ⌦ 2090-115, ℘ 243 55 63 16, 🌿 – ▦. ✂
fechado do 3 ao 24 de novembro, 2ª feira e 3ª feira meio-dia – **Refeição** lista 18 a 27.
◆ O refeitório, agradável mas algo pequeno, está compensado por um excelente serviço de mesa e por uma atenção exemplar por parte do proprietário, o qual dirige a sala.

ALQUERUBIM Aveiro – ver Albergaria-a-Velha.

ALTE Faro 733 U 5 – 2 176 h.
Lisboa 314 – Albufeira 27 – Faro 41 – Lagos 63.

Alte H. ⌦, Montinho - Nordeste : 1 km, ⌦ 8100-012, ℘ 289 47 85 23, altehotel@mail.telepac.pt, Fax 289 47 86 46, ≤, 🏊, ✂ – 🛗 ▦ 📺 🅿 – 🏋 25/120. ᴁ ⓞ ⓜⓢ VISA. ✂
Refeição 13 – **28 qto** ⌑ 64/84 – 2 suites.
◆ Hotel tranquilo e aconchegante, cuja elevada localização proporciona belas vistas. Apesar de não possuir grandes luxos, oferece um bom conforto. O restaurante panorâmico possui uma sedutora esplanada.

ALTO DA SERRA Santarém – ver Rio Maior.

ALTURA Faro 733 U 7 – 1 920 h – Praia.
Lisboa 352 – Ayamonte 7 – Faro 47.

A Chaminé, Sítio da Alagoa - Sul : 1 km, ⌦ 8950-411, ℘ 281 95 01 00, joaquimfeliciano@10L.pt, Fax 281 95 01 02 – ▦. ᴁ ⓞ ⓜⓢ VISA. ✂
fechado do 16 ao 30 de novembro e 3ª feira – **Refeição** lista 17 a 25.
◆ A bondade dos seus produtos converteram-no num clássico do lugar. Uma esplanada envidraçada antecede o agradável refeitório, onde destaca o esmerado serviço de mesa.

Fernando, Sítio da Alagoa - Sul : 1 km, ⌦ 8950-411, ℘ 281 95 64 55, Fax 281 95 64 55, 🌿 – ▦. ᴁ ⓜⓢ VISA. ✂
fechado do 15 ao 30 de janeiro e 2ª feira – **Refeição** lista 20 a 30.
◆ Discreto estabelecimento de carácter familiar, onde se oferecem reconfortantes pratos a preços atractivos. Um expositor de peixes revela uma cozinha de qualidade.

ALTURA

Ti-Zé, Estrada N 125, ✉ 8950-414, ✆ 281 95 61 61, *altura.luis@clix.pt*, 🍽 – 🏠. **⓪** **VISA**. ✗
fechado novembro e 3ª feira – **Refeição** lista 12 a 21.
♦ Restaurante situado à margem da estrada, cujas modestas instalações estão compensadas por uma impecável manutenção e uma correcta organização.

pela estrada da Manta Rota Sudoeste : 3 km :

Estalagem Oásis ⚜, Praia da Lota, ✉ 8901-907 apartado 30 Vila Nova de Cacela ✆ 281 95 16 60, *estalagem.oasis@mail.telepac.pt*, Fax 281 95 16 44, ≼, 🏊, 🐎 – 🏠 🖻 **P. AE ⓪ ⓪ VISA**. ✗
Refeição *(fechado novembro)* - só jantar - 13 – **20 qto** ⚌ 111,30/131,10 – 2 suites.
♦ Hotel de linhas modernas, cujo interior alberga quartos confortáveis e de grande tamanho. Destaca o pequeno mas cuidado jardim com palmeiras ao redor da piscina.

ALVARRÕES Portalegre **733** N 7 – 28 h.

Lisboa 226 – Portalegre 10 – Castelo Branco 79 – Santarém 159 – Évora 112.

pela estrada de Portalegre Sul : 1 km e desvio a esquerda 3 km :

Quinta do Barrieiro ⚜ sem rest, Reveladas, ✉ 7330-336, ✆ 245 96 43 08 *quintadobarrieiro@netc.pt*, Fax 245 96 42 62, Atelier de escultura, 🏊 – 🏠 📺 ❧ **P.** ✗
4 qto ⚌ 65/80 – 1 apartamento.
♦ Casa completamente remodelada num lugar isolado. As suas divisões dispõem de uma agradável decoração rústica e conta com originais detalhes de escultura no exterior.

ALVITO Beja **733** R 6 – 1 360 h.

Lisboa 161 – Beja 39 – Grândola 73.

Pousada Castelo de Alvito ⚜, Largo do Castelo, ✉ 7920-999 apartado 9 ✆ 284 48 07 00, *guest@pousadas.pt*, Fax 284 48 53 83, 🏊, 🐎 – 🛗 🏠 📺 ❧ ⚿ 25/40. **AE ⓪ ⓪ VISA**. ✗
Refeição 26 – **20 qto** ⚌ 188/200.
♦ Antigo castelo convertido em Pousada, com um pátio central e quartos de ar medieval. Amplos espaços, correcto equipamento e um belo jardim com piscina. Cálido restaurante com pratos como a caldeirada de bacalhau com ervas aromáticas.

AMARANTE Porto **733** I 5 – 10 113 h alt. 100.

*Ver : Localidade★, Igreja do convento de S. Gonçalo (órgão★) – Igreja de S. Pedro (tecto★.
Arred. : Travanca : Igreja (capitéis★) Noroeste : 18 km por N 15, Estrada de Amarante Vila Real ≼★ Picão de Marão★★.*
🗗 Alameda Teixeira de Pascoaes ✉ 4600-011 ✆ 255 42 02 46 *amarante@cm-amarante.pt* Fax 255 42 02 03.
Lisboa 372 – Porto 64 – Vila Real 49.

Casa da Calçada, Largo do Paço 6, ✉ 4600-017, ✆ 255 41 08 30, *reservas@casadacalcada.com*, Fax 255 42 66 70, 🏊, ✗ – 🛗 🏠 📺 ❧ ⚿ **P. AE ⓪ ⓪ VISA JCB**. ✗
Refeição lista 31 a 40 – **29 qto** ⚌ 140/153 – 1 suite.
Espec. Papo de anjo quente com maçã ralada, fígado de pato ao Porto. Cabrito de leite estufado com favas e amêndoa torrada. Bolinho de chocolate quente com gelado de frutos silvestres.
♦ Antiga casa senhorial situada junto à zona histórica. A zona social possui vários espaços e os quartos estão decorados com muito bom gosto. Amplo exterior ajardinado. Restaurante de muito bom nível onde oferecem uma cozinha criativa.

Navarras sem rest, Rua António Carneiro, ✉ 4600-049, ✆ 255 43 10 36 Fax 255 43 29 91 – 🛗 🏠 📺 – ⚿ 25/150. **AE ⓪ ⓪ VISA**. ✗
58 qto ⚌ 63/79.
♦ Situado num edifício urbano um pouco anódino. Hotel funcional dotado de quartos bem renovados, com um correcto conforto e casas de banho na mesma linha. Discreta zona nobre.

pela estrada IP 4 Sudeste : 17 km :

Pousada de S. Gonçalo ⚜, Serra do Marão - alt. 885, ✉ 4604-909 apartado 286 ✆ 255 46 00 30, *guest@pousadas.pt*, Fax 255 46 13 53, ≼ Serra do Marão – 🏠 📺 ❧ **P. AE ⓪ ⓪ VISA**. ✗
Refeição 26 – **14 qto** ⚌ 130/140 – 1 suite.
♦ Proporciona o prazer de algumas vistas privilegiadas sobre a serra de Marão. Quartos renovados com detalhes de certo encanto e uma área nobre reduzida mas aconchegante. Refeitório de agradável atmosfera e esplêndida vista panorâmica.

AMARES Braga 733 H 4 – 2 299 h.
Lisboa 371 – Braga 15 – Porto 65.

⚹ **Casa da Tapada,** Largo Dom Gualdim Pais, ✉ 4720-013, ✆ 253 99 35 55, *restaurante.tapada@oninet.pt*, 🍴 – AE ⓜ VISA. ✂
fechado 2ª feira – **Refeição** lista 19 a 26.
 • Restaurante situado numa casa de estilo rústico. Amplo bar situado ao rés-do-chão, e dois simples refeitórios no 1º andar. Ameniza-se os fins de semana com um pianista.

pela estrada de Póvoa de Lanhoso *Sudeste : 2,5 km, desvio a direita 0,5 km e desvio a esquerda 0,5 km :*

⌂ **Quinta do Burgo** ⊛ sem rest, Lugar dos Almeidas, ✉ 4720-612 Prozelo AMR, ✆ 253 99 27 49, *susana@quintadoburgo.com*, Fax 253 99 27 49, ≤, 🏊, 🎾, ✂ – P. ✂
6 qto ⌸ 70 – 4 apartamentos.
 • Casa rústica rodeada por um campo de vinhedos. Interiores cuidados e com numerosos detalhes, mas com uma linha decorativa simples. Possui espaçosos apartamentos T1 anexos.

ANADIA Aveiro 733 K 4 – 3 034 h.
Lisboa 229 – Coimbra 30 – Porto 92.

🏨 **Cabecinho** sem rest, Av. Cabecinho, ✉ 3780-203, ✆ 231 51 09 40, *hotel.cabecinho@netvisao.pt*, Fax 231 51 09 41 – 🛗 ☐ TV P – 🅿 25/200. AE ⓜ VISA. ✂
49 qto ⌸ 45/57,50 – 2 suites.
 • Moderno hotel que possui uma boa zona social e quartos funcionais, na sua maioria com alcatifa. Sala polivalente no último andar.

APÚLIA Braga – ver Fão.

ARCAS Bragança 733 H 8 – 389 h.
Lisboa 312 – Bragança 47 – Vila Real 99.

⌂ **Solar das Arcas** ⊛, ✉ 5340-031, ✆ 278 40 00 10, *solardasarcas@mail.telepac.pt*, Fax 278 40 12 33, ≤, 🍴, 🏊, 🎾 – TV P. ✂
Refeição - só a pedido – 20 – **4 apartamentos** ⌸ 75 – 1 qto, 2 suites.
 • Instalações simples e adequadas ao ambiente rural, formando parte duma quinta do séc. XVII. Destacam quatro espaçosos apartamentos T1 de elegante estilo rústico.

ARCOS DE VALDEVEZ Viana do Castelo 733 G 4 – 1 867 h.
🛈 Rua Prof. Dr. Mário Júlio Almeida Costa ✉ 4970-606 ✆ 258 51 02 60 Fax 258 51 02 69.
Lisboa 416 – Braga 36 – Viana do Castelo 45.

🏨 **Costa do Vez,** Estrada de Monção, ✉ 4970-483, ✆ 258 52 12 26, *costa.do.vez@clix.pt*, Fax 258 52 11 57 – 🛗 ☐ TV ♿ P. AE ⓘ ⓜ VISA. ✂
Refeição - ver rest. **Grill Costa do Vez** – **28 qto** ⌸ 30/47,50 – 1 suite.
 • De organização simples e esmerada manutenção, apresenta quartos de linha actual com um suficiente conforto e um correcto equipamento. Tratamento amável.

⚹ **Grill Costa do Vez** - *Hotel Costa do Vez*, Estrada de Monção, ✉ 4970-483, ✆ 258 51 61 22, *costadovez@mail.telepac.pt*, Fax 258 52 11 57 – ☐ P. AE ⓘ ⓜ VISA. ✂
fechado do 15 ao 31 de outubro e 2ª feira – **Refeição** lista 20 a 25.
 • O seu estilo cálido e rústico-regional contrasta com a estética moderna do hotel. É aconchegante e oferece uma cozinha na grelha baseada na qualidade dos seus produtos.

AREIAS DE PORCHES Faro – ver Armação de Pêra.

AREIAS DE SÃO JOÃO Faro – ver Albufeira.

*Os preços indicados podem aumentar,
em caso de variações significativas do custo de vida.
Solicite a confirmação do preço definitivo quando efectue
a sua reserva de hotel.*

ARGANIL Coimbra 733 L 5 – 3 981 h alt. 115.

🖪 Av. das Forças Armadas - Casa Municipal da Cultura ✉ 3300-011 ✆ 235 20 48 23 bm.cmc@mail.telepac.pt Fax 235 20 48 23.
Lisboa 260 – Coimbra 60 – Viseu 80.

De Arganil sem rest, Av. das Forças Armadas, ✉ 3300-011, ✆ 235 20 59 59 Fax 235 20 51 23 – 📶 🔲 📺 🅿 – 🅰 25/150. AE ⓜ VISA ✗
34 qto ⇌ 32,50/45.
◆ Hotel de discreta fachada clássica porém com instalações renovadas e actuais. Desfruta de diferentes áreas sociais bem mobiladas e quartos de moderno conforto.

Canário sem rest, Rua Oliveira Matos, ✉ 3300-062, ✆ 235 20 24 57, Fax 235 20 53 68 – 📶 🔲 📺 AE VISA ✗
24 qto ⇌ 30/45.
◆ Situado numa rua central pedonal. Possui quartos de suficiente conforto, com mobiliário funcional e casas de banho actuais. Zona nobre reduzida.

ARMAÇÃO DE PÊRA Faro 733 U 4 – 2 894 h – Praia.

Ver : passeio de barco★★ : grutas marinhas★★.
🖪 Av. Marginal ✉ 8365-101 ✆ 282 31 21 45.
Lisboa 262 – Faro 51 – Beja 131 – Lagoa 11 – Albufeira 16.

Náutico, Vale do Olival, ✉ 8365-912, ✆ 282 31 00 00, nautico@vilagale.pt Fax 282 31 00 60, ₤₅, ⛱, ⛱ – 📶 🔲 📺 ♿ 🚗 🅿 – 🅰 25/140. AE ⓪ ⓜ VISA ✗
Refeição - só jantar buffet - 20 – **189 qto** ⇌ 155/186 – 22 suites.
◆ Hotel de múltiplas prestações, decorado numa linha moderna e actual. Zona social bem disposta e quartos atractivos realçados com motivos náuticos. Refeitório funcional, alegre e juvenil, baseando a sua oferta num completo buffet.

Pestana Levante H. ⚘, Quintas Porches, ✉ 8365-909 apartado 37, ✆ 282 31 09 00, levante@pestana.com, Fax 282 31 09 99, ≤, ⛱ – 📶 🔲 📺 🅿. AE ⓪ ⓜ VISA ✗
Refeição - só buffet - 27 – **88 qto** ⇌ 175/220.
◆ De discreta organização, proporciona uma atractiva localização com vistas para o mar. Uma recente renovação seguindo critérios actuais elevou o seu nível. Exteriores cuidados e alegre restaurante com um completo buffet.

Algar sem rest, Av. Beira Mar, ✉ 8365-101, ✆ 282 31 47 32, info@hotel-algar.com Fax 282 31 47 33, ≤, ₤₅ – 📶 🔲 📺 ♿. AE ⓜ VISA ✗
⇌ 6 – **47 apartamentos** 100/125.
◆ Apartamentos T1 em regime hoteleiro. Mobiliário de linha funcional, com cozinha bem equipada e com as casas de banho em mármore. Um bom recurso de praia para as famílias.

Santola, Largo da Fortaleza, ✉ 8365-108, ✆ 282 31 23 32, Fax 282 31 23 32, ≤, 🍽 – AE ⓪ ⓜ VISA JCB ✗
Refeição lista 20 a 29.
◆ Privilegiada localização na 1ª linha de praia e atmosfera de agradável rusticidade. Duas salas panorâmicas, com um mobiliário em consonância com o correcto serviço de mesa.

ao Oeste :

Vila Vita Parc ⚘, Alporchinhos - 2 km, ✉ 8400-450 Porches, ✆ 282 31 01 00, reservas@vilavitaparc.com, Fax 282 32 03 33, ≤, 🍽, Serviços de terapêutica, ₤₅, ⛱ climatizada, ⛱, ⛳, 🐎, ✗, ₅ – 📶 🔲 📺 ♿ 🚗 🅿 – 🅰 25/500. AE ⓪ ⓜ VISA ✗
Ocean (só jantar) **Refeição** lista aprox. 88 - **Aladin Grill** (só jantar) **Refeição** lista 45 a 67 - **Atlántico** (só jantar, 15 março-outubro) **Refeição** lista 44 a 60 – **87 qto** ⇌ 386/483 – 83 suites, 12 apartamentos.
◆ Arquitecturas serenas num complexo onde o gosto e a elegância convivem em harmonia com um estilo renovado. Ambiente distinguido, com formosos jardins frente ao mar. Boa oferta gastronómica, destacando o restaurante Ocean pela sua ementa e decoração.

Sofitel Vilalara Thalassa ⚘, Praia das Gaivotas - 2,5 km, ✉ 8400-450 Porches, ✆ 282 32 00 00, h2987@accor-hotels.com, Fax 282 31 49 56, ≤, 🍽, Serviços de talassoterapia, ₤₅, ⛱ climatizada, ⛳, 🐎, ✗ – ✱ qto, 🔲 📺 🚗 🅿. AE ⓪ ⓜ VISA
Refeição lista aprox. 58 – ⇌ 16,50 – **119 qto** 298/396 – 2 suites, 8 apartamentos.
◆ Excelentes instalações, onde um completo equipamento possibilita um conforto decididamente moderno. Os seus quartos estão rodeados por um magnífico jardim cheio de flores. Amplo refeitório definido pelo seu ambiente elegante.

ARMAÇÃO DE PÊRA

🏠 **Albergaria N. Senhora da Rocha** sem rest, Praia Nossa Senhora da Rocha - 3 km, ✉ 8400-450 Porches, ✆ 282 31 57 52, *albergaria.rocha@mail.telepac.pt*, Fax 282 31 57 54 – 🛗 ■ TV P. AE ① ⓜ VISA. ✼
março-outubro – **30 qto** ⊇ 50/67.
♦ Hotelzinho funcional num edifício de estilo regional. Pequena recepção, bar privado no último andar, e quartos bem cuidados com casas de banho actuais.

🏠 **Casa Bela Moura** sem rest, Estrada de Porches - 2 km, ✉ 8400-450 Porches, ✆ 282 31 34 22, *casabelamoura@sapo.pt*, Fax 282 31 30 25, ☒ – P. ✼
fechado 5 janeiro-4 fevereiro – **14 qto** ⊇ 85/130.
♦ Correcto recurso rural situado numa casa de nova construção. Se o edifício principal alberga os quartos modernos, o seu edifício contíguo acolhe outros de estilo mais rústico.

em Areias de Porches *Noroeste* : *4 km* :

🏨 **Albergaria D. Manuel,** ✉ 8400-452 Lagoa, ✆ 282 31 38 03, *dommanu@clix.pt*, Fax 282 31 32 66, 🍽, ☒ – ■ TV 🛗 P. AE ① ⓜ VISA. ✼
Refeição *(fechado dezembro, janeiro e 3ª feira)* 15 – **43 qto** ⊇ 63/72 – PA 28.
♦ Com uma atenta organização familiar e com instalações simples mas cuidadas. Zona nobre bem disposta e luminosos quartos com casas de banho correctamente equipadas. Refeitório discreto cuja cândida decoração dota-o de certa graça e encanto.

ARRAIOLOS *Évora* **733** P 6 – *3 549 h.*
Lisboa 125 – Badajoz 102 – Évora 22 – Portalegre 103 – Setúbal 94.

🏛 **Pousada Nossa Senhora da Assunção** 🛁, Quinta dos Loios - Norte : 1 km, ✉ 7044-909 apartado 61, ✆ 266 41 93 40, *guest@pousadas.pt*, Fax 266 41 92 80, ☒, ✼ – 🛗 ■ TV P – 🛗 25/120. AE ① ⓜ VISA. ✼
Refeição 26 – **30 qto** ⊇ 193/205 – 2 suites.
♦ Antigo convento que foi declarado de interesse público. Combina a sua arquitectura com uma decoração moderna, possui quartos funcionais com as casas de banho em mármore. Confortável refeitório à carta num ambiente amplo e muito luminoso.

AVEIRO P **733** K 4 – *8 652 h.*
Ver : *Bairro dos canais*★ *(canal Central, canal de São Roque)* Y – *Antigo Convento de Jesus*★★ : *Igreja*★★ *(capela-mor*★★, *coro baixo*★, *túmulo da princesa Santa Joana*★★*), Museu*★★ *(retrato da princesa Santa Joana*★*) Z.*
Arred. : *Ria de Aveiro*★.
🚗 ✆ 234 38 16 32.
🛈 Rua João Mendonça 8 ✉ 3800-200 ✆ 234 42 36 80 *aveiro.rotadaluz@inovanet.pt* Fax 234 42 83 26 – **A.C.P.** Av. Dr. Lourenço Peixinho 89 - D ✉ 3800-165 ✆ 234 42 25 71 Fax 234 42 52 20.
Lisboa 252 ② – *Coimbra 56* ② – *Porto 70* ① – *Vila Real 170* ① – *Viseu 96* ①.
Plano página seguinte

🏛 **Imperial,** Rua Dr. Nascimento Leitão, ✉ 3810-108, ✆ 234 38 01 50, *reservas@hotelimperial.pt*, Fax 234 38 01 51 – 🛗 ■ TV 🛗 – 🛗 25/250. AE ① ⓜ VISA JCB. ✼ rest
Z u
Refeição 18,80 – **98 qto** ⊇ 55/70 – 9 suites.
♦ O gosto pelos grandes espaços define-o. A zona social foi bem renovada e os seus quartos, com alcatifa, apostam por um estilo mais actual. O refeitório recria um ambiente alegre, diferenciando-se da sobriedade clássica do resto do hotel.

🏛 **Mercure Aveiro** sem rest, Rua Luís Gomes de Carvalho 23, ✉ 3800-211, ✆ 234 40 44 00, *h2934@accor-hotels.com*, Fax 234 40 44 01, 🚗 – 🛗, ✼ qto, ■ TV 🛗 🚙. AE ① ⓜ VISA JCB. ✼
X d
⊇ 7 – **45 qto** 61/68.
♦ Belo edifício dos anos 30 com certo estilo colonial. Uma atractiva fachada de ar senhorial antecede um interior muito actual. Adequado conforto.

🏛 **Afonso V** 🛁, sem rest, Rua Dr. Manuel das Neves 65, ✉ 3810-101, ✆ 234 42 51 91, *afonsov.reservas@hoteisafonsov.com.pt*, Fax 234 38 11 11 – 🛗 ■ TV 🚙 – 🛗 25/450. ⓜ VISA. ✼
Z b
76 qto ⊇ 56/73,50 – 4 suites.
♦ Estabelecimento dotado de quartos de diversa amplitude, que vem-se completados com uma zona nobre elegante e bem disposta. Elevado profissionalismo.

AVEIRO

5 de Outubro (Av.)	Y	44
14 de Julho (Pr.)	Y	
Antónia Rodrigues (R.)	Y	3
Apresentação (Largo da)	Y	4
Belém do Pará	Y	6
Bourges (R. de)	X	7
Capitão Sousa Pizarro (R.)	Z	9
Clube dos Galitos (R.)	Y	10
Coimbra (R.)	Y	12
Comb. da Grande Guerra (R.)	Z	13
Dr Francisco Sá Carneiro (R.)	X	14
Dr Lourenço Peixinho (Av.)	Y	
Eça de Queiroz (R.)	Z	15
Eng. Adelino Amaro da Costa (R.)	X	16
Eng. Pereira da Silva (R.)	Y	17
Gustavo F. P.-Basto (R.)	Z	18
Hintze Ribeiro (R.)	X	19
Humberto Delgado (Pr.)	Y	21
Jorge de Lencastre (R.)	Y	22
José Estêvão (R.)	Y	24
José Luciano de Castro (R.)	X	25
José Rabumba (R.)	Y	27
Luís de Magalhães (R. do C.)	Y	28
Mário Sacramento (R.)	X	30
Marquês de Pombal (Pr.)	Z	31
República (Pr. da)	Y	34
Sá (R. de)	X	36
Santa Joana (R.)	X	37
Santo António (Largo de)	Z	39
Universidade (Av. da)	Y	40
Viana do Castelo (R.)	Y	42

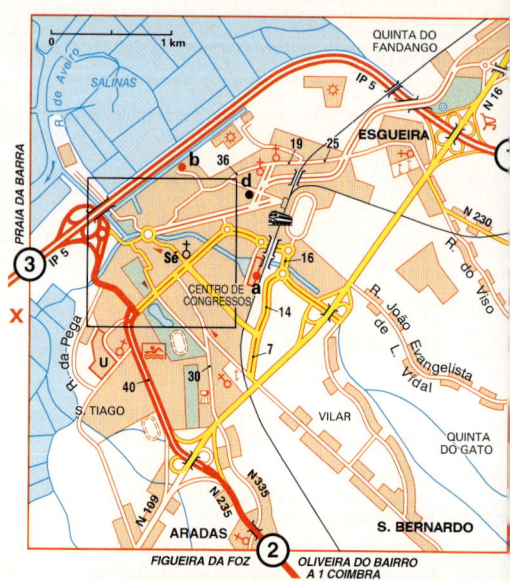

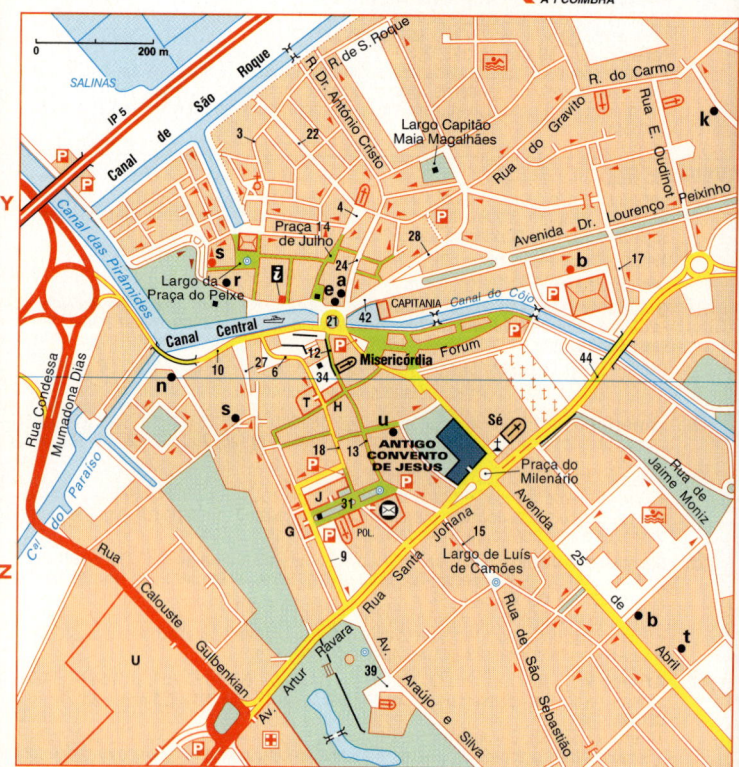

AVEIRO

Moliceiro sem rest, Rua Barbosa de Magalhães 15, ⊠ 3800-154, ℘ 234 37 74 00, *hot elmoliceiro@hotelmoliceiro.com*, Fax 234 37 74 01 – 📳 🔲 📺 🔥. 🖭 ① ⓜ 🚾 JCB. ✂
Y r
20 qto ⊂⊐ 97,50/125.
♦ O seu nome alude a um tipo de embarcação de fundo plano, típica do lugar. Hotelzinho correctamente equipado, onde o decoro e o gosto pelo detalhe assumem protagonismo.

As Américas 🌿 sem rest, Rua Eng. Von Hafe 20, ⊠ 3800-176, ℘ 234 38 46 40, Fax 234 38 42 58 – 📳 🔲 📺 🔥 🚗 – 🅰 25/150. 🖭 ⓜ 🚾. ✂
Y k
68 qto ⊂⊐ 65/80 – 2 suites.
♦ Negócio de recente construção, cuja linha moderna e funcional aposta por materiais de excelente qualidade. Pequenos almoços reconfortantes no edifício duma velha vila.

Jardim Afonso V 🌿 sem rest, Praceta D. Afonso V, ⊠ 3810-094, ℘ 234 42 65 42, *jardim.reservas@hotesafonsov.com.pt*, Fax 234 42 41 33 – 📳 🔲 📺 🚗 – 🅰 25/70. 🖭 ⓜ 🚾
Z t
48 qto ⊂⊐ 51,60/69.
♦ A localização, num anexo do hotel Afonso V, evidencia uma propriedade compartilhada, bem como uma actividade que complementa o mesmo. Uma esmerada renovação elevou o nível.

Do Albôi sem rest, Rua da Arrochela 6, ⊠ 3810-052, ℘ 234 38 03 90, *alboi@residencial-alboi.com*, Fax 234 38 03 91 – 📺. 🖭 ① ⓜ 🚾 JCB. ✂
Z s
22 qto ⊂⊐ 45/57.
♦ Com excelente manutenção e decoração aconchegante, o seu interior alberga uma zona social de tamanho correcto e confortáveis quartos de estilo clássico-moderno.

José Estevão sem rest, Rua José Estevão 23, ⊠ 3800-202, ℘ 234 38 39 64, Fax 234 38 25 70 – 📳 🔲 📺. 🖭 ① ⓜ 🚾. ✂
Y a
12 qto ⊂⊐ 50/60.
♦ Central e de modesta organização, oferece um adequado conforto na sua categoria. Espaço comum um pouco reduzido, com uma área de uso polivalente e quartos de estilo actual.

Arcada sem rest, Rua Viana do Castelo 4, ⊠ 3800-275, ℘ 234 42 30 01, *hotelarcada@clix.pt*, Fax 234 42 18 86 – 📳 🔲 📺. 🖭 ① ⓜ 🚾
Y e
43 qto ⊂⊐ 55,50/67 – 6 suites.
♦ Instalado num emblemático edifício aberto à luz e cor do canal Central. Os seus quartos desfrutam de certo encanto, embora neles aprecia-se o passar do tempo.

Hotelaria do Albôi sem rest, Rua da Liberdade 10, ⊠ 3810-126, ℘ 234 40 41 90, *hoteleria@residencial-alboi.com*, Fax 234 40 41 91 – 📺
YZ n
18 qto ⊂⊐ 46/61.
♦ Ocupa dois edifícios comunicados por uma passagem envidraçada. Quartos funcionais com casas de banho com duche, dispondo de cozinha em alguns deles.

Olaria, Centro Cultural e de Congressos de Aveiro, ⊠ 3810-200, ℘ 234 38 42 21, *olaria@netcabo.pt*, Fax 234 38 41 39, 🌞 – 📳 🔲. 🖭 ① ⓜ 🚾. ✂
X a
fechado domingo – **Refeição** lista aprox. 24.
♦ Restaurante de estilo actual, situado numa antiga fábrica, onde oferecem uma ementa média com preços acessíveis. Uma direcção jovem e dinâmica dota-o de novos ares.

Centenário, Largo do Mercado 9, ⊠ 3800-223, ℘ 234 42 27 98, *rest.centenario@mail.telepac.pt*, Fax 234 48 14 45, 🌞 – 🔲. 🖭 ① ⓜ 🚾. ✂
Y b
Refeição lista aprox. 23.
♦ Este local, bem situado junto ao mercado, foi remodelado com uma decoração simples mas moderna. Oferece uma cozinha tradicional de alegres apresentações.

Salpoente, Rua Canal São Roque 83, ⊠ 3800-256, ℘ 234 38 26 74, *salpoente@netcabo.pt*, Fax 234 42 52 10, Antigo armazém de sal – 🔲. 🖭 ① ⓜ 🚾. ✂
X b
fechado do 1 ao 8 de setembro e domingo – **Refeição** lista 15 a 27.
♦ Original. Ocupa um velho armazém de sal, reabilitado com acerto e maestria. Mobiliário clássico-actual, com detalhes rústicos e serviço de mesa que cumpre com as expectativas.

O Moliceiro, Largo do Rossio 6, ⊠ 3800-246, ℘ 234 42 08 58, Fax 234 42 08 58 – 🔲. ① ⓜ 🚾. ✂
Y s
fechado do 15 ao 30 de junho, do 15 ao 30 de outubro e 5ª feira – **Refeição** lista aprox. 24.
♦ Estabelecimento clássico português, modesto mas bem assentado com os seus proprietários na direcção do negócio. Mobiliário simples compensado por uma impecável manutenção.

AVEIRO

em Cacia *pela estrada N 16 : 7 km :*

🏨 **João Padeiro,** Rua da República, ✉ 3800-533 Cacia, ℘ 234 91 13 26, Fax 234 91 27 51 – 🛗 📺 🅿 AE ⓘ ⓜ VISA. ❄ rest
Refeição *(fechado domingo noite)* lista 26 a 35 – **27 qto** ⚏ 50/70.
• Hotel de conforto adequado e simples organização, decorado num estilo clássico-português que começa a acusar a passagem do tempo. Quartos de grande tamanho.

pela estrada de Cantanhede N 335 *por ② : 8 km :*

🏨 **João Capela** ⚭, Quinta do Picado (saída pela Rua Dr. Mario Sacramento), ✉ 3810-832 Oliveirinha, ℘ 234 94 15 97, rcapela@clix.pt, Fax 234 94 19 70, 🏊 – 📺 🅿 AE ⓜ VISA. ❄
Refeição *(fechado do 1 ao 15 de janeiro, domingo noite e 2ª feira)* 15 – **30 qto** ⚏ 35/50.
• Complexo hoteleiro orientado fundamentalmente ao banquete ; por essa razão, os seus quartos e a zona nobre estão localizados num anexo. Cálido e confortável, de estilo montanhês. A grande capacidade do seu restaurante evidencia a principal actividade da casa.

em Gafanha da Nazaré *por ④ : 6,5 km :*

🍴 **O Porão,** Av. da Saudade 19, ✉ 3830-596 Gafanha da Nazaré, ℘ 234 36 39 45, Decoração marinheira – 🅿 ⓜ VISA. ❄
fechado setembro e domingo – **Refeição** lista 29 a 38.
• De correcta organização, apresenta uma ampla oferta gastronómica baseada em elaborações de pratos na grelha. Cuidado ambiente de estilo marinheiro.

na Praia da Barra *por ④ : 9 km :*

🏨 **Farol** sem rest, Largo do Farol, ✉ 3830-753 Gafanha da Nazaré, ℘ 234 39 06 00, Fax 234 39 06 06 – 🛗 📺 ♿ AE ⓜ VISA. ❄
12 qto ⚏ 90 – 3 suites.
• Antigo edifício de ar senhorial dotado de aconchegantes instalações, onde o desenho e o gosto pelo moderno são os protagonistas. Quartos espaçosos e confortáveis.

🍴 **Boca da Barra,** Largo do Farol 14, ✉ 3830-753 Gafanha da Nazaré, ℘ 234 36 95 42, turivagos@iol.pt, Fax 234 39 41 44, ≤, 🍽 – 🍴 AE ⓘ ⓜ VISA. ❄
Refeição lista aprox. 35.
• Situado junto ao farol, na entrada do Porto e sobre uma pequena praia. Possui um café e um refeitório clássico simples onde oferecem uma ementa bem compensada.

em Costa Nova *por ④ : 9,5 km :*

🏨 **Azevedo** sem rest, Rua Arrais Ança 16, ✉ 3830-455 Gafanha da Encarnação, ℘ 234 39 01 70, Fax 234 39 01 71 – 🛗 📺 ♿ 🚗 AE ⓘ ⓜ VISA. ❄
16 qto ⚏ 60/75.
• Singular fachada ao estilo dos típicos palheiros da zona e um moderno interior realçado com detalhes de desenho. Agradável ambiente familiar e bom conforto geral.

AZÓIA DE BAIXO Santarém 🝮 O 3 – *278 h.*

Lisboa 85 – Fátima 54 – Nazaré 91 – Santarém 9.

🏠 **Rural de Santarém** ⚭, Quinta dos Xendros - Norte : 1 km, ✉ 2000-441, ℘ 243 46 70 40, geral@hoteluralsantarem.com, Fax 243 46 70 49, ≤, 🏊, ❄ – 🍴 📺 ♿ 🅿 AE ⓜ VISA. ❄ rest
Refeição *(fechado 15 julho-15 agosto, 2ª feira e 3ª feira)* - só clientes - 19 – **10 qto** ⚏ 90/98 – 1 suite.
• Situado em pleno campo, levanta-se sobre um antigo lagar de azeite. Dispõe dum cálido salão social com lareira e quartos actuais, na sua maioria com varanda.

AZURARA Porto – *ver Vila do Conde.*

BARCARENA Lisboa 🝮 P 2 – *11 847 h.*

Lisboa 14 – Sintra 19.

na estrada das Fontaínhas *Norte : 1 km :*

🍴🍴 **Albapólvora,** Fábrica da Pólvora de Barcarena - edifício 48, ✉ 2745-615, ℘ 21 438 20 73, albapolvora@clix.pt, Fax 21 438 20 74 – 🍴 AE ⓘ ⓜ VISA. ❄
fechado domingo noite e 2ª feira – **Refeição** lista 29 a 34.
• Antiga fábrica de pólvora reabilitada. Estabelecimento de atractivos exteriores que destaca pelo conforto, ementa e organização aconchegantes, interiores de tectos elevados.

BARCELOS Braga 733 H 4 – 20 625 h alt. 39.

Ver : *Interior★ da Igreja Matriz, Igreja de Nossa Senhora do Terço★, (azulejos★).*

🛈 Torre da Porta Nova ⊠ 4750-329 ℰ 253 81 18 82 turismo-barcelos@clix.pt Fax 253 82 21 88.

Lisboa 366 – Braga 18 – Porto 48.

Dom Nuno sem rest, Av. D. Nuno Álvares Pereira 76, ⊠ 4750-234, ℰ 253 81 28 10, Fax 253 81 63 36 – 🛗 📺 🅰🅴 ⓞ ⓜ 🆅🅸🆂🅰. ✸
26 qto ⊇ 42,50/60.
◆ Casa com bom aspecto geral, dotada de quartos íntimos. O vigoroso mobiliário de formas torneadas, no mais puro estilo português, personaliza a sua decoração.

Bagoeira, Av. Dr. Sidónio Pais 495, ⊠ 4750-333, ℰ 253 81 12 36, *restaurantebagoeira@mail.pt*, Fax 253 82 45 88, Rest. típico – ▬. 🅰🅴 ⓞ ⓜ 🆅🅸🆂🅰. ✸
Refeição lista 25 a 32.
◆ A vetusta fachada revela a longa trajectória deste típico restaurante. Salas simples de ambiente regional onde poderá degustar a cozinha da terra.

Se se atrasa no caminho e não pode chegar antes das 18h,
confirme telefonicamente a sua reserva,
é mais seguro... e é o costume.

BATALHA Leiria 733 N 3 – 7 522 h alt. 71.

Ver : *Mosteiro★★★ : Claustro Real★★★, igreja★★ (vitrais★, capela do Fundador★), Sala do Capítulo★★ (abóbada★★★, vital★), Capelas imperfeitas★★ (portal★★) – Lavabo dos Monges★, Claustro de D. Afonso V★.*

🛈 Praça Mouzinho de Albuquerque ⊠ 2440-121 ℰ 244 76 51 80 info@rt-leiriafatima.pt.

Lisboa 120 – Coimbra 82 – Leiria 11.

Pousada do Mestre Afonso Domingues, Largo Mestre Afonso Domingues 6, ⊠ 2440-102, ℰ 244 76 52 60, *guest@pousadas.pt*, Fax 244 76 52 47 – ▬ 📺 🅰🅴 ⓞ ⓜ 🆅🅸🆂🅰. ✸
Refeição 26 – **19 qto** ⊇ 128/140 – 2 suites.
◆ Desde as suas dependências aprecia-se a notável beleza do mosteiro da Batalha. Bom referente para o descanso, ambiente aconchegante e agradáveis exteriores. Refeitório a la carte modesto mas de montagem correcta.

Batalha sem rest, Largo da Igreja, ⊠ 2440-100, ℰ 244 76 75 00, *info@hotel-batalha.com*, Fax 244 76 74 67 – ▬ 📺 🅿 🅰🅴 🆅🅸🆂🅰. ✸
22 qto ⊇ 40/50.
◆ O passado histórico da cidade aflora no seu ambiente. Hotel com equipamento completo, dotado de espaçosos quartos decorados com simplicidade e mobiliário clássico-funcional.

Casa do Outeiro sem rest, Largo Carvalho do Outeiro 4, ⊠ 2440-128, ℰ 244 76 58 06, *geral@casadoouteiro.com*, Fax 244 76 68 92, ≤, 🌊 – 🛗 ▬ 📺 ♨🅅 🅿 – 🅰 25/40. ⓜ 🆅🅸🆂🅰. ✸
15 qto ⊇ 50/60.
◆ Casa familiar em cujas instalações realizaram-se importantes melhorias. Os seus luminosos quartos estão personalizados, com decoração moderna e os chãos em parquet.

na estrada N 1 Sudoeste : 1,7 km :

São Jorge 🌿, Casal da Amieira, ⊠ 2440-011, ℰ 244 76 97 10, *hotel@motelsjorge.com*, Fax 244 76 97 11, ≤, 🌊, 🌳, ✵ – ▬ rest, 📺 🅿 – 🅰 25/90. ⓜ 🆅🅸🆂🅰. ✸ rest
Refeição 15 – **47 qto** ⊇ 40/50 – 10 apartamentos – PA 30.
◆ Um bom recurso para o cliente de passagem. Oferece correctos quartos e amplos apartamentos com lareira, estes últimos distribuídos a modo de bungalows pelo jardim. Modesto refeitório rústico num edifício anexo.

BEJA 🅿 733 R 6 – 21 658 h alt. 277.

Ver : *Antigo Convento da Conceição★, BZ - Castelo (torre de menagem★) BY.*

🛈 Rua Capitão João Francisco de Sousa 25 ⊠ 7800-451 ℰ 284 31 19 13 Fax 284 31 19 13.

Lisboa 194 ④ – Évora 78 ① – Faro 186 ③ – Huelva 177 ② – Santarém 182 ④ – Setúbal 143 ④ – Sevilla 223 ②

BEJA

Street	Ref
Abel Viana (R.)	**BY** 2
Acoutados (R. dos)	**CZ** 3
Almeida Garrett (R.)	**CZ** 5
Antonio Raposo Tavares (R.)	**CY** 7
Biscainha (R. da)	**CZ** 9
Branca (R. da)	**CZ** 10
Conde da Boavista (R.)	**BCZ** 13
Conselheiro Menezes (R.)	**BY** 15
Dinis (R. de)	**BY** 17
Dom Manuel (R.)	**BY** 19
Dr. Antonio J. Almeida (R.)	**BY** 21
Dr. Brito Camacho (R.)	**BZ** 22
Dr. Manuel Arriaga (R.)	**CZ** 24
Frei Manuel do Cenaculo (R.)	**CYZ** 28
Infantaria (R. da)	**CZ** 30
Jacinto Freire de Andrade (R.)	**CZ** 31
Marquês de Pombal (R.)	**CZ** 34
Portas de Aljustrel (R. das)	**A** 39
Portas de Mértola (R. das)	**CZ** 40
Prof. José Sebastião e Silva (R.)	**CZ** 42
Santo Amaro (Largo de)	**BY** 46
Vasco da Gama (Av.)	**CZ** 49

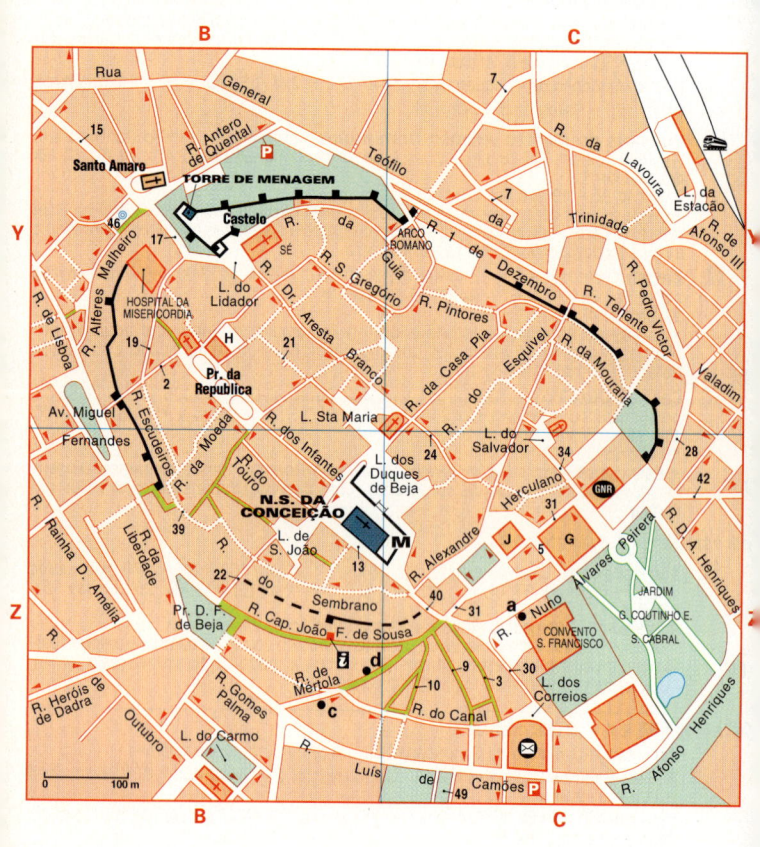

BEJA

Pousada de São Francisco, Largo D. Nuno Álvares Pereira, ⊠ 7801-901 apartado 63, ℘ 284 31 35 80, guest@pousadas.pt, Fax 284 32 91 43, 🍴, 🏊, 🎾, ✕ – ♿ 📺 ⓟ – 🅿 25/350. AE ① ⓜⓞ VISA. ✕ CZ a
Refeição 26 – **34 qto** ⊐ 178/190 – 1 suite.
◆ Instalado num convento do séc. XIII, do qual ainda se conservam o seu primitivo traçado e a capela. Interior onde a elegância antecede um conforto moderno. Restaurante com belas abóbadas de cruzeiros, criando assim um estilo sereno e distinguido.

Francis sem rest, Praça Fernando Lopes Graça-Lote 31, ⊠ 7800-430, ℘ 284 31 55 00, info@hotel-francis.com, Fax 284 31 55 01, 🛁 – ♿ 📺 ⓟ – 🅿 25/150. AE ① ⓜⓞ VISA. A c
45 qto ⊐ 55/65.
◆ Conjunto definido pelos quartos espaçosos e alegres, onde o conforto e o bem-estar estão garantidos. Completo ginásio, sauna, jacuzzi e banho turco na cave.

Melius, Av. Fialho de Almeida, ⊠ 7800-395, ℘ 284 32 18 22, hotel.melius@netvisao.pt, Fax 284 32 18 25 – ♿ 📺 ⓟ – 🅿 25/200. AE ⓜⓞ VISA. ✕ A b
Refeição – ver rest. **Melius** – **54 qto** ⊐ 53/65 – 6 suites.
◆ Hotel moderno e funcional com uma decoração um pouco impessoal, compensada por um adequado equipamento. Possui suficiente zona nobre e confortáveis quartos.

Cristina sem rest, Rua de Mértola 71, ⊠ 7800-475, ℘ 284 32 30 35, Fax 284 32 04 60 – ♿ 📺. AE ① ⓜⓞ VISA. ✕ BZ c
31 qto ⊐ 38,50/52.
◆ Estabelecimento em fase de actualização, com solos de soalho flutuante. Os quartos têm uma linha prática bem concebida, manutenção esmerada e casas de banho novas.

Santa Bárbara sem rest, Rua de Mértola 56, ⊠ 7800-475, ℘ 284 31 22 80, pensa o.barbara@clix.pt, Fax 284 31 22 89 – ♿ 📺. AE ① ⓜⓞ VISA. ✕ BZ d
26 qto ⊐ 30/50.
◆ Recomendável recurso familiar, que está a melhorar as suas instalações pouco a pouco. Correcto salão social e quartos com casas de banho renovadas. Adequada direcção.

✕ **Melius** – Hotel Melius, Av. Fialho de Almeida 68, ⊠ 7800-395, ℘ 284 32 98 69, Fax 284 32 18 25 – 📺. AE ① ⓜⓞ VISA. ✕ A b
fechado do 15 ao 31 de julho, domingo noite e 2ª feira – **Refeição** lista 22 a 26.
◆ Restaurante com entrada independente com respeito ao hotel. Refeitório amplo e luminoso com uma decoração simples, funcional, um tanto impessoal.

na estrada N 121 por ④ : 8 km :

🏠 **Monte da Diabrória** 🛏, ⊠ 7801-905 apartado 401, ℘ 284 99 81 77, diabroria@mail.pt, Fax 284 99 80 69, 🏊, ✕ – ▤ qto, 📺 ⓟ. VISA. ✕
Refeição – só clientes a pedido, só jantar – 25 – **9 qto** ⊐ 45/60.
◆ Construção típica regional próxima a uma barragem, com quartos espaçosos de esmerado conforto. Dispõe dum amplo salão-refeitório com uma agradável lareira.

BELMONTE Castelo Branco 📙📙📙 K 7 – 3 227 h.

Ver : Castelo (⁂ ★)- Torre romana de Centum Cellas★ Norte : 4 km.
🛈 Praça de Republica ⊠ 6250-034 ℘ 275 91 14 88 Fax 275 91 14 88.
Lisboa 338 – Castelo Branco 82 – Guarda 20.

pela estrada de Caria Sul : 0,7 km e desvio a direita 1,5 km :

Pousada Convento de Belmonte 🛏, Serra da Esperança, ⊠ 6250 apartado 76, ℘ 275 91 03 00, guest@pousadas.pt, Fax 275 91 03 10, ≤ Cova da Beira e Serra da Estrela, 🏊, – ▤ 📺 ⓟ – 🅿 25/60. AE ① ⓜⓞ VISA. ✕
Refeição 26 – **23 qto** ⊐ 183/195 – 1 suite.
◆ A localização proporciona-nos uma bela visão panorâmica. Se a zona nobre está assentada sobre as ruinas dum antigo convento, os cuidados quartos ocupam uma ala de nova construção. Refeitório moderno, aberto à serena majestade dos seus arredores.

BELVER Portalegre 📙📙📙 N 6 – 900 h.

Lisboa 175 – Castelo Branco 85 – Portalegre 61 – Santarém 107.

🏠 **Quinta do Belo-Ver** 🛏, Rua Capitão João Pires 2, ⊠ 6040-024 Belver Gav, ℘ 241 63 90 40, quintadobelover@clix.pt, Fax 241 63 90 49, ≤, 🏊, ✕ – ▤ 📺 ⓟ.
Refeição – só clientes a pedido – 17,50 – **7 qto** ⊐ 70 – 1 apartamento.
◆ Antiga construção bem reabilitada e com vistas ao Tejo. Interior actualizado, com detalhes decorativos e antigo mobiliário de estilo clássico. Agradável refeitório privado.

BENAFIM Faro 733 U 5 – 1 141 h.
  Lisboa 260 – Faro 36 – Albufeira 29 – Lagos 66.

na estrada de Sarnadas Norte : 3,5 km :

  ⌂ **Casa d'Alvada** sem rest, Quinta do Freixo, ⌧ 8100-352, ℰ 289 47 21 85, qfre
  ixo@oninet.pt, Fax 289 47 21 48, ≤, ⛱ – TV P. ⚡
  fechado janeiro – **10 qto** ⊇ 45/62.
  ◆ Dependências agrícolas em pleno campo de sóbria decoração que combina o mobiliário
  alentejano e o clássico. Bar no velho moinho e salãozinho de pequenos almoços com
  vistas.

BOLEIROS Santarém – ver Fátima.

BOM JESUS DO MONTE Braga – ver Braga.

BOMBARRAL Leiria 733 O 2 – 5 514 h.
  🛈 Largo do Município (Palácio Gorjão) ⌧ 2540-046 ℰ 262 60 90 53 geral@cm-bombar
  ral.pt Fax 262 60 90 41.
  Lisboa 76 – Leira 84 – Óbidos 12 – Santarém 58.

  🏨 **Comendador** sem rest, Largo Comendador João Ferreira dos Santos, ⌧ 2540-033,
  ℰ 262 60 16 38, hotel.comendador@nelvisão.pt, Fax 262 60 16 39 – 📶 🖃 TV & ⇔
  P. – 🛋 25/200. AE ① ⓂⓄ VISA ⚡
  51 qto ⊇ 55/75.
  ◆ Hotel de localização central com modernas instalações e quartos funcionais e de linha
  actual decorados com gosto. Sala de reuniões no último andar, com uma bela visão panorâmica dos arredores.

  ✕ **Dom José**, Rua Dr. Alberto Martins dos Santos 4, ⌧ 2540-039, ℰ 262 60 43 84 – 🖃
  Refeição lista aprox. 23.
  ◆ Situado numa vila na entrada da localidade. Possui dois refeitórios agradáveis,
  apesar de serem de montagem simples, e esplanada-bar. Dirigido por um cozinheiro profissional.

  Se procura um hotel tranquilo,
  consulte os mapas da introdução ou procure
  no texto os estabelecimentos marcados com o signo ⛱

BORBA Évora 733 P 7 – 3 984 h.
  Lisboa 180 – Évora 57 – Badajoz 50 – Portalegre 69.

  ⌂ **Casa de Borba** sem rest, Rua da Cruz 5, ⌧ 7150-125, ℰ 268 89 45 28,
  Fax 268 84 14 48, ⛱, 🌿 – TV P. ⓂⓄ VISA ⚡
  fechado do 20 ao 27 de dezembro – **5 qto** ⊇ 70/80.
  ◆ Belo edifício com traçado do séc. XVIII, destacando tanto pela sua magnífica escalinata
  em mármore como pelo seu mobiliário e pela decoração. Bom conforto e valiosos detalhes.

BOTICAS Vila Real 733 G 7 – 1 065 h alt. 490 – Termas.
  Lisboa 471 – Vila Real 62.

em Carvalhelhos Oeste : 8 km :

  🏨 **Estalagem de Carvalhelhos** ⛱, ⌧ 5460-130 Beça, ℰ 276 41 51 50, geral@ca
  rvalhelhos.pt, Fax 276 41 51 74, 🌿 – 🖃 rest, TV P. AE ⓂⓄ VISA ⚡
  Refeição 13 – **20 qto** ⊇ 40/50.
  ◆ Situado ao pé duma estação termal, numa paisagem verde rodeada de árvores.
  Amplo hall-recepção com um salão social, e espaçosos quartos de linha clássica. Luminoso
  refeitório de estilo funcional que baseia a sua actividade no menu.

BOURO Braga 733 H 5.
  Lisboa 370 – Braga 35 – Guimarães 43 – Porto 85.

  🏛 **Pousada de Santa Maria do Bouro** ⛱, ⌧ 4720-688 Bouro (Santa Marta),
  ℰ 253 37 19 70, guest@pousadas.pt, Fax 253 37 19 76, ⛱, ⚡ – 📶 🖃 TV P. –
  🛋 25/150. AE ① ⓂⓄ VISA ⚡
  Refeição 26 – **30 qto** ⊇ 193/205 – 2 suites.
  ◆ Construído sobre as ruínas dum convento beneditino. A decoração interior quis manter
  a sobriedade do estilo primitivo, utilizando um mobiliário de vanguarda. Refeitório austero
  mas confortável, onde se oferece uma ementa tradicional.

BRAGA P 733 H 4 – 117 272 h alt. 190.

Ver : Sé Catedral★ Z : estátua da Senhora do Leite★, interior★ (abóbada★, altar flamejante★, caixas de órgãos★) – Tesouro★, capela da Glória★ (túmulo★).

Arred. : Santuário de Bom Jesus do Monte★★ (perpectiva★) 6 km por ① – Capela de São Fructuoso de Montélios★ 3,5 km ao Norte pela N 101 -Monte Sameiro★ (✻★★) 9 km por ①.

Excurs. : Nordeste : Cávado (Alto Vale do rio)★ 171 km por ①.

fi Av. Liberdade 1 ⊠ 4710-305 ℰ 253 26 25 50 Fax 253 61 33 87 – **A.C.P.** Av. Conde D. Henrique 72 ⊠ 4700-214 ℰ 253 21 70 51 Fax 253 61 67 00.

Lisboa 368 ③ – Bragança 223 ⑤ – Pontevedra 122 ① – Porto 54 ③ – Vigo 103 ⑤

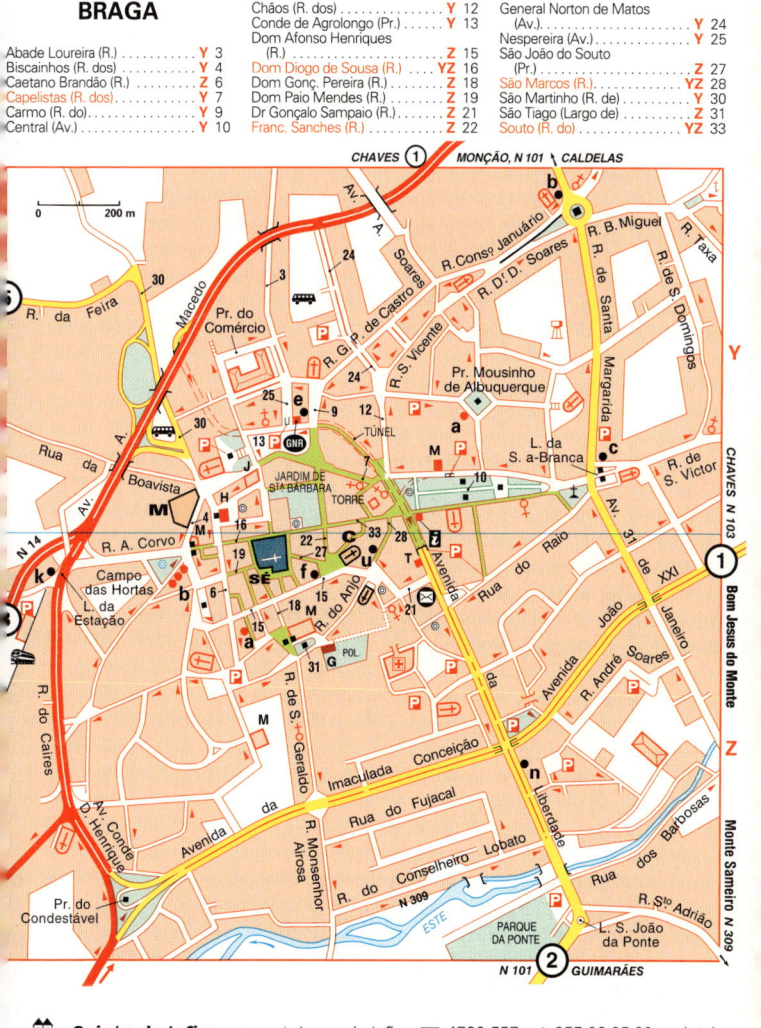

PORTUGAL

BRAGA

Abade Loureira (R.)	Y 3
Biscainhos (R. dos)	Y 4
Caetano Brandão (R.)	Z 6
Capelistas (R. dos)	Y 7
Carmo (R. do)	Y 9
Central (Av.)	Y 10
Chãos (R. dos)	Y 12
Conde de Agrolongo (Pr.)	Y 13
Dom Afonso Henriques (R.)	Z 15
Dom Diogo de Sousa (R.)	YZ 16
Dom Gonç. Pereira (R.)	Y 18
Dom Paio Mendes (R.)	Y 19
Dr Gonçalo Sampaio (R.)	Y 21
Franc. Sanches (R.)	Y 22
General Norton de Matos (Av.)	Y 24
Nespereira (Av.)	Y 25
São João do Souto (Pr.)	Z 27
São Marcos (R.)	YZ 28
São Martinho (R. de)	Y 30
São Tiago (Largo de)	Z 31
Souto (R. do)	YZ 33

🏨 **Quinta de Infias** sem rest, Largo de Infias, ⊠ 4700-357, ℰ 253 20 95 00, quintainfias@mail.telepac.pt, Fax 253 20 95 09, 🛋, ➡ – 🛗 🗏 📺 📞 – 🔏 25/140. 🖭 ① 🚇 🚾 26 qto ⊇ 74/94. Y b

♦ Instalado num atractivo palacete de finais do séc. XIX, com oito quartos em estilo antigo e o resto num edifício anexo comunicado, mais actuais e funcionais.

81

BRAGA

D. Sofia sem rest, Largo S. João do Souto 131, ✉ 4700-326, ✆ 253 26 31 60, hotel l.d.sofia@oninet.pt, Fax 253 61 12 45 – |≡| ■ 📺 – 🛁 25/60. 𝔸𝔼 ⓜ 𝕍𝕀𝕊𝔸. ❄ Z
34 qto ⊇ 60/80.
* Situado na zona monumental da cidade. Organização amável, detalhes de muito bom gosto na decoração e no mobiliário, e quartos de completo equipamento.

Albergaria Senhora-a-Branca sem rest, Largo da Senhora-a-Branca 58, ✉ 4710-443, ✆ 253 26 99 38, albergariasrabranca@oninet.pt, Fax 253 26 99 37 – |≡| ■ 📺 ⇐ 𝔸𝔼 ⓞ ⓜ 𝕍𝕀𝕊𝔸. ❄ Y
18 qto ⊇ 40/55 – 2 suites.
* Fachada de estilo clássico, em harmonia com os edifícios adjacentes, em pleno centro urbano. Espaços comuns de bom conforto e quartos bem acondicionados.

Carandá sem rest, Av. da Liberdade 96, ✉ 4715-037, ✆ 253 61 45 00, hc@hotelca randa.com, Fax 253 61 45 50 – |≡| ■ 📺 ♿. 𝔸𝔼 ⓞ ⓜ 𝕍𝕀𝕊𝔸. ❄ Z
82 qto ⊇ 36,50/46.
* Hotel com um moderno exterior, situado no coração da cidade. Instalações funcionais com área nobre algo reduzida e quartos de linha actual.

Estação, Largo da Estação 13, ✉ 4700-223, ✆ 253 21 83 81, hotelestacao@mail.tele pac.pt, Fax 253 27 68 10 – |≡| ■ 📺 ♿ ⇐
51 qto.
* O seu nome dá-nos a pista da sua localização perto da estação de comboios. Hotelzinho central de correcta organização, com amplos quartos de aspecto actual.

São Marcos sem rest, Rua de São Marcos 80, ✉ 4700-328, ✆ 253 27 71 77, Fax 253 27 71 77 – |≡| ■ 📺. 𝔸𝔼 ⓜ 𝕍𝕀𝕊𝔸. ❄ Z
13 qto ⊇ 50/55.
* Situado numa rua central e pedonal. Os seus quartos conservam um certo ar familiar dentro da sua sobriedade e ganharam em luminosidade ao pôr o chão de soalho.

Ibis Braga sem rest, Rua do Carmo 38, ✉ 4700-309, ✆ 253 61 08 60, h1802@acc or-hotels.com, Fax 253 61 08 63 – |≡|, ❄ qto, ■ 📺 ♿ ⇐ – 🛁 25/50. 𝔸𝔼 ⓞ ⓜ 𝕍𝕀𝕊𝔸. ❄ Y
⊇ 5 – **72 qto** 43.
* Central, funcional e dotado de um equipamento básico. Na sua modéstia é um conjunto simpático, com uma reduzida zona comum que é compensada com espaçosos quartos.

De Bouro, Rua Santo António das Travessas 30-32, ✉ 4700-441, ✆ 253 26 16 09 – ■. 𝔸𝔼 ⓜ 𝕍𝕀𝕊𝔸. ❄ Z
fechado domingo – **Refeição** lista aprox. 28.
* Situado numa típica ruela do centro histórico. Moderno refeitório onde servem directamente uma pequena variedade de entradas, deixando ao cliente a eleição do 2º prato.

Brito's, Praça Mouzinho de Alburquerque 49-A, ✉ 4710-301, ✆ 253 61 75 76 – ■. 𝔸𝔼 ⓞ ⓜ 𝕍𝕀𝕊𝔸 𝙅𝘾𝘽. ❄ Y
fechado do 1 ao 15 de setembro e 4ª feira – **Refeição** lista 17 a 27.
* Negócio de carácter familiar, com o proprietário a dirigir os fogões. Discretas instalações que, sem luxos, brindam um conforto muito válido na sua categoria.

Inácio, Campo das Hortas 4, ✉ 4700-210, ✆ 253 61 32 35, Fax 253 61 32 35 – ■. 𝔸𝔼 ⓞ ⓜ 𝕍𝕀𝕊𝔸. ❄ Z
fechado 15 dias em setembro e 3ª feira – **Refeição** lista 29 a 38.
* Restaurante típico. A tradição e o bem fazer avalizam o prestígio desta casa, especializada em pratos regionais de tendência caseira. Destaca a asseada manutenção.

Cruz Sobral, Campo das Hortas 7-8, ✉ 4700-210, ✆ 253 61 66 48, Fax 253 61 66 48 – ■. 𝔸𝔼 ⓞ ⓜ 𝕍𝕀𝕊𝔸 ❄ Z
fechado 28 março-10 abril e 2ª feira – **Refeição** lista 22 a 28.
* Várias gerações duma mesma família dirigem o negócio. Elabora uma cozinha de sabor popular em fogão de lenha, e à vista da clientela.

O Alexandre, Campo das Hortas 10, ✉ 4700-210, ✆ 253 61 40 03 – ■. ⓜ 𝕍𝕀𝕊𝔸. ❄ Z
fechado do 1 ao 15 de setembro e domingo noite – **Refeição** lista 20 a 30.
* Sério e de boa organização familiar, num edifício do bairro antigo com certo carisma. Destaca o seu moderno interior em contraste com o tipismo dos locais adjacentes.

pela estrada do Bom Jesus do Monte por ① : 4 km :

O Pórtico, Arco-Bom Jesus (junto ao elevador), ✉ 4710-454, ✆ 253 67 66 72, Fax 253 67 98 18, 🌳 – ■. 𝔸𝔼 ⓞ ⓜ 𝕍𝕀𝕊𝔸. ❄
fechado 5ª feira – **Refeição** lista 25 a 36.
* Pequeno e modesto na sua montagem, ambientado num estilo rústico-regional que o torna aconchegante. Na sua mesa primam os peixes sobre as carnes. Amável atenção.

BRAGA

no Bom Jesus do Monte por ① :

Elevador ⑤, 6 km, ⊠ 4710-455 Braga, ✆ 253 60 34 00, hbj@hoteisbomjesus.web.pt, Fax 253 60 34 09, ≤ vale e Braga – 🛗 ≣ 📺 🅿 – 🍴 25/120. 🆎 ① 🚳 VISA JCB. ※ rest
Refeição 21 – **22 qto** ⊇ 78/94.
◆ Deve o seu nome ao pitoresco ascensor do séc. XIX movido à água. Confortável salão-bar, e quartos de linha clássica actualizados com elegância. O restaurante oferece uma das vistas mais belas da cidade.

Parque ⑤, sem rest, 6,2 km, ⊠ 4710-455 Braga, ✆ 253 60 34 70, hbj@hoteisbom jesus.web.pt, Fax 253 60 34 79 – 🛗 ≣ 📺 🅿. 🆎 ① 🚳 VISA JCB. ※
45 qto ⊇ 75/90 – 4 suites.
◆ Ocupa um edifício nobre do parque. A atractiva decoração da sua zona comum, realçada com distinguidos detalhes, convida ao repouso. Quartos clássicos de bom conforto.

na antiga estrada de Ponte de Lima Noroeste : 3,5 km :

Casa das Artes, Rua Costa Gomes 353 (Real), ⊠ 4700-262 Braga, ✆ 253 62 20 23, Fax 253 62 20 23 – 🆎 🚳 VISA. ※ por L. da Estação Z
fechado do 1 ao 15 de janeiro e domingo – **Refeição** lista 26 a 35.
◆ Antiga loja de arte sacra com uma original decoração à base de brinquedos, bonecas e objectos de circo. Conta com duas salas, uma delas a modo de esplanada envidraçada.

BRAGANÇA 🅿 733 G 9 – 20 086 h alt. 660.

Ver : Cidadela medieval★ – Museu do Abade de Baçal★.

Arred. : Mosteiro de Castro de Avelãs★ 5 km a Oeste.

🛈 Av. Cidade de Zamora ⊠ 5300-111 ✆ 273 38 12 73 turismocmb@sapo.pt Fax 273 30 42 99 – **A.C.P.** Av. Dr. Francisco Sá Carneiro, edifício Montezinho 81, loja A-K ⊠ 5300-252 ✆ 273 32 50 70 Fax 273 32 50 71.

Lisboa 521 – Ciudad Rodrigo 221 – Guarda 206 – Ourense 189 – Vila Real 140 – Zamora 114.

Pousada de São Bartolomeu ⑤, Estrada de Turismo - Sudeste : 0,5 km, ⊠ 5300-271, ✆ 273 33 14 93, guest@pousadas.pt, Fax 273 32 34 53, ≤ cidade, castelo e arredores, 🏊 – 🛗 ≣ 📺 🅿. 🆎 ① 🚳 VISA. ※
Refeição 26 – **28 qto** ⊇ 143/155.
◆ Pousada cuja localização oferece serenas vistas sobre os arredores. O gosto pelos grandes espaços e um conforto actual definem o seu interior aconchegante. Restaurante panorâmico num ambiente banhado com abundante luz natural.

Turismo São Lázaro, Av. Cidade de Zamora - Nordeste : 1,8 km, ⊠ 5300-111, ✆ 273 30 27 00, reservas.hsl@hoteis-arco.com, Fax 273 30 27 01 – 🛗 ≣ 📺 ♿ 🚗 🅿 – 🍴 25/600. 🆎 VISA. ※
Refeição 17,50 – **264 qto** ⊇ 63/78 – 8 suites – PA 30.
◆ De estilo moderno, coloca ao seu dispor os funcionais quartos de bom tamanho e uma correcta zona social na qual destaca o piano-bar panorâmico.

Ibis Bragança sem rest com snack bar ao jantar, Rotunda do Lavrador Transmontano, ⊠ 5300-063, ✆ 273 30 25 20, h3338@accor-hotels.com, Fax 273 30 25 69 – 🛗, ※ qto, ≣ 📺 ♿ 🚗 – 🍴 25/45. 🆎 ① 🚳 VISA JCB
⊇ 5 – **70 qto** 42.
◆ Com as características de conforto habituais nesta cadeia de hotéis e numa área de importante crescimento. Quartos actuais, com o chão em alcatifa e mobiliário standard.

Classis sem rest, Av. João da Cruz 102, ⊠ 5300-178, ✆ 273 33 16 31, Fax 273 32 34 58 – 🛗 ≣ 📺 ♿. 🆎 ① 🚳 VISA. ※
20 qto ⊇ 32,50/47,50.
◆ Beneficie-se da sua localização central ! Hotelzinho com uma pequena recepção e quartos equipados, sendo que a maioria deles têm casas de banho actuais.

Real Feitoria, Quinta da Braguinha-Lote A, ⊠ 5300-274, ✆ 273 32 30 50, realfeitoria@clix.pt, Fax 273 32 30 51 – ≣. ※
fechado do 1 ao 15 de setembro e domingo – **Refeição** lista 27 a 37.
◆ Dispõe de um corredor-hall com um bom expositor de vinhos e livros de hotelaria, seguido de um luminoso refeitório. Cozinha regional preocupada pelas tradições da zona.

Solar Bragançano, Praça da Sé 34-1º, ⊠ 5300-265, ✆ 273 32 38 75, solar-brangano@clix.pt, Fax 273 32 38 75, 😑 – ≣. 🆎 ① 🚳 VISA JCB. ※
Refeição lista 20 a 26.
◆ Negócio familiar num edifício do séc. XVIII. Tem importantes melhoras na montagem, especializando-se em pratos de caça e embutidos caseiros. Agradável esplanada.

BRAGANÇA

na estrada de Chaves N 103 Oeste : 1,7 km :

Nordeste Shalom sem rest, Av. Abade de Baçal 39, ⊠ 5300-068, ℰ 273 33 16 67, Fax 273 33 16 28 – 📶 🔲 📺 ♿ 🚗 – 🅿 25. 🆎 ⓞ ⓜ 🆅🅸🆂🅰. ✗
30 qto ⊇ 35/45.
* Hotel de organização familiar com suficientes zonas comuns, quartos funcionais de correcto conforto e casas de banho completas. Apreciam-se algumas melhoras gerais.

ao Sudeste : 2 km :

Santa Apolónia sem rest, Av. Sá Carneiro, ⊠ 5300-160, ℰ 273 31 20 73, santa_apolonia@iol.pt, Fax 273 31 20 73 – 📶 🔲 📺 ♿ 🅿. 🆎. ✗
13 qto ⊇ 25/35.
* Situado nos arredores da cidade. Tem quartos simples mas confortáveis, sendo que a maioria deles possui casas de banho actuais.

BUARCOS Coimbra – ver Figueira da Foz.

BUÇACO Aveiro 733 K 4 – alt. 545.

Ver : Mata★★ : Palace Hotel★★, Cruz Alta ❋★★, Via Sacra★, Obelisco ≤★..
Lisboa 233 – Aveiro 47 – Coimbra 31 – Porto 109.

Palace H. do Bussaco ⑤, Floresta do Buçaco - alt. 380, ⊠ 3050-261 Luso, ℰ 231 93 79 70, bussaco@almeidahotels.com, Fax 231 93 05 09, ≤, 🌳, ⛳, ❊ – 📶 🔲 rest, 📺 🅿. – 🅿 25/80. 🆎 ⓞ ⓜ 🆅🅸🆂🅰 🅹🅲🅱. ✗
Refeição 40 – **60 qto** ⊇ 190/220 – 4 suites.
* Soberbo pavilhão de caça num estilo que evoca o manuelino. Exuberante interior com uma bela escada, cujos azulejos narram episódios da história portuguesa. Fabuloso restaurante ao estilo claustro, com grande elegância e uma cálida iluminação.

BUCELAS Lisboa 733 P 2 – 4810 h alt. 100.

Lisboa 30 – Santarém 62 – Sintra 40.

✗ **Barrete Saloio,** Rua Luís de Camões 28, ⊠ 2670-662, ℰ 21 969 40 04, barretesaloio@clix.pt, Fax 21 968 70 45 – 🔲. 🆎 ⓜ 🆅🅸🆂🅰. ✗
fechado agosto, 2ª feira noite e 3ª feira – **Refeição** lista 16 a 24.
* Casa familiar de íntimo ambiente regional, que experimentou diversos usos ao longo da sua história. Uma sucessão de detalhes rústicos conforma um quadro muito aconchegante.

BUDENS Faro 733 U 3 – 1573 h.

Lisboa 305 – Faro 97 – Lagos 15.

na Praia da Salema Sul : 4 km :

Estalagem Infante do Mar ⑤, ⊠ 8650-193 Budens, ℰ 282 69 01 00, mail@infantedomar.com, Fax 282 69 01 09, ≤ mar, 🌳, ⛲ – 🅿. 🆎 ⓞ ⓜ 🆅🅸🆂🅰. ✗
março-novembro – **Refeição** - só jantar - lista 20 a 30 – **30 qto** ⊇ 65/85.
* A sua situação dominante, no alto da localidade, oferece-lhe serenas vistas ao mar. Modestas instalações compensadas por uma esmerada manutenção e um suficiente conforto. Refeitório panorâmico banhado com toda a luz e a cor do oceano.

Salema sem rest, Rua 28 de Janeiro, ⊠ 8650-200 Budens, ℰ 282 69 53 28, hotel.salema@clix.pt, Fax 282 69 53 29, ≤ – 📶 🔲. 🆎 ⓜ 🆅🅸🆂🅰. ✗
abril-outubro – **32 qto** ⊇ 77/87.
* Um recurso simples mas válido. Quartos de tamanho correcto com mobiliário discreto e casas de banho um pouco antiquadas, sendo que a maioria delas só tem duche.

CABANÕES Viseu – ver Viseu.

---

*Os preços indicados podem aumentar,
em caso de variações significativas do custo de vida.
Solicite a confirmação do preço definitivo quando efectue
a sua reserva de hotel.*

CABEÇO DE VIDE Portalegre 733 O 7 – 1 133 h.

Lisboa 208 – Portalegre 37 – Badajoz 70 – Estremoz 42.

pela estrada de Monforte Sudeste : 2,5 km e desvio à direita 0,5 km :

Herdade da Ordem ⊗, Estrada N 369 - km 33, ✉ 7460, ℘ 245 61 21 54, saccb @vizzavi.pt, Fax 245 61 21 54, ≤ campo, ⊼ – ■ ℗. ⋇
Refeição - só clientes a pedido - 15 – **5 qto** ⊇ 70.
◆ Casa de campo de aspecto palaciano onde predominam os espaços sóbrios, mas com atractivos detalhes de estilo regional alentejano. Amplo salão social com lareira.

CABEÇUDO Castelo Branco 733 M 5 – 999 h.

Lisboa 177 – Castelo Branco 76 – Coimbra 77 – Leiria 97 – Santarém 111.

Quinta de Santa Teresinha sem rest, Largo de Igreja, ✉ 6100-730, ℘ 918 79 54 06, pontevelha@s-m.pt, Fax 274 60 01 69, ⊼, 🐎, ⋇ – ■ TV 氐 ℗ – 🕮 25/200. ⓜ VISA
4 qto ⊇ 75 – 2 apartamentos.
◆ Bonita casa senhorial decorada com bom gosto e carinho. Agradável zona social com uma grande mesa para confraternizar nos pequenos almoços e amplos quartos com mobiliário torneado.

CACEIRA DE CIMA Coimbra – ver Figueira da Foz.

CACIA Aveiro – ver Aveiro.

CALDAS DA FELGUEIRA Viseu 733 K 6 – 115 h alt. 200 – Termas.

Lisboa 284 – Coimbra 82 – Viseu 40.

Grande Hotel ⊗, ✉ 3525-201 Canas de Senhorim, ℘ 232 94 17 40, Fax 232 94 94 87, ⊼, ⋇ – ⌽, ■ rest, TV ℗ – 🕮 25/50. AE ① ⓜ VISA. ⋇
Refeição 22,50 – **70 qto** ⊇ 77,50/130 – 7 apartamentos.
◆ Típico estabelecimento de balneário com uma decoração que começa a acusar a passagem do tempo. Quartos de linha funcional ; a metade deles possuem casas de banho actuais.

CALDAS DA RAINHA Leiria 733 N 2 – 24 918 h alt. 50 – Termas.

Ver : Parque D. Carlos I★, Igreja de N. S. do Pópulo (tríptico★).

🛈 Rua Engenheiro Duarte Pacheco ✉ 2500-110 ℘ 262 83 97 00 geral@cm-caldas-rainha.pt Fax 262 83 97 26.

Lisboa 92 – Leiria 59 – Nazaré 29.

Cristal Caldas, Rua António Sérgio 31, ✉ 2500-130, ℘ 262 84 02 60, cristalcaldas @hoteiscristal.pt, Fax 262 84 26 21, ⊼ – ⌽ ■ TV ⇔ – 🕮 30/120. AE ① ⓜ VISA JCB. ⋇
Refeição 12,50 – **113 qto** ⊇ 55/75.
◆ Desenhado para desfrutar duma estadia inesquecível, bem organizado e de grande aceitação. Desfrute dos seus confortáveis quartos de correcto equipamento. Refeitório funcional, com serviço de buffet ao meio-dia e ementa ou prato do dia pelas noites.

Caldas Internacional H., Rua Dr. Figueirôa Rego 45, ✉ 2500-000, ℘ 262 83 05 00, Fax 262 84 44 82, 🛵, ⊼ – ⌽ ■ TV 氐 ℗ – 🕮 25/400
80 qto – 3 suites.
◆ As suas equipadas instalações, os confortáveis quartos, ou a diversidade de zonas nobres são só algumas das propostas deste hotel de planta horizontal.

Dona Leonor sem rest, Hemiciclo João Paulo II-9, ✉ 2500-212, ℘ 262 84 21 71, hoteldonaleonor@mail.telepac.pt, Fax 262 84 21 72 – ⌽ TV – 🕮 25/50. AE ① ⓜ VISA. ⋇
30 qto ⊇ 42,50/55.
◆ Situado no centro da localidade. Possui quartos com suficiente equipamento, com os chãos e as casas de banho renovadas. Salinha para reuniões no pátio.

São Rafael, Rua Rafael Bordalo Pinheiro 53, ✉ 2500, ℘ 262 83 93 83, Fax 262 83 93 81 – ■ ℗. AE ① ⓜ VISA. ⋇
fechado 2ª feira – **Refeição** lista aprox. 19.
◆ A arte cerâmica e a boa mesa encontram-se neste restaurante, instalado num museu. Deguste as suas especialidades enquanto contempla as peças que adornam as suas montras.

CALDAS DA RAINHA

✗ **Sabores d'Itália,** Rua Eng. Duarte Pacheco 17, ✉ 2500-198, ✆ 262 84 56 00, sabo resditalia@hotmail.com, Fax 262 84 55 99 – 🍴 🆎 ⓞ ⓜⓞ VISA. ✵
fechado 28 março-11 abril, do 5 ao 19 de setembro e 2ª feira – **Refeição** - cozinha italiana - lista 28 a 38.
• Refeitório um pouco reduzido mas de esmerada montagem, com um piano decorando um dos seus espaços. A ementa combina a cozinha típica italiana com outros pratos mais elaborados.

✗ **Supatra,** Rua General Amílcar Mota, ✉ 2500-209, ✆ 262 84 29 20, Fax 262 84 29 20 – 🍴 🆎 ⓞ ⓜⓞ VISA. ✵
fechado 24 dezembro-7 janeiro e 2ª feira – **Refeição** - rest. tailandês - lista 20 a 26.
• Restaurante tailandês de simples instalação em planta rectangular, dirigido pelos seus proprietários. Cozinha correcta e uma ementa que introduz alguns pratos vegetarianos.

CALDAS DAS TAIPAS Braga 733 H 4 – 5 252 h – Termas.
Lisboa 341 – Porto 56 – Braga 17.

🏨 **Das Taipas,** Av. Trajano Augusto, ✉ 4800-384, ✆ 253 47 99 80, Fax 253 47 99 86 – 📶 🍴 📺 ♿ 🚗 – 🛗 25/30. 🆎 ⓞ ⓜⓞ VISA. ✵
Refeição 16,50 – **33 qto** ⌑ 50/65.
• Moderno edifício que alberga dependências muito luminosas, numa área aberta frente ao centro termal. Pequena zona social e quartos bem equipados.

CALDAS DE MONCHIQUE Faro – ver Monchique.

CALDAS DE VIZELA Braga 733 H 5 – 8 133 h alt. 150 – Termas.
🛈 Rua Dr. Alfredo Pinto 42 ✉ 4815-427 ✆ 253 48 42 41 turismo@cm-vizela.p Fax 253 48 12 68.
Lisboa 358 – Braga 33 – Porto 47.

🏨 **Sul Americano,** Rua Dr. Abílio Torres 855, ✉ 4815-552, ✆ 253 48 03 60, hotelsul mericano@termasdevizela.com, Fax 253 48 03 61 – 📶 🍴 📺 ♿ 🅿 – 🛗 25/300. 🆎 ⓞ ⓜⓞ VISA. ✵
Refeição 11 – **61 qto** ⌑ 50/67.
• Uma importante reforma integral proporcionou o conforto mais actual, conservando ambiente de épocas passadas no mobiliário e em certos detalhes decorativos. Refeitório de notável tamanho cuja oferta se centra no menu e no buffet.

CALDELAS Braga 733 G 4 – 1 013 h alt. 150 – Termas.
🛈 Praça do Comercio ✉ 4720 Amares ✆ 253 99 16 60.
Lisboa 385 – Braga 17 – Porto 67.

🏨 **Grande H. da Bela Vista,** ✉ 4720-263, ✆ 253 36 01 00, geral@hotelbelavista.com Fax 253 36 11 36, ≤, Serviços terapêuticos, 🏊, 🐎, ✗ – 📶 🍴 📺 🚗 🅿 🆎 ⓞ VISA. ✵
Refeição 17 – **70 qto** ⌑ 65/100.
• Clássico hotel de balneário que conserva o estilo de princípios do séc. XX, com amplos salões e mobiliário de época. Em plena natureza, rodeado de árvores e com vistas. Restaurante de altos tectos, que recria um ambiente de tempos passados.

🏠 **De Paços,** Av. Afonso Manuel, ✉ 4720-259, ✆ 253 36 11 01, Fax 253 36 85 19 🅿 ✵
maio-outubro – **Refeição** 22 – **47 qto** ⌑ 24,44/40.
• Estabelecimento de temporada situado no centro da localidade, com um pitoresco acesso entre laranjeiras. Adequada zona nobre e quartos simples.

CALHEIROS Viana do Castelo 733 G 4.
Lisboa 391 – Viana do Castelo 29 – Braga 43 – Porto 85 – Vigo 71.

🏠 **Paço de Calheiros** 🌿 sem rest, ✉ 4990-575, ✆ 258 94 71 64, pacodecalheiro @oninet.pt, Fax 258 94 72 94, ≤ vale do Lima, 🏊, 🐎, ✗ – 🅿 🆎 ⓞ ⓜⓞ VISA
9 qto ⌑ 86/110 – **6 apartamentos.**
• Formoso paço senhorial rodeado de esmerados jardins. Possui salas e quartos em estilo antigo, bem como vários apartamentos T1 anexos mais actuais e íntimos, tipo duplex.

CALVOS Braga – ver Póvoa de Lanhoso.

CAMINHA Viana do Castelo 733 G 3 – 2 315 h.

Ver : *Igreja Matriz (tecto★)*.

🛈 Rua Ricardo Joaquim de Sousa ✉ 4910-155 ✆ 258 92 19 52 Fax 258 92 19 32.
Lisboa 411 – Porto 93 – Vigo 60.

Porta do Sol, Av. Marginal, ✉ 4910-104, ✆ 258 71 03 60, porta_do_sol@mail.nort
enet.pt, Fax 258 72 23 47, ≤ foz do Minho e monte de Santa Tecla, 🛏, 🏊, 🎾, ✗ –
🛗 ≡ TV ♿ ⇔ 🅿 – 🅰 25/200. AE ① ⓜ VISA. ✗
Refeição 17 – 89 **qto** ⊑ 82,50/95 – 4 suites.
♦ Sem luxos nem floreios, resulta ser muito confortável. A sua funcionalidade e a amplitude de espaço definem um interior no qual destacam os quartos com vistas ao rio Minho. Refeitório panorâmico de correcta montagem e esmerada manutenção.

XX O Barão, Rua Barão de São Roque 33, ✉ 4910-128, ✆ 258 72 11 30 – ≡. AE ① ⓜ VISA. ✗
fechado 15 janeiro-15 fevereiro, 2ª feira noite e 3ª feira – **Refeição** lista 18 a 25.
♦ Pequeno restaurante envolvido pelo toque cálido duma iluminação ténue, onde o impecável serviço de mesa e o seu excelente gosto desenham um ambiente íntimo e aconchegante.

X Duque de Caminha, Rua Ricardo Joaquim de Sousa 111, ✉ 4910-155, ✆ 258 72 20 46, 🍽 – AE ① ⓜ VISA. ✗
fechado 15 dias em dezembro, domingo noite e 2ª feira – **Refeição** lista 24 a 28.
♦ Antiga casa de pedra na parte histórica da localidade, cujo interior alberga um agradável refeitório de ar rústico, com mesas um pouco apertadas. Gratificante quotidianidade.

X Solar do Pescado, Rua Visconde Sousa Rego 85, ✉ 4910-156, ✆ 258 72 21 46 – ≡. AE ⓜ VISA. ✗
fechado do 15 ao 30 de maio, do 15 ao 30 de novembro, domingo noite e 2ª feira salvo junho-setembro – **Refeição** - peixes e mariscos - lista 32 a 50.
♦ Negócio familiar especializado em peixe e frutos do mar. Refeitório clássico português com belíssimos azulejos e outra sala interior mais funcional com as paredes em pedra.

em Seixas *Nordeste* : 2 km :

XX Napoleon, Seara-Coura de Seixas, ✉ 4910-340 Seixas CMN, ✆ 258 72 71 15, Fax 258 72 76 38 – ≡ 🅿. AE ① ⓜ VISA JCB. ✗
fechado do 15 ao 31 de dezembro, do 15 ao 31 de maio, domingo noite e 2ª feira salvo 15 julho-agosto – **Refeição** lista 24 a 32.
♦ O profissionalismo da sua brigada e o serviço de mesa evidenciam a sua excelente organização familiar. Estimada linha clássica num ambiente luminoso e bem cuidado.

em Lanhelas *Nordeste* : 5 km :

⌂ Casa da Anta ⌘, Lugar da Anta, ✉ 4910-201 Lanhelas, ✆ 258 72 15 95, geral@casa-da-anta.com, Fax 258 72 12 14, 🍽 – ≡ qto, TV – 🅰 25/100
15 qto.
♦ As serenas construções em pedra conformam um atractivo conjunto rústico-regional. Dentre os seus confortáveis quartos destacam os mais antigos pela sua decoração típica.

CAMPO MAIOR Portalegre 733 O 8 – 7 439 h.

Lisboa 244 – Badajoz 16 – Évora 105 – Portalegre 50.

Santa Beatriz sem rest, Av. Combatentes da Grande Guerra, ✉ 7370-075, ✆ 268 68 00 40, hotel.s.beatriz@mail.telepat.pt, Fax 268 68 81 09, 🏊 – 🛗 ≡ TV 🅿 – 🅰 25/30
32 qto – 2 suites.
♦ Uma renovação recente e exaustiva elevou o seu conforto geral. De linha actual e correcto equipamento, possui quartos funcionais com casas de banho actuais.

XX Apertazeite, Estrada dos Celeiros, ✉ 7370, ✆ 268 69 90 90, Fax 268 68 81 09 – ≡ 🅿.
♦ Situado num antigo lagar de azeite, conservando utensílios alusivos na decoração. Amplo hall e atractiva zona de bar onde, noutra época, ofereciam concertos.

pela estrada de Elvas N 373 *Sudoeste* : 1,5 km e desvio a direita 0,5 km :

⌂ Quinta dos Avós ⌘, Quinta de São João, ✉ 7370, ✆ 268 68 83 09, turagri@mail.telepac.pt, Fax 268 68 96 22, ≤, 🍽, 🏊, 🐎, ✗ – ≡ TV 🅿. AE ⓜ VISA. ✗
Refeição - só aos fins de semana - lista aprox. 20 – **5 qto** ⊑ 80 – 1 apartamento.
♦ Quinta senhorial com agradáveis veredas. Os aconchegantes quartos surpreendem pelo seu mobiliário antigo e as casas de banho actuais. Refeitório rústico numa casinha anexa.

CANAS DE SENHORIM Viseu 733 K 6 – 3 555 h.
Lisboa 269 – Coimbra 74 – Viseu 25.

Urgeiriça, Estrada N 234 - Nordeste : 1,5 km, ✉ 3525-301, ℘ 232 67 12 67, *in o@hotelurgeirica.pt*, Fax 232 67 13 28, 🛉, 🚗, ✗ – 🛉 🗐 📺 ♿ 🅿 – 🛎 25/100. ⓞ ⓜ ⓥⓘⓢ. ✗
Refeição 14,50 – **83 qto** ⊒ 70/90 – 2 suites, 4 apartamentos – PA 29.
• Elegante hotel com tradição, numa paragem tranquila, que possui uma decoração clássica de estilo inglês com excelente gosto. Paixão pelo mobiliário antigo. Refeitório sóbrio, com uma grande lareira que aquece o espaço e um lateral mais íntimo.

Zé Pataco, Rua do Comércio 124, ✉ 3525-052, ℘ 232 67 11 21, *restaurantezepata.co@nect.pt*, Fax 232 67 33 56 – 🗐 🅿. ⓞ ⓜ ⓥⓘⓢ ⒿⒸⒷ. ✗
fechado do 1 ao 15 de setembro e 3ª feira – **Refeição** lista aprox. 20.
• Casa familiar muito consolidada, cujos muros albergam um refeitório aconchegante de estilo regional com cobertura de madeira, onde servem uma ementa média a preços atractivos.

CANIÇADA Braga – ver Vieira do Minho.

CANIÇO Madeira – ver Madeira (Arquipélago da).

CANIÇO DE BAIXO Madeira – ver Madeira (Arquipélago da) : Caniço.

CANTANHEDE Coimbra 733 K 4 – 7 066 h.
Arred. : Varziela : retábulo★ Nordeste : 4 km.
Lisboa 222 – Aveiro 42 – Coimbra 23 – Porto 112.

Marquês de Marialva, Largo do Romal 14, ✉ 3060-129, ℘ 231 42 00 10, *marques.marialva@clix.pt*, Fax 231 42 91 83 – 🅿. ⒶⒺ ⓞ ⓜ ⓥⓘⓢ. ✗
fechado domingo noite – **Refeição** lista aprox. 25.
• Afamado na zona. Possui várias salas de adequada montagem e decoração intimista, uma delas com lareira. Ementa completa e séria organização profissional.

CARAMULO Viseu 733 K 5 – 1 048 h alt. 800.
Ver : Museu de Caramulo★ (Exposição de automóveis★).
Arred. : Caramulinho★★ (miradouro) Sudoeste : 4 km – Pinoucas★ : ☼ Noroeste 3 km.
🛈 Av Geronimo Lacerda ✉ 3475-031 ℘ 232 86 14 37 *turismo@rt-dao-lafoes.com* Fax 232 92 09 57.
Lisboa 280 – Coimbra 78 – Viseu 38.

Do Caramulo ⛲, Av. Dr. Abel Lacerda, ✉ 3475-031, ℘ 232 86 01 00, *infor@hotel-caramulo.com*, Fax 232 86 12 00, ≤ vale e Serra da Estrela, Actividades de lazer, desportivas e terapêuticas, 🛌, 🛉, 🛉, 🚗 – 🛉 🗐 📺 ♿ 🅿 – 🛎 25/200. ⒶⒺ ⓞ ⓜ ⓥⓘⓢ. ✗
Refeição 20 – **83 qto** ⊒ 81/108 – 4 suites.
• Beneficie-se dos ares serranos. Antigo hospital reconvertido num hotel de esmerado estilo clássico e múltiplas prestações. Possui uma eficiente direcção.

CARCAVELOS Lisboa 733 P 1 – 20 037 h – Praia.
Lisboa 20 – Sintra 15.

na praia :

Riviera, Rua Bartolomeu Dias-Junqueiro, ✉ 2775-551, ℘ 21 458 66 00, *reservas@vierahotel.pt*, Fax 21 458 66 19, 🛉, ✗ – 🛉 🗐 📺 ♿ 🚗 – 🛎 25/160. ⒶⒺ ⓞ ⓜ ⓥⓘⓢ ⒿⒸⒷ. ✗
Refeição 19 – **115 qto** ⊒ 134,75/168,30 – 15 suites.
• Equipamento no mais alto nível em tecnologia e conforto, com adequada zona social e quartos acondicionados com todos os detalhes. Boa oferta para congressos. O esmerado restaurante propõe uma interessante ementa.

Praia-Mar, Rua do Gurué 16, ✉ 2775-581, ℘ 21 458 51 00, *praiamar@almeidahotels.com*, Fax 21 457 31 30, ≤ mar, 🛉 – 🛉 🗐 📺 🅿 – 🛎 25/140. ⒶⒺ ⓞ ⓜ ⓥⓘⓢ. ✗
Refeição 19 – **148 qto** ⊒ 85/100 – 6 suites.
• Típico hotel de costa, dum confortável estilo clássico. Espaçosa zona nobre, e quartos que, apesar do escasso tamanho, possuem um equipamento completo. O restaurante, situado no último andar, oferece uma surpreendente visão panorâmica do oceano.

CARCAVELOS

XX **A Pastorinha,** Av. Marginal, ✉ 2775-604, ✆ 21 458 04 92, Fax 21 458 05 32, ≤, 🌞 – 🍴 **P.** AE MC VISA. ✀
fechado 3ª feira – **Refeição** - peixes e mariscos - lista 41 a 47.
• Negócio de organização profissional, recentemente renovado. O seu correcto refeitório complementa-se com um bar de apoio e uma sugerente esplanada frente ao mar.

CARREGAL DO SAL Viseu 733 K 6 – 1480 h.
Lisboa 257 – Coimbra 63 – Viseu 29.

XXX **Quinta de Cabriz,** antiga Estrada N 234 - Sudoeste : 1 km, ✉ 3430-909, ✆ 232 96 12 22, daosul@daosul.com, Fax 232 96 12 03, 🌞 – 🍴 **P.** AE ① MC VISA. ✀
Refeição lista aprox. 28.
• A experiência e a sabedoria do seu proprietário enólogo remetem-nos a uma adega de esmerada qualidade. Bar-salão na entrada e um confortável refeitório de estilo clássico.

CARTAXO Santarém 733 O 3 – 10 115 h.
Lisboa 65 – Évora 132 – Santarém 14.

🏨 **Quality Inn Cartaxo,** Av. 25 de Abril, ✉ 2070, ✆ 243 70 12 00, *quality.cartaxo@clix.pt*, Fax 243 70 12 01, 🌞 – 🛗 🍴 TV **P.** – 🅿 25/100. AE ① MC VISA. ✀ rest
Refeição 16 – 30 **qto** ⌂ 60/70.
• Numa zona em expansão nos arredores da localidade. Os seus quartos são muito amplos, apesar de serem um pouco sóbrios na decoração. Esmerado jardim na parte posterior. Restaurante um pouco apertado na distribuição mas luminoso.

CARVALHAL Viseu 733 J 6 – 286 h – Termas.
Lisboa 331 – Aveiro 114 – Viseu 30 – Vila Real 76.

🏨 **Montemuro** 🌿, Termas do Carvalhal, ✉ 3600-398 Mamouros, ✆ 232 38 11 54, *hotelmontemuro@ip.pt*, Fax 232 38 11 12, ≤ – 🛗 🍴 TV ♿ **P.** – 🅿 25/300. AE ① MC VISA. ✀
Refeição 8 – 78 **qto** ⌂ 35/50 – 3 suites.
• Edifício de estilo actual situado numa zona termal, cujo interior alberga uma adequada área nobre e quartos de carácter funcional e correcto equipamento. Refeitório rústico e luminoso, recriando um ambiente aconchegante.

CARVALHELHOS *Vila Real – ver Boticas.*

CARVALHOS Porto 733 I 4.
Lisboa 310 – Amarante 72 – Braga 62 – Porto 12.

XX **Mario Luso,** Largo França Borges 308, ✉ 4415-240, ✆ 22 784 21 11, *marioluso@netcabo.pt*, Fax 22 783 94 87 – 🍴 AE ① MC VISA JCB. ✀
fechado do 16 ao 31 de agosto, domingo noite e 2ª feira – **Refeição** lista 19 a 25.
• Os detalhes rústicos e regionais desenham o seu cálido ambiente, realçado por uma amável atenção. Dificuldade do estacionamento compensada por uma boa e bem elaborada cozinha.

Escreva-nos...
Os seus elogios como tambem as suas criticas
serao examinados com toda a atencao.
Os nossos inspectores voltarao a ver
os hoteis e restaurantes que nos indicar.
Gracas a vossa colaboracao, este guia sera
sempre mais exacto e mais completo.
Anticipadamente gratos !

PORTUGAL

CASCAIS Lisboa 733 P 1 – 33 255 h – Praia.
Arred. : Estrada de Cascais a Praia do Guincho★ - Sudoeste : Boca do Inferno★ (precipício★
AY- Praia do Guincho★ por ③ : 9 km.
🏌 Quinta da Marinha, Oeste : 3 km ℘ 21 486 01 80 Fax 21 486 90 32.
🛈 Rua Visconde da Luz 14 ✉ 2750-326 ℘ 21 486 82 04.
Lisboa 32 ② – Setúbal 72 ② – Sintra 16 ④

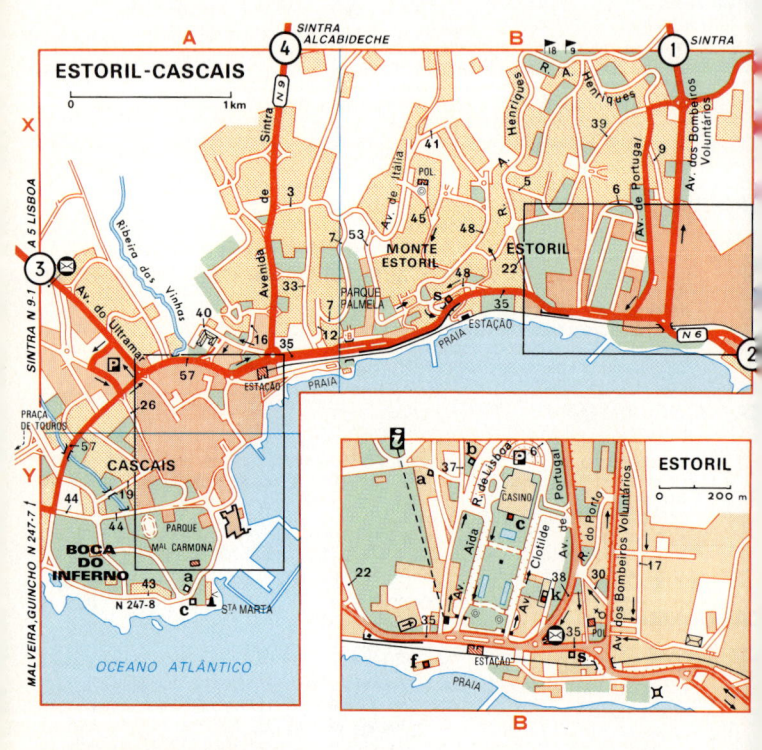

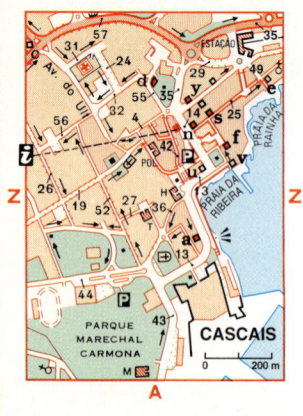

25 de Abril (Av.)......**AY, AZ** 57	Marechal Carmona
Alcaide (R. do) ....**AX** 3	(Av.)................**AX** 33
Alexandre Herculano	Marginal (Estrada) ......**BY** 35
(R.)...................**AZ** 4	Marginal (Estrada) ......**AZ** 35
Algarve (R. do) ....**BX** 5	Marquês Leal Pancada
Almeida Garrett (Pr.) ..**BX, BY** 6	(R.)..................**AZ** 36
Argentina (Av. de).....**ABX** 7	Melo e Sousa (R.) ......**BY** 37
Beira Litoral (R. da) .....**BX** 9	Nice (Av. de)............**BY** 38
Brasil (Av. do)...........**AZ** 12	Nuno Álvares Pereira
Carlos I (Av. D.) ....**AZ** 13	(Av. D.)..............**BX** 39
Combatentes G.	Padre Moisés da Silva
Guerra (Alameda) ....**AZ** 14	(R.)..................**AX** 40
Costa Pinto (Av.) ....**AX** 16	Piemonte (Av.)..........**BX** 41
Dr. António Martins (R.) ..**AY** 17	Regimento de Inf. 19
Emídio Navarro (Av.)..**AY, AZ** 19	(R.)..................**AZ** 42
Fausto Figueiredo (Av.) ..**BY** 22	Rei Humberto II
Francisco de Avilez (R.) ..**AZ** 24	de Itália (Av.)......**AY, AZ** 43
Frederico Arouca (R.) ....**AZ** 25	República (Av.) ......**AY, AZ** 44
Freitas Reis (R.) ....**AZ** 26	S. Pedro (Av. de) ....**BX** 45
Gomes Freire (R.)........**AZ** 27	Sabóia (R.) ....**BX** 48
Iracy Doyle (R.) ....**AY, AZ** 29	Sebastião J. de
Joaquim do	Carvalho e Melo
Nascimento	(R.)..................**AZ** 49
Gourinho (R.) ....**BY** 30	Vasco da Gama (Av.).....**AZ** 52
José Maria Loureiro	Venezuela (Av. da)......**BX** 53
(R.)...................**AZ** 31	Visconde da Luz (R.) ....**AZ** 55
Manuel J. Avelar (R.).....**AZ** 32	Vista Alegre (R. da) .....**AZ** 56

CASCAIS

Albatroz, Rua Frederico Arouca 100, ✉ 2750-353, ℰ 21 484 73 80, albatroz@albatrozhotels.com, Fax 21 484 48 27, ≼ baía e Cascais, ⚓ – 📶 🍽 📺 ♿ 🚗 – 🅿 25/100. 🆎 ⓞ ⓜ 🆅🆂🅰
AZ e
Refeição lista 47 a 55 – ⌂ 15 – **43 qto** 322/355 – 10 suites.
♦ Complexo com vários palacetes junto ao mar e um anexo de nova construção. Conforto elevado ; a zona antiga merece uma especial menção pela sua gratificante decoração. Elegante restaurante com uma impressionante visão panorâmica sobre a infinidade do oceano.

Vila Galé Village Cascais, Rua Frei Nicolau de Oliveira - Parque da Gandarinha, ✉ 2750-641, ℰ 21 482 60 00, villagecascais@vilagale.pt, Fax 21 483 73 19, ≼, 🍴, ⚓, 🏊, – 📶 🍽 📺 ♿ 🅿 – 🅿 25/180. 🆎 ⓞ ⓜ 🆅🆂🅰
AY a
Refeição 21 – **163 qto** ⌂ 161/202 – 70 suites.
♦ O mar recria o seu belo cenário, numa rua de claro ambiente turístico. Correcta área social, e espaçosos quartos de equipamento e conforto distintos. Agradável refeitório com vistas sobre a piscina e o jardim.

Estalagem Villa Albatroz, Rua Fernandes Tomaz 1, ✉ 2750-342, ℰ 21 486 34 10, villaalbatroz@albatrozhotels.com, Fax 21 484 46 80, ≼, 🍴, – 📶 🍽 📺 🆎 ⓞ ⓜ 🆅🆂🅰 ✂
AZ v
Refeição (fechado domingo noite e 2ª feira) lista 31 a 42 – ⌂ 12,50 – **10 qto** 319/365 – 1 suite.
♦ Edifício senhorial banhado pelo oceano. As suas paredes albergam um interior requintado e aconchegante, no qual destacam os quartos realçados com mobiliário de qualidade. Restaurante panorâmico em serenos tons esbranquecidos, com um esmerado serviço de mesa.

Pestana Atlantic Gardens, Av. Manuel Julio Carvalho e Costa 115, ✉ 2754-518, ℰ 21 482 59 00, atlantic.gardens@pestana.com, Fax 21 482 59 77, ≼, ⚓, 🏊, 🍴, ✂ – 📶 🍽 📺 ♿ 🅿 – 🅿 15/300. 🆎 ⓞ ⓜ 🆅🆂🅰 🆓🆒🆑 ✂
Refeição lista 29 a 39 – ⌂ 9 – **142 qto** 140/160 – 7 suites.
perto da Praça de Touros AY
♦ Hotel moderno e funcional com atractivos exteriores ajardinados. Correcta zona social, e quartos muito completos, equipados com cozinha. Ampla oferta desportiva. A actividade do refeitório varia entre a ementa e o buffet, dependendo da ocupação.

Farol Desing H. ✂, Av. Rei Humberto II de Itália 7, ✉ 2750-461, ℰ 214 82 34 90, farol@farol.com.pt, Fax 214 84 14 47, ≼, 🍴, ⚓ – 📶 🍽 📺 ♿ 🅿 – 🅿 25/120. 🆎 ⓞ ⓜ 🆅🆂🅰 ✂
AY c
Refeição 21,50 – **34 qto** ⌂ 260/280.
♦ Muito bem situado à beira mar, com uma parte antiga e uma ampliação moderna na qual se aposta pelo desenho. Quartos personalizados e decorados por estilistas. Restaurante de ementa discreta, embora com um cuidado serviço de mesa.

Baía, Av. Marginal, ✉ 2754-509, ℰ 21 483 10 33, Fax 21 483 10 95, ≼, 🍴, ⚓ – 📶 🍽 📺 ♿ 🅿 25/180. 🆎 ⓞ ⓜ 🆅🆂🅰 ✂
AZ u
Refeição 18 – **105 qto** ⌂ 100/125 – 8 suites.
♦ A sua localização frente à praia é fundamental. Zona nobre antiquada compensada pelos quartos renovados com critérios actuais. São de destacar os quartos orientados para o mar. Restaurante de cozinha tradicional especializado em peixes e frutos do mar.

Cidadela, Av. 25 de Abril, ✉ 2754-517, ℰ 21 482 76 00, hotelcidadela@hotelcidadela.com, Fax 21 486 72 26, ≼, ⚓ – 📶 🍽 📺 🅿 – 🅿 25/100. 🆎 ⓞ ⓜ 🆅🆂🅰 🆓🆒🆑 ✂ rest
AZ c
Refeição 17,50 – **115 qto** ⌂ 77,50/90 – 7 suites, 14 apartamentos.
♦ Afastado do centro turístico. Apesar de que os quartos e as casas de banho acusem a passagem do tempo, a manutenção é esmerada e o seu equipamento correcto. Espaçoso refeitório que centrou a sua actividade numa variado buffet frio e quente.

Albergaria Valbom sem rest, Av. Valbom 14, ✉ 2750-508, ℰ 21 486 58 01, albergariavalbom@mail.telepac.pt, Fax 21 486 58 05 – 📶 🍽 🚗 🆎 ⓞ ⓜ 🆅🆂🅰 ✂
AZ y
40 qto ⌂ 53/68.
♦ Um recurso simples mas válido. Pequeno hotel de aspecto discreto, com uma correcta recepção e um bar de estilo inglês. Modestos quartos com mobiliário dos anos 70.

Casa da Pérgola sem rest, Av. Valbom 13, ✉ 2750-508, ℰ 21 484 00 40, pergolahouse@vizzavi.pt, Fax 21 483 47 91, 🍴 – ✂
AZ y
março-novembro – **10 qto** ⌂ 95/100.
♦ Uma bela fachada precedida dum atractivo jardim, que recolhe a herança das moradas senhoriais. Sinta o peso da tradição nos quartos amplos e categóricos.

91

CASCAIS

XXX Baluarte, Av. D. Carlos I-6, ✉ 2750-310, ☎ 21 486 51 57, rest.baluarte@mail.telep
c.pt, Fax 21 486 51 58, ≤, 斎 – ■. AE ⓞ ⓜⓢ VISA JCB. ※   AZ
fechado 2ª feira – **Refeição** - peixes e mariscos - lista 24 a 35.
♦ Restaurante de estilo clássico e organização profissional, com um pequeno balcão d
apoio e um agradável refeitório no qual destaca a parte envidraçada.

XX Visconde da Luz, Jardim Visconde da Luz, ✉ 2750-416, ☎ 21 484 74 1C
geral@viscondedaluz.dcsa.pt, Fax 21 486 85 08, 斎 – ■. AE ⓞ ⓜⓢ VIS
JCB. ※   AZ
fechado 3ª feira – **Refeição** - peixes e mariscos - lista 32 a 56.
♦ Edificação em madeira tipo chalet alberga instalações muito esmeradas. O se
viveiro e o expositor de produtos revelam uma cozinha de qualidade, que é a chav
do negócio.

XX Reijos, Rua Frederico Arouca 35, ✉ 2750-355, ☎ 21 483 03 11, Fax 21 482 19 60, 斎
– ■. AE ⓞ ⓜⓢ VISA. ※   AZ
fechado janeiro e domingo – **Refeição** lista aprox. 27.
♦ Balcão de apoio e duas salas de estilo clássico com detalhes rústicos. A especialidad
são os peixes e os frutos do mar ; a sua ementa também contempla uma secção par
carnes.

XX Casa Velha, Av. Valbom 1, ✉ 2750-508, ☎ 21 483 25 86, Fax 21 486 67 51, 斎 –
AE ⓞ ⓜⓢ VISA. ※   AZ
fechado 4ª feira – **Refeição** lista aprox. 31.
♦ A experiência e o profissionalismo do proprietário são uma garantia. Bar de esper
e um refeitório em dois níveis, num íntimo ambiente rústico com motivo
marinheiros.

X Os Morgados, Praça de Touros, ✉ 2750-504, ☎ 21 486 87 51, Fax 21 486 87 51
■. AE ⓞ ⓜⓢ VISA JCB   por AY
fechado domingo – **Refeição** lista 24 a 40.
♦ Situado ao rés-do-chão duma praça de touros de moderna construção. Pequen
balcão de espera seguida dum refeitório de ar rústico distribuído em vário
ambientes.

X Beira Mar, Rua das Flores 6, ✉ 2750-348, ☎ 21 482 73 80, beira.mar@mail.telepac.p
Fax 21 482 73 89, 斎 – ■. AE ⓞ ⓜⓢ VISA. ※   AZ
fechado 3ª feira – **Refeição** lista 25 a 42.
♦ Negócio familiar bem assentado, dirigido com orgulho e dignidade. Cozinha sem
vista, viveiro próprio, e um refeitório com mesas um pouco apertadas. Localizaçã
central.

X Luzmar, Alameda dos Combatentes da Grande Guerra 104, ✉ 2750-326
☎ 21 484 57 04, geral@luzmar.dcsa.pt, Fax 21 486 85 08 – ■. AE ⓞ ⓜⓢ VIS
JCB. ※   AZ
fechado 2ª feira – **Refeição** lista 29 a 41.
♦ Compartilhe a propriedade e o viveiro com o Visconde da Luz, garantindo assin
a sua qualidade e funcionamento. Local com duas entradas, refeitório e uma esplanad
coberta.

na estrada do Guincho por Av. 25 de Abril AY :

🏨 Estalagem Sra. da Guia, 3,5 km, ✉ 2750-642, ☎ 21 486 92 39, senhora.da.gui
@mail.telepac.pt, Fax 21 486 92 27, ≤, 斎, ⌇, 舞 – ■ TV P. ▲ 25/80. AE ⓞ ⓜ
VISA. ※
Refeição lista aprox. 35 – **40 qto** ⇌ 250 – 3 suites.
♦ Atractivo hotel rodeado de pinheiros e como tela de fundo o oceano. Três edifício
de distintos estilos distribuem os seus serviços. Cálidos quartos de elevado confortc
A decoração clássica e elegante do restaurante recria um ambiente sereno
distinguido.

🏨 Quinta da Marinha ⌇, 4 km e desvio à direita 2 km, ✉ 2750-715, ☎ 21 486 01 0C
sales@quintadamarinha.com, Fax 21 486 94 88, 斎, Lₒ, ⌇, ⌇, ※, ᴦ₈ – 🛗 ■ TV 戋 ⇌
P. – ▲ 25/400. AE ⓞ ⓜⓢ VISA JCB. ※
Refeição - só buffet - 28 – **192 qto** ⇌ 195/210 – 8 suites.
♦ Junto a um campo de golfe, resulta ser ideal para os amantes deste desporto. Actua
e bem equipado, com quartos confortáveis e muito bem cuidados. Refeitório simples ma
com um variado e interessante serviço de buffet.

XX Furnas do Guincho, 3,5 km, ✉ 2750-642, ☎ 21 486 92 43, furnas
guincho@mail.telepac.pt, Fax 21 486 90 70, ≤, 斎 – ■ P. AE ⓞ ⓜⓢ VIS
JCB. ※
Refeição lista 34 a 39.
♦ Negócio familiar com duas esplanadas, uma associada ao bar de espera e outra à
salas do restaurante. Ementa atenta à tradição, com protagonismo de peixes e fruto
do mar.

CASCAIS

na Praia do Guincho por Av. 25 de Abril : 9 km AY :

🏰 **Fortaleza do Guincho** 🐟, ✉ 2750-642 Cascais, ☎ 21 487 04 91, reservations@guinchotel.pt, Fax 21 487 04 31 – 🔲 📺 🅿 – 🎌 25/200. 🖭 ⓘ ⓜ VISA JCB. ※ rest
Refeição 46 e lista 55 a 82 – **27 qto** ⇌ 265/275.
Espec. Foie-gras caseiro, geleia de moscatel, chutney de pêra e gengibre. Galinha de pata negra em cocote con batatas, alcachofras, limão confitado e alecrim. Guloseima de chocolate fondant e sorvete de chocolate amargo.
◆ Antiga fortaleza num promontório rochoso sobre o mar. Belo pátio porticado e serenos quartos que apostam pelo conforto e pela decoração. Restaurante panorâmico de estilo clássico-actual e um grande refeitório medieval para banquetes.

XX **Porto de Santa Maria,** ✉ 2750-642 Cascais, ☎ 21 487 02 40, Fax 21 487 94 58, ≤ – 🔲 🅿. 🖭 ⓘ ⓜ VISA JCB. ※
fechado 2ª feira – **Refeição** - peixes e mariscos - 49 e lista 60 a 82.
Espec. Peixe ao sal ou no pão. Misto de mariscos ao natural ou grelhados. Filetes de pescada com arroz de berbigão e arroz de marisco.
◆ A sua localização ao lado do mar e a bondade dos seus produtos, converteram-no num local apreciado pela clientela. Uma eficaz brigada reforça a sua excelente organização.

XX **O Faroleiro,** ✉ 2750-642 Cascais, ☎ 21 487 02 25, Fax 21 485 82 89, ≤, 😀 – 🔲 🅿. 🖭 ⓘ ⓜ VISA JCB. ※
Refeição - peixes e mariscos - lista 35 a 42.
◆ Negócio ao pé da estrada com um moderno conforto. Bar de espera seguido dum refeitório muito luminoso com clarabóia. Atractivo expositor ao estilo barco.

X **Panorama,** ✉ 2750-642 Cascais, ☎ 21 487 00 62, Fax 21 487 94 58, ≤, 😀 – 🔲 🅿. 🖭 ⓘ ⓜ VISA JCB. ※
fechado 3ª feira – **Refeição** - peixes e mariscos - lista 35 a 51.
◆ Uma única sala em distintos níveis ; ementa a base de peixes e frutos do mar. Montagem simples mas correcta e uma direcção que cumpre com as expectativas. Viveiro próprio.

X **Mar do Guincho,** ✉ 2750-642 Cascais, ☎ 21 485 82 80, Fax 21 485 82 89, ≤ – 🔲 🅿. 🖭 ⓘ ⓜ VISA JCB. ※
Refeição lista 33 a 39.
◆ O proprietário de O Faroleiro empreendeu uma nova aventura ao abrir este restaurante com vistas para o mar que, apesar de continuar o estilo da casa matriz, é mais discreto.

X **Mestre Zé,** ✉ 2750-642 Cascais, ☎ 21 487 02 75, Fax 21 485 16 33, ≤, 😀 – 🔲 🅿. 🖭 ⓘ ⓜ VISA JCB. ※
Refeição lista 33 a 39.
◆ Refeitório em dois níveis e agradável esplanada onde é possível desfrutar da brisa marinha. As grandes janelas e alegres cadeiras realçam um ambiente decorado em tons verdes.

CASTELO BRANCO Ⓟ 733 M 7 – 30 449 h alt. 375.
Ver : Jardim do Antigo Paço Episcopal★★.
Excurs. : Idanha-a-Velha★ 54 km a Nordeste.
✈ ☎ 272 34 22 83.
🛈 praça do municipio ✉ 6000-458 ☎ 272 33 03 39 turismo.cmcb@mail.telepac.pt Fax 245 33 03 50.
Lisboa 256 ③ – Cáceres 137 ② – Coimbra 155 ① – Portalegre 82 ③ – Santarém 176 ③
Plano página seguinte

🏨 **Tryp Colina do Castelo** 🐟, Rua da Piscina, ✉ 6000-453, ☎ 272 34 92 80, tryp.colina.castelo@solmeliaportugal.com, Fax 272 32 97 59, ≤ campo e serra, 🏋, 🏊, ※ – 📶, ⇌ qto, 🔲 📺 ⚐ 🚗 🅿 – 🎌 25/400. 🖭 ⓘ ⓜ VISA. ※ e
Refeição 13,50 – **97 qto** ⇌ 74/84 – 6 suites.
◆ Hotel moderno e funcional situado na parte alta da cidade. Idóneo para congressos, possui uma zona nobre diversificada e quartos bem dispostos. No refeitório, combinam-se a ementa e o buffet.

🏨 **Rainha D. Amélia,** Rua de Santiago 15, ✉ 6000-179, ☎ 272 34 88 00, hrdamelia@mail.telepac.pt, Fax 272 34 88 08 – 📶, ⇌ qto, 🔲 📺 ✆⚐ 🚗 🅿 – 🎌 25/350. 🖭 ⓘ ⓜ VISA. ※ b
Refeição 12 – **64 qto** ⇌ 63,50/77,50.
◆ Central e confortável, com uma vocação dirigida a uma clientela de negócios. Possui salas de reuniões bem equipadas e quartos exteriores com mobiliário clássico-funcional. O seu cuidado restaurante comparte alguma mesa com a zona de pequenos almoços adjacente.

93

CASTELO BRANCO

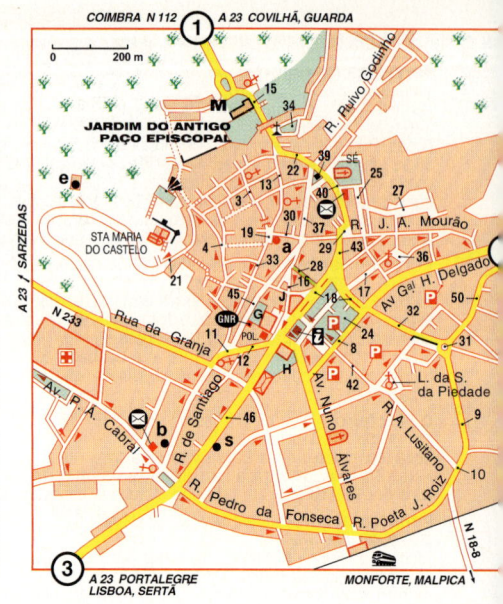

1 de Maio (Av.) 46
5 de Outubro (R.) 50
Arco Bispo (R.) 3
Arressário (R. do) 4
Cadetes de Toledo (R.) 8
Camilo Castelo Branco (R. de) .. 9
Carapalha (R. da) 10
Espírito Santo (Largo do) ... 11
Espírito Santo (R. do) 12
Ferreiros (R. dos) 13
Frei Bartolomeu da Costa (R. de) .. 15
João C. Abrunhosa (R.) 16
João de Deus (R.) 17
Liberdade (Alameda da) 18
Luís de Camões (Pr.) 19
Mercado (R. do) 21
Olarias (R. das) 22
Pátria (Campo da) 24
Prazeres (R. dos) 25
Quinta Nova (R. da) 27
Rei D. Dinis (R.) 28
Rei D. José (Pr. do) 29
Relógio (R. do) 30
Saibreiro (Largo do) 31
Saibreiro (R. do) 32
Santa Maria (R.a de) 33
São João (Largo de) 34
São Marcos (Largo de) 36
São Sebastião (R. de) 37
Sé (Largo da) 39
Sé (R. da) 40
Senhora da Piedade (R.) 42
Sidónio Pais (R. P.) 43
Vaz Petro (R. de) 45

Arraiana sem rest, Av. 1º de Maio 18, ✉ 6000-086, ℘ 272 34 16 34, Fax 272 33 18 8
– 🚗 📺 AE ◎ VISA. ✂
31 qto ⇄ 30/52.
♦ Pequeno e com um equipamento que cumpre com as necessidades básicas do conforto Quartos cuidados, sendo que a metade deles possui casas de banho actuais.

Praça Velha, Largo Luís de Camões 17, ✉ 6000-116, ℘ 272 32 86 40
Fax 272 32 86 20 – 🚗 P. AE ◎ ◎ VISA. ✂
fechado 2ª feira – **Refeição** lista 19 a 24.
♦ Restaurante central com solos e colunas de pedra vista. Excelente montagem e impecáve manutenção, realçado pela cálida decoração rústica. Ambiente aconchegante.

CASTELO DE PAIVA Aveiro 733 I 5 – 1 735 h.

Lisboa 321 – Porto 47 – Braga 95 – Vila Real 80.

Casa de S. Pedro ✂, Quinta de S. Pedro, ✉ 4550-271, ℘ 255 68 96 47, hotel.s edro@oninet.pt, Fax 255 68 95 10, ≤, ⊐, ✂ – 📶 🚗 📺 P. AE ◎ VISA
Refeição (fechado 2ª feira) 12,50 – **12 qto** ⇄ 50/60 – PA 25.
♦ Casa de agradável quotidianidade situada na parte alta da localidade. Atrac tivos exteriores, correcta zona social e confortáveis quartos com casas de banh actuais.

CASTELO DE VIDE Portalegre 733 N 7 – 2 678 h alt. 575 – Termas.

Ver : Castelo ≤★ – Judiaria★.
Arred. : Capela de Na. Sra. de Penha ≤★ Sul : 5 km – Estrada★ escarpada de Castelo d Vide a Portalegre por Carreiras, Sul : 17 km.
🛈 Praça D. Pedro V ✉ 7320-117 ℘ 245 90 13 61 cm.castvide@mail.telepac.p Fax 245 90 18 27.
Lisboa 213 – Cáceres 126 – Portalegre 22.

Garcia d'Orta, Estrada de São Vicente, ✉ 7320-202, ℘ 245 90 11 00, hotelgarcia orta@mail.telepac.pt, Fax 245 90 12 00, ≤, ⊐ – 📶 🚗 📺 ♿ P. – 🛎 25/80. AE ◎ ◎
VISA JCB
Refeição - ver rest. **A Castanha** – **52 qto** ⇄ 78/89 – 1 suite.
♦ Conjunto de linha clássica, homenageando com o seu nome a um famoso médico por tuguês do séc. XVI. Os quartos possuem varanda e pormenores, como as cabeceiras, cor azulejos.

CASTELO DE VIDE

Sol e Serra, Estrada de São Vicente, ✉ 7320-202, ✆ 245 90 00 00, *hotelsoleserra @grupofbarata.com, Fax 245 90 00 01,* ⌇ – 🛗 🖥 📺 ♿ – 🅿 25/120. 🆎 ⓄⒹ ⓜⓔ 𝗩𝗜𝗦𝗔. ✄
Refeição 15 - *A Palmeira :* **Refeição** lista 18 a 30 – **86 qto** ⌸ 62/82.
• Muito vocacionado para os grupos, sobretudo de jogadores de golfe. Em geral dispõe de quartos alegres na sua decoração, combinando o mobiliário alentejano com o ferro forjado. Refeitório clássico, com detalhes cinegéticos na decoração e ementa de corte regiona

Casa do Parque, Av. da Aramenha 37, ✉ 7320-101, ✆ 245 90 12 50, *casadoparq ue@mail.pt, Fax 245 90 12 28* – 🖥 📺. 𝗩𝗜𝗦𝗔. ✄
Refeição *(fechado 15 dias em dezembro, 15 dias em junho e 3ª feira)* 13 – **26 qto** ⌸ 45/55.
• Hotelzinho familiar situado junto a um parque. Reduzida zona social e quartos funcionais com mobiliário de estilo antigo, a maioria deles com duche nas casas de banho.

Isabelinha sem rest, Largo do Paço Novo 1, ✉ 7320-111, ✆ 245 90 18 96, Fax 245 90 12 28 – 🖥 📺. ✄
11 qto ⌸ 35/40.
• De agradável quotidianidade e asseada manutenção, com uma colecção de candiais antigos que chama a atenção. Quartos com mobiliário regional, quase todos com casas de banho completas.

Casa Amarela sem rest, Praça D. Pedro V-11, ✉ 7320-113, ✆ 245 90 58 78, *casaa marelath@mail.pt, Fax 245 90 12 28* – 🛗 🖥 📺. ✄
10 qto ⌸ 85/100.
• Casa senhorial central do s. XVIII, cuja bela fachada, decorada com motivos de rocalha, alberga um interior caseiro. Possui quartos sóbrios de estilo antigo e conforto actual.

A Castanha - Hotel Garcia d'Orta**,** Estrada de São Vicente, ✉ 7320-202, ✆ 245 90 11 00, *hotelgarciadorta@mail.telepac.pt, Fax 245 90 12 00,* ≤, 🍴 – 🖥 🅿. 🆎 ⓄⒹ ⓜⓔ 𝗩𝗜𝗦𝗔 ᴊᴄʙ. ✄
Refeição lista 24 a 32.
• Com entrada independente mas comunicado interiormente com o hotel. Uma salinha de espera antecede um refeitório cálido e aconchegante, aberto à majestosidade das montanhas.

Marino's, Praça D. Pedro V-6, ✉ 7320-113, ✆ 245 90 14 08, Fax 245 91 92 07, 🍴 – 🖥. 🆎 ⓄⒹ ⓜⓔ 𝗩𝗜𝗦𝗔 ᴊᴄʙ. ✄
fechado 15 dezembro-20 janeiro e domingo – **Refeição** - só jantar no inverno salvo sábado - lista 20 a 33.
• Um casal italiano enamorado de Portugal dirige esta casa com orgulho e dignidade, oferecem-nos uma ementa que une sabores tradicionais com pratos doutras latitudes.

CASTELO NOVO Castelo Branco 𝟳𝟯𝟯 L 7 – *439 h.*
Lisboa 261 – Castelo Branco 32 – Coimbra 179 – Guarda 80.

Quinta do Ouriço ⚘ sem rest, Rua da Bica, ✉ 6230-160, ✆ 275 56 72 36, *joses ampaio@pol.pt, Fax 275 56 14 28,* ≤, ⌇, 🌳, ✄ – 🅿.
5 qto ⌸ 75/90 – 2 suites.
• Casa do séc. XVII que conserva muitos detalhes decorativos da época, na construção e no mobiliário. O conjunto é sóbrio, apesar de que possui um relaxante exterior.

CELORICO DA BEIRA Guarda 𝟳𝟯𝟯 K 7 – *1 895 h.*
Excurs.: *Trancoso (fortificações*★*) 29 km a Nordeste.*
🛈 *Estrada N 16* ✉ *6360* ✆ *271 74 21 09.*
Lisboa 337 – Coimbra 138 – Guarda 27 – Viseu 54.

Mira Serra, Estrada N 17, ✉ 6360-323, ✆ 271 74 26 04, *miraserra@oninet.pt, Fax 271 74 13 82,* ≤ – 🛗 🖥 📺 ⊂⊃ 🅿 – 🅿 25/150. 🆎 ⓄⒹ ⓜⓔ 𝗩𝗜𝗦𝗔. ✄ rest
Refeição 14 – **42 qto** ⌸ 40/70.
• Hotel situado na entrada da localidade. De adequado equipamento e correcto conforto, possui os quartos exteriores bem cuidados, quase todos com varanda.

Neste guia um mesmo símbolo, impresso a **preto** *ou a* **vermelho,**
ou a mesma palavra com carácteres
de tamanhos diferentes não têm o mesmo significado.
Leia atentamente as páginas de introdução.

CERNACHE DO BONJARDIM Castelo Branco 733 M 5 – 3 284 h.
Lisboa 187 – Castelo Branco 81 – Santarém 110.

pela estrada N 238 Sudoeste : 10 km :

Estalagem Vale da Ursa ⊠ 6100-302, ℘ 274 80 29 81, hotelvaledaursa@mail.te lepac.pt, Fax 274 80 29 82, ≼, 龠, ⊇, ℀ – 障 ■ ☷ ₺ ⋐ – 丞 25/100. 巫 ⓪ ⓪ 伓ⵙ ℀ rest
fechado novembro – **Refeição** 15 – **17 qto** ⊇ 75/105.
* Hotelzinho íntimo de carácter familiar numa beira do rio Zêzere. Quartos um pouc antiquados, mas cuidados. Os seus proprietários apostam pelas inovações ecológicas. Res taurante aberto à imensidão da paisagem circundante.

CHACIM Bragança 733 H 9 – 341 h.
Lisboa 453 – Bragança 52 – Vila Real 98 – Guarda 142 – Macedo de Cavaleiros 13.

Solar de Chacim ⊠ 5340-092, ℘ 278 46 80 00, solar.chacim@clix.pt Fax 278 46 80 01, ⊇, 龠, ℀ – ⒫ ℀ rest
Refeição - só clientes a pedido - 20 – **6 qto** ⊇ 45/63.
* Antiga casa senhorial dotada de uma bela fachada e cuidados exteriores. Sal social com lareira e confortáveis quartos, com os chãos em madeira e mobiliário d época.

CHAVES Vila Real 733 G 7 – 20 188 h alt. 350 – Termas.
Ver : Igreja da Misericórdia★.
Excurs. : Oeste : Alto Vale do rio Cávado★ : estrada de Chaves a Braga pelas barragen do Alto Rabagão★), da Paradela★ (local★), da Caniçada (≼★) – e ≼★★ do Vale e Serra d Gerês - Montalegre (local★).

🖪 Vidago, Sudoeste : 20 km ℘ 276 90 96 62 Fax 276 90 73 59.

🖪 AV Teniente Valadim 39 ⊠ 5400-558 ℘ 276 34 06 61 rturismoatb@mail.telepac.p Fax 276 32 14 19.

Lisboa 475 – Ourense 99 – Vila Real 66.

Forte de S. Francisco ⓢ, Alto da Pedisqueira, ⊠ 5400-435, ℘ 276 33 37 00, we master@forte-s-francisco-hoteis.pt, Fax 276 33 37 01, 龠, ⊇, 龠, ℀ – 障 ■ ☷ ₺ ⓒ – 丞 25/100. 巫 ⓪ ⓪ 伓ⵙ ℀
Cozinha do Convento : **Refeição** lista 20 a 33 – **56 qto** ⊇ 120/140 2 suites.
* Fortaleza que tem as suas raízes no séc. XVII. Recinto amuralhado carregad de história, onde se une a tranquilidade dos tempos passados com um excelent e moderno conforto. Refeitório panorâmico montado com detalhe e bon gosto.

Brites sem rest, Av. Duarte Pacheco (Estrada de Espanha), ⊠ 5400-223 ℘ 276 33 27 77, Fax 276 33 22 21 – ■ ☷ ⒫ 巫 ⓪ ⓪ 伓ⵙ ℀
28 qto ⊇ 40/50.
* Negócio de carácter familiar instalado num edifício de estilo moderno. Quarto de simples estilo clássico, que destacam por um equipamento mais do que cor recto.

S. Neutel sem rest, Av. 5 de Outubro 106, ⊠ 5400-017, ℘ 276 33 36 32 Fax 276 33 36 20 – ■ ☷ ⇌ ⒫ 巫 ⓪ ⓪ 伓ⵙ ℀
45 qto ⊇ 25/42,50.
* Duas zonas, destacando a mais actual, apesar de que há pouca diferença n conforto. Combina solos alcatifados com os de soalho flutuante, casas de banho um pouc antiquadas.

XX **Carvalho**, Alameda do Tabolado, ⊠ 5400-523, ℘ 276 32 17 27, Fax 276 32 17 27 ■. 巫 ⓪ 伓ⵙ ℀
fechado 7 dias en dezembro, 7 dias en julho e 5ª feira – **Refeição** lista 18 22.
* Casa acreditada que deve o seu êxito à plena dedicação da sua proprietária. Uma deco ração clássica-moderna e um esmerado serviço de mesa conformam o seu aconchegant ambiente.

XX **A Talha,** Rua Comendador Pereira da Silva 6 - Bairro da Trindade, ⊠ 5400-443 ℘ 276 34 21 91, talha@iol.pt, Fax 276 31 84 75 – ■. 巫 ⓪ ⓪ 伓ⵙ ℀
fechado de 15 ao 31 de setembro e sábado – **Refeição** lista 12 a 18.
* Apesar de estar um pouco afastado do centro da localidade, a sua cozinha d estilo tradicional a preços atractivos soube ganhar os favores duma clientela de cert nível.

CHAVES

PORTUGAL

m Nantes *Sudeste : 5 km :*

⌂ **Quinta da Mata** ⚑, Estrada de Valpaços, ✉ 5400-581 apartado 194 Chaves, ℘ 276 34 00 30, Fax 276 34 00 38, 🅉, 🜛, ✕ – 📺 🅿 ☎ ⓘ 𝕍𝕀𝕊𝔸. ✕
Refeição - só clientes a pedido - 15 – **6 qto** ⇌ 70/75.
♦ Conjunto rústico de cálidas dependências, onde poderá recuperar a tranquilidade própria dum ambiente rural. Ambiente familiar, com profusão de pedra e mobiliário antigo.

a estrada de São Pedro de Agostém *Sul : 5,5 km :*

🏛 **Casa de Samaiões** ⚑, ✉ 5400-574, ℘ 276 34 04 50, *hotel-casadesamaioes@clix.pt*, Fax 276 34 04 53, ≤ serra e Chaves, 🅉, 🜛, ✕ – 🗔 📺 & 🅿 – ☒ 25/300. ☎ ⓘ 𝕍𝕀𝕊𝔸. ✕ rest
Refeição *(fechado 3ª feira)* 15 – **18 qto** ⇌ 82,20/92,47 – 1 suite.
♦ De bom conforto geral. Pelas suas características decorativas e a localização em plena natureza resulta ideal para aqueles que procuram turismo rural com os serviços dum hotel. Amplo restaurante panorâmico de estilo neo-rústico, com as vigas à vista.

m Santo Estêvão *Nordeste : 8 km :*

⌂ **Quinta de Santa Isabel** ⚑ sem rest, ✉ 5400-750 Chaves, ℘ 276 35 18 18, Fax 276 35 18 18 – 📺 🅿
5 apartamentos ⇌ 60.
♦ Várias casas em pedra, tipo apartamento T1, com traçado medieval. Um ambiente agradável e aconchegante ao dispor de lareira e elementos rústicos na decoração.

INFAES *Viseu* **733** I 5 – *3 290 h.*
Lisboa 357 – Braga 93 – Porto 71 – Vila Real 69 – Viseu 67.

m Porto Antigo *Nordeste : 8 km :*

🏛 **Estalagem Porto Antigo** ⚑, ✉ 4690-423 Oliveira do Douro, ℘ 255 56 01 50, *pantigo@esoterica.pt*, Fax 255 56 01 69, ≤, 🜛, 🅉, – ⓘ 🗔 📺 🅿 – ☒ 25/100. ☎ ⓘ 𝕍𝕀𝕊𝔸. ✕
Refeição 20 – **23 qto** ⇌ 75/90.
♦ Hotel de moderna construção junto à barragem de Carrapatelo. Com um claro carácter funcional e adequado conforto, possui instalações cuidadas com esmero. Belas vistas. Refeitório de mobiliário alegre e actual.

PORTUGAL

COIMBRA

P 733 L 4 - 89 639 h. alt. 75.

Lisboa 200 ③ – Cáceres 292 ② – Porto 118 ① – Salamanca 324 ②.

POSTOS DE TURISMO

🛈 Largo da Portagem, ✉ 3000-337, ☏ 239 85 59 30, Fax 239 82 55 76, Largo D. Dinis, ✉ 3000-143, ☏ 239 83 25 91, Fax 239 70 24 96 e Praça da República, ✉ 3000-343, ☏ 239 83 32 02, Fax 239 70 24 96.

INFORMAÇÕES PRÁTICAS

A.C.P. Av. Navarro 6 ✉ 3000-150 ☏ 239 85 20 20 Fax 239 83 50 03.

🚗 ☏ 239 85 25 98.

CURIOSIDADES

Ver : Sítio★ – Cidade Velha e Universidade★ : Sé Velha★★ (retábulo★, Capela do Sacramento★) Z – Museu Nacional Machado de Castro★★ (cavaleiro medieval★) Z M2 – Velha Universidade★★ (balcão ≤★) : capela★ (caixa de órgão★★), biblioteca★★ Z – Mosteiro de Santa Cruz★ : igreja★ (pùlpito★), claustro do Silêncio★, coro (cadeiral★) Y L – Convento de Celas (retábulo★) V – Convento de Santa Clara a Nova (túmulo★) X.

Arred. : Miradouro do Vale do Inferno★ 4 km por ③ – Ruinas de Conimbriga★ (Casa de Cantaber★, casa dos Repuxos★★ : mosaicos★★) 17 km por ③ – Penela ※ ★ desde o castelo 29 km por ②.

COIMBRA

Antero de Quental (R.) . . . . **V, Y** 3	Aveiro (R. de) . . . . **V** 8	Figueira da Foz (R. da) . . . . **V** 2
António Augusto Gonçalves	Bernardo de Albuquerque	Guerra Junqueiro (R.) . . . . **V**
(R.) . . . . **X** 4	(R.) . . . . **V** 9	Jardim (Arcos do) . . . . **X**
Augusta (R.) . . . . **V** 5	Combatentes	João das Regras (Av.) . . . . **X**
Augusto Rocha (R.) . . . . **V** 6	da Gde Guerra (R. dos) . . . . . . **X** 13	Lourenço
	Dom Afonso Henriques (Av.) . . . . **V** 17	de Almeida Azevedo (Av.) . . . . **V**
	Dr Júlio Henriques	República (Pr. da) . . . . **V** 4
	(Alameda) . . . . **X** 21	Santa Teresa (R. de) . . . . **X** 4

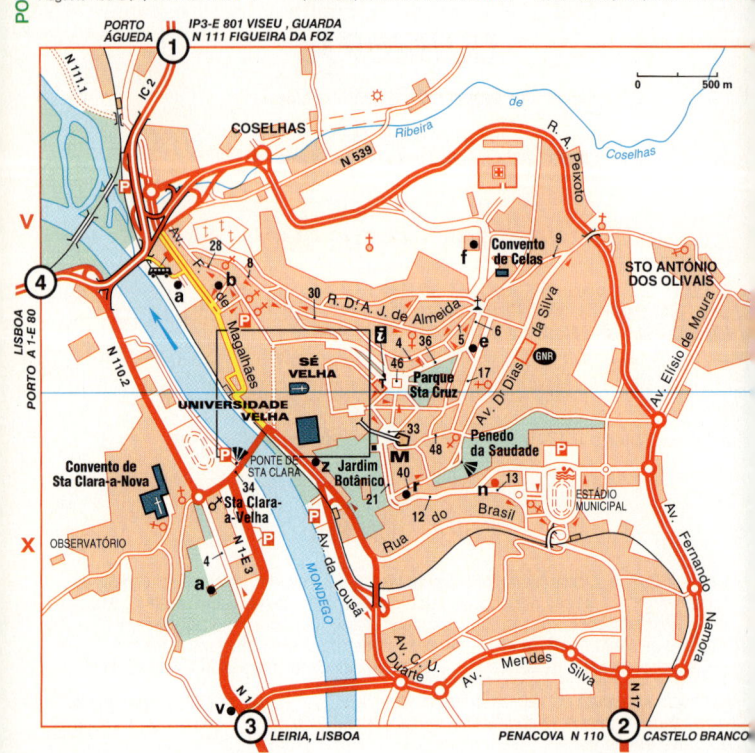

Quinta das Lágrimas, Rua António Augusto Gonçalves, ✉ 3041-90 ✆ 239 80 23 80, geral@quintadaslagrimas.pt, Fax 239 44 16 95, 🍴 25/100.

Arcadas da Capela (só jantar, fechado janeiro, domingo e 2ª feira) **Refeição** lista 47 65 – 49 **qto** 139/204 – 5 suites.

Espec. Risotto al pesto, camarão em massa filo e molho de vitela. Sinfonia de peixes com si fonia de quatro molhos e talharines. Creme queimado com aroma de café e sorvete de caca
◆ Oásis de paz num parque florestal. Luxuoso e antigo palácio do séc. XVIII com a sua própr lenda de amores proibidos do príncipe Dom Pedro pela bela Inês de Castro. Restauran de elegante linha clássica, onde elaboram uma cozinha criativa.

Tivoli Coimbra, Rua João Machado 4, ✉ 3000-226, ✆ 239 85 83 00, htcoimbra@ mail.telepac.pt, Fax 239 85 83 45, **qto**, 🍴 25/120.

Refeição lista aprox. 31 – **95 qto** 125/150 – 5 suites.
◆ Central, moderno e bem equipado, com reduzidas mas suficientes zonas nobres. São destacar a boa organização e o esmerado conforto dos seus quartos. Possui um aco chegante refeitório de estilo clássico com mobiliário escolhido.

Dona Inês, Rua Abel Dias Urbano 12, ✉ 3000-001, ✆ 239 85 58 00, reservas@hotel-do a-ines.pt, Fax 239 85 58 05, 🍴 25/300.

Refeição (fechado domingo meio-dia e feriados meio-dia) 18,50 – **72 qto** 70/90 – 1 suites.
◆ A sua localização torna-o um recurso ideal para o mundo do negócio. Prático e co quartos actuais, alguns provistos de salão independente em estilo suites.

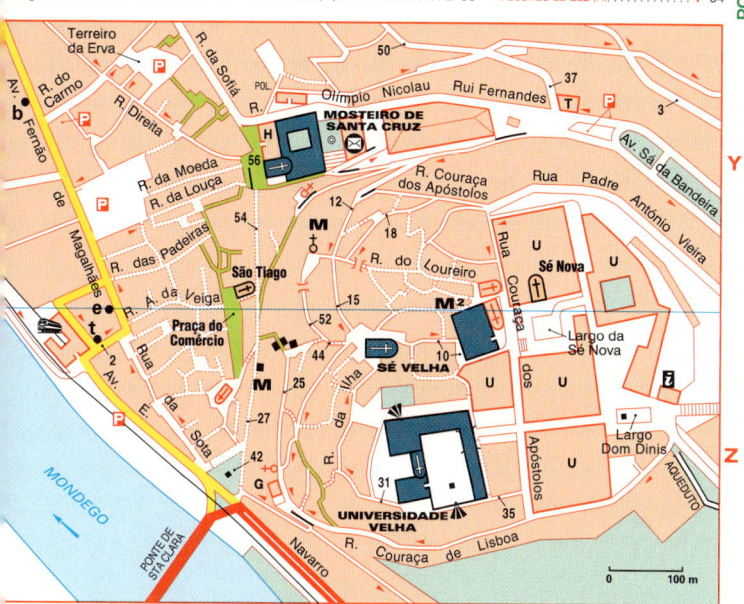

COIMBRA

8 de Maio (Pr.) .... Y 56	Comércio (P. do) .... Z	Manutenção Militar
Ameias (Largo) .... Z 2	Coutinhos (R.) .... Y 15	(R.) .... Y 37
Antero de Quental (R.) ...... V, Y 3	Dr João Jacinto (R.) .... Y 18	Portagem (Largo da) .... Z 42
Borges Carneiro (R.) .... Z 10	Fernandes Tomás (R.) .... Z 25	Quebra-Costas (Escadas do) .. Z 44
Colégio Novo (R. do) .... Z 12	Fernão de Magalhães (Av.) .... Y	Saragoça (R. de) .... Z 50
	Ferreira Borges (R.) .... Z 27	Sobre Ribas (R. de) .... Z 52
	Guilherme Moreira (R.) .... Z 31	Sofia (R. de) .... Y
	José Falcão (R.) .... Z 35	Visconde da Luz (R.) .... Y 54

PORTUGAL

Tryp Coimbra, Av. Armando Gonçalves-Lote 20, ✉ 3000-059, ✆ 239 48 08 00, *hotelmeliacoimb@mail.telepac.pt*, Fax 239 48 43 00, ←, 🍴, qto, 📺 📶 ♿ 🚗 – 🅿 25/180. AE ① ⓜ VISA. ✂
Refeição lista aprox. 30 – **140 qto** ⌂ 105/115.   V f

♦ Hotel de linha moderna e funcional. A sua cafetaria integra-se na zona nobre e os quartos têm um completo equipamento, com mobiliário e casas de banho actuais. Restaurante muito luminoso e de correcta montagem.

D. Luís, Santa Clara, ✉ 3040-091, ✆ 239 80 21 20, *hotel.d.luis@mail.telepac.pt*, Fax 239 44 51 96, ← cidade e rio Mondego – 🍴, qto, 📺 📶 ♿ 🅿 – 🔒 25/200. AE ① ⓜ VISA JCB.
Refeição 18 – **98 qto** ⌂ 60/72 – 2 suítes.   X v

♦ Agradável estadia numa zona tranquila, com belas vistas da localidade. Áreas sociais bem mobiladas e quartos espaçosos, todos eles renovados recentemente. Também dispõe dum amplo restaurante panorâmico.

Almedina Coimbra H. sem rest, Av. Fernão de Magalhães 199, ✉ 3000-176, ✆ 239 85 55 00, *geral@residencial-almedina.pt*, Fax 239 82 99 06 – 🍴 📺 📶 ♿ – 🔒 25/70. AE ① ⓜ VISA. ✂
75 qto ⌂ 55,30/64,15.   Y b

♦ Na Baixa de Coimbra, onde confluem comércio, tradição e cultura. Modernidade, cálidos interiores, boa organização e esmerados quartos, os melhores com salão.

Bragança, Largo das Ameias 10, ✉ 3000-024, ✆ 239 82 21 71, *hbraganza@mail.telepac.pt*, Fax 239 83 61 35 – 🍴 📺 ♿ AE ① ⓜ VISA JCB. ✂   Z t
Refeição 15 – **83 qto** ⌂ 40/75.

♦ O seu hotel no coração da cidade. Dispõe de suficientes zonas sociais e agradáveis quartos de linha funcional, combinando o mobiliário em ferro forjado e madeira.

Oslo sem rest, Av. Fernão de Magalhães 25, ✉ 3000-175, ✆ 239 82 90 71, *hoteloslo@sapo.pt*, Fax 239 82 06 14 – 🍴 📺 ♿ 🚗 AE ① ⓜ VISA JCB. ✂   YZ e
36 qto ⌂ 50/70.

♦ Bem-vindo à zona de comércio mais atractiva da cidade. Pequeno hotel de carácter familiar. Destacado equipamento, agradáveis materiais e atento profissionalismo.

101

COIMBRA

Ibis Coimbra sem rest com snack bar, Av. Emídio Navarro 70, ✉ 3000-150, ℘ 239 85 21 30, h1672@accor-hotels.com, Fax 239 85 21 40 – 🛗, ⇔ qto, 🔲 📺 🚻 ⇔ – 🅿 25/120. 🆎 ① ⓜ 💲
⊇ 5 – **110 qto** 39/50.
* Conjunto central, cómodo e funcional, com reduzidos quartos que encontram na simplicidade o seu melhor expoente do descanso. A cafetaria integra-se na zona social.

Botánico sem rest, Rua Combatentes da Grande Guerra (Ao cimo)-Bairro São José 15, ✉ 3030-207, ℘ 239 71 48 24, residencial.botanico@oninet.pt, Fax 239 40 51 24 – 🛗 📺 ⓜ 💲 ⇔
25 qto ⊇ 40/55.
* Faça um agradável passeio pelo jardim botânico. Um edifício pequeno e aconchegante de cálido ambiente, onde os quartos bem equipados cuidam do seu bem-estar.

Alentejana sem rest, Rua Dr. António Henriques Seco 1, ✉ 3000-145, ℘ 239 82 59 24, residencialalentejana@hotmail.com, Fax 239 84 24 78 – 🔲 📺 ⓜ 💲 ⇔
15 qto ⊇ 35/45.
* Estabelecimento clássico situado numa casa a modo de vila residencial. Em conjunto resulta modesto mas confortável, embora três dos seus quartos não disponham de casa de banho.

A Taberna, Rua Dos Combatentes da Grande Guerra 86, ✉ 3030-181, ℘ 239 71 62 65, Fax 239 78 00 34 – 🔲. 🆎 ① ⓜ 💲 ⇔
cerrado do 7 ao 31 de agosto, domingo noite e 2ª feira – **Refeição** lista 22 a 34.
* O seu forno à vista esquenta o ambiente. Produtos regionais e séria direcção. Os móveis de pinho e carvalho, as paredes de granito e o belo fogão de ferro definem o ambiente.

COLARES Lisboa 🇵🇹🇵🇹🇵🇹 P 1 – 7 472 h alt. 50.

Arred.: Azenhas do Mar★ (sítio★) Noroeste: 7 km.
🛈 Cabo da Roca-Azóia ✉ 2705-001 ℘ 21 928 00 81 Fax 21 928 08 92.
Lisboa 35 – Sintra 8.

Colares Velho, Largo Dr. Carlos França 1-4, ✉ 2705-192, ℘ 21 929 24 06 – 🆎 ① ⓜ 💲 ⇔
fechado janeiro e 2ª feira – **Refeição** - só jantar salvo fins de semana e feriados - lista 32 a 39.
* Um jovem casal dirige este negócio, instalado numa antiga loja de comestíveis. A combinação do mobiliário actual com as dispensas originais resulta interessante.

na Praia Grande Noroeste : 3,5 km :

Arribas ⇔, Av. Alfredo Coelho, ✉ 2705-329 Colares, ℘ 21 928 90 50, hotel.arribas@mail.telepac.pt, Fax 21 929 24 20, ≤, 🍽, 🌊 – 🛗 🔲 📺 🅿 – 🅿 25/350. 🆎 ① ⓜ 💲 JCB ⇔
Refeição 10 – **58 qto** ⊇ 94/115.
* A sua localização na 1ª linha de praia define uma orientação para as férias. Quartos de suficiente conforto com casas de banho actuais e amplíssima piscina de água salgada.

CONDEIXA-A-NOVA Coimbra 🇵🇹🇵🇹🇵🇹 L 4 – 3 980 h.

Lisboa 192 – Coimbra 15 – Figueira da Foz 34 – Leiria 62.

Pousada de Santa Cristina ⇔, Rua Francisco Lemos, ✉ 3150-142, ℘ 239 94 12 86, guest@pousadas.pt, Fax 239 94 30 97, ≤, 🌊, 🍽, 🍴 – 🛗, ⇔ qto, 🔲 📺 🅿 – 🅿 25/50. 🆎 ① ⓜ 💲 ⇔
Refeição 26 – **45 qto** ⊇ 145/155.
* Pousada de impecáveis instalações, rodeadas de relvado e piscina. Destacam as suas espaçosas zonas comuns de asseada manutenção e confortáveis quartos. Luminoso refeitório envidraçado.

COSTA NOVA Aveiro – ver Aveiro.

COSTA DA CAPARICA Setúbal 🇵🇹🇵🇹🇵🇹 Q 2 – 11 708 h – Praia.

🛈 Av. da República 18 ✉ 2825-399 ℘ 21 290 00 71 Fax 21 290 02 10.
Lisboa 15 – Setúbal 51.

Costa da Caparica, Av. General Humberto Delgado 47, ✉ 2829-506, ℘ 21 291 89 00, comercial@hotelcostacaparica.pt, Fax 21 291 06 87, ≤, 🌊 – 🛗 🔲 📺 🚻 ⇔ 🅿 – 🅿 25/350
340 qto – 13 suites.
* Frente ao mar, numa das praias mais apreciadas da costa portuguesa. Desfrute das belas vistas que lhe oferecem os seus quartos, todos exteriores e com varanda. Restaurante de cuidada montagem depois do hall e elegante bar panorâmico no 8º andar.

COVA DA IRIA *Santarém – ver Fátima.*

COVILHÃ *Castelo Branco* **733** *L 7 – 18 774 h alt. 675 – Desportos de inverno na Serra da Estrela :* ⚹3.
   Arred. : *Estrada★ da Covilhã a Seia (≤★), Torre★★ 49 km – Estrada★★ da Covilhã a Gouveia (vale glaciário de Zêzere★★) (≤★), Poço do Inferno★ : cascata★, (≤★) por Manteigas : 65 km – Unhais da Serra (sítio★) Sudoeste : 21 km.*
   🛈 *Av. Frei Heitor Pinto* ✉ *6200-113 apartado 438* ☎ *275 31 95 60 turismo.estrela@mail.telepac.pt Fax 275 31 95 69.*
   Lisboa 301 – Castelo Branco 62 – Guarda 45.

ao Sudeste :

🏨 **Turismo da Covilhã,** *acesso à Estrada N 18 - 3,5 km,* ✉ *6201-909 apartado 371,* ☎ *275 33 10 00, dircom@imb-hotels.com, Fax 275 33 04 40,* ≤, 🛁, 🏊, 🗖 – 🕽 🞺 📺 ♿ 🞺 🅿 – 🞺 25/400. 🅰🅴 ⓒ ⓥ 𝗩𝗜𝗦𝗔 ⌬
   Refeição 15 - *Piornos* : **Refeição** lista 24 a 31 – **94 qto** ⋃ 60/85 – 10 suites.
   ◆ Hotel de linha moderna que destaca pelas suas magníficas instalações, com uma ampla zona nobre, varias salas para convenções e um completo centro de fitness e beleza. Restaurante com ementa e entrada independente.

🏨 **Meliá Confort D. Maria,** *acceso à Estrada N 18 - 2,5 km,* ✉ *6200-507,* ☎ *275 31 00 00, méliaconfort.dmaria@solmeliaportugal.com, Fax 275 31 00 09,* ≤, 🛁, 🗖 – 🕽 🞺 📺 ♿ 🞺 🅿 – 🞺 25/600. 🅰🅴 ⓒ ⓥ 𝗩𝗜𝗦𝗔 🅹🅲🅱 ⌬
   Refeição 15 – **81 qto** ⋃ 70/85 – 6 suites – PA 26.
   ◆ Situado numa importante rua de aceso à cidade. Dispõe de uma agradável zona social e espaçosos quartos, com mobiliário de bom nível e casas de banho actuais.

🏩 **Santa Eufêmia** *sem rest, Sítio da Palmatória - 2 km,* ✉ *6200-374,* ☎ *275 31 02 10, Fax 275 31 02 19,* ≤ – 🕽 🞺 📺 🅿 🅰🅴 𝗩𝗜𝗦𝗔 ⌬
   77 qto ⋃ 40/55.
   ◆ Após a sua recente remodelação melhorou notavelmente o seu conforto. Dispõe de divisões actuais, com materiais de qualidade, chãos em alcatifa e espaçosas casas de banho.

na estrada das Penhas da Saúde *Noroeste : 5 km :*

🏩 **Estalagem Varanda dos Carqueijais** ⌬, ✉ *6200-073 apartado 332 Covilhã,* ☎ *275 31 91 20, vc@turistrela.pt, Fax 275 31 91 24,* ≤ montanhas e vale, 🍽, 🏊, ⌬ – 📺 🞺 🅿 – 🞺 25/50. 🅰🅴 𝗩𝗜𝗦𝗔 ⌬
   Refeição 15 – **50 qto** ⋃ 110.
   ◆ Se a sua privilegiada localização de interesse paisagístico sublima os sentidos, os seus quartos clássicos e confortáveis garantem um perfeito descanso. Cálida zona social. Refeitório panorâmico com vistas para a imensidão das suas belas paisagens.

CRATO *Portalegre* **733** *07 – 1620 h.*
   Ver : *Mosteiro de Flor da Rosa★ : igreja★ Norte : 2km.*
   Lisboa 206 – Badajoz 84 – Estremoz 61 – Portalegre 20.

em Flor da Rosa *Norte : 2 km :*

🏨 **Pousada Flor da Rosa** ⌬, ✉ *7430-999 Flor da Rosa,* ☎ *245 99 72 10, guest@pousadas.pt, Fax 245 99 72 12,* ≤, 🏊, 🍽 – 🕽, ⌬ qto, 🞺 📺 🅿 🅰🅴 ⓒ ⓥ 𝗩𝗜𝗦𝗔 ⌬
   Refeição 26 – **24 qto** ⋃ 193/205.
   ◆ Antigo mosteiro do séc. XIV que une a sua condição histórica com um interior vanguardista. Quartos distribuídos entre o núcleo primitivo e uma ala de nova construção. Refeitório com as paredes em pedra vista e mobiliário actual.

CUMIEIRA *Vila Real* **733** *I 6 – 1278 h.*
   Lisboa 369 – Braga 98 – Porto 93 – Vila Real 9 – Viseu 83.

🏠 Quinta da Cumieira ⌬ *sem rest,* ✉ *5030 Santa Marta de Penaguião,* ☎ *259 96 95 44, Fax 259 96 91 14,* 🏊, ⌬ – 🞺 🅿
   5 qto.
   ◆ Quinta rústica rodeada de vinhedos. Os quartos giram ao redor dum atractivo pátio interior, com um correcto conforto, casas de banho com duche e mobiliário de estilo antigo.

Se se atrasa no caminho e não pode chegar antes das 18h,
confirme telefonicamente a sua reserva,
é mais seguro... e é o costume.

CURIA Aveiro 733 K 4 – 337 h alt. 40 – Termas.

🛈 Largo ✉ 3780-541 Tamengos ✆ 231 51 22 48 info@turismo-curia.pt Fax 231 51 29 66
Lisboa 229 – Coimbra 27 – Porto 93.

Das Termas ✉ 3780-541 Tamengos, ✆ 231 51 21 85, termasdacuria@termasdacuria.com, Fax 231 51 58 38, 🏊, ✕ – 🛗 ▤ 📺 🅿 – 🚗 25/120. 🆎 ① ⓂⓈ 💳
※ rest
Refeição 17 - **Dom Carlos** : **Refeição** lista aprox. 28 – **57 qto** ⌂ 105/110.
♦ Hotel de ambiente sereno cuja localização, num bonito parque com o som das árvores proporciona um ar de certo romantismo. Cuidada linha clássica. Luminoso restaurante onde grandes janelas conformam um ambiente bem disposto.

Grande H. da Curia ✉ 3780-541 Tamengos, ✆ 231 51 57 20, grhotelcuria@hoteis-belver.pt, Fax 231 51 53 17, 𝕷, 🏊, ▧, 🎾 – 🛗 ▤ 📺 🅿 – 🚗 25/350. ① ⓂⓈ 💳 ※
Refeição lista 27 a 36 – **81 qto** ⌂ 87,50/104,50 – 3 suites.
♦ Típico hotel-balneário situado num edifício de finais do séc. XIX, cuja acertada reabilitação soube unir o espírito da época com um conforto actual. Refeitório clássico e elegante, com uma cozinha atenta aos regimes dietéticos.

Do Parque sem rest, ✉ 3780-541 Tamengos, ✆ 231 51 20 31, geral@hoteldoparquecuria.com, Fax 231 50 38 91 – 📺 🅿 🆎 ① ⓂⓈ 💳
março-15 novembro – **21 qto** ⌂ 29/50.
♦ Atractivo edifício de princípios do séc. XX que, sabendo preservar o seu próprio romantismo, foi equipado com um conforto moderno. Agradável quotidianidade.

DARQUE Viana do Castelo – ver Viana do Castelo.

EIRA DO SERRADO Madeira – ver Madeira (Arquipélago da).

ELVAS Portalegre 733 P 8 – 15 115 h alt. 300.
Ver : Muralhas★★ – Aqueduto da Amoreira★ – Largo de Santa Clara★ (pelourinho★) – Igreja de N. S. da Consolação★ (azulejos★).
🛈 Praça da República ✉ 7350-126 ✆ 268 62 22 36 cmelvas@mail.telepac.pt Fax 268 62 22 36.
Lisboa 222 – Portalegre 55.

Pousada de Santa Luzia, Av. de Badajoz (Estrada N 4), ✉ 7350-097 ✆ 268 63 74 70, guest@pousadas.pt, Fax 268 62 21 27, 🍽, 🏊, ✕ – ⇌ qto, ▤ 📺 🅿 🆎 ① ⓂⓈ 💳 ※
Refeição 26 – **25 qto** ⌂ 142/155.
♦ Pousada de estilo clássico-regional e impecável manutenção, situada nos arredores da localidade. Zona nobre aconchegante e quartos de confortável ar alentejano. O restaurante, que possui vistas à piscina, trabalha bem com o cliente de passagem.

na estrada N 4 :

Varchotel, Varche - Oeste : 5,5 km, ✉ 7350-422, ✆ 268 62 16 21, varchotel@clix.pt Fax 268 62 15 96 – 🛗 ▤ 📺 ♿ 🅿 🆎 💳 ※
Refeição (fechado 2ª feira) lista aprox. 15 – **35 qto** ⌂ 38/55 – 2 suites.
♦ A sua atractiva fachada, de muros caiados e vãos debruados, dá-nos a bem-vinda a um interior de correcto equipamento e conforto, com quartos de estilo clássico. Refeitório principal de simples montagem e ampla sala de banquetes.

Dom Quixote, Oeste : 3 km, ✉ 7350-125, ✆ 268 62 20 14, Fax 268 62 05 98 – ▤ 🅿 🆎 ① ⓂⓈ 💳 ※
fechado 2ª feira – **Refeição** lista 17 a 29.
♦ Situado nos arredores da localidade, com estacionamento próprio e uma zona de bar muito aconchegante. Amplo refeitório, com certo ar regional e mobiliário standard.

ENTRONCAMENTO Santarém 733 N 4 – 18 174 h.
🛈 Largo da Estação ✉ 2330 ✆ 249 71 92 29 Fax 249 71 86 15.
Lisboa 127 – Castelo Branco 132 – Leiria 55 – Portalegre 114 – Santarém 45.

O Barriga's, Praça Comunidade Europeia-Casal Saldanha, ✉ 2330-074, ✆ 249 71 76 31 obarrigas@netcaso.pt, Fax 249 71 95 80 – ▤ 🆎 ⓂⓈ 💳 ※
fechado do 1 ao 15 de agosto, domingo noite e 2ª feira – **Refeição** lista aprox. 16.
♦ Restaurante típico singular, onde o cliente escolhe o primeiro prato dentro um variado buffet de entrantes, e o segundo a partir de duas ementas de distinto preço.

EREIRA Santarém 🟦733🟦 O 3 – 628 h.
Lisboa 67 – Évora 133 – Santarém 21.

XX Condestável de Luís Suspiro, Travessa do Olival, ✉ 2070-326 Ereira CTX, ✆ 243 71 97 86, luis.suspiro@condestavel.net, Fax 243 79 08 63 – 🗐
Refeição - aconselha-mos reservar.
♦ Ampla sala de estilo rústico decorada com certa elegância, onde oferecem um bom serviço de mesa. Original funcionamento com primeiros pratos frios. É conveniente reservar.

ERICEIRA Lisboa 🟦733🟦 P 1 – 6 597 h – Praia.
Ver : Pitoresco porto piscatório★.
🅱 Rua Dr. Eduardo Burnay 46 ✉ 2655-370 ✆ 261 86 31 22 info@ericeira.net Fax 261 86 41 36.
Lisboa 52 – Sintra 24.

🏨 **Vila Galé Ericeira,** Largo dos Navegantes, ✉ 2655-320, ✆ 261 86 99 00, galeericeira@vilagale.pt, Fax 261 86 99 50, ≤, 𝐿𝛿, ⛴, – 🛗 🗐 📺 📞 ♿ 🅿 – 🚗 25/200. 🆎 ⓞ 🆎 VISA JCB. ✂
Refeição 22 – **202 qto** ⊇ 134,50/168.
♦ Complexo totalmente renovado e com certo ar colonial. Possui varias zonas sociais e quartos clássicos de equipamento completo, a metade deles com vistas sobre o mar. Amplo restaurante onde se oferece uma cozinha de tendência cosmopolita.

🏠 **Vilazul,** Calçada da Baleia 10, ✉ 2655-238, ✆ 261 86 00 00, vilazul@mail.pt, Fax 261 86 29 27 – 🛗 🗐 📺. 🆎 ⓞ 🆎 VISA JCB. ✂
O Poço : **Refeição** lista 24 a 31 – **21 qto** ⊇ 80.
♦ Aconchegante hotelinho de carácter familiar situado no centro da localidade. Quartos funcionais de suficiente conforto, a metade deles possuem casas de banho completas.

X **O Barco,** Capitão João Lopes, ✉ 2655-295, ✆ 261 86 27 59, Fax 261 86 69 96, ≤ – 🗐. 🆎 ⓞ 🆎 VISA. ✂
fechado 15 novembro-26 dezembro e 5ª feira – **Refeição** lista 22 a 36.
♦ Casa familiar dirigida com orgulho e dignidade. Discreto serviço de mesa, mobiliário de qualidade e uma manutenção que cumpre com as expectativas. Serenas vistas ao mar.

ERVEDAL DA BEIRA Coimbra 🟦733🟦 K 6 – 1 077 h.
Lisboa 276 – Coimbra 72 – Guarda 86.

🏠 **Solar do Ervedal** ⚘, Rua Dr. Francisco Brandão 12, ✉ 3405-063 Ervedal OHP, ✆ 238 64 42 83, solardoervedal@mail.telepac.pt, Fax 238 64 11 33, ⛴, 🚗 – 🚗 🅿. ⓞ 🆎 VISA. ✂
fechado novembro – **Refeição** - só clientes a pedido, só jantar - 22,50 – **5 qto** ⊇ 80/90 – 1 suite.
♦ Casa senhorial de conforto actual, com instalações muito bem cuidadas. Os seus espaçosos quartos têm boas casas de banho e mobiliário português antigo.

ESCUSA Portalegre 🟦733🟦 N 7 – 100 h.
Lisboa 223 – Cáceres 119 – Portalegre 21.

🏠 **Quinta Curral da Nora** sem rest, Estrada N 246-1, ✉ 7330-313 São Salvador da Aramenha, ✆ 245 99 35 58, Fax 245 99 37 65, ⛴ climatizada, 🚗 – 📺 🅿
8 qto ⊇ 80/100 – 2 apartamentos.
♦ Conjunto dotado de agradáveis exteriores, com castanheiras e nogueiras. Correcta zona social, dois estudos e quartos clássicos, a ressaltar os mais modernos pela sua amplitude.

ESPINHO Aveiro 🟦733🟦 I 4 – 22 496 h – Praia.
🛗₁₈ Oporto, ✆ 22 734 20 08 Fax 22 734 68 95.
🅱 Rua 23 ✉ 4500-271 ✆ 22 733 58 72 turismo@cm-espinho.pt Fax 22 733 58 61.
Lisboa 308 – Aveiro 54 – Porto 23.

🏨 **Praiagolfe H.,** Rua 6, ✉ 4500-357, ✆ 22 733 10 00, reservas@praiagolfe.com, Fax 22 733 10 01, ≤, 𝐿𝛿, ⛴ – 🛗 🗐 📺 ♿ 🚗 – 🚗 25/300. 🆎 ⓞ 🆎 VISA. ✂
Refeição 20 – **127 qto** ⊇ 130/143 – 6 suites.
♦ Hotel de longa tradição situado na 1ª linha de praia. De cuidada estética actual, possui uma ampla zona nobre e quartos bem equipados. Alto profissionalismo. Restaurante panorâmico aberto à imensidão do oceano.

🏠 **Néry** sem rest, Avenida 8-826, ✉ 4500-207, ✆ 22 734 73 64, Fax 22 734 85 96, ≤ – 🛗 🗐 📺 🚗. 🆎 ⓞ 🆎 VISA. ✂
43 qto ⊇ 40/50.
♦ A sua decoração simples e as cuidadas instalações proporcionam um ambiente aconchegante. Discretos quartos de adequado conforto, com um mobiliário de palhunha muito correcto.

ESPOSENDE Braga 733 H 3 – 9 197 h – Praia.

- Quinta da Barca, em Gemeses Sureste : 4,5 km ✆ 253 96 67 23 Fax 253 96 90 68.
- **B** Marginal ✉ 4740-204 ✆ 253 96 13 54 Fax 253 96 13 54.
- Lisboa 367 – Braga 33 – Porto 49 – Viana do Castelo 21.

Suave Mar, Av. Eng. Eduardo Arantes e Oliveira, ✉ 4740-204, ✆ 253 96 94 00, info@suavemar.com, Fax 253 96 94 01, ⌔, ⌕, ❊, – ⌘ ≡ TV ⌗ ⌖ P – 🏛 25/200. AE ⓘ ⓜ VISA. ⌘
Varanda do Cávado : Refeição lista 20 a 29 – **84 qto** ⌑ 96/100.
◆ Muito cuidado, com instalações decoradas com grande detalhe e uma agradável piscina no pátio interior. Peça os quartos com vistas para o mar e à Foz do Cávado. Aconchegante restaurante com uma magnífica panorâmica.

Acropole sem rest, Praça D. Sebastião, ✉ 4740-224, ✆ 253 96 19 41, residencial.acropole@clix.pt, Fax 253 96 42 38 – ⌘ TV. AE ⓘ ⓜ VISA. ⌘
30 qto ⌑ 37,50/47,50.
◆ Pequeno e central estabelecimento concebido sem luxos embora procurando agradar. Quartos simples e uma sala de pequenos almoços no sótão, com uma grande esplanada panorâmica.

ESTEFÂNIA Lisboa – ver Sintra.

ESTÓI Faro – ver Faro.

ESTORIL Lisboa 733 P 1 – 23 769 h – Praia.

Ver : Estância balnear★.
- ⌔ ⌕ Estoril, ✆ 21 468 01 76 Fax 21 464 79 42 BX.
- **B** Arcadas do Parque ✉ 2769-503 ✆ 21 466 38 13 estorilcoast@mail.telepac.pt Fax 21 467 22 80.
- Lisboa 23 ② – Sintra 13 ①

Ver planta de Cascais

Palácio, Rua do Parque, ✉ 2769-504, ✆ 21 464 80 00, palacioestoril@mail.telepac.pt, Fax 21 468 48 67, ≤, ⌕, ⌖, – ⌘ ≡ TV P – 🏛 25/400. AE ⓘ ⓜ VISA JCB. ⌘
BY k
Refeição - ver rest. **Four Seasons** – **131 qto** ⌑ 300/325 – 31 suites.
◆ Líder da hotelaria local. Hotel de grande tradição que soube manter a sua sólida reputação. Moderno equipamento, alto conforto, e múltiplas prestações.

Amazónia Lennox Estoril ⌔, Rua Eng. Álvaro Pedro de Sousa 175, ✉ 2765-191, ✆ 21 468 04 24, reservas@amazoniahoteis.com, Fax 21 467 08 59, ❊, ⌕ climatizada – ≡ TV P – 🏛 25/50. AE ⓘ ⓜ VISA JCB. ⌘
BY a
Refeição *(abril-outubro)* - só jantar - lista aprox. 25 – **30 qto** ⌑ 93/108 – 2 suites, 2 apartamentos.
◆ Complexo hoteleiro rodeado de exuberantes jardins. Instalações distribuídas em dois edifícios, um no estilo antigo e o outro, que é o principal, numa linha actual. O seu refeitório tem vistas sobre a piscina.

Alvorada sem rest, Rua de Lisboa 3, ✉ 2765-240, ✆ 21 464 98 60, reservas@hotelalvorada.com, Fax 21 468 72 50 – ⌘ ≡ TV P. AE ⓘ ⓜ VISA JCB. ⌘
BY b
51 qto ⌑ 104/122,50.
◆ Espaçosos quartos com um mobiliário um pouco desfasado, compensado pelas casas de banho de máxima actualidade. Um projecto de ampliação promete importantes melhoras.

S. Mamede sem rest, Av. Marginal 7105, ✉ 2765-248, ✆ 21 465 91 10, reservas@hotelsmamede.com, Fax 21 467 14 18 – ⌘ ≡ TV. AE ⓘ ⓜ VISA JCB. ⌘
BY s
43 qto ⌑ 65/75.
◆ Hotel de discreta organização, com uma reduzida zona social e quartos pequenos mas muito correctos e com uma agradável decoração.

Four Seasons - Hotel Palácio**,** Rua do Parque, ✉ 2769-504, ✆ 21 464 80 00, info@hotelestorilpalacio.pt, Fax 21 468 48 67 – ≡ P. AE ⓘ ⓜ VISA JCB. ⌘
BY k
Refeição lista 30 a 44.
◆ Magnífico restaurante com entrada independente. Suprema elegância e óptimo gosto num ambiente aconchegante, onde a madeira mostra força e estilo. Grelha de assar à vista.

Estoril Mandarim, Praça José Teodoro dos Santos (Casino Estoril), ✉ 2765-237, ✆ 21 466 72 70, Fax 21 468 96 00 – ≡. AE ⓘ ⓜ VISA. ⌘
BY c
fechado 3ª feira – Refeição - rest. chinês - lista 40 a 50.
◆ Ao rés-do-chão do Casino. Elegante contexto de ar oriental, onde poderá degustar saborosas especialidades chinesas elaboradas pelo seu chef de Macau.

ESTORIL

XX **La Villa**, Praia do Estoril 3, ⊠ 2765, ℘ 21 468 00 33, Fax 21 468 45 04, ≤, 😊 – 🗏 BY f
AE ① ⓜ VISA. ❀
fechado 2ª feira – **Refeição** lista 27 a 45.
• Atractiva localização com vistas para o mar. Os jovens proprietários outorgam-lhe novos ares. Linha moderna de acordo com uma ementa que entre outras opções contempla o sushi.

no Monte Estoril :

XXX **Cimas**, Av. Marginal, ⊠ 2765 Estoril, ℘ 21 468 04 13, *cimas@clix.pt*, Fax 21 468 12 54,
≤ – 🗏 P. AE ① ⓜ VISA JCB BX s
fechado 15 dias em agosto e domingo – **Refeição** lista 33 a 56.
• Atractiva casinha de estilo nórdico, cujas paredes albergam dois refeitórios com vistas para o mar, e uma sala de espera na cave. Uma estética inglesa define a sua decoração.

ESTREITO DE CÂMARA DE LOBOS *Madeira – ver Madeira (Arquipélago da).*

ESTREMOZ *Évora* 733 P 7 – *7 682 h alt. 425.*
Ver : *A Vila Velha*★ - *Sala de Audiência de D. Dinis (colunata gótica*★*).*
Arred. : *Évoramonte : Sítio*★, *castelo*★ (❋★) *Sudoeste : 18 km.*
🛈 *Largo da República 26* ⊠ *7100-505* ℘ *268 33 35 41 c.m.estremoz@mail.telepac.p.t.*
Fax *268 33 40 10*.
Lisboa 179 – Badajoz 62 – Évora 46.

🏛 **Pousada da Rainha Santa Isabel** 🍃, Largo D. Diniz - Castelo de Estremoz, ⊠ 7100-509, ℘ 268 33 20 75, *guest@pousadas.pt*, Fax 268 33 20 79, ≤, 😊, ⛱ – 📶 🗏 📺. AE
① ⓜ VISA. ❀
Refeição 26 – **32 qto** ⊇ 188/220 – 1 suite.
• Majestosas instalações num castelo medieval. Amplos salões decorados com estilo e quartos senhoriais com casas de banho em mármore. Refeitório onde imperam a distinção e o bom gosto.

🏛 **Estalagem Páteo dos Solares** 🍃, Rua Brito Capelo, ⊠ 7100-562, ℘ 268 33 84 00, *pateo.solares@clix.pt*, Fax 268 33 84 19, 😊, ⛱, 🎾 – 📶 🗏 📺 📞 & P – 🎫 60. AE ①
ⓜ VISA. ❀ rest
Alzulaich : Refeição lista 30 a 40 – **40 qto** ⊇ 140/150 – 1 suite.
• Amplo hall com um aconchegante salão inglês, sala de conferências aproveitando a antiga muralha da cidade, e quartos com um relaxante classicismo e casas de banho actuais. Luminoso restaurante com bonitos azulejos do Alentejo.

pela estrada de São Bento do Cortiço *Norte : 8 km e desvio a direita 1 km :*

🏠 **Herdade da Barbosa** 🍃 sem rest, ⊠ 7100-078, ℘ 268 32 45 10, Fax 268 33 36 75,
≤, ⛱ – 📺 P. ❀
fechado Natal – **3 qto** ⊇ 45/65 – 2 apartamentos.
• Situada numa extensa quinta em plena natureza, onde poderá observar trabalhos agrícolas e pecuários. Quartos de estilo regional correctos para a sua categoria.

PORTUGAL

ÉVORA

P 733 Q 6 – 37 965 h. alt. 301.

Lisboa 153 ⑤ – Badajoz 102 ② – Portalegre 105 ② – Setúbal 102 ⑤.

POSTOS DE TURISMO

🛈 *Praça do Giraldo 73,* ✉ *7000-508* ℘ *266 73 00 30 Fax 266 73 00 39.*

INFORMAÇÕES PRÁTICAS

A.C.P. *Rua Alcárcova de Baixo 7,* ✉ *7000-841* ℘ *266 70 75 33 Fax 266 70 96 96.*

CURIOSIDADES

Ver : *Sé*★★ BY : *interior*★ *(cúpula*★*, cadeiral*★*), Museu de Arte Sacra*★ *(Virgem do Paraíso*★★*), Claustro*★ *– Museu Regional*★ BY **M 1** *(Baixo-relevo*★*, Anunciação*★*) – Templo romano*★ BY *– Convento dos Lóios*★ BY : *Igreja*★*, Edifícios conventuais (portal*★*), Paço dos Duques de Cadaval*★ BY **P** *– Largo da Porta de Moura (fonte*★*)* BCZ *– Igreja de São Francisco (interior*★*, capela dos Ossos*★*)* BZ *– Fortificações*★ *– Antiga Universidade dos Jesuítas (claustro*★*)* CY.

Arred. : *Convento de São Bento de Castris (claustro*★*) 3 km por N 114-4.*

ÉVORA

1_ de Maio (Pr.)	**BZ**	
5 de Outubro (R.)	**BYZ**	37
Álvaro Velho (Largo)	**BZ**	3
Aviz (R. de)	**BY**	4
Bombeiros Voluntários de Évora (Av.)	**CZ**	6
Caraça (Trav. da)	**BZ**	7
Cenáculo (R. do)	**BY**	9
Combatentes da Grande Guerra (Av. dos)	**BZ**	10
Conde de Vila-Flor (Largo)	**BY**	12
Diogo Cão (R.)	**BZ**	13
Freiria de Baixo (R. da)	**BY**	15
Giraldo (Pr. do)	**BZ**	
João de Deus (R.)	**AY**	16
José Elias Garcia (R.)	**AY**	18
Lagar dos Dizimos (R. do)	**BZ**	19
Luís de Camões (Largo)	**AY**	21
Marquês de Marialva (Largo)	**BY**	22
Menino Jesus (R. do)	**BY**	24
Misericórdia (Largo)	**BZ**	25
Penedos (Largo dos)	**AY**	28
República (R. da)	**BZ**	
Santa Clara (R. de)	**AZ**	30
São Manços (R. de)	**BZ**	31
São Miguel (Largo de)	**BY**	32
Senhor da Pobreza (Largo)	**CZ**	33
Torta (Trav.)	**AZ**	34
Vasco da Gama (R.)	**BY**	36

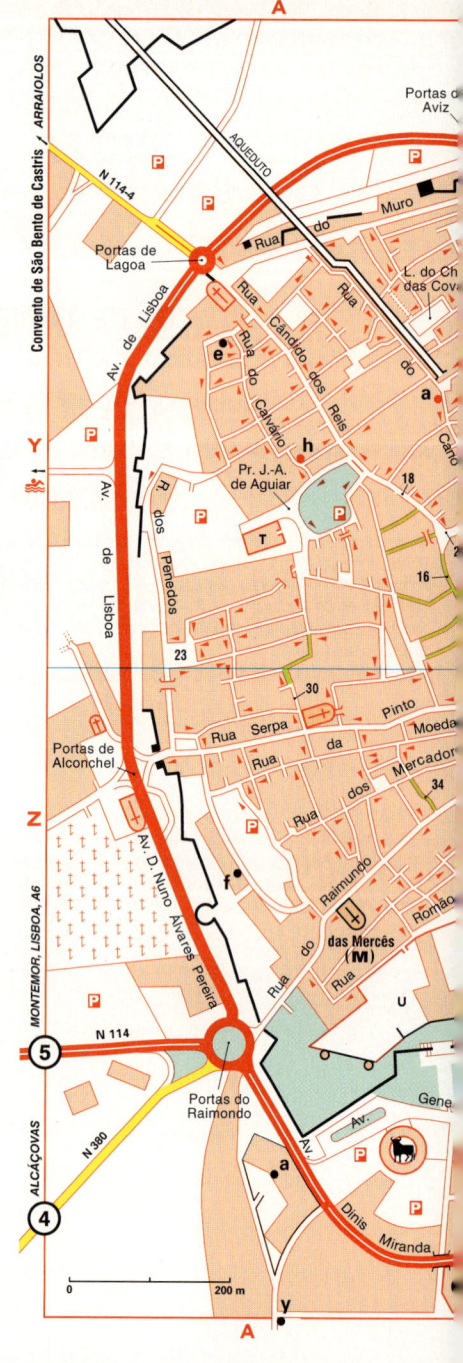

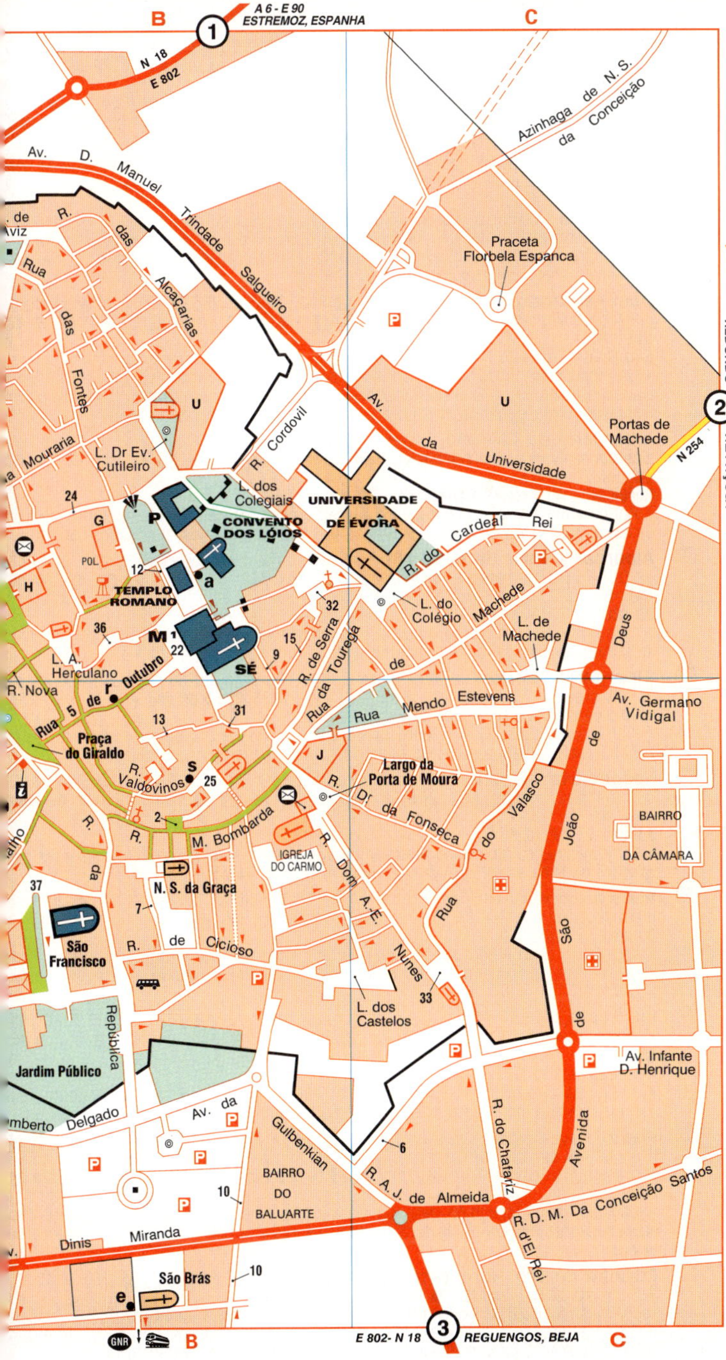
A 6 - E 90
ESTREMOZ, ESPANHA
B
C
1
N 18
E 802
Azinhaga de N. S. da Conceição
Av. D. Manuel Trindade Salgueiro
R. de Aviz
R. das Alcaçarias
Rua das Fontes
Praceta Florbela Espanca
Y
REDONDO
2
VILA VIÇOSA
N 254
Portas de Machede
U
Av. da Universidade
R. Cordovil
Mouraria
L. Dr Ev. Cutileiro
L. dos Colegiais
UNIVERSIDADE DE ÉVORA
CONVENTO DOS LÓIOS
R. do Cardeal Rei
24
G
P
POL
12
a
H
TEMPLO ROMANO
32
L. do Colégio
Machede
L. de Machede
R. de Deus
36
M¹
22
SÉ
9
15
R. de Serra
Rua da Tourega
L. A. Herculano
R. Nova
Rua 5 de Outubro
r
Praça do Giraldo
13
31
Rua Mendo Estevens
Av. Germano Vidigal
J
Largo da Porta de Moura
R. Valdovinos
s
25
R. D. da Fonseca
Rua do Valasco
R. de João
2
R. M. Bombarda
R. Dom A. E. Nunes
IGREJA DO CARMO
BAIRRO DA CÂMARA
37
N. S. da Graça
7
São Francisco
R. de Cicioso
R. da
República
L. dos Castelos
33
Z
São
Jardim Público
Av. Infante D. Henrique
Humberto Delgado
Av. da Gulbenkian
6
R. do Chafariz d'El Rei
Avenida
BAIRRO DO BALUARTE
10
R. A. J. de Almeida
R. D. M. Da Conceição Santos
Dinis Miranda
São Brás
e
GNR
E 802- N 18
3
REGUENGOS, BEJA

ÉVORA

Pousada dos Lóios, Largo Conde de Vila Flor, ✉ 7000-804, ☎ 266 73 00 70, guest@pousadas.pt, Fax 266 70 72 48, 🏊 – 🍽 📺 🅿 – 🛁 25/50. AE ① ⓜ VISA. ⨯
Refeição 26 – 30 qto ⬜ 188/220 – 2 suites. BY a
• Num convento do séc. XV, concebido naquela época como lugar de meditação e repouso. O seu confortável interior conserva pinturas e detalhes da época. Quartos sóbrios. Refeitório atractivo no claustro.

Da Cartuxa, Travessa da Palmeira 4, ✉ 7000-546, ☎ 266 73 93 00, reservas@hoteldacartuxa.com, Fax 266 73 93 05, 🏛, 🏊, 🎾 – 🛗 🍽 📺 & ⥅ – 🛁 25/300. AE ① ⓜ VISA. ⨯ rest AZ
Cerca Nova : Refeição lista 26 a 31 – **85 qto** ⬜ 145/160 – 6 suites.
• Hotel de recente construção, decorado num estilo rústico-moderno muito colorista. Boa zona nobre e cálidos quartos, num ambiente decididamente aconchegante. O seu restaurante oferece um aspecto íntimo e esmerado.

Dom Fernando, Av. Dr. Barahona 2, ✉ 7000-756, ☎ 266 73 79 90, hoteldomfernando@grupofbarata.com, Fax 266 73 79 99, 🏊 – 🛗 🍽 📺 ⥅ – 🛁 25/250. AE ① ⓜ VISA. ⨯ BZ e
São Brás : Refeição lista 16 a 20 – **101 qto** ⬜ 73/95 – 2 suites.
• De linha clássica-actual. A vida social concentra-se no seu amplo hall-sala, com um bar e a recepção ao fundo. Quartos funcionais ao redor dum pátio com piscina. Refeitório com toques de certa elegância, onde oferecem cozinha tradicional portuguesa.

Albergaria do Calvário, Travessa dos Lagares 3, ✉ 7000-565, ☎ 266 74 59 30, albergariacalvario@mail.telepac.pt, Fax 266 74 59 39 – 🛗 🍽 📺 & ⥅. AE ① ⓜ VISA. ⨯ AY e
Refeição - ver rest. **O Aqueduto** – **21 qto** ⬜ 75/100 – 2 suites.
• Antigo armazém de azeite cuja reabilitação soube conjugar o respeito com a tradição e com as exigências do conforto mais actual. Aconchegante estilo clássico-regional.

Albergaria Solar de Monfalim sem rest, Largo da Misericórdia 1, ✉ 7000-646, ☎ 266 75 00 00, reservas@monfalimtur.pt, Fax 266 74 23 67 – 🍽 📺. AE ① ⓜ VISA. ⨯ BZ s
26 qto ⬜ 75/90.
• Casa senhorial com o encanto de outros tempos. Aconchegante zona nobre e quartos atractivos de variado tamanho, distribuídos ao redor de diversos pátios.

Albergaria Vitória, Rua Diana de Lis 5, ✉ 7000-871, ☎ 266 70 71 74, albergaria.vitoria@ip.pt, Fax 266 70 09 74 – 🛗 🍽 📺 & – 🛁 25/55. AE ① ⓜ VISA JCB. ⨯ AY y
Comida - ver rest. **Lis** - – **48 qto** ⬜ 59/73.
• Bem organizado e com excelente mantimento. O seu interior alberga um pequeno salão social e confortáveis quartos de estilo clássico. Bar panorâmico no 4º andar.

Hospedaria d'El Rei sem rest, Rua de Timor 30, ✉ 7005-211, ☎ 266 74 56 60, del.rei@netvisao.pt, Fax 266 74 56 69 – 🛗 🍽 📺 & ⥅. AE ① ⓜ VISA JCB. ⨯ por Rua do Chafariz D'El Rei CZ
33 qto ⬜ 52/62,50.
• Estabelecimento um pouco afastado do centro da cidade. Possui aconchegantes instalações de linha actual com quartos bem equipados. Preços razoáveis.

Riviera sem rest, Rua 5 de Outubro 49, ✉ 7000-854, ☎ 266 73 72 10, res.riviera@mail.telepac.pt, Fax 266 73 72 12 – 🍽 📺. AE ① ⓜ VISA JCB. ⨯ BZ r
21 qto ⬜ 60/67,50.
• Residência central bem actualizada. Dispõe de confortáveis quartos, a maioria com os chãos em madeira, mobiliário clássico-português de qualidade e casas de banho actuais.

Ibis Évora, Quinta da Tapada (Urb. da Muralha), ✉ 7000-968, ☎ 266 76 07 00, h1708@accor-hotels.com, Fax 266 76 07 99 – 🛗, ⥅ qto, 🍽 📺 & ⥅ 🅿 – 🛁 25. ① ⓜ VISA. ⨯ AZ a
Refeição lista aprox. 21 – ⬜ 5 – **87 qto** 56.
• A sua localização converte-o num recurso adequado para o cliente de passagem. Alta funcionalidade e materiais simples, compensados por uma esmerada manutenção.

XX Fialho, Travessa das Mascarenhas 14, ✉ 7000-557, ☎ 266 70 30 79, Fax 266 74 48 73 – 🍽. AE ① ⓜ VISA. ⨯ AY h
fechado 24 dezembro-2 janeiro, do 1 ao 23 de setembro e 2ª feira – **Refeição** lista 21 a 33.
• Negócio muito apreciado pela sua organização e reconhecida cozinha. Possui dois aconchegantes refeitórios de carácter regional, ressalta pela sua excelente ementa de vinhos.

XX Cozinha de Sto. Humberto, Rua da Moeda 39, ✉ 7000-513, ☎ 266 70 42 51, Fax 266 70 08 68 – 🍽. AE ① ⓜ VISA. ⨯ AZ b
fechado 5 ao 26 de novembro e 5ª feira – **Refeição** lista aprox. 29.
• Casa acreditada que soube atrair a sua clientela. Hall de entrada, bar de espera e dois refeitórios decorados com originalidade e certo tipismo. Cozinha regional e de caça.

ÉVORA

Lis - *Hotel Albergaria Vitória,* Rua Diana de Lis 5, ⊠ 7000-871, ℘ 266 77 13 23, *rtlis@iol.pt*, Fax 266 77 13 23, 斧 – ■. 哑 ① ⑩ 函. 缀
fechado Natal, do 1 ao 15 de agosto, domingo e feriados – **Refeição** lista 20 a 30.
AZ y
◆ Refeitório de linha clássica-regional decorado com centenas de garrafas. Expositor de carnes, esplanada e uma ementa que conjuga a cozinha tradicional portuguesa com a alentejana.

O Antão, Rua João de Deus 5, ⊠ 7000-534, ℘ 266 70 64 59, *antao@jassis.pt*, Fax 266 70 70 36 – ■. 哑 ① ⑩ 函 ᴊᴄʙ
Refeição lista 18 a 27.
BY f
◆ Local bem dirigido. Possui duas salinhas à entrada e outra num pátio coberto, realçando o conjunto com muitos pormenores decorativos. Ementa variada e com preços acessíveis.

O Aqueduto - *Hotel Albergaria do Calvário,* Rua do Cano 13-A, ⊠ 7000-596, ℘ 266 70 63 73, Fax 266 70 63 73 – ■. 哑 ① ⑩ 函. 缀
fechado de 3 a 17 de janeiro, do 1 ao 15 de agosto, domingo noite e 2ª feira – **Refeição** lista 20 a 26.
AY a
◆ Negócio familiar muito próximo ao aqueduto. Possui um bar privado que antecede a dois refeitórios, um deles de simples montagem regional e o outro decorado com enormes ânforas.

FAFE Braga ⁊⁊⁊ H 5 – *15 323 h.*
Lisboa 375 – Amarante 37 – Guimarães 14 – Porto 67 – Vila Real 72.

Comfort Inn, Av. do Brasil, ⊠ 4820-121, ℘ 253 00 07 00, *comfort.fafe@grupo-continental.com*, Fax 253 59 52 29 – ■ 📺 ⅙ 🅿 – 🔏 25/70. 哑 ① ⑩ 函. 缀
Refeição 13,50 – **58 qto** ⊋ 48/55.
◆ Ao estilo da cadeia, numa zona nova à entrada da localidade. Interior muito funcional e quartos equipados com mobiliário de qualidade standard.

Casa das Paredes 🐦 *sem rest,* Av. da Liberdade 139 - Norte : 1,5 km, ⊠ 4820-118, ℘ 253 50 12 27, Fax 226 09 89 73, 🔼, 🐎 – 🅿. 缀
fechado Natal – **8 qto** ⊋ 75/90 – 2 apartamentos.
◆ Casa solarenga do séc. XVII, com piscina e um cuidado jardim. Dispõe de salões sociais no lagar e no que era a adega, assim como quartos com mobiliário antigo.

FAIA Braga ⁊⁊⁊ H 6.
Lisboa 404 – Braga 63 – Porto 98 – Vila Real 49.

Casa da Tojeira 🐦 *sem rest,* Estrada N 206, ⊠ 4860-212 Faia CBC, ℘ 253 66 31 69, *casadatojeira@mail.telepac.pt*, Fax 253 66 31 69, 🔼 – 🅿 – 🔏 25/200. 哑 函. 缀
7 qto ⊋ 86/110 – 5 apartamentos.
◆ Casa senhorial do séc. XVIII rodeada de vinhedos. Possui belos salões que, igual que os quartos, estão decorados com mobiliário antigo. Apartamentos T1 anexos e modernos.

FAIAL Madeira – *ver Madeira (Arquipélago da).*

FÃO Braga ⁊⁊⁊ H 3 – *2 843 h – Praia.*
Lisboa 365 – Braga 35 – Porto 47.

na Praia de Ofir *Noroeste : 1,5 km :*

Ofir 🐦, Av. Raul Sousa Martins, ⊠ 4740-405 Fão, ℘ 253 98 98 00, *hotelofir@esoterica.pt*, Fax 253 98 18 71, ≤, ⅙, 🔼, 🐎, ℀ – 🛗 ■ 📺 🅿 – 🔏 25/400. 哑 ① ⑩ 函 ᴊᴄʙ. 缀
Refeição 16,50 – **188 qto** ⊋ 80/100 – 3 suites.
◆ Imerso numa paisagem de grande beleza, com cuidadas zonas verdes e acesso directo à praia. Dispõe duma ampla área social e de quartos com bom conforto. A soberba visão panorâmica sobre o oceano recria o seu atractivo refeitório.

em Apúlia *pela estrada N 13 - Sul : 6,3 km :*

Apulia Praia *sem rest,* Av. da Praia 45, ⊠ 4740-033 Apulia, ℘ 253 98 92 90, Fax 253 98 92 99 – 哑 ① ⑩ 函. 缀
44 qto ⊋ 80/100.
◆ Uma simples opção para alguns dias de descanso nesta localidade costeira, com um conforto muito válido na sua categoria. Os quartos renovados ficam mais alegres.

Camelo Apulia, Rua do Facho, ⊠ 4740-055 Apulia, ℘ 253 98 76 00, *restcamelo@iol.pt*, Fax 253 98 76 27 – ■ 🅿. 哑 ⑩ 函. 缀
fechado 2ª feira – **Refeição** lista 22 a 25.
◆ Apresenta uma fachada moderna e envidraçada. Distribui-se em vários andares, com viveiro à vista no hall-bar, chãos em parquet, adega e mobiliário de desenho actual.

FARO P 733 U 6 - 36824 h - Praia.

Ver : Vila-a-dentro★ -Miradouro de Santo António ❄★ B.
Arred. : Praia de Faro ≤★ 9 km por ① - Olhão (campanário da igreja ❄★) 8 km por ③.
🛏 Vila Sol (Vilamoura), 23 km por ① ℘ 289 30 05 05 Fax 289 31 64 99 - 🛏 Laguna Golf Course (Vilamoura) ℘ (89) 31 01 80 - 🛏 Pinhal Golf Course (Vilamoura) ℘ 289 31 03 90 - 🛏 Old Course (Vilamoura) ℘ 289 31 03 41 Fax 289 31 03 21 - 🛏 🛏 Vale do Lobo, 20 km por ① ℘ 289 39 44 44 Fax 289 39 47 13 - 🛏 🛏 Quinta do Lago, 16 km por ① ℘ 289 39 07 00 Fax 289 39 40 13.
✈ de Faro 7 km por ① ℘ 289 80 08 00 - T.A.P., Rua D. Francisco Gomes 8 ✉ 8000-168 ℘ 289 80 02 17 Fax 289 80 02 33.
🚗 ℘ 289 80 17 26.
🛈 Rua da Misericórdia 8 ✉ 8000-269 ℘ 289 80 36 04 - **A.C.P.** Rua Francisco Barreto 26 A ✉ 8000-344 ℘ 289 89 89 50 Fax 289 80 21 32.
Lisboa 309 ② - Huelva 105 ③ - Setúbal 258 ②

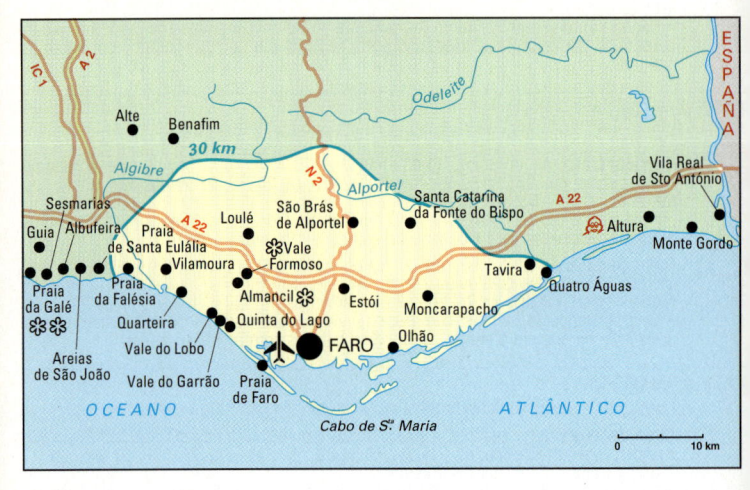

🏛 **Eva**, Av. da República 1, ✉ 8000-078, ℘ 289 00 10 00, eva@tdhotels.pt, Fax 289 00 10 02, ≤, ⌇, - 📶 🖃 📺 ♨ - 🔥 25/300. 🆎 ⓞ ⓜ 𝗩𝗜𝗦𝗔. ⚡ A v
Refeição 19 - **135 qto** ⌚ 116/136 - 13 suites.
◆ De linha actual, e idóneo para as suas estadias de trabalho. Salas de reuniões bem dispostas, espaçosa zona social, e uns confortáveis quartos de escassa amplitude.

🏛 **Faro**, Praça D. Francisco Gomes 2, ✉ 8000-168, ℘ 289 83 08 30, reservas@hotelfaro.pt, Fax 289 83 08 29 - 📶 🖃 📺 🍽, 🆎 ⓞ ⓜ 𝗩𝗜𝗦𝗔. ⚡ A t
Refeição 18,50 - **87 qto** ⌚ 123/143 - 3 suites.
◆ Situado sobre umas galerias comerciais. Em conjunto fica muito moderno e linear, com uma estética minimalista baseada nas formas puras e deixando as paredes nuas. O restaurante do sótão oferece excelentes vistas.

🏨 **Dom Bernardo** sem rest, Rua General Teófilo da Trindade 20, ✉ 8000-356, ℘ 289 88 98 00, hdb@net.sapo.pt, Fax 289 88 98 09 - 📶 🖃 📺 - 🔥 25/40. 🆎 ⓞ ⓜ 𝗩𝗜𝗦𝗔. ⚡ A c
43 qto ⌚ 82/104.
◆ De correcto conforto e adequado equipamento, num estilo clássico bem cuidado. Quartos com casas de banho modernas, dotados de um mobiliário em tons claros.

🏨 **Alnacir** sem rest, Estrada Senhora da Saúde 24, ✉ 8000-500, ℘ 289 80 36 78, hotel.alnacir@clix.pt, Fax 289 80 35 48 - 📶 🖃 📺 - 🔥 25/40. 🆎 ⓞ ⓜ 𝗩𝗜𝗦𝗔. ⚡ A h
53 qto ⌚ 50/77.
◆ Beneficie-se da sua localização central e descanse nos amplos e aconchegantes quartos. Zona social actualizada e uma direcção muito capacitada.

🏨 **Afonso III** sem rest, Rua Miguel Bombarda 64, ✉ 8000-394, ℘ 289 80 35 42, resid.afonsoiii@mail.telepac.pt, Fax 289 80 51 85 - 📶 🖃 📺. 🆎 ⓞ ⓜ 𝗩𝗜𝗦𝗔. ⚡ A e
40 qto ⌚ 65/75.
◆ O seu nome homenageia o rei que reconquistou a cidade aos árabes. Excelente manutenção e uma discreta linha funcional adequada às necessidades básicas do conforto.

FARO

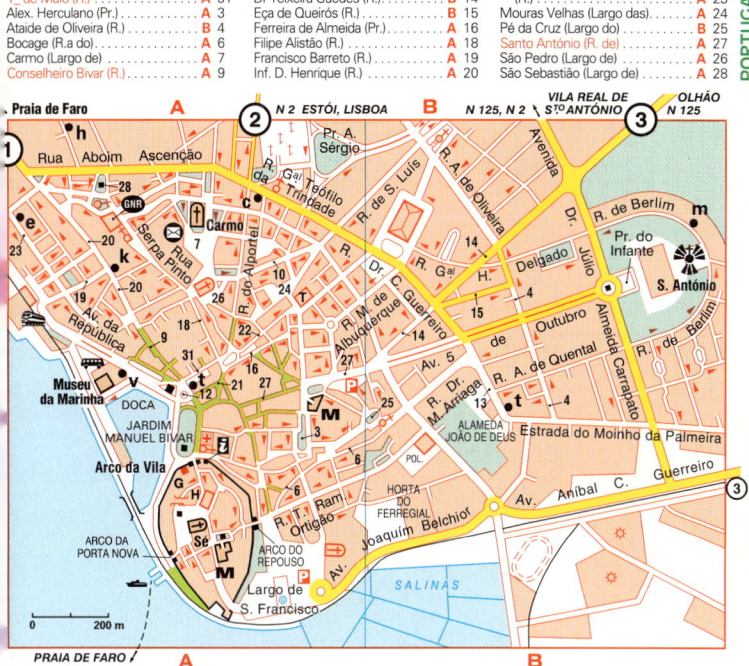

1_ de Maio (R.) . . . . **A** 31	Cruz das Mestras (R.) . . . . **A** 10	Ivens (R.) . . . . **A** 21
Alex. Herculano (Pr.) . . . . **A** 3	D. F. Gomes (Pr.) . . . . **A** 12	Lethes (R.) . . . . **A** 22
Ataíde de Oliveira (R.) . . . . **B** 4	Dr José de Matos (R.) . . . . **B** 13	Miguel Bombarda
Bocage (R.a do) . . . . **A** 6	Dr Teixeira Guedes (R.) . . . . **B** 14	(R.) . . . . **A** 23
Carmo (Largo de) . . . . **A** 7	Eça de Queirós (R.) . . . . **B** 15	Mouras Velhas (Largo das) . . . . . **A** 24
Conselheiro Bivar (R.) . . . . **A** 9	Ferreira de Almeida (Pr.) . . . . **A** 16	Pé da Cruz (Largo do) . . . . **B** 25
	Filipe Alistão (R.) . . . . **A** 18	Santo António (R. de) . . . . **A** 27
	Francisco Barreto (R.) . . . . **A** 19	São Pedro (Largo de) . . . . **A** 26
	Inf. D. Henrique (R.) . . . . **A** 20	São Sebastião (Largo de) . . . . . . **A** 28

[map of Faro]

York ⌦ sem rest, Rua de Berlim 39, ✉ 8000-278, ☎ 289 82 39 73, Fax 289 80 49 74, ≼ – 📺
⌧ 4 – **21 qto** 60/65.
B m
◆ Hotelzinho asseado de carácter familiar, afastado do barulho da cidade. Apesar de possuir quartos com casas de banho reduzidas, o seu equipamento e conforto são suficientes.

Algarve sem rest, Rua Infante D. Henrique 52, ✉ 8000-363, ☎ 289 89 57 00, *reservas@residencialalgarve.com*, Fax 289 89 57 03 – 📶 🈁 📺 ⚒ 🆎 ⓂⓄ 💳 ⌖ A k
20 qto ⌧ 55/75.
◆ Estabelecimento de recente inauguração, com sala para pequeno almoço aberta a um atractivo pátio-esplanada. Quartos de escasso tamanho, a maioria com duche nas casas de banho.

Alameda sem rest e sem ⌧, Rua Dr. José de Matos 31, ✉ 8000-503, ☎ 289 80 19 62, Fax 289 80 42 18
B t
14 qto 35/40.
◆ A sua cálida quotidianidade une-se à sua localização central. Equipado com o imprescindível, oferece instalações bem cuidadas. Organização simples.

na estrada N 125 *por* ① : *2,5 km* :

Ibis Faro, Pontes de Marchil, ✉ 8000-770, ☎ 289 80 67 71, *h1593-gm@accor-hotels.com*, Fax 289 80 69 30, 🍽, 🏊 – 📶 ⌖ qto, 📺 ⚒ 🅿 – 🔁 25/75. 🆎 Ⓓ ⓂⓄ 💳 ⌖ rest
Refeição lista aprox. 16 – ⌧ – **81 qto** 60.
◆ Situado fora da localidade, possui toda a funcionalidade característica da cadeia. Apesar de estar montado com materiais standard, o conforto fica garantido.

na Praia de Faro *por* ① : *9 km* :

Camané, Av. Nascente, ✉ 8000-795 Faro, ☎ 289 81 75 39, *res.camane@clix.pt*, Fax 289 81 72 36, ≼, 🍽 – 🔳. 🆎 ⓂⓄ 💳 ⌖
fechado 15 dias em maio e 2ª feira – **Refeição** - peixes e mariscos, só jantar em agosto - lista 35 a 58.
◆ Negócio familiar que destaca pela sua direcção, ementa e produtos. Oferece-nos, além disso, um interior cálido e aconchegante. Belas vistas à baía e atractiva esplanada.

115

FARO

O Costa, Av. Nascente 7, ⊠ 8005-520 Faro, ℘ 289 81 74 42, fabienne.correia@clix.pt, Fax 289 81 83 59, ≤ ria, Faro e arredores, 🍴 – 🅰🅴 ⓞ 🆂 🆅🅸🆂🅰
fechado janeiro e 3ª feira – **Refeição** lista aprox. 45.
• Reconfortante cozinha num estilo marinheiro. Duas esplanadas e refeitório envidraçado, onde se pode desfrutar de interessantes vistas da cidade ao fundo e dos seus arredores.

em Estói *por ② : 11 km :*

Monte do Casal ⚓ com qto, Estrada de Moncarapacho - Sudeste : 3 km, ⊠ 8000-661 Faro, ℘ 289 99 15 03, montedocasal@mail.telepac.pt, Fax 289 99 13 41, ≤, 🍴, 🏊 climatizada, 🌿 – 🗐 qto, 🅿. 🅰🅴 ⓞ 🆅🅸🆂🅰. ✄
fechado do 1 ao 15 de dezembro e do 6 ao 20 de janeiro – **Refeição** lista 46 a 57 – **14 qto** ⊇ 157,50/210 – 6 suites.
• Antiga casa de campo com uma agradável piscina, bar de espera de ar colonial e restaurante a diferentes alturas no que eram as cavalariças. Também oferece quartos.

FATAUNÇOS *Viseu* 🏷 J 5 – *804 h.*

Lisboa 311 – Aveiro 70 – Viseu 25.

Casa de Fataunços sem rest, ⊠ 3670-095, ℘ 232 77 26 97, casa.fataunços@oni net.pt, Fax 232 77 26 97, 🏊, 🌿, ✄ – 📺. ✄
8 qto ⊇ 55/75.
• Bela mansão do séc. XVIII com agradáveis exteriores. O interior define-se pelos seus elegantes detalhes decorativos, com aconchegantes zonas comuns e quartos de bom nível.

FÁTIMA *Santarém* 🏷 N 4 – *10 302 h alt. 346.*

Arred.: *Parque natural das serras de Aire e de Candeeiros★ : Sudoeste Grutas de Mira de Aire★ o dos Moinhos Velhos.*

🛈 Av. D. José Alves Correia da Silva (Cova da Iria) ⊠ 2495-402 ℘ 249 53 11 39 info@ rt-leiriafatima.pt. – *Lisboa 135 – Leiria 26 – Santarém 64.*

Tia Alice, Rua do Adro, ⊠ 2495-557, ℘ 249 53 17 37, Fax 249 53 43 70 – 🗐. 🅰🅴 ⓞ 🆅🅸🆂🅰. ✄
fechado julho, domingo noite e 2ª feira – **Refeição** lista 25 a 35.
• Atractivas instalações de estilo rústico e ambiente familiar. Atendido por uma brigada jovem e amável, muito afamado pela sua cozinha personalizada.

na Cova da Iria *Noroeste : 2 km :*

De Fátima, João Paulo II, ⊠ 2496-908 apartado 11 Fátima, ℘ 249 53 33 51, mail@ hotelfatima.com, Fax 249 53 26 91 – 📶 🗐 📺 ♿ 🚗 🅿 – 🔏 25/500. 🅰🅴 ⓞ 🆅🅸🆂🅰 🅹🅲🅱. ✄
Refeição 20,80 – **117 qto** ⊇ 110/125 – 9 suites.
• Depois de visitar a localidade, descanse neste elegante hotel, próximo ao santuário, que dispõe de quartos confortáveis e com bom equipamento, com casas de banho ainda actuais. No refeitório oferece-se uma variada ementa e uma interessante selecção de vinhos.

Estalagem Dom Gonçalo, Rua Jacinta Marto 100, ⊠ 2495-450 Fátima, ℘ 249 53 93 30, mail@estalagemdomgoncalo.com, Fax 249 53 93 35 – 📶 🗐 📺 🚗 🅿 – 🔏 25/250. 🅰🅴 ⓞ 🆅🅸🆂🅰. ✄
Refeição - ver rest. **O Convite** – **42 qto** ⊇ 72/82.
• Conjunto dirigido em família, pelo proprietário e o seu filho. Dotado de quartos bem equipados, cuidada zona social e salas de reuniões acondicionadas.

Cinquentenário, Rua Francisco Marto 175, ⊠ 2495-448 Fátima, ℘ 249 53 04 00, hote l.cinquentenario@ip.pt, Fax 249 53 29 92 – 📶 🗐 📺 🚗 – 🔏 25/80. 🅰🅴 ⓞ 🆅🅸🆂🅰. ✄
Refeição 15 – **187 qto** ⊇ 59/79.
• Instalações de linha clássico-moderna, e um conforto geral bastante actualizado. Possui quartos de distinto nível e espaços comuns bem diversificados. Amplo refeitório para grupos e outro mais íntimo para a ementa.

Alecrim, Rua Francisco Marto 84, ⊠ 2496-908 Fátima, ℘ 249 53 94 50, Fax 249 53 94 55 – 📶 🗐 📺 ♿. 🅰🅴 ⓞ 🆅🅸🆂🅰. ✄ rest
Refeição lista aprox. 18 – ⊇ 5 – **53 qto** 40/90.
• Bem situado em pleno centro da localidade. Possui quartos clássicos e renovados na sua totalidade, suficientemente equipados com casas de banho actuais.

Casa das Irmãs Dominicanas, Rua Francisco Marto 50, ⊠ 2495-448 Fátima, ℘ 249 53 33 17, casa-ir-dominicanas@clix.pt, Fax 249 53 26 88 – 📶, 🗐 rest, 📺 ♿ 🅿 – 🔏 25/100. ⓞ 🆅🅸🆂🅰. ✄
Refeição 10 – **122 qto** ⊇ 31,50/47.
• Bem-estar físico e conforto espiritual unem-se neste estabelecimento regido por religiosas, que destaca pelo asseio. Quartos modernos e sóbria área nobre. Refeitório modesto mas simpático, decorado com azulejos típicos, e centrado no menu do dia.

FÁTIMA

Estrela de Fátima, Rua Dr. Cónego Manuel Formigão, ⊠ 2496-908 apartado 260 Fátima, ℰ 249 53 11 50, *info@fatima-hotels.com*, Fax 249 53 21 60 – 🛗 ≡ 📺 🚗 – 🛏 25/150. 🆎 ① ⓜ 💳 JCB. ✄
Refeição 9,85 – **57 qto** ⊇ 55/65.
- Espaçoso conjunto construído em duas fases, dotado de quartos de distinto conforto e zonas comuns um tanto impessoais. Organização à altura.

Santo António, Rua de São José 10, ⊠ 2495-434 Fátima, ℰ 249 53 36 37, *hotel.s antoantonio@ip.pt*, Fax 249 53 36 34 – 🛗, ≡ rest, 📺 🚗. 🆎 ⓜ 💳 JCB. ✄
Refeição 12,50 – **39 qto** ⊇ 40/50.
- Organizado com seriedade e de bom aspecto geral. Hotelzinho dotado de quartos confortáveis, correctos na sua funcionalidade e discreta zona social. Refeitório modesto mas digno, onde servem uma pequena ementa.

Casa Beato Nuno, Av. Beato Nuno 271, ⊠ 2496-908 apartado 4 Fátima, ℰ 249 53 02 30, *c.b.nuno@mail.telepac.pt*, Fax 249 53 02 36 – 🛗, ≡ rest, ♿ 🅿 – 🛏 25/200. 🆎 ⓜ 💳. ✄
Refeição 11 – **135 qto** ⊇ 34/44.
- Bem dirigido pela ordem das carmelitas, destaca pela sua esmerada manutenção. Possui quartos sóbrios e ampla zona nobre. Trabalha basicamente com grupos.

Cruz Alta sem rest, Rua Dr. Cónego Manuel Formigão, ⊠ 2496-908 apartado 260 Fátima, ℰ 249 53 14 81, *info@fatima-hotels.com*, Fax 249 53 21 60 – 🛗 📺 🅿. 🆎 ① ⓜ 💳 JCB. ✄
43 qto ⊇ 55/65.
- Estabelecimento de aspecto aconchegante mas com poucas zonas comuns. Dotado de quartos espaçosos, com pouca iluminação, com casas de banho completas.

O Convite - *Estalagem Dom Gonçalo*, Rua Jacinto Marto 100, ⊠ 2495-450 Fátima, ℰ 249 53 93 30, *mail@estalagemdomgoncalo.com*, Fax 249 53 93 35 – ≡ 🅿. 🆎 ① ⓜ 💳. ✄
Refeição lista 24 a 35.
- Unido à Estalagem Dom Gonçalo, mas com funcionamento semi-independente. Sala ampla de estilo moderno, onde propõem uma ementa baseada nas especialidades locais.

O Recinto, Av. D. José Alves Correia da Silva (Galerias do Parque), ⊠ 2495-402 Fátima, ℰ 249 53 30 55, Fax 249 53 30 28, 🌳 – ≡ 🅿. 🆎 ① ⓜ 💳. ✄
fechado 15 dezembro-1 janeiro - **Refeição** lista 20 a 26.
- Refeitório bem disposto com mesas amplas e esmerada iluminação. A sua cozinha típica convence por produto, elaborações e, sobretudo, pelos bons preços.

em Boleiros *Sul : 5 km :*

O Truão, Largo da Capela, ⊠ 2495-311 Fátima, ℰ 249 52 15 42, Fax 249 52 11 95, Rest. típico – ≡ 🅿. ⓜ 💳. ✄
fechado janeiro e 2ª feira - **Refeição** lista 28 a 32.
- Cálido estilo rústico com detalhes regionais. Centra-se nos banquetes, não descuida a clientela de passagem, oferecendo um simpático refeitório e uma variada ementa.

FELGUEIRAS Porto 733 H 5 – *15 525 h.*
Lisboa 379 – Braga 38 – Porto 65 – Vila Real 57.

Horus sem rest, Av. Dr. Leonardo Coimbra 57, ⊠ 4614-909, ℰ 255 31 24 00, *hotelhorus@mail.com*, Fax 255 31 23 22, ℐ₅ – 🛗 ≡ 📺 ♿ 🚗 – 🛏 25/100. 🆎 ① ⓜ 💳. ✄
46 qto ⊇ 45/62 – 12 suites.
- Modernas instalações que ressaltam pelos seus quartos vanguardistas, com mobiliário de bom nível e chãos em madeira. Interessante oferta de serviços complementares.

Albano, Rua Miguel Bombarda 45, ⊠ 4610-125, ℰ 255 31 88 40, *pensaoalbano@on inet.pt*, Fax 255 31 88 49 – ≡ 📺 🅿. ⓜ 💳. ✄
Refeição *(fechado do 18 ao 30 de agosto)* lista 20 a 28 – **11 qto** ⊇ 35/60.
- Dirigido pela terceira geração da familia que administra o negócio desde 1937. Quartos confortáveis, decorados com mobiliário clássico renovado e casas de banho actuais. Restaurante muito popular e de discreta montagem.

FERMENTELOS Aveiro 733 K 4 – *3 148 h.*
Lisboa 244 – Aveiro 20 – Coimbra 42.

na margem do lago *Nordeste : 1 km :*

Estalagem da Pateira ⌂, Rua da Pateira 84, ⊠ 3750-439, ℰ 234 72 12 05, Fax 234 72 21 81, ≼, ⊠ – 🛗 ≡ 📺 ♿ 🚗 🅿 – 🛏 25/200. 🆎 ⓜ 💳. ✄
Refeição 13,75 – **59 qto** ⊇ 64/85.
- A sua localização junto à lagoa oferece um conjunto de actividades lúdicas. Cálidos quartos onde se pode passar as noites acompanhado pelo coaxar das rãs. Relaxante refeitório panorâmico com esplêndidas vistas dos seus arredores.

117

FERRAGUDO Faro 733 U 4 – 1866 h – Praia.
Lisboa 288 – Faro 65 – Lagos 21 – Portimão 3.

em Vale de Areia Sul : 2 km :

🏨 **Casabela H.** 🌿, Praia Grande, ✉ 8400-275 Ferragudo, ℘ 282 46 15 80, hotel-cas
bela@mail.telepac.pt, Fax 282 46 15 81, ≤ Praia da Rocha e mar, ⌓ climatizada, 🐎, ※
– 📶 🖥 📺 P – 🎾 25/30. 𝐀𝐄 ⓘ ⓜ 𝐕𝐈𝐒𝐀. ※
fechado dezembro e janeiro - **Refeição** - só jantar - 24 – **63 qto** ⌂ 165/180.
♦ Além de proporcionar-nos uma impressionante vista panorâmica, possui acesso direct
à praia. O seu relaxado ambiente e as esmeradas instalações são um convite a uma cor
fortável estadia. Restaurante semicircular, banhado com toda a luz e cor do mar.

FERREIRA DO ZÊZERE Santarém 733 M 5 – 2156 h.
Lisboa 166 – Castelo Branco 107 – Coimbra 61 – Leiria 66.

na margem do rio Zêzere pela estrada N 348 - Sudeste : 8 km :

🏨 **Estalagem Lago Azul** 🌿, ✉ 2240-332, ℘ 249 36 14 45, lagoazul@hotelsdoste
plarios.pt, Fax 249 36 16 64, ≤, ⌓, 🐎, ※ – 📶 🖥 📺 P – 🎾 25/80. 𝐀𝐄 ⓜ 𝐕𝐈𝐒𝐀. ※
Refeição 20 – **18 qto** ⌂ 92/108 – 2 suites.
♦ Desfrute da paisagem numa das margens do rio Zêzere. As suas cálidas dependência
proporcionam-lhe um grato descanso. Quartos cómodos e aconchegantes zonas comun
Refeitório clássico atendido por uma amável brigada.

FIGUEIRA DA FOZ Coimbra 733 L 3 – 12355 h – Praia.
Ver : *Localidade*★.
🛫 ℘ 233 42 83 16.
🛈 Av. 25 de Abril ✉ 3081-501 ℘ 233 40 28 27 geral@figueiraturismo.co
Fax 233 40 28 28 – **A.C.P.** Av. Saraiva de Carvalho 140 ✉ 3080-055 ℘ 233 42 41 0
Fax 233 42 93 18.
Lisboa 181 ③ – Coimbra 44 ②

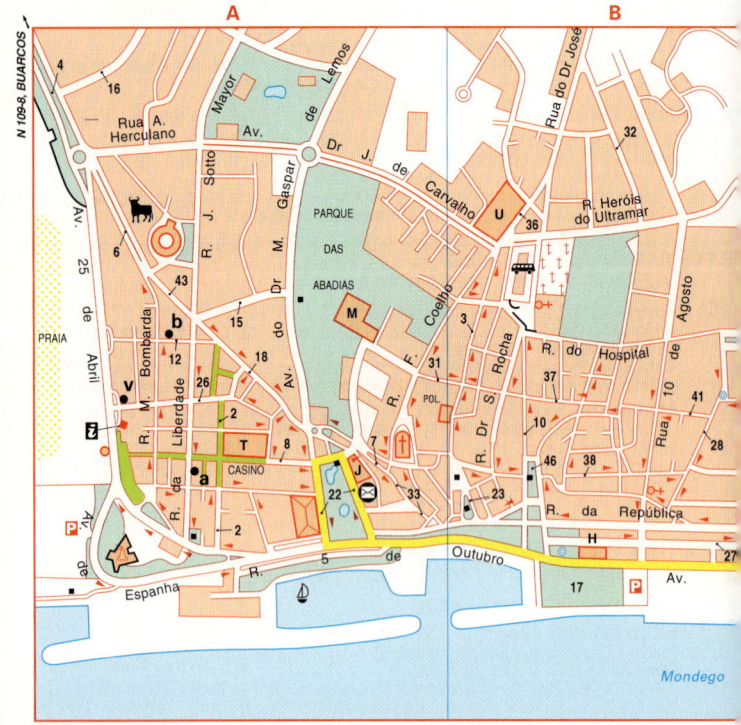

FERREIRA DO ZÊZERE

Mercure Figueira da Foz, Av. 25 de Abril 22, ⊠ 3080-086, ℘ 233 40 39 00, *h1921 @ accor-hotels.com*, Fax 233 40 39 01, ≤ – |≣|, ⊁ qto, ☰ ⊤⊽ ℭ᙭ – 🛆 25/120. 🕭 ⊙ ⓂⓈ 𝑉𝐼𝑆𝐴 ⌦   A v
Refeição lista aprox. 28 – ⌑ 7,50 – **101 qto** 72/92 – 1 suite.
♦ Privilegiada localização em pleno passeio marítimo com excelentes vistas ao mar desde a metade dos seus cuidados quartos. Correcta zona social. Restaurante muito luminoso e de adequada montagem.

Ibis sem rest, Rua da Liberdade 20, ⊠ 3080-168, ℘ 233 42 20 51, *h2104@ accor-hotels.com*, Fax 233 42 07 56 – |≣|, ⊁ qto, ☰ ⊤⊽ ℭ᙭ – 🛆 25/40. 🕭 ⊙ ⓂⓈ 𝑉𝐼𝑆𝐴   A a
⌑ 5 – **47 qto** 58.
♦ Possui as características habituais nesta cadeia, com umas instalações funcionais e a amabilidade do pessoal como dado a ressaltar. Cafetaria integrada na zona social.

Aviz sem rest, Rua Dr. Lopes Guimarães 16, ⊠ 3080-169, ℘ 233 42 26 35, Fax 233 42 09 09 – ⊤⊽. 𝑉𝐼𝑆𝐴. ⌦   A b
18 qto ⌑ 45/60.
♦ Antigo hotel de organização familiar completamente reformado. Os quartos resultam muito adequados na sua categoria, com os chãos em parquet e um correcto mobiliário.

m Buarcos A *Noroeste : 5 km :*

Teimoso com qto, ⊠ 3080-229 Figueira da Foz, ℘ 233 40 27 20, *restaurante@teimoso.com*, Fax 233 40 27 29, ≤ – ☰ rest, ⊤⊽ 🄿 🕭 ⊙ ⓂⓈ 𝑉𝐼𝑆𝐴. ⌦
Refeição lista 16 a 20 – **14 qto** ⌑ 37,50/45.
♦ Apesar de que a sua actividade principal seja o restaurante, oferece também quartos. Refeitórios de simples montagem e uma ementa média, num agradável sítio frente ao mar.

m Caceira de Cima :

Casa da Azenha Velha ⌦, Antiga Estrada de Coimbra - Nordeste : 5,5 km, ⊠ 3080 Figueira da Foz, ℘ 233 42 50 41, Fax 233 42 97 04, ⌦, ⌦, ⌦ – ☰ ⊤⊽ 🄿
Refeição - ver rest. ***Azenha Velha*** - **6 qto** ⌑ 80/90 – 1 apartamento.
♦ Atractiva casa rural que destaca pela sua ampla oferta lúdica. Belos exteriores em pleno campo e quartos com magníficas casas de banho num gratificante ambiente familiar.

FIGUEIRA DA FOZ

5 de Outubro (R.)	**AB**	
8 de Maio (Pr.)	**B**	46
Bernardo Lopes (R.)	**A**	2
Bombeiros Voluntários (R. dos)	**B**	3
Brasil (Av. do)	**A**	4
Buarcos (R. de)	**A**	6
Cadeia (R. da)	**A**	7
Cândido dos Reis (R.)	**A**	8
Combatentes da Grande Guerra (R. dos)	**B**	10
Dr António Lopes Guimarães (R.)	**A**	12
Dr Luis Carriço (R.)	**A**	15
Dr Simões Barreto (R.)	**A**	16
Europa (Pr. da)	**B**	17
Fonte (R. da)	**A**	18
Infante D. Henrique (P.)	**A**	22
Luís de Camões (Largo)	**B**	23
Maestro David de Sousa (R.)	**A**	26
Manuel Fernandes Tomas (R.)	**B**	27
Mato (R. do)	**B**	28
Mauricio Pinto (R.)	**AB**	31
Moçambique (R. de)	**B**	32
Paço (R. do)	**A**	33
Pinhal (R. do)	**B**	36
República (R. da)	**B**	
Restauração (R. a da)	**B**	37
Rosas (R. das)	**B**	38
Travessa do Mato	**B**	41
Vasco da Gama (R.)	**B**	42
Viso (R. a do)	**A**	43

FERREIRA DO ZÊZERE

XX **Azenha Velha** - Hotel Casa da Azenha Velha, Antiga Estrada de Coimbra - Nordeste 6 km, ⊠ 3080 Figueira da Foz, ℘ 233 42 61 00, Fax 233 42 97 04 – 🖃 🅿 🅰 VISA. ⌘
fechado domingo noite e 2ª feira – **Refeição** lista aprox. 30.
♦ Situado numa casa de pedra. Sala moderna com grandes janelas, vigas de madeira e lareira, onde oferecem uma ementa algo reduzida. Expositor de peixe e cozinha semivista.

FIGUEIRA E BARROS Portalegre 733 O 6 – 356 h.
Lisboa 175 – Portalegre 52 – Badajoz 90 – Évora 76.

pela estrada de Alter do Chão Nordeste : 1,5 km e desvío a esquerda 1,5 km :

⌂ **Monte do Padrão** ⌘, ⊠ 7480-352, ℘ 242 46 51 53, monte-padrao@ciberguia.pt Fax 242 46 53 27, 🏛, 🏊, ⌘ – 🖃 rest, 📺 🅿. ⌘
Refeição - só clientes a pedido - 20 – **6 qto** 🛏 60/90 – 1 suite.
♦ Casa de campo com mobilada em estilo regional-antigo. Cálidos quartos, salões com lareira e amplas casas de banho. Refeitório privado para clientes alojados.

FIGUEIRÓ DOS VINHOS Leiria 733 M 5 – 3 835 h alt. 450.
Arred.: *Percurso★ de Figueiró dos Vinhos a Pontão 16 km.*
🅱 Terminal Rodoviário ⊠ 3260-429 ℘ 236 55 21 78 gadel@cm-figueirodosvinhos.pt Fax 236 55 25 96. – *Lisboa 205 – Coimbra 59 – Leiria 74.*

FLOR DA ROSA Portalegre – ver Crato.

As páginas explicativas da introdução
ajudarão a tirar o máximo partido do seu Guia Michelin.

FOZ DO ARELHO Leiria 733 N 2 – 1 223 h.
Lisboa 101 – Leiria 62 – Nazaré 27.

🏠 **Penedo Furado** sem rest, Rua dos Camarções 3, ⊠ 2500-481, ℘ 262 97 96 10, penedo_furado@clix.pt, Fax 262 97 98 32 – 📺 🅿. 🅰🅴 ⓞ ⓜⓔ VISA. ⌘
28 qto 🛏 60/70.
♦ Após uma impecável fachada branca surge este hotelzinho de ambiente familiar. Quartos de correcto conforto, com mobiliário clássico em madeiras maciças e casas de banho completas.

FOZ DO DOURO Porto – ver Porto.

FRECHAS Bragança 733 H 8 – 1 137 h.
Lisboa 471 – Bragança 73 – Vila Real 72.

⌂ **Casa dos Araújos** ⌘, Rua da Capela, ⊠ 5370-135, ℘ 278 26 25 66, Fax 278 26 50 96, ≤, 🏊, 🏛, ⌘ – 🅿. ⓞ ⓜⓔ VISA. ⌘
Refeição - só clientes a pedido - 15 – **8 qto** 🛏 60/70 – 1 apartamento.
♦ Possui quatro quartos aconchegantes na casa principal, além de outros mais funcionais, num anexo. Refeitório familiar privado de ar regional, com uma grande mesa comum.

FUNCHAL Madeira – ver Madeira (Arquipélago da).

FUNDÃO Castelo Branco 733 L 7 – 8 957 h.
🅱 Av. da Liberdade ⊠ 6230-398 ℘ 275 75 27 70.
Lisboa 303 – Castelo Branco 44 – Coimbra 151 – Guarda 63.

🏨 **Samasa**, Rua Vasco da Gama, ⊠ 6230-375, ℘ 275 75 12 99, samasahotel@netc.pt Fax 275 75 18 09 – 🛗 🖃 📺. 🅰🅴 ⓞ ⓜⓔ VISA
Refeição - ver rest. **Hermínia** – **50 qto** 🛏 49,80/71.
♦ Destaca pelo seu bom mantimento. Possui uma reduzida zona social com mesa de bilhar e aceso gratuito a Internet, assim como correctos quartos com os chãos em alcatifa.

X **Hermínia** - Hotel Samasa, Av. da Liberdade 123, ⊠ 6230-398, ℘ 275 75 25 37, Fax 275 75 18 09 – 🖃. 🅰🅴 ⓞ ⓜⓔ VISA. ⌘
Refeição lista aprox. 19.
♦ Restaurante central instalado em dois níveis. Pelo conforto e instalações pode ser algo justo, embora oferece uma correcta ementa tradicional e resulta válido como recurso.

FUNDÃO

na estrada N 18 *Norte : 2,5 km :*

O Alambique de Ouro, Sítio da Gramenesa, ⊠ 6230-463, ℘ 275 77 41 45, *alambique@hotelalambique.com*, Fax 275 77 40 21, ₣₅, ⊼, ⊡, ✕ – ⌽ ≡ ⊡ ₺ ⇌ ⊡ – 🅰 25/500. ⌸ ⊚ VISA. ⋇
Refeição *(fechado do 5 ao 15 de julho, 24 outubro-3 novembro e 2ª feira)* 15 – **117 qto** ⊃ 32,50/62,50 – 2 suites.
◆ Ampliou as suas instalações com uma zona de banquetes e uma piscina tipo lago. Os quartos ressaltam pelas cabeceiras das camas, feitas com cerâmica portuguesa. O restaurante, de simples montagem e com grelha à vista, foi a origem do negócio.

GAFANHA DA NAZARÉ *Aveiro – ver Aveiro.*

GERÊS *Braga* 733 *G 5 – 337 h alt. 400 – Termas.*

Excurs. : *Parque Nacional da Peneda-Gerês*★★ *: estrada de subida para Campo de Gerês*★★ – *Miradouro de Junceda*★, *represa de Vilarinho das Furnas*★, *Vestígios da via romana*★.

🛈 *Av. Manuel Francisco da Costa* ⊠ *4845-067* ℘ *253 39 11 33 Fax 253 39 12 82.*
Lisboa 412 – Braga 44.

Águas do Gerês, Av. Manuel Francisco da Costa, ⊠ 4845-067, ℘ 253 39 01 90, *hotel@aguasdogeres.pt*, Fax 253 39 01 99 – ⌽ ≡ ⊡ ₺ ⊡. ⌸ ⓞ ⊚ VISA. ⋇
Refeição 14 – **53 qto** ⊃ 65/85 – 2 suites.
◆ Foi bem renovado, com uma atractiva fachada e um interior clássico de termas. Dispõe de zonas sociais espaçosas e de quartos luminosos embora algo funcionais. O atractivo restaurante apresenta o chão em parquet e uma cuidada montagem.

GIBRALTAR *Lisboa – ver Torres Vedras.*

GONDARÉM *Viana do Castelo – ver Vila Nova de Cerveira.*

GONDOMAR *Porto* 733 *I 4 – 25 717 h.*
Lisboa 306 – Braga 52 – Porto 7 – Vila Real 86.

na estrada N 108 *Sul : 5 km :*

Estalagem Santiago, Aboínha, ⊠ 4420-088, ℘ 22 454 00 34, *geral@estalagemsantiago.com*, Fax 22 450 36 75, ≤ – ⌽ ≡ ⊡ ⊡ – 🅰 25/100. ⓞ ⊚ VISA. ⋇ rest
Refeição lista 15 a 28 – ⊃ 9,50 – **20 qto** 65/72.
◆ Possui uma agradável localização frente ao rio, num ambiente de grande beleza natural. Desfrute da paisagem serena e tenha um bom descanso nos seus simples quartos.

GOUVEIA *Guarda* 733 *K 7 – 3 653 h alt. 650.*

Arred. : *Estrada*★★ *de Gouveia a Covilhã* (≤★, *Poço do Inferno*★ *: cascata*★, *vale glaciário do Zêzere*★★, ≤★) *por Manteigas : 65 km.*
🛈 *Av. 25 de Abril* ⊠ *6290-554* ℘ *238 49 02 43 Fax 238 49 46 86.*
Lisboa 310 – Coimbra 111 – Guarda 59.

✕ **O Júlio**, Travessa do Loureiro 11, ⊠ 6290-534, ℘ 238 49 80 16, *julio.lameiras@oninet.pt*, Fax 238 49 80 18 – ⌸ ⓞ ⊚ VISA. ⋇
fechado do 1 ao 15 de setembro e 3ª feira – **Refeição** lista 20 a 26.
◆ Situado em frente ao bar que deu origem ao negócio familiar. Possui um balcão de apoio que cobre a cozinha semi-vista. Refeitório de cuidada montagem, com as paredes em pedra.

GRADIL *Lisboa* 733 *P 2 – 901 h.*
Lisboa 39 – Santarém 97 – Sintra 37.

⌂ **Quinta de Sant'Ana** ⌕ *sem rest*, ⊠ 2665-113, ℘ 261 96 12 24, *james@quintadesantana.com*, Fax 261 96 24 86, ⊼, ✿ – ⊡ – 🅰 25/300. ⋇
5 qto ⊃ 75/85 – 4 apartamentos.
◆ Antiga casa de campo decorada com óptimo gosto, onde destaca uma bonita capela barroca. Possui apartamentos T1 e quartos, com mobiliário restaurado e casas de banho modernas.

121

GRÂNDOLA Setúbal 733 R 4 – 10 361 h.
Lisboa 115 – Beja 68 – Faro 168 – Setúbal 73.

D. Jorge de Lencastre, Praça D. Jorge 14, ⊠ 7570-136, ℘ 269 49 88 10, hot d.jorge@mail.telepac.pt, Fax 269 49 88 19 – 🛗 🖃 📺 ♿ 🚗. 🆎 ⓘ ⓜ VISA ※
fechado domingo e 2ª feira – **Refeição** lista aprox. 27 – **34 qto** ⛺ 70/80.
* Edifício de fachada senhorial, cujo interior alberga dependências actuais, ond a funcionalidade e os detalhes decorativos harmonizam-se numa proporçã adequada.

GRANJA Porto 733 I 4 – 417 h – Praia.
Lisboa 317 – Amarante 79 – Braga 69 – Porto 18.

Solverde, Av. da Liberdade, ⊠ 4405-362 São Félix da Marinha, ℘ 22 731 31 62, hc elsolverde@solverde.pt, Fax 22 731 32 00, ≼, ʄ♢, ⍽, ◫, ※ – 🛗 🖃 📺 ♿ 🚗 P 🏛 25/500. 🆎 ⓘ ⓜ VISA ※
Refeição 21 – **169 qto** ⛺ 116/128 – 5 suites.
* Desfrute das suas modernas instalações, equipadas com materiais de qualidade, que ser ter um excesivo luxo oferecem um conforto de alto nível. Magníficos exteriores. Refeitóri panorâmico com formosas vistas sobre o mar.

GUARDA P 733 K 8 – 23 696 h alt. 1 000.
Ver : Sé★ (interior★).
Excurs. : Castelo Melhor★ (recinto★) 77 km a Nordeste – Sortelha★ (fortaleza★ ※★ 45 km a Sul – Vila Nova de Foz Côa (Igreja Matriz : fachada★) 92 km a Norte – Parqu Arqueológico do Vale do Côa★★ 77 km a Norte.
🚗 ℘ 271 211 565.
🅱 Praça Luís de Camões ⊠ 6300-725 ℘ 271 20 55 30 postodeturismo@hotmail.cor Fax 271 20 55 33.
Lisboa 361 – Castelo Branco 107 – Ciudad Rodrigo 74 – Coimbra 161 – Viseu 85.

Vanguarda, Av. Monsenhor Mendes do Carmo, ⊠ 6300-586, ℘ 271 20 83 90, hot lvanguarda@mail.telepac.pt, Fax 271 22 75 26, ≼ – 🛗, ※ qto, 🖃 📺 ♿ 🚗 🏛 25/300. ⓘ ⓜ VISA ※
Refeição 10 – **76 qto** ⛺ 60/70 – 6 suites.
* Situado na parte alta da cidade, num imponente edifício que desfruta de amplas vistas Possui quartos de linha actual, espaçosos e na sua maior parte com varanda. Tambée desfruta de um luminoso restaurante panorâmico.

Santos sem rest, Rua Tenente Valadim 14, ⊠ 6300-764, ℘ 271 20 54 00, residenci l_santos@sapo.pt, Fax 271 21 29 31 – 🛗 📺 ♿. 🆎 ⓘ ⓜ VISA JCB
27 qto ⛺ 25/40.
* Estabelecimento que aproveitou parte da antiga muralha na sua construção. Quarto de corte clássico, alguns com banho completo e o resto com duche.

na estrada N 16 Nordeste : 7 km :

Pombeira, ⊠ 6300-035 Arrifana GRD, ℘ 271 23 96 95, Fax 271 23 09 91 – 🖃 P. 🅰 ⓜ VISA
fechado 2ª feira – **Refeição** lista aprox. 21.
* Típico restaurante de estrada situado nas imediações duma zona industrial. Administrad directamente pelo proprietário, possui duas cuidadas salas. Clientela habitual.

GUIA Faro 733 U 5 – 3 630 h.
Lisboa 258 – Faro 43 – Beja 130 – Lagos 41.

La Mangerie (reservas aconselháveis), Largo Luís de Camões, ⊠ 8200-417 Guia ABF ℘ 289 56 15 39, 🍴 – 🖃
Refeição - só jantar.
* Pequeno negócio de organização familiar, situado no centro da localidade. Sala de acor chegante atmosfera, com bom mobiliário e adequado serviço de mesa.

GUIMARÃES Braga 733 H 5 – 53 040 h alt. 175.
Ver : Castelo★ – Paço dos Duques★ (tectos★, tapeçarias★) – Museu Alberto Sampaio★ (estátua jacente★, ourivesaria★, tríptico★, cruz processional) M 1 – Praça de São Tiago★ – Igreja de São Francisco (azulejos★, sacristia★).
Arred. : Penha (※★) SE : 8 km – Trofa★ (SE : 7,5 km).
🅱 Alameda de S. Dâmaso 83 ⊠ 4810 ℘ 253 41 24 50 turismo.cmg@mail.telepac.pt e Praça de Santiago ⊠ 4810-300 ℘ 253 51 87 90.
Lisboa 364 – Braga 22 – Porto 52 – Viana do Castelo 70.

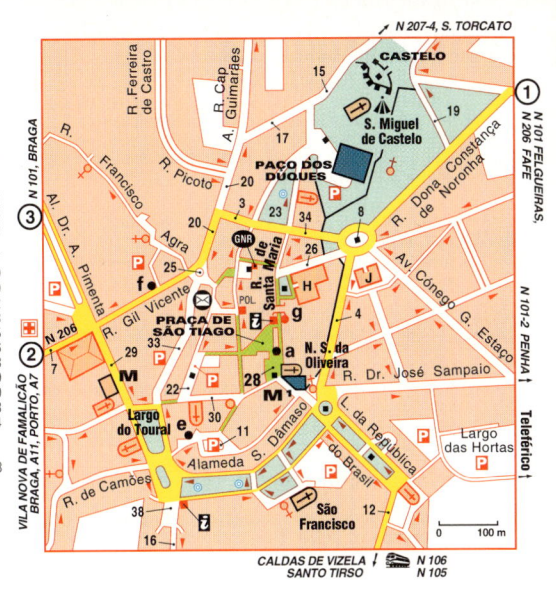

GUIMARÃES

gostinho Barbosa (R.) 3
berto Sampaio (Av.) 4
onde Margaride (Av.) 7
ondessa do Juncal
   (Largo da) 11
ondessa Mumadona
   (Largo da) 8
. João IV (Av.) 12
om Afonso Henriques (Av.) 16
ona Teresa (R. de) 15
outor Joaquim de Meira ...
   (R.) 17
uques de Bragança (R.a) .. 19
en. Humberto Delgado (Av.) 20
ão Franco (Largo de) 22
artins Sarmento (Largo) .. 23
avarros de Andrade (Largo) 25
uno Álvares (R.) 26
liveira (Largo da) 28
aio Galvão (R.) 29
ainha (R. da) 30
anto António (R.a de) 33
erpa Pinto (R.) 34
oural (Largo do)
alentim Moreira de Sá .....
   (Largo) 38

Pousada de Nossa Senhora da Oliveira, Rua de Santa Maria, ✉ 4801-910 apartado 101, ✆ 253 51 41 57, guest@pousadas.pt, Fax 253 51 42 04, – 🛉 ■ 📺, AE ① ⓜ VISA. ⁂
Refeição 26 – **10 qto** ⌴ 143/155 – 6 suites.
• As reminiscências de um belo passado delimitam a sua localização em plena zona histórica. Desde as janelas, as vistas ao ambiente medieval constituem um grande espectáculo. O bom ofício da cozinha manifesta-se com esmero numa mesa que cuida de cada detalhe.

Toural sem rest, Feira do Pão, ✉ 4800-153, ✆ 253 51 71 84, ht@hoteltoural.com, Fax 253 51 71 49 – 🛉 ■ 📺. AE ① ⓜ VISA JCB. ⁂
25 qto ⌴ 65/85 – 5 suites.
• Moderno hotel situado no centro da cidade, dotado de espaçosos quartos de aspecto funcional mas aconchegantes. Completa-o uma zona comum de bom equipamento.

Albergaria Palmeiras sem rest, Rua Gil Vicente (Centro Comercial das Palmeiras), ✉ 4800-151, ✆ 253 41 03 24, albergariapalmeiras@oninet.pt, Fax 253 41 72 61 – 🛉 ■ 📺 ⇔. AE ① VISA. ⁂
22 qto ⌴ 45/60.
• Ocupa todo um andar dentro de uma galeria comercial. A sua área social resulta algo reduzida, embora possua uns quartos de correcto conforto com casas de banho em mármore.

Ibis Guimarães sem rest, Av. Conde Margaride 12 - Creixomil, ✉ 4810-537, ✆ 253 42 49 00, h3230@accor-hotels.com, Fax 253 42 49 01 – 🛉, ⁂ qto, ■ 📺 &.
AE ① ⓜ VISA. ⁂   por Av. Conde Margaride
⌴ 5 – **67 qto** 45.
• Possui as características próprias nesta cadeia de hotéis, com um reduzido espaço social e quartos funcionais mas bem insonorizados, todos eles com cama de casal.

Solar do Arco, Rua de Santa Maria 48, ✉ 4810-248, ✆ 253 51 30 72, geral@solardoarco.com, Fax 253 41 38 23 – ■. AE ① ⓜ VISA. ⁂
fechado domingo noite - **Refeição** lista 19 a 32.
• Instalado num edifício antigo da zona histórica, com área de espera e duas salas de correcta montagem. Cozinha variada com predomínio dos pratos tradicionais.

na estrada da Penha Este : 2,5 km :

Pousada de Santa Marinha ⑤, ✉ 4810-011, ✆ 253 51 12 49, guest@pousadas.pt, Fax 253 51 44 59, < Guimarães, – 🛉 📺 P – 25/80. AE ① ⓜ VISA. ⁂
Refeição 26 – **49 qto** ⌴ 183/195 – 2 suites.
• Situada num convento cuja reabilitação recebeu o prémio Europa Nostra. Na sua arquitectura e decoração há vestígios de distintas épocas. Destacável salão azulejado. Esmerado restaurante onde convivem em harmonia os patrimónios artístico e culinário.

GUIMARÃES

pela estrada N 101 Noroeste : 4 km :

XX **Quinta de Castelães,** Lugar de Castelães, ✉ 4810-493, ℘ 253 55 70 02, quinta astelaes@clix.pt, Fax 253 55 70 11 – 🍽 🅿 AE ① ⓘ VISA. ⌘
fechado domingo noite e 2ª feira – **Refeição** lista 20 a 27.
* Vários edifícios formando um conjunto de estilo rústico-regional, numa antiga quinta. Visite a cozinha ambientada em outras épocas e o museu com alfaias de agricultura.

LAGOA Faro ⃞⃝⃝ U 4 – 6 063 h – Praia.
Arred. : Carvoeiro : Algar Seco (sítio marinho★★) Sul : 6 km.
🛈 Largo da Praia do Carvoeiro 2 ✉ 8400-517 Carvoeiro LGA ℘ 282 35 77 28.
Lisboa 300 – Faro 54 – Lagos 26.

XX **Chrissy's,** Praça da República 16, ✉ 8400-305, ℘ 282 34 10 62, mop63840@mail.te epat.pt – 🍽
Refeição - só jantar, cozinha franco-belga.
* A cozinha une o gosto belga e o francês, e enquanto o seu estilo clássico se anima com toques de certa modernidade, o mobiliário se harmoniza com um excelente serviço de mesa.

na Praia do Carvoeiro :

🏨 **Tivoli Almansor,** Vale Covo - Sul : 6 km, ✉ 8401-911 Carvoeiro LGA apartado 1299 ℘ 282 35 11 00, htalmansor@tivolihotels.com, Fax 282 35 13 45, ≤, 🍴, 🛋, 🏊, 🏊,
⌘ – 🍽 🍽 TV & P – 🏛 25/900. AE ① ⓘ VISA. ⌘
À Varanda (só jantar, fechado sábado) **Refeição** lista 24 a 34 – **289 qto** ⌑ 197,60/206
4 suites.
* Possui uma agradável piscina e com espaçosos jardins em degraus. Salões multifuncionais e quartos bem equipados, a maioria dos quais possui belas vistas. Elegante restaurante com esplanada panorâmica.

🏨 **Cristal,** Vale Centianes - Sul : 6,5 km, ✉ 8400-525 Carvoeiro LGA, ℘ 282 35 86 0'
hotelcristal@mail.telepac.pt, Fax 282 35 86 48, ≤, 🛋, 🏊, 🏊, ⌘ – 🏛 🍽 TV P.
🏛 25/80. AE ① ⓘ VISA. ⌘
Refeição - só jantar - 16 – **104 qto** ⌑ 116/165 – 14 suites.
* A sua linha funcional aposta por um conforto moderno e actual. Escassa zona social e quartos tipo apartamento T1, equipados com uma cozinha algo elementar. Eficiente direcção.

X **O Castelo,** Rua do Casino 63 - Sul : 5 km, ✉ 8400-515 Carvoeiro LGA, ℘ 282 35 72 18 restauranteocastelo@clix.pt, Fax 282 35 72 18, ≤, 🍴 – AE ① ⓘ VISA JCB.
⌘
fechado 10 janeiro-10 fevereiro e 2ª feira – **Refeição** - só jantar - lista aprox. 29.
* Bem dirigido ; pequena esplanada com vistas para o mar. Um acesso ao estilo cavern e o mobiliário proporcionam ao interior um certo carácter rústico. Discreto serviço de mesa.

X **O Pátio,** Largo da Praia 6 - Sul : 5 km, ✉ 8400-517 Carvoeiro LGA, ℘ 282 35 73 67 info@praiacarvoeiro.com, Fax 282 35 05 99, 🍴 – 🍽. AE ① ⓘ VISA. ⌘
Refeição lista 23 a 35.
* Situado do lado da ria, oferece uma cozinha que honra as tradições do país. Refeitório em dois níveis impregnado com o calor de velhos ares rústicos.

X **Togi,** Rua das Flores 12 - Algar Sêco - Sul : 5 km, ✉ 8401-908 Carvoeiro LGA apartado 1014, ℘ 282 35 85 17, 🍴 – ⌘
15 março-15 novembro – **Refeição** - só jantar - lista 17 a 24.
* A sua cândida simplicidade e o seu estilo regional conformam um quadro simpático e encantador, onde uma baixela portuguesa põe a nota de cor a um correcto serviço de mesa.

Escreva-nos...
Os seus elogios como tambem as suas críticas
serao examinados com toda a atencao.
Os nossos inspectores voltarao a ver
os hoteis e restaurantes que nos indicar.
Gracas a vossa colaboracao, este guia sera
sempre mais exacto e mais completo.
Anticipadamente gratos !

LAGOS Faro 733 U 3 – 14 697 h – Praia.
  Ver : Sítio ≤★ – Igreja de Santo António★ (decoração barroca★) Z **A**.
  Arred. : Ponta da Piedade★★ (sítio★★, ≤★), Praia de Dona Ana★ Sul : 3 km – Barragem da Bravura★ 15 km por ②.
  ⛳ Campo de Palmares Meia Praia, por ② ℰ 282 79 05 00 Fax 282 79 05 09.
  🛈 Rua D. Vasco da Gama (São João) ✉ 8600-722 ℰ 282 76 30 31.
  Lisboa 290 ① – Beja 167 ① – Faro 82 ② – Setúbal 239 ①
  Plano página seguinte

🏛 Tivoli Lagos, Rua António Crisógono dos Santos, ✉ 8600-678, ℰ 282 79 00 00, *htlagos@tivolihotels.com*, Fax 282 79 03 45, 🍴, 🏋, 🏊, 🏊, 🎾 – 🛗 ≡ 📺 📞 🚗 **P** – 🏃 25/150. 🆎 ⓞ ⓜⓢ 𝗩𝗜𝗦𝗔. ※ rest Y e
  Lacóbriga (só jantar, só buffet) **Refeição** lista aprox. 22
  Cantinho Italiano (só jantar) **Refeição** lista 20 a 26
  Pateo Velho (só jantar) **Refeição** lista 20 a 29 – **313 qto** ⇌ 110,31/163,46 – 11 suites.
  ◆ De múltiplas prestações, possui uma original distribuição imitando uma aldeia. Uma espaçosa zona social contrasta com os quartos de escasso tamanho. Apresenta uma variada oferta gastronómica, apesar de que o restaurante Lacóbriga tem a opção de ementa do dia.

🏨 Marina Rio sem rest, Av. dos Descobrimentos, ✉ 8600-645, ℰ 282 76 98 59, *marinario@ip.pt*, Fax 282 76 99 60, ≤, 🏊 – 🛗 ≡ 📺. 🆎 ⓞ ⓜⓢ 𝗩𝗜𝗦𝗔. ※ Y a
  36 qto ⇌ 92,50/95.
  ◆ Estabelecimento de carácter familiar que soube rentabilizar a sua reduzida zona nobre, jogando com os espaços. Quartos funcionais mas equipados, com casas de banho actuais.

🏨 Montemar sem rest, Rua da Torraltinha-Lote 33, ✉ 8600-549, ℰ 282 76 20 85, *hotelmontemar@mail.telepac.pt*, Fax 282 76 20 88 – 🛗 ≡ 📺 🚗. 🆎 ⓞ ⓜⓢ 𝗩𝗜𝗦𝗔. ※ Z a
  65 qto ⇌ 60/78,50.
  ◆ Os princípios prácticos e modernos inspiram as instalações deste hotel, situado nos arredores da localidade. Quartos cálidos e aconchegantes, com casas de banho em mármore.

🏨 Lagosmar sem rest, Rua Dr. Faria e Silva 13, ✉ 8600-734, ℰ 282 76 37 22, *reservas@dfhoteis.com*, Fax 282 76 73 24 – 🛗 📺. ⓜⓢ 𝗩𝗜𝗦𝗔. ※ Y c
  fechado 2 janeiro-2 fevereiro – **45 qto** ⇌ 64,50/74,50.
  ◆ Oferece uma discreta organização e uma reduzida zona social, que são compensadas por um correcto equipamento e uma estética actual.

⚓ Marazul sem rest, Rua 25 de Abril 13, ✉ 8600-763, ℰ 282 77 02 30, *pensaomarazul@hotmail.com*, Fax 282 77 02 39 – 📺. 🆎 ⓜⓢ 𝗩𝗜𝗦𝗔. ※ Y u
  18 qto ⇌ 51/53.
  ◆ Pequeno negócio de carácter familiar com quartos que, apesar de serem pequenos, e alguns com casa de banho compartilhável, são alegres, cálidos e aconchegantes.

✕ Dom Sebastião, Rua 25 de Abril 20, ✉ 8600-763, ℰ 282 76 27 95, *d.sebastiao.restaurante@clix.pt*, Fax 282 76 99 60, 🍴 – ≡. 🆎 ⓞ ⓜⓢ 𝗩𝗜𝗦𝗔 JCB. ※ Y r
  Refeição lista 24 a 30.
  ◆ Renovado e ampliado, possui agora instalações mais modernas e funcionais, que contrastam com o simpático estilo rústico da zona antiga. Atractivo pátio-esplanada.

✕ No Pátio, Rua Lançarote de Freitas 46, ✉ 8600-605, ℰ 282 76 37 77, *nopatio@mail.telepac.pt*, 🍴 – 🆎 ⓞ ⓜⓢ 𝗩𝗜𝗦𝗔. ※ Z s
  março-outubro – **Refeição** *(fechado domingo e 2ª feira)* - só jantar - lista 30 a 42.
  ◆ Um casal dinamarquês dirige com êxito este digno estabelecimento e oferece uma ementa que, sem grande sofisticação, resulta ser bem sugestiva. Belo pátio interior.

✕ O Galeão, Rua da Laranjeira 1, ✉ 8600-697, ℰ 282 76 39 09 – ≡. 🆎 ⓞ ⓜⓢ 𝗩𝗜𝗦𝗔. ※ Z x
  fechado 25 novembro-28 dezembro e domingo – **Refeição** lista 15 a 24.
  ◆ Restaurante simples situado no centro da localidade, de cuidada manutenção e correcta organização. Esmerado serviço de mesa.

✕ A Lagosteira, Rua 1º de Maio 20, ✉ 8600-757, ℰ 282 76 24 86, Fax 282 76 04 27 – ≡. 🆎 ⓞ ⓜⓢ 𝗩𝗜𝗦𝗔. ※ Y n
  fechado 10 janeiro-10 fevereiro, sábado meio-dia e domingo meio-dia – **Refeição** lista 24 a 32.
  ◆ Discreto negócio que renova as suas instalações pouco a pouco. Possui um amplo balcão de apoio e um refeitório bem disposto com um adequado mobiliário.

LAGOS

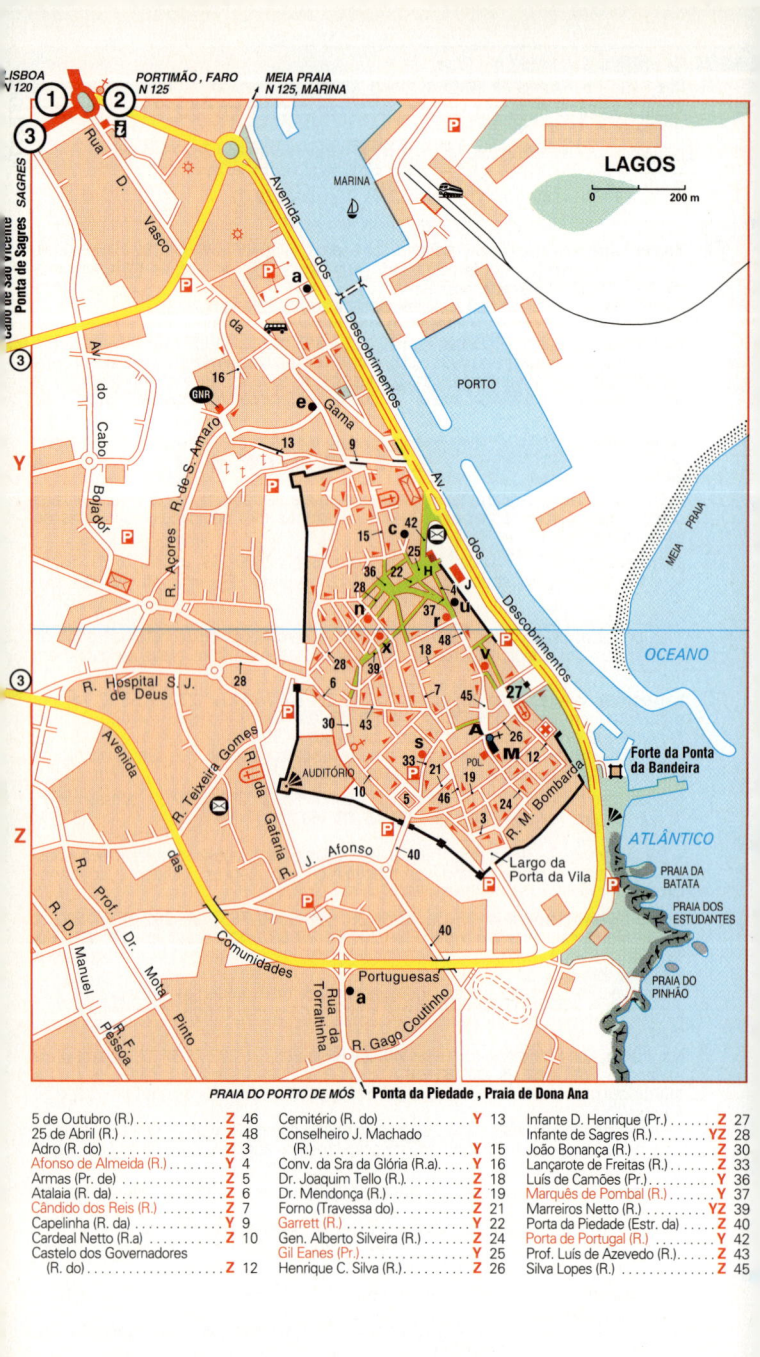

5 de Outubro (R.) . . . . **Z** 46	Cemitério (R. do) . . . . **Y** 13	Infante D. Henrique (Pr.) . . . . **Z** 27
25 de Abril (R.) . . . . **Z** 48	Conselheiro J. Machado	Infante de Sagres (R.) . . . . **YZ** 28
Adro (R. do) . . . . **Z** 3	(R.) . . . . **Y** 15	João Bonança (R.) . . . . **Z** 30
Afonso de Almeida (R.) . . . . **Y** 4	Conv. da Sra da Glória (R.a) . . . . **Y** 16	Lançarote de Freitas (R.) . . . . . . **Z** 33
Armas (Pr. de) . . . . **Z** 5	Dr. Joaquim Tello (R.) . . . . **Y** 18	Luís de Camões (Pr.) . . . . **Y** 36
Atalaia (R. da) . . . . **Z** 6	Dr. Mendonça (R.) . . . . **Z** 19	Marquês de Pombal (R.) . . . . **Z** 37
Cândido dos Reis (R.) . . . . **Z** 7	Forno (Travessa do) . . . . **Z** 21	Marreiros Netto (R.) . . . . **Z** 39
Capelinha (R. da) . . . . **Z** 9	Garrett (R.) . . . . **Y** 22	Porta da Piedade (Estr. da) . . . **Z** 40
Cardeal Netto (R.a) . . . . **Z** 10	Gen. Alberto Silveira (R.) . . . . . . **Z** 24	Porta de Portugal (R.) . . . . **Y** 42
Castelo dos Governadores	Gil Eanes (Pr.) . . . . **Z** 25	Prof. Luís de Azevedo (R.) . . . . **Z** 43
(R. do) . . . . **Z** 12	Henrique C. Silva (R.) . . . . **Z** 26	Silva Lopes (R.) . . . . **Z** 45

Leia atentamente a introdução: é a chave do guia

126

LAGOS

Dom Henrique, Rua 25 de Abril 75, ✉ 8600-763, ✆ 282 76 35 63, Fax 282 76 02 74 – 🍴 AE MC VISA JCB. ❄
Z v
Refeição lista 20 a 25.
 ♦ Este restaurante renovou a sua decoração dando-lhe um estilo mais actual. Na sua cozinha, que está à vista, elaboram uma ementa internacional e pratos de tradição portuguesa.

na estrada da Meia Praia por ② :

Marina São Roque, 1,5 km, ✉ 8600-315, ✆ 282 77 02 20, marisroque@net.sapo.pt, Fax 282 77 02 29, ≤, 🏊, – 🛗 🍴 TV AE ① MC VISA. ❄
março-outubro – **Refeição** 17,50 – **33 qto** ⇌ 86/91 – 3 suites.
 ♦ De linha actual, possui uma zona nobre suficiente e quartos funcionais de correcto conforto e bom equipamento, com casas de banho modernas. Refeitório de adequada montagem com duas entradas independentes.

Atlântico, 3 km, ✉ 8600-315, ✆ 282 79 20 86 – AE MC VISA. ❄
fechado dezembro-2 janeiro e 2ª feira de novembro a março – **Refeição** lista 30 a 41.
 ♦ Casa familiar situada nos arredores da localidade, numa zona de praia. Cozinha à vista que encontra a sua réplica numa ementa completa e equilibrada. Agradável esplanada.

na Praia do Porto de Mós Z Sul : 2,5 km :

Romantik H. Vivenda Miranda ⚘, ✉ 8600-282 Lagos, ✆ 282 76 32 22, reservations@vivendamiranda.pt, Fax 282 76 03 42, ≤ mar, 🌳, 🏊 climatizada, 🌲 – TV P. AE MC VISA. ❄
por Rua da Torralhinha Z
Refeição lista 26 a 37 – **22 qto** ⇌ 130/184 – 4 suites.
 ♦ Dois edifícios diferenciam a zona antiga da moderna. Exteriores cuidados, salão de leitura e quartos personalizados em distintos estilos com vistas para o mar. Refeitório de ambiente aconchegante dirigido principalmente para os clientes alojados.

Os preços indicados podem aumentar,
em caso de variações significativas do custo de vida.
Solicite a confirmação do preço definitivo quando efectue
a sua reserva de hotel.

Utilize o guia do ano.

LAMEGO *Viseu* 733 I 6 – 9626 h alt. 500.

Ver : Museu de Lamego★ (pinturas sobre madeira★) – Capela do Desterro (tecto★).
Arred. : Miradouro da Boa Vista★ Norte : 5 km – São João de Tarouca : Igreja S. Pedro★ Sudeste : 15,5 km.
🛈 Av. Visconde Guedes Teixeira ✉ 5100-074 ✆ 254 61 20 05 douro.turismo@mail.telepac.pt Fax 254 61 40 14.
Lisboa 369 – Viseu 70 – Vila Real 40.

Albergaria do Cerrado sem rest, Estrada do Peso da Régua - Lugar do Cerrado, ✉ 5100-147, ✆ 254 61 31 64, Fax 254 61 54 64, ≤ – 🛗 🍴 TV ⟵ – 🅿 25/40. AE ① MC VISA. ❄
30 qto ⇌ 50/70.
 ♦ Pequeno hotel de carácter familiar situado na saída da localidade. O seu clássico interior alberga uma aconchegante zona nobre e cálidos quartos com casas de banho actuais.

São Paulo sem rest, Av. 5 de Outubro, ✉ 5100-065, ✆ 254 61 31 14, Fax 254 61 23 04 – 🛗 TV ⟵
34 qto ⇌ 20/35.
 ♦ De agradável quotidianidade e com uma funcionalidade que sabe atender às necessidades básicas do conforto. Quartos parcialmente reformados, casas de banho com duche.

pela estrada de Resende Nordeste : 2 km :

Villa Hostilina ⚘, sem rest, ✉ 5100-192, ✆ 254 61 23 94, Fax 254 65 51 94, ≤ campo e serra, Serviços terapêuticos, 🏋, 🏊, 🌲, ※ – TV P. AE VISA
7 qto ⇌ 45/70.
 ♦ Antiga casa de campo com cuidados exteriores. Possui dependências definidas pelas paredes empapeladas e o mobiliário português, tudo num estilo de princípios do séc. XX.

LAMEGO

pela estrada N 2 :

Lamego, Quinta da Vista Alegre - Nordeste : 2 km, ✉ 5100-183, ✆ 254 65 61 71 Fax 254 65 61 80, ≤, ⌂, ☐ climatizada, ☐, ✗ - ≡ ☐ ☐ & ⇔ ☐ - ☐ 25/400. ☐ ☐ ☐ ☐. ✗
Refeição lista aprox. 22 – **88 qto** ☐ 52/65 – 5 suites.
♦ Oferece uma linha clássica com algumas soluções construtivas mais modernas. Espaçosa zona nobre e quartos funcionais de completo equipamento, com as casas de banho actuais. O refeitório oferece vistas sobre a montanha.

Parque ≤, Santuário de Na. Sra. dos Remédios - Sul : 1,5 km, ✉ 5100-025 ✆ 254 60 91 40, Fax 254 61 52 03 – ≡ ☐ ☐ – ☐ 25/130. ☐ ☐ ☐ ☐ ☐. ✗ rest
Refeição lista 30 a 36 – **42 qto** ☐ 45/70.
♦ Realizou-se um bom esforço na sua actualização, sem perder o carácter aconchegante duma casa portuguesa, com mobiliário de estilo antigo. Rodeado por um bosque. Refeitório cálido, alegre e colorista.

Quinta da Timpeira ≤, Penude - Sudoeste : 3,5 km, ✉ 5100-718 Penude ✆ 254 61 28 11, *quintadatimpeira@portugalmail.pt*, Fax 254 61 51 76, ≤, ☐ climatizada ⇔, ✗ – ≡ qto, ☐ ☐. ☐ ☐ ☐ ☐. ✗
Refeição - só clientes a pedido - 20 – **7 qto** ☐ 57/70.
♦ Instalações entre cerejeiras e vinhedos, combinando tradição e modernidade. Luminosas zonas sociais e quartos actuais com mobiliário de estilo antigo. Refeitório privado.

LANHELAS *Viana do Castelo - ver Caminha.*

LAUNDOS *Porto* 733 *H 3 – 2 131 h.*
Lisboa 343 – Braga 35 – Porto 38 – Viana do Castelo 47.

Estalagem São Félix Parque ≤, Monte de São Félix - Nordeste : 1,5 km, ✉ 4570-345, ✆ 252 60 71 76, *sfelixparque@iol.pt*, Fax 252 60 74 44, ≤ campo com o mar ao fundo, ☐ – ≡ ☐ ☐ ☐ – ☐ 25/200. ☐ ☐ ☐ ☐. ✗
Refeição 17 – **36 qto** ☐ 60/86 – 1 suite.
♦ Muito tranquilo, dominando os arredores desde a parte alta de um monte. As zonas comuns foram renovadas e o conforto dos quartos está a ser actualizado pouco a pouco.

LAVRE *Évora* 733 *P 4 – 887 h.*
Lisboa 101 – Évora 52 – Santarém 65 – Setúbal 69 – Portalegre 148.

na estrada N 114 Sudeste : 2,5 km :

Courelas da Mata ≤, ✉ 7050-488, ✆ 265 89 43 04, Fax 265 89 43 04, ≤, ⌂, ☐ ✗ – ≡ ☐ & ☐. ☐. ✗
Refeição lista aprox. 29 – **11 qto** ☐ 30/60.
♦ Encontra-se em pleno campo, com umas instalações actuais e um ambiente muito cuidado. Os seus quartos coloristas dispõem de mobiliário funcional e varanda com vistas. Luminoso restaurante de estilo clássico distribuído em duas salas.

LEÇA DA PALMEIRA *Porto* 733 *I 3 – Praia.*
Lisboa 322 – Amarante 76 – Braga 55 – Porto 13.
ver planta do Porto aglomeração

Tryp Porto Expo, Rotunda da Exponor, ✉ 4450-801, ✆ 22 999 00 00, *tryp.portoexpo@solmeliaportugal.com*, Fax 22 999 00 99, ☐ – ≡ ☐ ✆ & ☐ – ☐ 25/170. ☐ ☐ ☐ ☐. ✗   AU p
Refeição 18 – **117 qto** ☐ 95/108 – 3 suites.
♦ Interessante localização junto a um centro de exposições. Dirigido para a clientela de negócios, dispõe de quartos bem equipados e correctas salas de congressos.

XXX **O Chanquinhas,** Rua de Santana 243, ✉ 4450-781, ✆ 22 995 18 84, *chanquinhas@hotmail.com*, Fax 22 996 06 19 – ≡ ☐. ☐ ☐ ☐ ☐. ✗   AU s
fechado 21 dias em agosto e domingo – **Refeição** lista aprox. 40.
♦ Antiga casa senhorial convertida num elegante restaurante familiar, de reconhecido prestígio na zona. O seu agradável refeitório clássico sugere-lhe uma ementa de bom nível.

XX O Bem Arranjadinho, Travessa do Matinho 2, ✉ 4450-736, ✆ 22 995 21 06, *bemarranjadinho@netcabo.pt*, Fax 22 996 13 89 – ≡   AU b
♦ Casa de séria organização familiar, que tem uma clientela fiel do âmbito empresarial. O hall-bar antecede a um refeitório um pouco sóbrio na decoração. Ementa ampla.

LEÇA DO BALIO Porto 733 I 4 – 15 673 h.

Ver : Igreja do Mosteiro★ : pia baptismal★.
Lisboa 312 – Amarante 58 – Braga 48 – Porto 7.

LEIRIA P 733 M 3 – 42 061 h alt. 50.

Ver : Castelo★ (sítio★) BY.

🛈 Jardim Luís de Camões ⊠ 2401-801 ✆ 244 84 87 70 info@rt-leiriafatima.pt Fax 244 84 87 79.
A.C.P. Rua do Municipio, Lote B 1, Loja C ⊠ 2410-137 ✆ 244 86 36 32 Fax 244 81 22 22.
Lisboa 129 ④ – Coimbra 71 ② – Portalegre 176 ③ – Santarém 83 ③

Plantas páginas seguintes

🏨 Eurosol e Eurosol Jardim, Rua D. José Alves Correia da Silva, ⊠ 2414-010, ✆ 244 84 98 49, hoteis@eurosol.pt, Fax 244 84 98 40, ≤, 🛁, ⊒ – 🛗 🍴 📺 🚗 🅿 – 🔔 25/400
BZ **a**
Refeição – só menú – **134 qto** – 1 suite.
* As suas instalações distribuem-se em dois edifícios, reservando um deles para os serviços complementares. Quartos correctos na sua categoria, embora algo antiquados. Desfrute duma janta de altura no restaurante panorâmico do 8º andar.

🏨 **Dom João III**, Av. D. João III, ⊠ 2400-164, ✆ 244 81 78 88, djoao@mail.telepac.pt, Fax 244 81 78 80, ≤ – 🛗 🍴 📺 ✆ 🚗 – 🔔 25/350. 🖃 ⓞ 🆗 VISA JCB. ❌ rest
CY **b**
Refeição 14 – **54 qto** ⊇ 63/78 – 10 suites.
* De linha clássica e situado em plena zona turística. A recepção foi bem renovada com um ar mais moderno, porém, os seus quartos delatam o passar do tempo.

🏨 **S. Luís** sem rest, Rua Henrique Sommer, ⊠ 2410-089, ✆ 244 84 83 70, hotelsluis@mail.telepac.pt, Fax 244 84 83 79 – 🛗 🍴 📺. 🖃 ⓞ 🆗 VISA. ❌
CZ **d**
48 qto ⊇ 40/50.
* Rodeado por um ambiente arquitectónico que respira certa melancolia. O conjunto desfruta de um discreto conforto, oferecendo quartos amplos embora simples na sua decoração.

🏨 **Ibis** sem rest com snak-bar, Quinta da Taborda 56, ⊠ 2400, ✆ 244 81 67 00, 43340 @accor-hotels.com, Fax 244 81 67 01 – 🛗, ❌ qto, 📺 ✆ 🚗 🅿. 🖃 🆗 VISA. ❌
por av. N.S. de Fátima CZ
⊇ 5 – **56 qto** 45.
* Edifício de nova construção à saída da cidade. Pequena zona social com café e quartos funcionais dotados de mobiliário simples e casas de banho com duche.

em Marrazes na estrada N 109 por ① : 1 km :

🍴🍴 **Tromba Rija**, Rua Professores Portelas 22, ⊠ 2400-406 Leiria, ✆ 244 85 50 72, eli sabete@trombarija.com, Fax 244 85 64 21 – 🛗 🅿. 🖃 🆗 VISA
fechado 2ª feira – **Refeição** - só buffet - 27,50.
* Numa casa antiga e com forno de pão próprio. Três salas de correcta montagem, a principal decorada com colunas e arcos em pedra. Afamado, típico e com pratos muito fartos.

na estrada N I por ④ : 4,5 km :

🍴🍴 **O Casarão**, Cruzamento de Azóia, ⊠ 2400-823, ✆ 244 87 10 80, info@ocasarao.pt, Fax 244 87 21 55 – 🍴 🅿. 🖃 ⓞ 🆗 VISA. ❌
fechado 2ª feira – **Refeição** lista aprox. 25.
* Vigas à vista, os azulejos pintados e os adornos de latão convivem com a sua decoração rústica. Desfrute da sua mesa e saboreie uma cozinha de raízes tradicionais.

LINDA-A-VELHA Lisboa 733 P 2.

Lisboa 11 – Faro 281 – Beja 184 – Albufeira 260 – Lagoa 262.

🏨 **Solplay** 🌿, Rua Manuel da Silva Gaio 2, ⊠ 2795-132, ✆ 21 006 60 00, reservashot el@solplay.pt, Fax 21 006 61 99, ≤, 🛁, ⊒, ⊒, ❌ – 🛗 🍴 📺 & 🚗 🅿 – 🔔 25/250. 🖃 🆗 VISA. ❌
Refeição 25 – **119 apartamentos** ⊇ 145/155 – PA 45.
* Muito recomendável pelos seus bons níveis de equipamento e conforto, com modernas zonas sociais, várias ofertas de ócio e diferentes tipos de quartos no mesmo complexo. Restaurante de montagem actual no qual se combina a ementa e o buffet.

*Dê-nos a sua opinião sobre os restaurantes recomendados,
as suas especialidades e os vinhos da região.*

LEIRIA

Street	Ref
5 de Outubro de 1910 (Largo)	**BY** 63
25 de Abril (Av.)	**ABY**
Afonso Henriques (R. D.)	**BY** 3
Alcobaça (R. de)	**BZ** 4
Alfredo Keil (R.)	**BYZ**
Barão de Viamonte (R.)	**BY** 6
Beneficiência (R. da)	**BY** 7
Camões (Largo de)	**CZ** 9
Cândido dos Reis (Largo)	**BYZ** 10
Capitão Mouzinho Albuquerque (R.)	**BCY** 12
Cidade de Maringá (Av. de)	**BCY** 13
Cidade Tokushima (R.)	**AZ** 15
Comandante João Belo (R.)	**BZ** 16
Combatentes da Grande Guerra (Av. dos)	**BZ** 18
Comendador José L. Silva (Largo)	**CY** 19
Comissão de Iniciativa (R.)	**CY**
Comissão Municipal de Turismo (Largo da)	**BZ** 21
Conde Ferreira (R.)	**CZ**
Cristiano Cruz (R.)	**BY**
Dom Dinis (R.)	**BY** 22
Dom João III (Av.)	**CY** 23
Dr. Américano Cortês Pinto (R.)	**CY** 24
Dr. Correia Mateus (R.)	**BZ** 25
Dr. João Soares (R.)	**ABZ**
Dr. José Jardim (Av.)	**BZ**
Dr. José Lopes Vieira (Alameda)	**BCY** 27
Dr. Magalhães Pessoa (R.)	**BZ** 30
Dr. Manuel Arriaga (Largo)	**BY** 31
Ernesto Korrodi (Av.)	**BY**
Estação (Estrada da)	**AX**
Fabrica do Papel (R. da)	**CZ** 33
Forças Armadas (Largo das)	**BY** 34
Francisco Pereira da Silva (R.)	**BZ** 36
Glória Barata Rodrigues (R.)	**BCX**
Goa Damão e Diu (Pr.)	**BZ** 37
Henrique Sommer (R.)	**CZ** 39
Heróis de Angola (Av.)	**BCY**
João de Deus (R.)	**BZ** 40
José Alves Correia da Silva (R. D.)	**BZ** 42
Manuel Simões Maia (R.)	**ABX** 43
Marinha Grande (Estrada da)	**AYZ**
Marinheiros (Estrada dos)	**BCX**
Marquês de Pombal (Av.)	**BCZ**
Marrazes (Estrada dos)	**BX**
Mártires (R. dos)	**BZ** 45
Mártires do Tarrafal (R. dos)	**AY** 46
Mestre de Avis (R.)	**BY** 48
Municipio (R. do)	**BZ** 49
N. Sra da Encarnação (R. da)	**CZ**
N. Sra de Fátima (Av.)	**CZ**
Nuno Alvares Pereira (R. D.)	**BZ** 51
Padre António (R.)	**BY** 52
Paio Guterres (Largo)	**BY** 54
Paulo VI (Pr.)	**BCY**
Pero Alvito (R.)	**BY**
Rainha Santa Isabel (Largo)	**CZ** 55
Restauração (R. da)	**CZ** 57
Rodrigues Lobo (Pr.)	**BY** 58
S. Francisco (R. de)	**CY**
Santana (Largo de)	**BZ** 60
Santo António (R. de)	**CY** 61
Santos (R. dos)	**BZ**
Tomar (R. de)	**CZ**

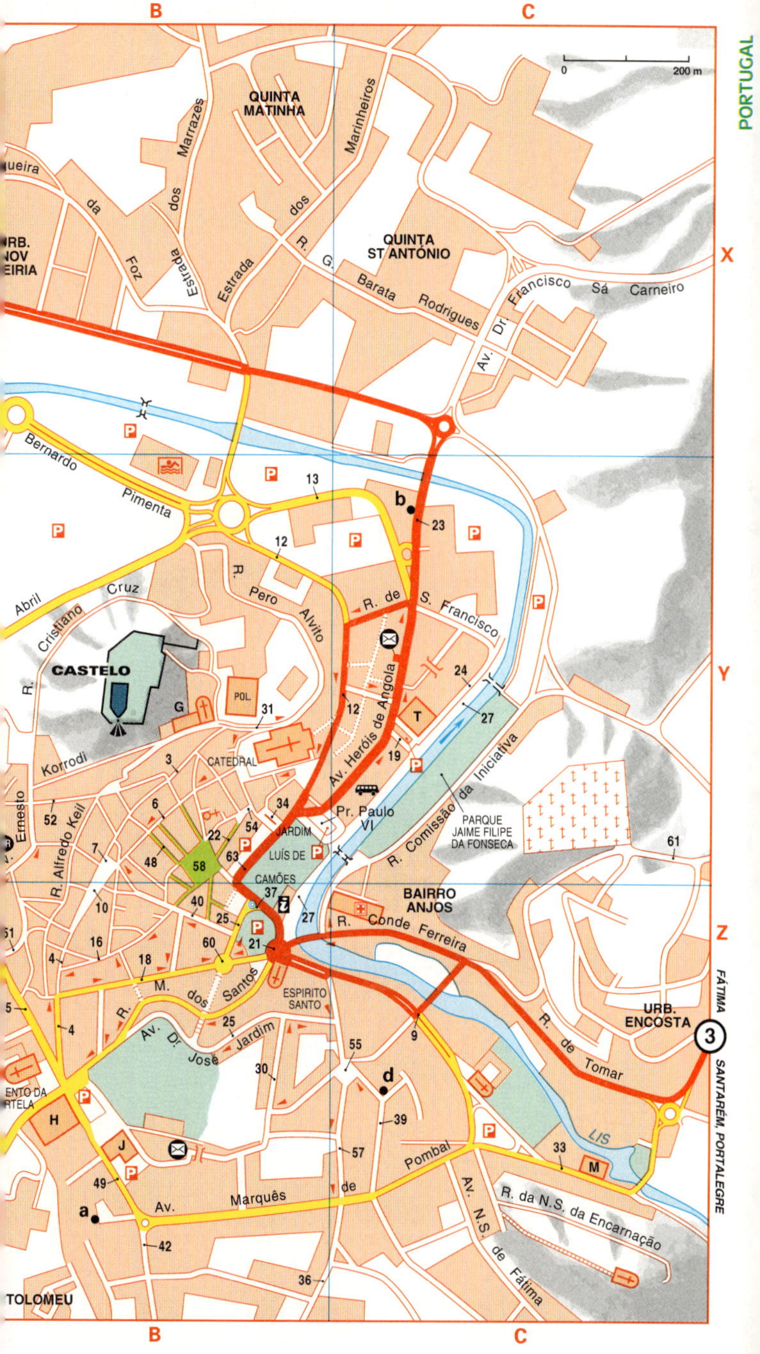
B
C
0
200 m
PORTUGAL
X
Y
Z
QUINTA MATINHA
Estrada dos Marrazes
Marinheiros
QUINTA ST ANTÓNIO
URB. NOV EIRIA
Foz
Estrada
R. G. Barata Rodrigues
Av. Dr. Francisco Sá Carneiro
Bernardo Pimenta
Abril
Cruz
R. Cristiano
R. Pero Alvito
R. de S. Francisco
CASTELO
POL.
CATEDRAL
Korrodi
R. Ernesto
R. Alfredo Keil
Av. Heróis de Angola
Pr. Paulo VI
JARDIM LUÍS DE CAMÕES
R. Comissão da Iniciativa
PARQUE JAIME FILIPE DA FONSECA
BAIRRO ANJOS
R. Conde Ferreira
R. de Tomar
URB. ENCOSTA
FÁTIMA
SANTARÉM, PORTALEGRE
R. M. dos Santos
ESPIRITO SANTO
Av. Dr. José Jardim
Av. Marquês de Pombal
Av. N.S. de Fátima
R. da N.S. da Encarnação
LIS
TOLOMEU
H
J
M
T
G
a
b
d
3
3
4
5
6
7
9
10
12
13
16
18
19
21
22
23
24
25
27
30
31
33
34
36
37
39
40
42
48
49
52
54
55
57
58
60
61
63

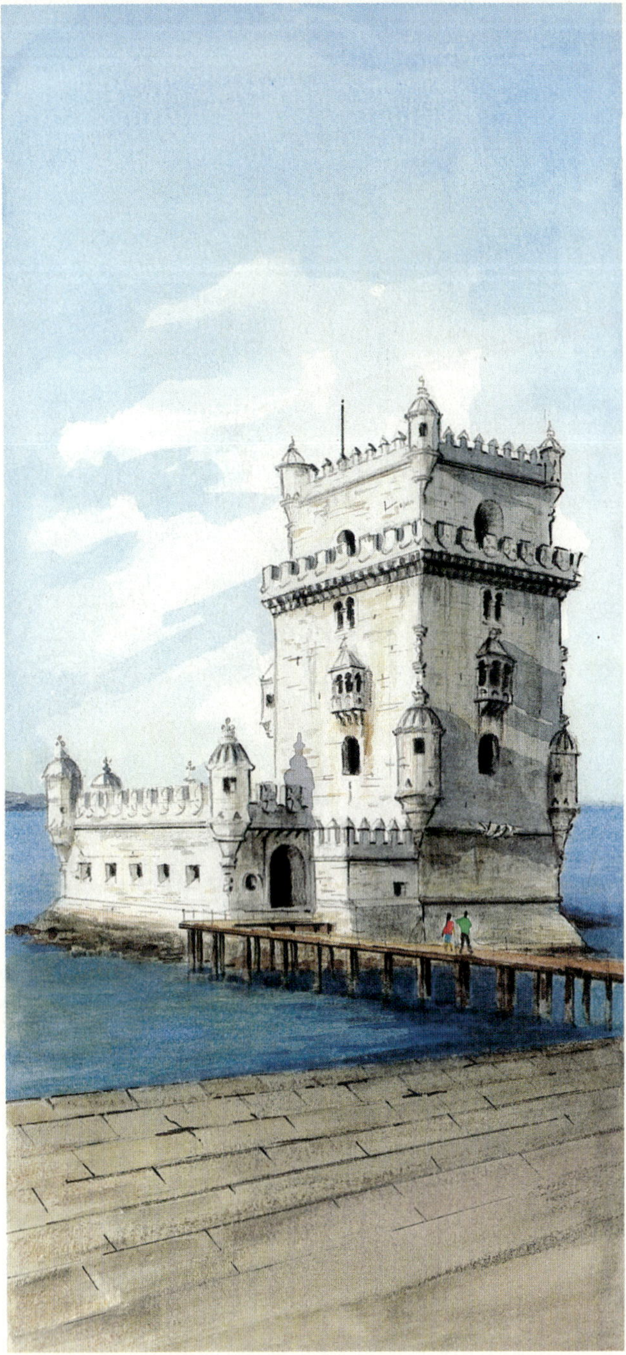

LISBOA

P 733 P 2 – *662 782 h. alt. 111.*

Madrid 624 ① – Bilbao 902 ① – Paris 1785 ① – Porto 310 ① – Sevilla 402 ②.

Curiosidades	p. 2
Mapas de arredores	p. 3
Planos de Lisboa	
Aglomeração	p. 4 e 5
Geral	p. 6 e 7
Centro	p. 8 e 9
Repertório das Ruas (das plantas)	p. 10 e 11
Lista alfabética dos estabelecimentos	p. 12 e 13
Classificação dos estabelecimentos por zonas	p. 14 a 24

POSTOS DE TURISMO

🛈 *Palácio Foz, Praça dos Restauradores,* ✉ *1250-187,* ✆ *21 346 33 14, Fax 21 346 87 72.*

🛈 *Estação Santa Apolónia (chegadas internacionais)* ✉ *1100-105,* ✆ *21 882 16 04.*

🛈 *Aeroporto* ✉ *1700-111,* ✆ *21 845 06 60, Fax 21 845 06 58.*

INFORMAÇÕES PRÁTICAS

BANCOS E CASAS DE CÂMBIO

Todos os bancos : *Abertos de 2ª a 6ª feira das 8,30 h. às 15 h. Encerram aos sábados, domingos e feriados.*

TRANSPORTES

Taxi : *Dístico com a palavra « Táxi » iluminado sempre que está livre. Companhias de rádio-táxi,* ✆ *21 811 90 00.*

Metro, carro eléctrico e autocarros : *Rede de metro, eléctricos e autocarros que ligam as diferentes zonas de Lisboa.*
Para o aeroporto existe uma linha de autocarros -aerobus- com terminal no Cais do Sodré.

Aeroporto e Companhias Aéreas :

✈ *Aeroporto de Lisboa, N : 8 km,* ✆ *21 841 35 00* CDU.
T.A.P., Av. de Berlim (Edifício Estação do Oriente), ✉ *1800-033,* ✆ *21 317 91 00 e.*
Portugalia, Rua C-Edifício 70 (aeroporto de Lisboa), ✉ *1749-078* ✆ *21 842 55 00 e no aeroporto,* ✆ *21 841 50 00.*

ESTAÇÕES DE COMBÓIOS

Santa Apolónia, 🚂 ✆ *21 881 61 21* MX.
Rossio, ✆ *21 343 37 47/8* KX.
Cais do Sodré, ✆ *21 342 47 84 (Lisboa-Cascais)* JZ.

ACP *(Automóvel Club de Portugal)*
Rua Rosa Araújo 24, ✉ *1250-195,* ✆ *21 318 02 02, Fax 21 315 91 21.*

CAMPOS DE GOLF

🏌️ *Lisbon Sports Club 20 km por* ⑤, ✆ *21 431 00 77*
🏌️ *Club de Campo da Aroeira 15 km por* ②, ✆ *21 297 91 10 Aroeira, Charneca da Caparica.*

ALUGUER DE VIATURAS

AVIS, ✆ *21 346 26 76 – EUROPCAR,* ✆ *21 940 77 90 – HERTZ,* ✆ *21 941 10 60 – BUDGET,* ✆ *21 994 24 02.*

CURIOSIDADES

PANORÂMICAS DE LISBOA

Ponte 25 de Abril★ *por* ② : ≼ ★★ *– Cristo Rei por* ② : ※ ★★ *– Castelo de São Jorge*★★ : ≼ ★★★ LX *– Miradouro de Santa Luzia*★ : ≼ ★★ LY L¹ *– Elevador de Santa Justa*★ : ≼ ★ KY *– Miradouro de São Pedro de Alcântara*★ : ≼★★ JX L² *– Miradouro do Alto de Santa Catarina*★ JZ A¹ *– Miradouro da Senhora do Monte :* ≼★★★ LV *– Largo das Portas do Sol*★ : ≼★★ LY. *Igreja e Convento de Nossa Senhora da Graça (Miradourou*★*)* LX.

MUSEUS

Museu Nacional de Arte Antiga★★★ *(políptico da Adoração de S. Vicente*★★★*, Tentação de Santo Antão*★★★*, Biombos japoneses*★★*, Doze Apóstolos*★*, Anunciação*★*, Capela*★*)* EU M¹⁶ *– Fundação Gulbenkian (Museu Calouste Gulbenkian*★★★ FR*, Centro de Arte Moderna*★ FR M²*) – Museu da Marinha*★★ *(modelos*★★★ *de embarcações)* AQ M⁷ *– Museu Nacional do Azulejo (Convento da Madre de Deus)*★★ *: igreja*★★*, sala do capítulo*★ DP M¹⁷ *– Museu da Água da EPAL*★ HT M⁵ *– Museu Nacional do Traje*★ BN M²¹ *– Museu Nacional do Teatro*★ BN M¹⁹ *– Museu Militar (tectos*★*)* MY M¹⁵ *– Museu de Artes Decorativas*★★ *(Fundação Ricardo do Espírito Santo Silva)* LY M¹³ *– Museu Arqueológico – Igreja do Carmo*★ KY M⁴ *– Museu de Arte Sacra de São Roque*★ *(ornamentos sacerdotais*★*)* JKX M¹¹ *– Museu Nacional do Chiado*★ KZ M¹⁸ *– Museu da Música*★ BN M⁹ *– Museu Rafael Bordalo Pinheiro (cerâmicas*★*)* CN M²³.

IGREJAS E MOSTEIROS

Sé★★ *(túmulos góticos*★*, grade*★*, tesouro*★*)* LY *– Mosteiro dos Jerónimos*★★★ *(Igreja de Santa Maria*★★★ *: abóbada*★★*, claustro*★★★ *; Museu Nacional de Arqueologia : tesouro*★*)* AQ *– Igreja de São Roque*★ *(capela de São João Baptista*★★*, interior*★*)* JX *– Igreja de São Vicente de Fora (azulejos*★*)* MX *– Igreja de Nossa Senhora de Fátima (vitrais*★*)* FR D² *– Basílica da Estrela*★ *(jardim*★*)* EU A² *– Igreja da Conceição Velha (fachada sul*★*)* LZ D¹ *– Igreja de Santa Engrácia*★ MX.

BAIRROS HISTÓRICOS

Belém★★ *(Centro Cultural*★*)* AQ *– A Baixa pombalina*★★ JKXYZ *– Alfama*★★ LY *– Chiado e Bairro Alto*★ JKY.

LUGARES PITORESCOS

Praça do Comércio (ou Terreiro do Paço★★*)* KZ *– Torre de Belém*★★★ AQ *– Palacio dos Marqueses de Fronteira*★★ *(azulejos*★★*)* ER *– Rossio*★ *(estação : fachada*★ *neo-manuelina)* KX *– Rua do Carmo e Rua Garrett*★ KY *– Avenida da Liberdade*★ JV *– Parque Eduardo VII*★ *(*≼★*, Estufa fria*★*)* FS *– Jardim Zoológico*★★ ER *– Aqueduto das Águas Livres*★ ES *– Jardim Botânico*★ JV *– Parque Florestal de Monsanto*★ *(Miradouro :* ※★*)* APQ *– Campo de Santa Clara*★ MX *– Escadinhas de Santo Estêvão*★ *(*≼★*)* MY *– Palacio da Ajuda*★ AQ *– Fundação Arpad Szenes-Vieira da Silva*★ EFS *– Passeio no Tejo*★ *(*≼★★*) – Ponte Vasco da Gama*★★ DN *– Oceanário de Lisboa*★★ DN *– Estação de Oriente*★ DN *– Parque das Nações*★ DN.

COMPRAS

Bairros comerciais : *Baixa (Rua Augusta), Chiado (Rua Garrett).*
Antiguidades : *Rua D. Pedro V, Rua da Escola Politécnica, Feira da Ladra (3ª feira e sábado).*
Centro comercial : *Torres Amoreiras, Colombo.*
Desenhadores : *Bairro Alto.*

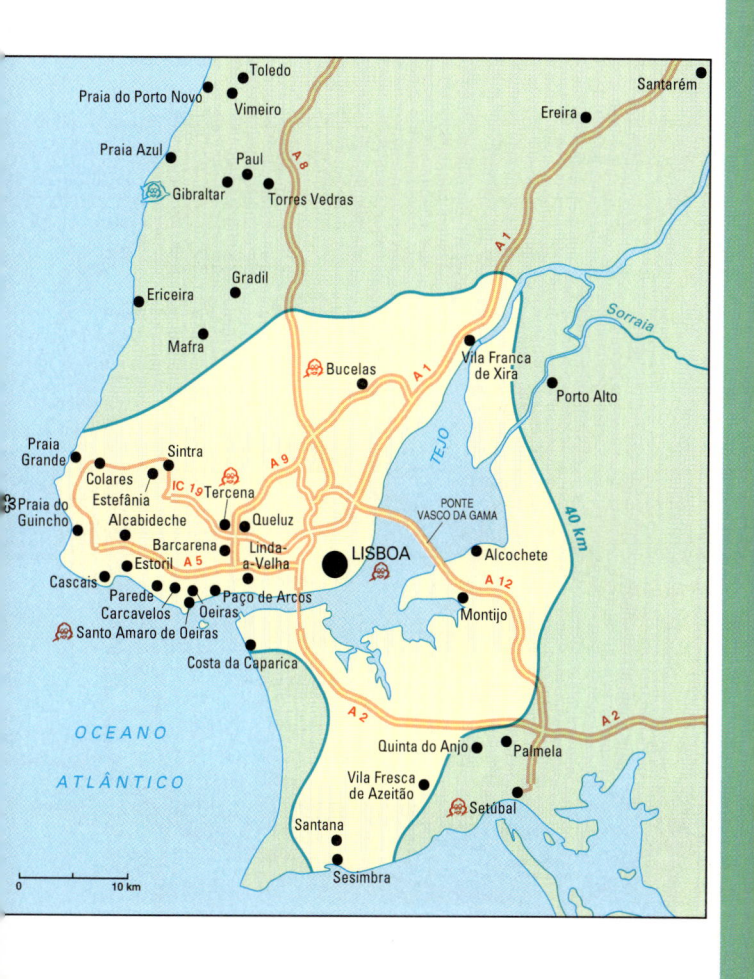

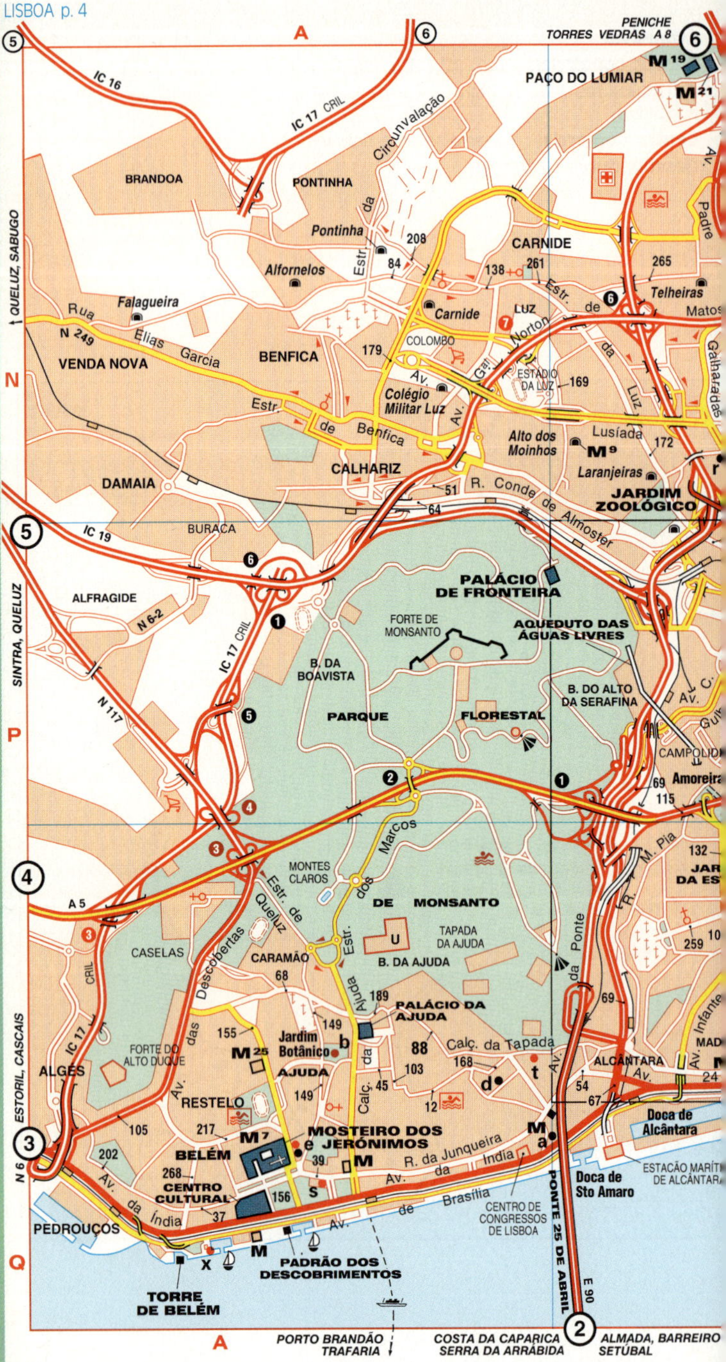
PENICHE
TORRES VEDRAS A 8
A
IC 16
IC 17 CRIL
Circunvalação
PAÇO DO LUMIAR
BRANDOA
PONTINHA
Pontinha
Estr. da
208
84
CARNIDE
138
261
265
Telheiras
Alfornelos
Falagueira
Carnide
LUZ
Estr. de
Norton
Matos
Rua Elias Garcia
N 249
VENDA NOVA
BENFICA
COLOMBO
ESTADIO DA LUZ
169
179
Av.
Colégio Militar Luz
Av. Gal.
Galhardas
da Luz
Estr. de Benfica
Alto dos Moinhos
Lusíada
172
Laranjeiras
JARDIM ZOOLÓGICO
DAMAIA
CALHARIZ
51
64
R. Conde de Almoster
IC 19
BURACA
PALÁCIO DE FRONTEIRA
ALFRAGIDE
N 6-2
FORTE DE MONSANTO
AQUEDUTO DAS ÁGUAS LIVRES
IC 17 CRIL
B. DA BOAVISTA
B. DO ALTO DA SERAFINA
N 117
PARQUE
FLORESTAL
CAMPOLIDE
69
Amoreiras
115
Marcos
132
R. M. Pia
A 5
MONTES CLAROS
Estr. de Queluz
Estr. dos
DE MONSANTO
TAPADA DA AJUDA
CASELAS
CARAMÃO
U
B. DA AJUDA
da Ponte
259
68
189
PALÁCIO DA AJUDA
69
CRIL
IC 17
Descobertas
das
155
149
Jardim Botânico
b
Ajuda
da
88
Calç. da Tapada
FORTE DO ALTO DUQUE
M 25
AJUDA
103
45
168
t
ALCÂNTARA
Infante
ALGÉS
Av.
RESTELO
149
12
d
54
67
Calç.
Av.
105
217
M 7
MOSTEIRO DOS JERÓNIMOS
e
M
a
Doca de Alcântara
202
BELÉM
39
M
R. da Junqueira
268
CENTRO CULTURAL
S
156
Av. da Índia
Av. de Brasília
Doca de Sto Amaro
ESTAÇÃO MARÍTIMA DE ALCÂNTARA
Av. da Índia
37
PEDROUÇOS
CENTRO DE CONGRESSOS DE LISBOA
PONTE 25 DE ABRIL
M
X
PADRÃO DOS DESCOBRIMENTOS
TORRE DE BELÉM
E 90
A
PORTO BRANDÃO
TRAFARIA
COSTA DA CAPARICA
SERRA DA ARRÁBIDA
ALMADA, BARREIRO
SETÚBAL
QUELUZ, SABUGO
SINTRA, QUELUZ
ESTORIL, CASCAIS
N 6
N
P
Q

LISBOA p. 5

LISBOA p. 6

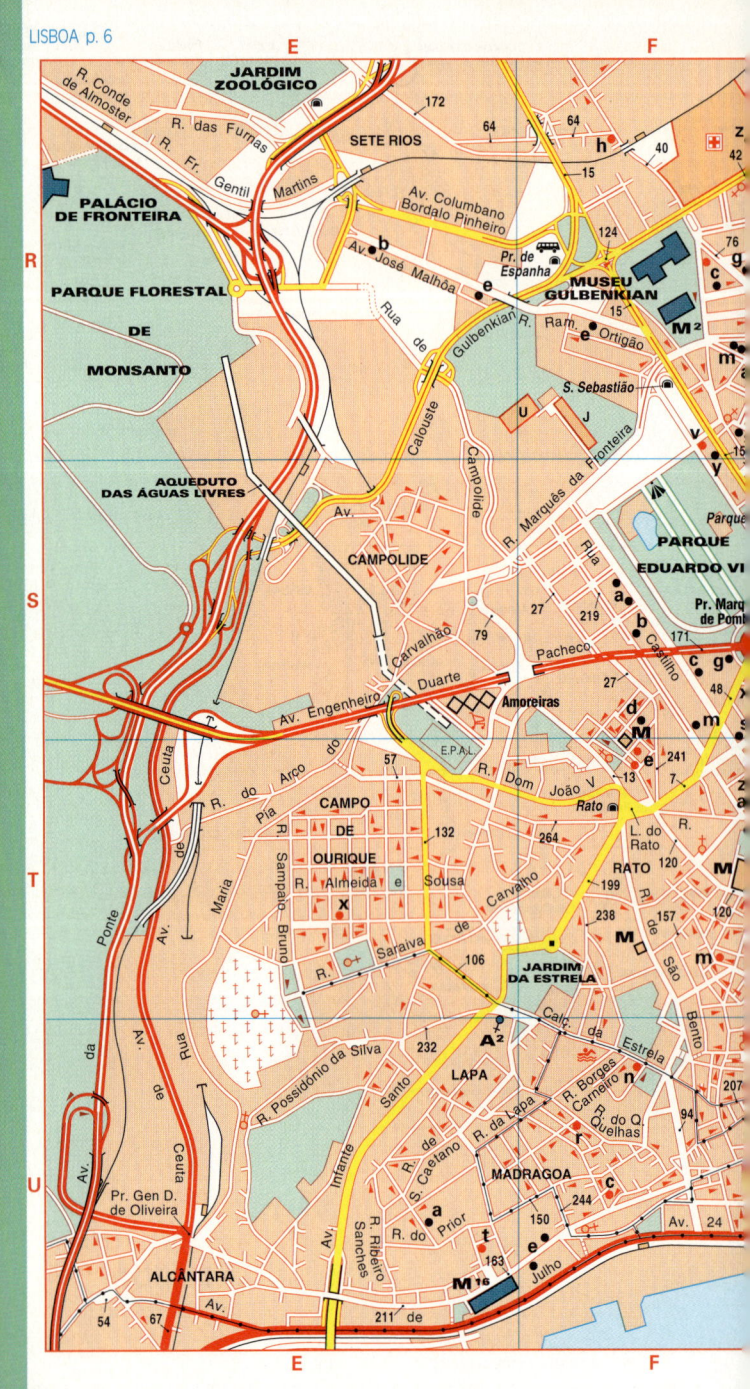

LISBOA
G
H
R
S
T
U
0
500 m
Areeiro
Pr. F. Sá Carneiro
Av.
Afonso
Costa
Olaias
Rotunda das Olaias
João
XXI
Pr. de Londres
Reis
R. Barão
C. Pequeno
CAIXA GERAL DE DEPÓSITOS
República
Alameda
de Sabrosa
Almirante
Arroios
Duque
de Ávila
Saldanha
R. de Dona
Estefânia
ALTO DO PINA
Rua Morais
R. Pascoal de Melo
Soares
Av.
Picoas
Pr. J Fontana
R. Gomes Freire
Avenida
Anjos
R. da Penha de França
Av. General Roçadas
Mouzinho de Albuquerque
Av. Afonso III
B. LOPES
SAPADORES
R. A. Vidal
Intendente
R. dos Sapadores
Calç. dos Barbadinhos
M5
DA LIBERDADE
R. da Palma
R. da Graça
GRAÇA
R. D. Pedro V
Pr. dos Restauradores
CASTELO DE SÃO JORGE
CAMPO DE STA CLARA
Henrique
SÃO ROQUE
ROSSIO
M15
BAIRRO ALTO
CHIADO
R. GARRETT
BAIXA
R. do Ouro
R. da Prata
ALFAMA
SÉ
Infante
D.
R. de S.Paulo
POL
H
Avenida
PR. DO COMÉRCIO
Estação Fluvial
Av. da Ribeira das Naus
TEJO
CACILHAS
BARREIRO, MONTIJO, SEIXAL
186
109
112
66
139
11
78
7
25
18
178
93
222
22
204
198
162
129
117
195
147
180
114

LISBOA p. 8

- R. B. Salgueiro
- AV. DA LIBERDADE
- Campo dos Mártires da Pátria
- R. do Saco
- Rua do Salitre
- Avenida
- R. do Telhal
- JARDIM BOTÂNICO
- Parque Mayer
- ELEVADOR DO LAVRA
- SÃO JOSÉ
- R. de S. Lázaro
- R. da Alegria
- R. da Glória
- COLISEU DOS RECREIOS
- Calç. de Santana
- Praça do Príncipe Real
- R. D. Pedro V
- ELEVADOR DA GLÓRIA
- Palácio Foz
- Pr. dos Restauradores
- R. das Portas de S. Antão
- Rua
- Século
- Restauradores
- Rossio
- Pr. Dom Pedro IV
- Pr. da Figueira
- SÃO ROQUE
- BAIRRO ALTO
- ELEVADOR DE Sta JUSTA
- Largo do Carmo
- R. do Ouro
- R. da Prata
- BAIXA
- Rua Rosa
- CHIADO
- Garrett
- R. Nova do Almada
- R. Augusta
- ELEVADOR DA BICA
- Pr. Luís de Camões
- Calç. do Combro
- SANTA CATARINA
- Baixa-Chiado
- Ivens
- MINISTÉRIO
- R. da Boavista
- R. de São Paulo
- R. do Alecrim
- R. V. Cordon
- R. do Arsenal
- MINISTÉRIO
- POL
- PRAÇA DO COMÉRCIO
- Av. 24 de Julho
- Praça Dom Luís I
- CAIS DO SODRÉ
- Praça Duque de Terceira
- Cais do Sodré
- Av. da Ribeira das Naus
- CAIS DAS COLUNAS
- CACILHAS

LISBOA p. 9

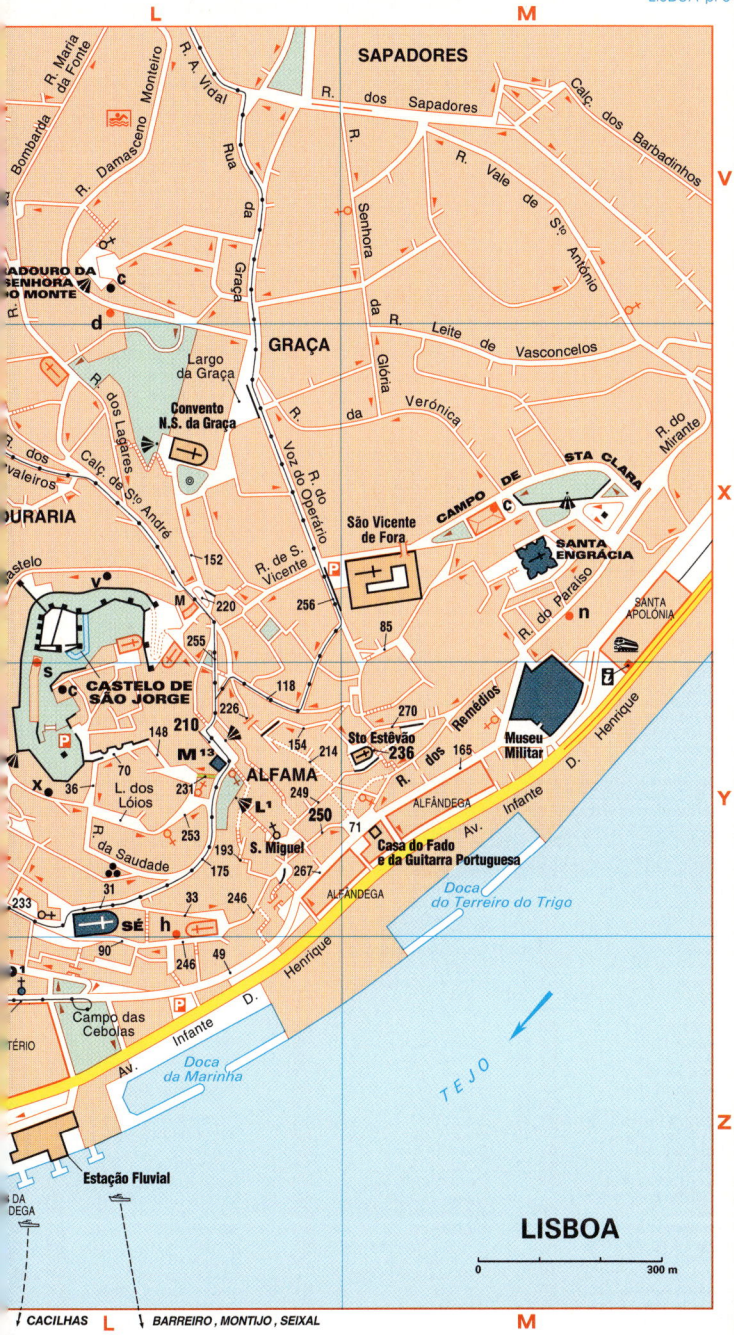

ÍNDICE DAS RUAS DE LISBOA

LISBOA p. 10

5 de Outubro (Av.) .... **CN** 273
24 de Julho (Av.) .... **FU**
Afonso Costa (Av.) .... **HR**
Afonso III (R.) .... **DP** 4
Ajuda (Calç. da) .... **AQ**
Alecrim (R. do) .... **JZ**
Alegria (R. da) .... **JX**
Alexandre Herculano (R.) . **FT** 7
Alfândega (R. da) .... **LZ** 10
Aliança Operária (R.) ..... **AQ** 12
Almeida e Sousa (R.) ..... **ET**
Almirante Gago Coutinho
 (Av.) .... **DN**
Almirante Reis (Av.) ...... **HR**
Amoreiras (R. das) .... **FT** 13
Angelina Vidal (R.) .... **LV**
António Augusto de Aguiar
 (Av.) .... **FR** 15
António José de Almeida
 (Av.) .... **GR** 18
António Maria Cardoso (R.) . **JZ** 21
António Pereira Carrilho (R.) **HR** 22
Arco do Carvalhão (R.) ... **ET**
Arco do Cego (R. do) ..... **GR** 25
Arsenal (R. do) .... **KZ**
Artilharia Um (R. da) ..... **FS** 27
Atalaia (R. da) .... **JY** 28
Augusta (R.) .... **KY**
Augusto Rosa (R.) .... **LY** 31
Avelino Teixeira da Mota
 (Av.) .... **DN** 32
Barão (R. do) .... **LY** 33
Barão de Sabrosa (R.) .... **HR**
Barata Salgueiro (R.) ..... **FT** 34
Barbadinhos (Calç. dos) . **DQ** 35
Bartolomeu de Gusmão (R.) **LY** 36
Bartolomeu Dias (R.) ..... **AQ** 37
Belém (R. de) .... **AQ** 39
Beneficência (R. da) ...... **FR** 40
Benfica (Estr. de) .... **AN**
Berlim (Av. de) .... **DN**
Berna (Av. de) .... **FR** 42
Bica do Marquês (R. da) . **AQ** 45
Boavista (R. da) .... **JZ**
Bombarda (R.) .... **LV**
Borges Carneiro (R.) ...... **FU**
Braancamp (R.) .... **FS** 48
Brasil (Av. do) .... **DN**
Brasília (Av. de) .... **AQ**
Cais de Santarém (R.) .... **LZ** 49
Calhariz de Benfica (Estr. do) **AP** 51
Calouste Gulbenkian (Av.) . **ER**
Calvário (L. do) .... **EU** 54
Campo das Cebolas .... **LZ**
Campo de Ourique (R. de) . **ET** 57
Campo de Santa Clara ... **MX**
Campo dos Mártires
 da Pátria .... **KV**
Campo Grande .... **CN**
Campolide (R. de) .... **BP** 60
Carlos Pinhão (Av.) .... **DNP** 62
Carmo (R. do) .... **KY** 63
Carolina M. de Vasconcelos
 (R.) .... **AN** 64
Casal Ribeiro (Av.) .... **GR** 66
Cascais (R.) .... **EU** 67
Caselas (Estr. de) .... **AQ** 68
Castilho (R.) .... **FS**
Cavaleiros (R. dos) .... **LX**
Ceuta (Av. de) .... **BQ** 69
Chafariz de Dentro (L. do) . **MY** 71
Chão da Feira (L. do) ..... **LY** 70
Chelas (Estr. de) .... **DP**
Chiado (L. do) .... **KY** 72
Cidade do Porto (Av.) ..... **DN**
Columbano Bordalo Pinheiro
 (Av.) .... **BP** 73
Combatentes (Av. dos) .. **BN** 74
Combro (Calç. do) .... **JY**
Comércio (Pr. do) .... **KZ**
Conceição da Glória (R.) . **JX** 75
Conde de Almoster (R.) . **ER**
Conde de Redondo (R.) . **GS** 78
Conde de Valbom (Av.) .. **FR** 76

Conselheiro F. de Sousa (Av.) **ES** 79
Correeiros (R. dos) .... **KY** 82
Correia (Estr. da) .... **AN** 84
Corvos (R. dos) .... **MX** 85
Costa do Castelo .... **LX**
Cruz da Pedra (Calç. da) . **DP** 87
Cruzeiro (R. do) .... **AQ** 88
Cruzes da Sé (R.) .... **LZ** 90
Damasceno Monteiro (R.) **LV**
Descobertas (Av. das) ... **AQ**
Diário de Notícias (R. do) **JY** 91
Dom Afonso Henriques
 (Alam.) .... **HR** 93
Dom Carlos I (Av.) .... **FU** 94
Dom João da Câmara (Pr.) . **KX** 97
Dom João V (R.) .... **CQ** 99
Dom Luís I (R.) .... **JZ**
Dom Pedro IV (Pr.) .... **KX**
Dom Pedro V (R.) .... **JX**
Dom Vasco (R. de) .... **AQ** 103
Dom Vasco da Gama (Av.) **AQ** 105
Domingos Sequeira (R.) . **ET** 106
Dona Estefânia (R. de) .. **GS**
Dona Filipa de Vilhena (Av.) **GR** 109
Doutor Alfredo Bensaúde
 (Av.) .... **DN**
Duque de Ávila (Av.) ..... **GR**
Duque de Loulé (Av.) .... **GS** 111
Duque de Saldanha (Pr.) . **GR** 112
Duque de Terceira (Pr.) .. **JZ**
Elias Garcia (Av.) .... **AN**
Engenheiro Arantes e Oliveira
 (Av.) .... **HR** 114
Engenheiro Duarte Pacheco
 (Av.) .... **BP** 115
Engenheiro Ferreira Dias
 (R.) .... **DN** 116
Escola do Exército (R.) .. **HS** 117
Escola Politécnica (R. da) **FT** 120
Escolas Gerais (R. das) . **LY** 118
Espanha (Pr. de) .... **FR** 124
Estados Unidos da América
 (Av.) .... **DN**
Estrela (Calç. da) .... **FU**
Fanqueiros (R. dos) ...... **KY** 127
Febo Moniz (R.) .... **HS** 129
Ferreira Borges (R.) ...... **ET** 132
Figueira (Pr. da) .... **KX**
Filipe da Mata (R.) .... **FR** 136
Fonte (R. da) .... **AN**
Fontes Pereira de Melo (Av.) **GS** 139
Forças Armadas (Av. das) . **CN** 142
Forno do Tijolo (R.) ...... **HS** 147
Francisco Gentil Martins (R.) **ER**
Francisco Sá Carneiro (Pr.) . **HR**
Funil (Trav. do) .... **LY** 148
Furnas (R. de) .... **ER**
Galhardas (Az. das) ...... **BN**
Galvão (Calç. do) .... **AQ** 149
Garcia de Horta (R.) ...... **FU** 150
General Domingos de Oliveira
 (Pr.) .... **EU**
General Norton de Matos
 (Av.) .... **BN**
General Roçadas (Av.) .. **HS**
Glória (Calç. da) .... **JX** 151
Glória (R. da) .... **JX**
Gomes Freire (R.) .... **GS**
Graça (Calç. da) .... **LX** 152
Graça (L. da) .... **LX**
Graça (R. da) .... **LV**
Gualdim Pais (R.) .... **DP** 153
Guilherme Braga (R.) .... **LY** 154
Ilha da Madeira (Av.) ..... **AQ** 155
Império (R. do) .... **AQ** 156
Imprensa Nacional (R.) .. **FT** 157
Índia (Av. da) .... **AQ**
Infante D. Henrique (Av.) . **MY**
Infante Santo (Av.) .... **EU**
Instituto Bacteriológico
 (R. do) .... **KV** 160
Ivens (R.) .... **KY**
Jacinta Marto (R.) .... **GS** 162

Janelas Verdes (R. das) .... **EU** 163
Jardim do Tabaco (R. do) .. **MY** 165
João de Barros (R.) .... **AQ** 168
João de Freitas Branco (R.) . **BN** 169
João XXI (Av.) .... **HR**
Joaquim António de Aguiar
 (R.) .... **FS** 171
José Fontana (Pr.) .... **GS**
José Malhôa (Av.) .... **ER**
Junqueira (R. da) .... **AQ**
Lagares (R. dos) .... **LX**
Lapa (R. da) .... **EU**
Laranjeiras (Estr. das) ... **ER** 172
Leite de Vasconcelos (R.) . **MX**
Liberdade (Av. da) .... **JV**
Limoeiro (R. do) .... **LY** 175
Linhas de Torres (Alam. das) **CN**
Lóios (L. dos) .... **LY**
Londres (Pr. de) .... **DP** 177
Luís de Camões (Pr.) .... **JY**
Lusíada (Av.) .... **ABN**
Luz (Estr. da) .... **BN**
Madalena (R. da) .... **KY**
Manuel da Maia (Av.) .... **HR** 178
Marcos (Estr. dos) .... **AQ**
Marechal Craveiro Lopes
 (Av.) .... **CN**
Marechal Gomes da Costa
 (Av.) .... **DN**
Marechal Teixeira Rebelo
 (Av.) .... **AN** 179
Maria Andrade (R.) .... **HS** 180
Maria da Fonte (R.) .... **LV**
Maria Pia (R.) .... **ET**
Marquês da Fronteira (R.) . **CP** 181
Marquês de Pombal (Pr.) . **FS**
Martim Moniz (L.) .... **KX** 184
Mayer (Parque) .... **JV**
Miguel Bombarda (Av.) .. **GR** 186
Mirante (Calç. do) .... **AQ** 189
Mirante (R.) .... **MX**
Misericórdia (R. da) .... **JY** 190
Monte (Trav. do) .... **LV**
Morais Soares (R.) .... **HR**
Mouzinho de Albuquerque
 (Av.) .... **DP** 192
Norberto de Araújo (R.) . **LY** 193
Norte (R. do) .... **JY** 194
Nova da Almada (R.) ..... **KY**
Olaias (Rot. das) .... **HR**
Ouro (R. do) .... **KY**
Paço da Rainha (L.) .... **HS** 195
Paço do Lumiar (Estr. do) . **AN**
Padre Cruz (R.) .... **BN**
Palma (R. da) .... **KY**
Paraíso (R. do) .... **MX**
Pascoal de Melo (R.) ..... **DP** 196
Passos Manuel (R.) .... **HS** 198
Pedro Álvares Cabral (Av.) . **FT** 199
Pedrouços (R. de) .... **AQ** 202
Penha de França (R. da) . **HS**
Poço dos Mouros (Calç. do) **HR** 204
Poço dos Negros (R.) .... **FU** 205
Poiais de S. Bento (R.) .. **FU** 207
Ponte (R. da) .... **ET**
Pontinha (Estr. da) .... **AN** 208
Portas de Santo Antão (R.) . **KX**
Portas do Sol (L. das) ... **LY** 210
Possidónio da Silva (R.) . **EU**
Prata (R. da) .... **KY**
Presidente Arriaga (R.) .. **EU** 211
Príncipe Real (Pr. do) .... **JX** 213
Prior (R. do) .... **EU**
Quelhas (R. do) .... **FU**
Queluz (Estr. de) .... **AQ**
Ramalho Ortigão (R.) .... **FR**
Rato (L. do) .... **FT**
Regueira (R. da) .... **LY** 214
Relógio (Rot. do) .... **DN** 215
Remédios (R. dos) .... **MY**
República (Av. da) .... **CP** 216
Restauradores (Pr. dos) . **KX**
Restelo (Av. do) .... **AQ** 217
Ribeira das Naus (Av. da) . **KZ**

LISBOA p. 11

Ribeiro Sanches (R.) . . . . **EU**	S. Tiago (R. de) . . . . **LY** 253	Sapadores (R. dos) . . . . **MV**
Rio de Janeiro (Av.) . . . . **CN**	S. Tomé (R. de) . . . . **LX** 255	Sapateiros (R. dos) . . . . **KY** 258
Rodrigo da Fonseca (R.) . . . . **FS** 219	S. Vicente (Calç. de) . . . . **LX** 256	Saraiva de Carvalho (R.) . . . . **BQ** 259
Rodrigues de Freitas (L.) . . . **LX** 220	S. Vicente (R. de) . . . . **LX**	Saudade (R. da) . . . . **LY**
Roma (Av. de) . . . . **CN**	Saco (R. do) . . . . **KV**	Século (R. do) . . . . **JX**
Rosa (R. da) . . . . **JY**	Sacramento (Calç. do) . . . . . **KY** 225	Seminário (R. do) . . . . **AN** 261
Rovisco Pais (Av.) . . . . **GR** 222	Salitre (R. do) . . . . **JV**	Senhora da Glória (R.) . . . . . **MV**
S. Bento (R. de) . . . . **CQ** 237	Salvador (R. do) . . . . **LY** 226	Serpa Pinto (R.) . . . . **KZ** 262
S. Bernardo (R. de) . . . . **FT** 238	Sampaio Bruno (R.) . . . . **ET**	Sodré (Cais do) . . . . **JZ**
S. Caetano (R. de) . . . . **EU**	Santa Catarina (R. de) . . . . . **JY** 228	Sol (R. do) . . . . **FT** 264
S. Domingos (L. de) . . . . **KX** 240	Santa Justa (R. de) . . . . **KY** 229	Tapada (Calç. da) . . . . **AQ**
S. Filipe Neri (R. de) . . . . **FT** 241	Santa Luzia (Trav. de) . . . . **LY** 231	Telhal (R. do) . . . . **KV**
S. Francisco (Calç. de) . . . . . **KZ** 243	Santana (Calç. de) . . . . **KX**	Telheiras (Estr. de) . . . . **BN** 265
S. João da Mata (R.) . . . . **FU** 244	Santo André (Calç. de) . . . . . **LX**	Terreiro do Trigo (R. do) . . . . . **LY** 267
S. João da Praça (R. de) . . . . **LY** 246	Santo António (R. de) . . . . **EU** 232	Torre de Belém (Av.) . . . . **AQ** 268
S. José (R. de) . . . . **JV**	Santo António da Sé (L.) . . . . **LY** 233	Vale de Sto António
S. Lázaro (R. de) . . . . **KX**	Santo António dos Capuchos	(R. do) . . . . **MV**
S. Marçal (R. de) . . . . **FT** 247	(R.) . . . . **KV** 234	Verónica (R. da) . . . . **MX**
S. Miguel (R. de) . . . . **LY** 249	Santo Condestável (Av. do). **DN** 235	Vigário (R. do) . . . . **MY** 270
S. Paulo (R. de) . . . . **JZ**	Santo Estêvão	Vítor Cordon (R.) . . . . **KZ**
S. Pedro (R. de) . . . . **LY** 250	(Escadinhas	Voz do Operário (R.) . . . . **LX**
S. Pedro de Alcântara (R. de) **JX** 252	de) . . . . **MY** 236	Xabregas (R. de) . . . . **DP** 271

143

Lista alfabética dos estabelecimentos
Alphabetical list of establishments
Liste alphabétique des établissements

A

17 AC Palacio Sottomayor
24 Adega Machado
23 Adega Tia Matilde
17 Afonso Henriques (D.)
15 Albergaria Senhora do Monte
18 Alicante
19 Altis
16 Altis Park H.
20 Amazónia Jamor
20 Amazónia Lisboa
17 A.S. Lisboa
14 Avenida Palace
18 Avis (D')

B

20 Barcelona
21 Berna

C

22 Casa da Comida
16 Casa do Leão
23 Caseiro
15 Clara
20 Clarión Suites
23 Clube de Fado
23 Coelho da Rocha
22 Comfort H. Príncipe
15 Consenso
22 Conventual

D

20 Diplomático
17 Dom Carlos Park
18 Dom João

E

21 Eduardo VII
16 Escorial
22 Estufa Real

F

16 Faz Figura (O)
19 Fénix
20 Flórida
24 Forcado (O)
18 Four Seasons H. Ritz Lisbon
23 Funil (O)

G – H

15 Gambrinus
17 Holiday Inn Lisbon
19 Holiday Inn Lisbon Continental
22 Horizonte

I

22 Ibis Lisboa Liberdade
17 Ibis Lisboa Saldanha
15 Insulana

J

21 Janelas Verdes (As)
21 Jorge V

L

19 Lapa Palace
18 Lar do Areeiro
14 Lisboa
14 Lisboa Plaza
14 Lisboa Regency Chiado
15 Lisboa Tejo
19 Lisbon Marriott H.

M

17 Madrid
23 Mãe d'Água
19 Marquês de Pombal
21 Marquês de Sá

17 Meliá Tryp Oriente
16 Mercado de Santa Clara
20 Mercure Lisboa Malhoa
18 Meridien Park Atlantic Lisboa (Le)
15 Metropole
21 Miraparque
14 Mundial
16 Múni (O)

N – O

21 Nacional
22 Nazareth
14 NH Liberdade
20 Novotel Lisboa
15 Olissipo

P

22 Pabe
16 Paparrucha (La)
18 Pestana Palace
23 Polícia (O)

Q

20 Quality H.
22 Quinta dos Frades

R

19 Real Palacio
19 Real Parque
21 Real Residência
15 Residência Roma
17 Roma

S

21 Sana Classic
   Executive H.

19 Sana Metropolitan Park H.
19 Sana Reno H.
21 Sana Rex H.
22 São Jerónimo
22 Saraiva's
23 Severa (A)
18 Sheraton Lisboa H. & Towers
14 Sofitel Lisboa
15 Solar do Castelo
15 Solar dos Mouros
23 Solar dos Nunes
16 Solar dos Presuntos
23 Sr. Vinho
23 Sua Excelência
17 Suites do Marquês

T

15 Tavares
14 Tivoli Jardim
14 Tivoli Lisboa
16 Tivoli Tejo
21 Torre (Da)
17 Travel Park

V

23 Varanda da União
18 Vasku's Grill
22 Vela Latina
14 Veneza
16 Verdemar
16 Via Graça
20 Vila Galé Ópera
19 Villa Rica

X – Y

22 XL
20 York House

LISBOA p. 14

Centro: Av. da Liberdade, Praça dos Restauradores, Praça Dom Pedro IV (Rossio), Praç do Comércio, Rua Dom Pedro V, Rua de Santa Catarina, Campo de Santa Clara, Rua do Sapadores (planos p. 8 e 9)

Tivoli Lisboa, Av. da Liberdade 185, ✉ 1269-050, ✆ 21 319 89 00, *htlisboa@mail. elepac.pt*, Fax 21 319 89 50, ≤ cidade desde o terraço, 🍴, ☐ climatizada – |‡| ≡ TV &
⇔ – 🏛 40/200. AE ① ⓜⓔ VISA. %
Terraço : Refeição lista 48 a 54 – **300 qto** ⇌ 400/420 – 29 suites.
JV
♦ Elegante, confortável e com agradáveis vistas da cidade desde a sua esplanada no último andar. Quartos aconchegantes e bem equipados de refinada decoração. O restaurant Terraço oferece um ambiente distinguido e de claro classicismo.

Sofitel Lisboa, Av. da Liberdade 127, ✉ 1269-038, ✆ 21 322 83 00, *h1319@acc r-hotels.com*, Fax 21 322 83 60 – |‡|, ⥽ qto, ≡ TV & ⇔ – 🏛 25/300. AE ①
ⓜⓔ VISA
Refeição 30 – ⇌ 18 – **165 qto** 235/265 – 5 suites.
JV
♦ Gratificante acolhida, conforto e linha clássica actual à sua disposição. Cálidas estadia dentro dum cuidado ambiente.

Lisboa Plaza, Travessa do Salitre 7, ✉ 1269-066, ✆ 21 321 82 18, *plaza.hotels@ heritage.pt*, Fax 21 347 16 30 – |‡| ≡ TV – 🏛 25/140. AE ① ⓜⓔ VISA.
JCB. %
Refeição 24 – ⇌ 14 – **94 qto** 210/230 – 12 suites.
JV
♦ Junto à célebre Avenida da Liberdade. Grande tradição neste emblemático hotel de estimada atmosfera, bom gosto e bela decoração clássica. Confortáveis interiores. O se refeitório oferece um atractivo e completo buffet.

Mundial, Rua D. Duarte 4, ✉ 1100-198, ✆ 21 884 20 00, *info@hotel mundial.pt*, Fax 21 884 21 10, ≤ – |‡| ≡ TV & ⇔ – 🏛 25/120. AE ① ⓜⓔ VISA.
JCB. %
Varanda de Lisboa : Refeição lista 30 a 43 – **373 qto** ⇌ 140/150.
KX
♦ Renovado com todo o conforto e técnica actuais. Um gratificante alojamento de quarto esmerados e equipados, em pleno coração da Baixa Pombalina. O restaurante panorâmic do 8º andar, Varanda de Lisboa, tem esplêndidas vistas.

Tivoli Jardim, Rua Julio Cesar Machado 7, ✉ 1250-135, ✆ 21 359 10 00, *htjardir @mail.telepac.pt*, Fax 21 359 12 45, ☐ – |‡| ≡ TV & ⇔ 🅿 – 🏛 25/40. AE ① ⓜⓔ
VISA. %
Refeição 15 – **119 qto** ⇌ 310/320.
JV
♦ A modernidade e funcionalidade dos novos tempos ao serviço do cliente de empresa Amplo hall, salas de conferências e quartos actuais de cálida decoração. O seu luminos e diáfano refeitório está especializado em pratos de sabor tradicional.

Lisboa Regency Chiado sem rest, Rua Nova do Almada 114, ✉ 1200-290
✆ 21 325 61 00, *regencychiado@madeiraregency.pt*, Fax 21 325 61 61 – |‡| ≡ TV ⇔.
AE ① ⓜⓔ VISA. %
KY
40 qto ⇌ 190/200.
♦ Gratificante localização num antigo edifício da parte velha da cidade. Profissionalismo ambiente cálido, com amáveis quartos decorados ao estilo oriental.

Lisboa sem rest com snack-bar, Rua Barata Salgueiro 5, ✉ 1166-069, ✆ 21 350 00 00 *reservas-hotlis@netcabo.pt*, Fax 21 355 41 39 – |‡| ≡ TV ⇔. AE ① ⓜⓔ VISA.
JCB. %
JV
55 qto ⇌ 125/150 – 6 suites.
♦ Ideal para os seus negócios, numa importante zona empresarial. Comodidade, classicism e funcionalidade, num antigo e central palácio de quartos bem equipados.

Avenida Palace sem rest, Rua 1º de Dezembro 123, ✉ 1200-359, ✆ 21 321 81 00 *reservas@hotel-avenida-palace.pt*, Fax 21 342 28 84 – |‡| ≡ TV – 🏛 25/100. AE ① ⓜ
VISA JCB. %
KX
64 qto ⇌ 180/205 – 18 suites.
♦ Confie a sua estadia a esta atractiva casa situada em pleno centro cultural comercial da cidade. Serviço, amabilidade, ambiente clássico antigo e correct organização.

NH Liberdade, Av. da Liberdade 180-B, ✉ 1250-146, ✆ 21 351 40 60, *nhliberdad @nh-hotels.es*, Fax 21 314 36 74, ☐ – |‡| ≡ TV ⇔ – 🏛 25/35. AE ① ⓜⓔ VISA.
JCB. %
Refeição 25 – **83 qto** ⇌ 280.
JV
♦ Na zona de negócios mais importante da cidade. Dias de trabalho ou prazer num hote confortável e funcional, com a qualidade e o estilo próprio da cadeia.

Veneza sem rest, Av. da Liberdade 189, ✉ 1250-141, ✆ 21 352 26 18, *comercial@ 3khoteis.com*, Fax 21 352 66 78 – |‡| ≡ TV 🅿. AE ① ⓜⓔ VISA JCB. %
JV
37 qto ⇌ 105/135.
♦ Instalado num antigo palácio de fachada senhorial e atractiva. Perfeita harmonia entr o seu nostálgico passado clássico e a modernidade dum presente mais funcional.

LISBOA p. 15

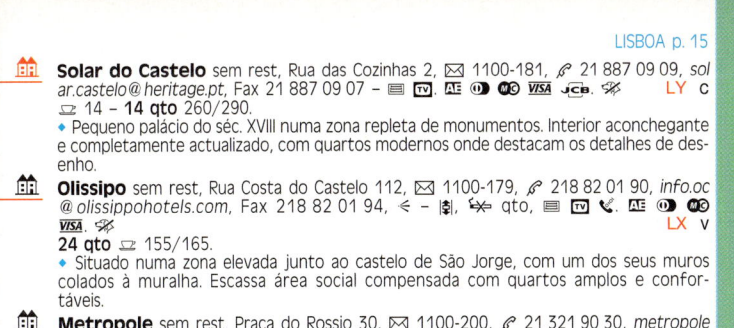

Solar do Castelo sem rest, Rua das Cozinhas 2, ✉ 1100-181, ℘ 21 887 09 09, *solar.castelo@heritage.pt*, Fax 21 887 09 07 – 🍴 📺 🆎 ① 🆎 VISA JCB. ✂ LY c
☐ 14 – **14 qto** 260/290.
 • Pequeno palácio do séc. XVIII numa zona repleta de monumentos. Interior aconchegante e completamente actualizado, com quartos modernos onde destacam os detalhes de desenho.

Olissipo sem rest, Rua Costa do Castelo 112, ✉ 1100-179, ℘ 218 82 01 90, *info.oc@olissippohotels.com*, Fax 218 82 01 94, ≼ – ⌘, ✽ qto, 🍴 📺 ☎ 🆎 ① 🆎 VISA. ✂ LX v
24 qto ☐ 155/165.
 • Situado numa zona elevada junto ao castelo de São Jorge, com um dos seus muros colados à muralha. Escassa área social compensada com quartos amplos e confortáveis.

Metropole sem rest, Praça do Rossio 30, ✉ 1100-200, ℘ 21 321 90 30, *metropole@almeidahotels.com*, Fax 21 346 91 66 – ⌘ 🍴 📺 🆎 ① 🆎 VISA JCB. ✂ KY s
36 qto ☐ 160/170.
 • Edifício de princípios do séc. XX no coração da velha Lisboa. Oferece quartos clássicos e de alto conforto, destacando os que possuem varanda para a praça do Rossio.

Solar dos Mouros ⌖ sem rest, Rua do Milagre de Santo António 6, ✉ 1100-351, ℘ 218 85 49 40, *reservation@solardosmouros.pt*, Fax 218 85 49 45, ≼ – 🍴 📺 🆎 ① 🆎 VISA. ✂ LY x
8 qto ☐ 186/240.
 • Casa típica actualizada e personalizada na sua decoração, com quadros pintados pelo proprietário. Possui quartos muito coloristas e em alguns casos com excelentes vistas.

Albergaria Senhora do Monte sem rest, Calçada do Monte 39, ✉ 1170-250, ℘ 21 886 60 02, *senhoradomonte@hotmail.com*, Fax 21 887 77 83, ≼ Castelo de São Jorge, cidade e rio Tejo – ⌘ 🍴 📺 🆎 ① 🆎 VISA. ✂ LV c
28 qto ☐ 105/129.
 • Agradável alojamento no bairro residencial da Graça. Hotel pequeno, organizado e atractivo. Aconchegantes quartos de clássica decoração, os melhores com varanda.

Lisboa Tejo sem rest, Rua dos Condes de Monsanto 2, ✉ 1100-159, ℘ 21 886 61 82, *hotellisboatejo.reservas@evidenciagrupo.com*, Fax 21 886 51 63 – ⌘ 🍴 📺 🆎 ① 🆎 VISA JCB. ✂ KX r
58 qto ☐ 100/135.
 • Preços razoáveis e agradáveis quartos de esmerado conforto, na Baixa Pombalina. Hotel moderno, central, renovado e de clássico ambiente, com elegante decoração.

Insulana sem rest, Rua da Assunção 52, ✉ 1100-044, ℘ 21 342 76 25, *insulana@netc.pt*, Fax 21 342 89 24 – ⌘ 🍴 📺 🆎 ① 🆎 VISA. ✂ KY e
32 qto ☐ 50/60.
 • Em plena Baixa Pombalina, como um recurso a preço módico. Estadia agradável e bem localizada dentro dum correcto conforto de adequadas instalações.

Residência Roma sem rest, Travessa da Glória 22-A, ✉ 1250-118, ℘ 21 346 05 57, *res.roma@mail.telepac.pt*, Fax 21 346 05 57 – 🍴 📺 🆎 ① 🆎 VISA. ✂ JX t
24 qto ☐ 60/70.
 • Localização estratégica e central, próximo ao Rossio. Um hotel funcional e prático de confortáveis instalações. Espaços comuns suficientes.

XXXX **Clara,** Campo dos Mártires da Pátria 49, ✉ 1150-225, ℘ 21 885 30 53, *clararestaurant@mail.telepac.pt*, Fax 21 885 20 82, 🌳 – 🍴 🆎 ① 🆎 VISA JCB. ✂ KV f
fechado do 1 ao 15 de agosto, sábado meio-dia e domingo – **Refeição** lista aprox. 45.
 • No centro da cidade com uma formosa esplanada-jardim. Elegante estabelecimento perfeitamente equipado, de gratificante decoração e notável conforto, num contexto aconchegante.

XXX **Tavares,** Rua da Misericórdia 37, ✉ 1200-000, ℘ 213 42 11 12, *reservas@tavaresrico.pt*, Fax 213 47 81 25 – 🍴. 🆎 ① 🆎 VISA. ✂ JY e
fechado sabado meio-dia e domingo – **Refeição** lista 46 a 65.
 • Resulta emblemático pela sua aristocrática elegância e pela sua antiguidade, já que se fundou em 1784. Dispõe de uma sumptuosa decoração com dourados, espelhos e lâmpadas de aranha.

XXX **Gambrinus,** Rua das Portas de Santo Antão 25, ✉ 1150-264, ℘ 21 342 14 66, Fax 21 346 50 32 – 🍴. 🆎 🆎 VISA. ✂ KX n
Refeição lista 72 a 86.
 • No centro histórico da cidade, perto do Rossio. Estabelecimento de reconhecida tradição, onde os dons gastronómicos e uma excelente adega confirmam a sua fama.

XXX **Consenso,** Rua da Académia das Ciências 1-A, ✉ 1200-003, ℘ 21 343 13 13, *reservas@restauranteconsenso.com*, Fax 21 343 13 12 – 🍴. 🆎 ① 🆎 VISA JCB JY a
fechado domingo – **Refeição** - só jantar - lista 23 a 36.
 • Boa cozinha actual ao gosto português. Gratificante refeitório de estimada decoração vanguardista, bem cuidada e dentro dum confortável ambiente rústico.

LISBOA p. 16

XXX **Escorial,** Rua das Portas de Santo Antão 47, ✉ 1150-160, ℰ 21 346 44 29
Fax 21 346 37 58, 🍽 – 🍴. AE ① ⓂⓄ VISA JCB. ✄
Refeição lista 25 a 34. KX
• Junto ao Rossio. Consolidado restaurante de correctas instalações, onde é possível desfrutar dum agradável e atento serviço a carte, dentro duma apreciada organização.

XXX **Casa do Leão,** Castelo de São Jorge, ✉ 1100-129, ℰ 21 887 59 62, guest@pousdas.pt, Fax 21 887 63 29, ≤, 🍽 – 🍴. AE ① ⓂⓄ VISA. ✄
Refeição lista aprox. 40. LXY
• Genuína localização no interior das muralhas do castelo de São Jorge. Elegante local de exclusiva atmosfera e belo estilo clássico português.

XX **Via Graça,** Rua Damasceno Monteiro 9-B, ✉ 1170-108, ℰ 21 887 08 30, restauranteviagraca@hotmail.com, Fax 21 887 03 05, ≤ Castelo de São Jorge, cidade e rio Tejo –
🍴. AE ① ⓂⓄ VISA JCB. ✄ LV
fechado sábado meio-dia e domingo – **Refeição** - só jantar do 16 ao 30 de agosto - lista 31 a 41.
• Nos arredores da Alfama, com uma magnífica visão panorâmica. Selecta cozinha num concorrido e amável ambiente de instalações bem cuidadas.

XX **O Faz Figura,** Rua do Paraíso 15-B, ✉ 1100-396, ℰ 21 886 89 81, faz.figura@mail.telepac.pt, Fax 21 882 21 03, ≤, 🍽 – 🍴. AE ① ⓂⓄ VISA JCB. ✄ MX
fechado sábado meio-dia e domingo – **Refeição** lista 30 a 38.
• Junto à igreja de Santa Engrácia, nos arredores da Alfama. Um estabelecimento de correcta organização e clássicas dependências, dentro dum elegante ambiente.

XX **Solar dos Presuntos,** Rua das Portas de Santo Antão 150, ✉ 1150-269,
ℰ 21 342 42 53, restaurante@solardospresuntos.com, Fax 21 346 84 68 – 🍴. AE ① ⓂⓄ
VISA. ✄ KX
fechado agosto, domingo e feriados – **Refeição** lista 34 a 39.
• Dirigido pelos seus proprietários, com boa exposição de produtos e um conforto correcto, oferece uma ampla selecção de pratos tradicionais e algumas especialidades minhotas.

XX **Verdemar,** Rua das Portas de Santo Antão 142, ✉ 1150-269, ℰ 21 346 44 01 – 🍴
AE ① ⓂⓄ VISA. ✄ KX
fechado julho e sábado – **Refeição** lista 15 a 26.
• Agradável local de localização central próximo ao Rossio. O seu esmerado serviço de mesa é o complemento idóneo para degustar duma cozinha tradicional com produtos escolhidos.

X **La Paparrucha,** Rua D. Pedro V 18-20, ✉ 1250-094, ℰ 21 342 53 33, grupo.V@mail.telepac.pt, Fax 21 342 53 33, ≤, 🍽 – 🍴. AE ① ⓂⓄ VISA JCB. ✄ JX
Refeição - rest. argentino, carnes - lista 17 a 29.
• Popular restaurante argentino de estilo funcional, que baseia o seu trabalho nas excelências das suas carnes no churrasco. Tem boas vistas e possui uma concorrida esplanada.

X **O Múni,** Rua dos Correeiros 115, ✉ 1100-163, ℰ 21 342 89 82 – 🍴. AE ⓂⓄ VISA. ✄
fechado setembro, sábado, domingo e feriados – **Refeição** lista 26 a 33. KY
• Um pequeno e central estabelecimento de carácter familiar em plena Baixa Pombalina. Um confortável e gratificante ambiente com instalações bem cuidadas.

X **Mercado de Santa Clara,** Campo de Santa Clara (no mercado), ✉ 1170
ℰ 21 887 39 86, Fax 21 887 39 86 – 🍴. AE ⓂⓄ VISA. ✄ MX
fechado domingo noite e 2ª feira – **Refeição** lista 29 a 36.
• Junto ao Campo de Santa Clara. Confortável restaurante de ambiente relaxado, sabor antigo e subtil encanto dentro dum correcto conforto de adequadas instalações.

Este : Praça Marquês de Pombal, Av. da Liberdade, Av. Almirante Reis, Av. João XXI, Av. da República, Av. Estados Unidos de América, Av. de Berlim (planos p. 5 e 7)

🏨 **Tivoli Tejo,** Av. D. João II (Parque das Nações), ✉ 1990-083, ℰ 21 891 51 00, htteo@tivoli.pt, Fax 21 891 53 45, ≤, 🏊, 🌳 – 🛗 🍴 📺 & 🚗 – 🔔 25/250. AE ① ⓂⓄ
VISA JCB. ✄ DN
A VIII Colina **Refeição** lista 31 a 38 - *O Ardina* (só almoço) **Refeição** lista 26 a 30 – 262 qto
⊆ 175/190 – 17 suites.
• Atractivo edifício frente ao estuário do Tejo, com quartos actuais e casas de banho reduzidas. As zonas nobres não são muito amplas, apesar de que estão bem acondicionadas. O restaurante A VIII Colina tem uma excelente vista panorâmica.

🏨 **Altis Park H.,** Av. Engenheiro Arantes e Oliveira 9, ✉ 1900-221, ℰ 21 843 42 00, reservations@altisparkhotel.com, Fax 21 846 08 38 – 🛗 🍴 📺 & 🚗 – 🔔 25/600. AE
① ⓂⓄ VISA. ✄ rest HR
Refeição 17,50 – **285 qto** ⊆ 135/150 – 15 suites – PA 45.
• Numa interessante zona de negócios. Grande hotel moderno de perfeito equipamento, onde congressos e conferências encontram o seu lugar dentro dum ambiente esmerado e funcional. O restaurante Navegadores oferece uma cozinha de bom nível gastronómico.

148

LISBOA p. 17

Suites do Marquês, Av. Duque de Loulé 45, ⊠ 1050-086, ℘ 21 351 04 80, *lisboa. com@barcelo.com.pt*, Fax 21 353 18 65, ⌇ – ⁞ ≡ TV ⚙ ⇔ – ⚐ 25/50. 𝔸𝔼 ⓘ 🅜🅞 *VISA*. ✄
GS z
Refeição *(fechado domingo)* lista 22 a 30 – **80 qto** ⇆ 196/216 – 4 suites.
• Localização central próxima à célebre Praça Marquês de Pombal. Todo o estilo e conforto da cadeia Meliá dentro de amplos e serenos quartos de carácter funcional.

Holiday Inn Lisbon, Av. António José de Almeida 28-A, ⊠ 1000-044, ℘ 21 004 40 00, *hil@grupo-continental.com*, Fax 21 793 66 72, 𝕱𝕯 – ⁞ ≡ TV ⚙ ⇔ – ⚐ 25/300. 𝔸𝔼 ⓘ 🅜🅞 *VISA* 🅹🅲🅱. ✄
GR c
Refeição 24 – 161 qto ⇆ 180/220 – 8 suites.
• Situado em pleno centro e bem equipado, é uma boa opção tanto se a sua estadia for por lazer ou por trabalho. Parco em zonas comuns e com quartos confortáveis. Cálido refeitório com mobiliário em vime e serviço de buffet.

AC Palacio Sottomayor, Av. Fontes Pereira de Melo 16, ⊠ 1050-121, ℘ 210 05 09 30, *acpsottomayor@ac-hotels.com*, Fax 210 05 09 31, 𝕱𝕯 – ⁞ ≡ TV ⚐ ⚙ – ⚐ 25/60. 𝔸𝔼 ⓘ 🅜🅞 *VISA*. ✄
GS x
Refeição lista aprox. 27 – **81 qto** ⇆ 126,50/137,50 – 2 suites.
• Esta situado na parte posterior do palácio, com uma fachada moderna e o hall habitual nesta cadeia de hotéis. Correcta zona social e quartos actuais de completo equipamento. Refeitório de adequada montagem embora algo sóbrio.

Roma, Av. de Roma 33, ⊠ 1749-074, ℘ 21 796 77 61, *info@hotelroma.pt*, Fax 21 793 29 81, ≼, 𝕱𝕯, ⌇ – ⁞ ≡ TV ⚙ – ⚐ 25/230. 𝔸𝔼 ⓘ 🅜🅞 *VISA* 🅹🅲🅱. ✄ CN a
Refeição 15 – **263 qto** ⇆ 85/95 – PA 30.
• Situado numa importante avenida da cidade. Conjunto actual onde as instalações confortáveis e amplas cuidam do seu sossego. Destacam os seus 60 quartos executivos.

Dom Carlos Park sem rest com snack-bar, Av. Duque de Loulé 121, ⊠ 1050-089, ℘ 21 351 25 90, *comercial@domcarloshoteis.com*, Fax 21 352 07 28 – ⁞ ≡ TV – ⚐ 25/40. 𝔸𝔼 ⓘ 🅜🅞 *VISA* 🅹🅲🅱. ✄
GS n
76 qto ⇆ 117/152.
• Clássico e elegante, conjugando a sua privilegiada localização com um ambiente tranquilo. Aconchegantes quartos com casas de banho em mármore e uma escassa zona social.

Madrid sem rest, Rua do Conde de Redondo 24, ⊠ 1150-106, ℘ 21 319 17 60, *comercial@3khoteis.com*, Fax 21 315 75 75 – ⁞ ≡ TV ⚙ ⇔ – ⚐ 25/100. 𝔸𝔼 ⓘ 🅜🅞 *VISA* 🅹🅲🅱.
GS v
86 qto ⇆ 125/150.
• A sua localização central confere-lhe um maior protagonismo. Interior de estimado conforto, com dependências de aconchegante funcionalidade. Sala para pequeno almoço luminosa.

A.S. Lisboa sem rest, Av. Almirante Reis 188, ⊠ 1000-055, ℘ 21 842 93 60, *info@hotel-aslisboa.com*, Fax 21 842 93 74 – ⁞ ≡ TV – ⚐ 25/80. 𝔸𝔼 ⓘ 🅜🅞 *VISA* 🅹🅲🅱. ✄
75 qto ⇆ 74,07/85,04.
HR e
• Numa zona interessante e dinâmica da cidade. Um agradável tratamento e uma confortável estadia, num hotel moderno e funcional, com um atento serviço e um esmerado clima.

Travel Park, Av. Almirante Reis 64, ⊠ 1150-020, ℘ 218 10 21 00, *reservas@hoteltravelpark.com*, Fax 218 10 21 19 – ⁞ ≡ TV ⚐ ⇔ – ⚐ 25/120. 𝔸𝔼 ⓘ 🅜🅞 *VISA*. ✄
Refeição 16 – **61 qto** ⇆ 120/130.
HS t
• Edifício de recente construção, dotado de uma correcta zona social e de um pátio exterior com esplanada. Oferece quartos funcionais com o chão em alcatifa. Refeitório interior de estilo clássico.

Meliá Tryp Oriente, Av. D. João II (Parque das Nações), ⊠ 1990-083, ℘ 21 893 00 00, *tryp.oriente@solmeliaportugal.com*, Fax 21 893 00 99, ≼ – ⁞ ≡ TV ⚙ ⇔ – ⚐ 25/100
115 qto – 1 suite.
DN a
• No recinto da Expo, frente ao estuário do Tejo. Todas as atenções da cadeia dentro dum estilo funcional, com quartos bem equipados e decorados em tons suaves. O restaurante oferece um completo buffet.

Ibis Lisboa Saldanha, Av. Casal Ribeiro 23-25, ⊠ 1000-090, ℘ 21 319 16 90, *h2117@accor-hotels.com*, Fax 21 319 16 99 – ⁞, ✄ qto, ≡ TV ⚙ ⇔ – ⚐ 25/150. 𝔸𝔼 ⓘ 🅜🅞 *VISA*. ✄
GR r
Refeição 11 – ⇆ 5 – **116 qto** 65.
• Conjunto funcional mas aconchegante. Os seus confortáveis quartos oferecem um mobiliário simples e um modesto equipamento, seguindo a linha da cadeia.

D. Afonso Henriques sem rest, Rua Cristóvão Falcão 8, ⊠ 1900-172, ℘ 21 814 65 74, *h.afonsohenriques@mail.telepac.pt*, Fax 21 812 33 75 – ⁞ ≡ TV ⇔ – ⚐ 25/80. 𝔸𝔼 ⓘ 🅜🅞 *VISA*
HR t
39 qto ⇆ 62,60/73,90.
• Dentro da sua categoria, trata-se dum hotel confortável, com uma correcta direcção e boa organização. Possui quartos um pouco funcionais mas bem equipados.

149

LISBOA p. 18

Dom João sem rest, Rua José Estêvão 43, ⊠ 1150-200, ℰ 21 314 41 71, Fax 21 352 45 69 – 🛗 ▬ 📺. 🖭 ⓘ ⓜ 🆅🅸🆂🅰. ✽
18 qto ⊇ 50/60.
HS e
♦ Pequeno hotel num esmerado ambiente clássico e de clima familiar, que o converte num lugar cálido. Quartos equipados com duche na maioria das casas de banho.

Alicante sem rest, Av. Duque de Loulé 20, ⊠ 1050-090, ℰ 21 353 05 14, *reservas @residenciaalicante.com*, Fax 21 352 02 50 – 🛗 ▬ 📺. 🖭 ⓘ ⓜ 🆅🅸🆂🅰. ✽
49 qto ⊇ 60/70.
GS c
♦ Encontra-se a um passo da Praça Marquês de Pombal. Simpático alojamento de carácter familiar e linha funcional, com quartos um pouco antiquados e casas de banho reduzidas.

Lar do Areeiro sem rest, Praça Dr. Francisco Sá Carneiro 4, ⊠ 1000-159, ℰ 21 849 31 50, *info@residencialardoareeiro.pt*, Fax 21 840 63 21 – 🛗 📺. 🖭 ⓘ ⓜ 🆅🅸🆂🅰. ✽
60 qto ⊇ 47,50/58,50.
HR v
♦ Um opção económica e agradável na querida Lisboa. Hotelzinho renovado e central de confortável funcionalidade e quartos alegres e actuais, bem equipados.

D'Avis, Rua do Grilo 98, ⊠ 1900-707, ℰ 21 868 13 54, Fax 21 868 13 54 – ▬. 🖭 ⓘ ⓜ 🆅🅸🆂🅰. ✽
fechado domingo – **Refeição** - cozinha alentejana - lista 18 a 23.
DP a
♦ Restaurante típico um pouco pequeno mas bem organizado. Interessante cozinha a preços atractivos, num aconchegante ambiente decorado ao estilo do belo e agradável Alentejo.

Vasku's Grill, Rua Passos Manuel 30, ⊠ 1150-260, ℰ 21 352 22 93, Fax 21 315 54 32 – ▬. 🖭 ⓘ ⓜ 🆅🅸🆂🅰 🅹🅲🅱. ✽
fechado agosto e domingo – **Refeição** - grelhados - lista aprox. 35.
HS a
♦ Entre a Alameda e a Baixa. Restaurante de carácter informal e ambiente relaxado. Discreta cozinha e gratificante serviço a a carte, baseada em peixes e carnes no churrasco.

Oeste: Av. da Liberdade, Av. 24 de Julho, Largo de Alcântara, Av. da India, Av. Infante Santo, Praça Marquês de Pombal, Av. António Augusto de Aguiar, Av. de Berna, Praça de Espanha (planos p. 4 e 6)

Four Seasons H.Ritz Lisbon, Rua Rodrigo da Fonseca 88, ⊠ 1099-039, ℰ 21 381 14 00, *ritzfourseasons@mail.telepac.pt*, Fax 21 383 17 83, ≤, ☕, 🅸🆂 – 🛗 ▬ 📺 ⚕ ⟵ 🅿 – 🚴 25/500. 🖭 ⓘ ⓜ 🆅🅸🆂🅰 🅹🅲🅱. ✽ rest
FS b
Refeição 50 - **Varanda : Refeição** lista 49 a 62 – ⊇ 24 – **262 qto** 425/450 – 20 suites.
♦ Luxo e excelência nos quartos, alguns de filme. Magníficas zonas comuns e excelentes materiais farão da sua estadia um prazer. Exclusivo restaurante de estilo clássico onde a sofisticação se plasma em cada prato.

Sheraton Lisboa H. & Towers, Rua Latino Coelho 1, ⊠ 1069-025, ℰ 21 312 00 00, *sheraton.lisboa@sheraton.com*, Fax 21 354 71 64, ≤, 🅸🆂, 🅹 climatizada – 🛗 ▬ 📺 ⚕ ⟵ – 🚴 25/550. 🖭 ⓘ ⓜ 🆅🅸🆂🅰. ✽ rest
GR s
Panorama (só jantar) **Refeição** lista 42 a 62 - **Caravela** (só almoço) **Refeição** lista 32 a 47 – ⊇ 17 – **376 qto** 290/305 – 8 suites.
♦ Render-se às excelências deste hotel é fácil. Para estadias de negócio, solicite os seus fantásticos e completos quartos executivos. Congressos e banquetes. O restaurante Alfama destaca pela sua esmerada montagem e pela fina elaboração dos seus pratos.

Lapa Palace ⨠, Rua do Pau de Bandeira 4, ⊠ 1249-021, ℰ 21 394 94 94, *info@lapa-palace.com*, Fax 21 395 06 65, ≤, ☕, 🅸🆂, 🅹, 🅹, 🈁, 🅿 – 🛗 ▬ 📺 ⚕ ⟵ 🅿 – 🚴 25/250. 🖭 ⓘ ⓜ 🆅🅸🆂🅰 🅹🅲🅱. ✽ rest
EU a
Hotel Cipriani : Refeição lista 47 a 58 – **92 qto** ⊇ 500 – 9 suites.
♦ Pomposidade e classicismo sobre uma colina, com o Tejo ao fundo. Palácio do séc. XIX com sítios íntimos e evocadores jardins, com uma cascata entre as árvores. O restaurante oferece uma esmerada cozinha italiana num ambiente refinado.

Pestana Palace ⨠, Rua Jau 54, ⊠ 1300-314, ℰ 21 361 56 00, *carlton.palace@pestana.com*, Fax 21 361 56 01, 🅸🆂, 🅹, 🅹, 🈁, – 🛗 ▬ 📺 ⚕⚕ ⟵ – 🚴 25/520. 🖭 ⓘ ⓜ 🆅🅸🆂🅰 🅹🅲🅱. ✽
AQ d
Valle Flor : Refeição lista 44 a 69 – **173 qto** ⊇ 410/430 – 17 suites.
♦ Formoso palácio do séc. XIX restaurado e decorado segundo a época, com sumptuosos salões e quartos detalhistas. Os cuidados exteriores são um autêntico paraíso botânico. Magnífico restaurante tanto pela sua cozinha quanto pela beleza dos luxuosos refeitórios.

Le Meridien Park Atlantic Lisboa, Rua Castilho 149, ⊠ 1099-034, ℰ 21 381 87 00, *reservas.lisboa@lemeridien.pt*, Fax 21 389 05 05, ≤ – 🛗, ✽ qto, ▬ 📺 ⚕ ⟵ – 🚴 25/550. 🖭 ⓘ ⓜ 🆅🅸🆂🅰 🅹🅲🅱. ✽ rest
FS a
L'Appart : Refeição lista 42 a 50 – ⊇ 20 – **313 qto** 460 – 17 suites.
♦ Completas instalações e profissionalismo num esmerado ambiente de modernos quartos e suites. Casas de banho em mármore e mobiliário de qualidade. Restaurante de gratificante decoração em três ambientes, com buffet, ementa ou prato do dia.

LISBOA p. 19

Altis, Rua Castilho 11, ✉ 1269-072, ✆ 21 310 60 00, *reservations@hotel-altis.pt*, Fax 21 310 62 62, 🛋, 🏊 - 🛗 🍴 📺 📞♿ 🚗 - 🅿 25/700. 🅰🅴 ⓐ ⓜⓞ 🆅🅸🆂🅰. ✂
FT z
Girassol : Refeição lista 38 a 47 - *Grill Dom Fernando* (fechado domingo) Refeição lista 49 a 61 – **290 qto** ⊇ 250/300 – 13 suites, 40 apartamentos.
◆ Hotel com tradição de mais de 20 anos, próximo à Praça Marquês de Pombal. Dependências de grande classicismo e cálida modernidade. No restaurante Girassol oferece-se um variado buffet.

Lisbon Marriott H., Av. dos Combatentes 45, ✉ 1600-042, ✆ 21 723 54 00, *lisbon@marriotthotels.com*, Fax 21 726 42 81, ≤, 🍽, 🛋, 🏊, 🎾 - 🛗, 🍴 qto, 🍴 📺 ♿ 🚗 - 🅿 25/600
BN r
565 qto – 12 suites.
◆ Dispõe de um amplo hall com zona de lojas, grande variedade de salas e luminosos quartos dotados de moderno equipamento, com mobiliário clássico de grande qualidade. O restaurante, que tem certo ar oriental, combina a sua ementa com um completo buffet.

Holiday Inn Lisbon Continental, Rua Laura Alves 9, ✉ 1069-169, ✆ 21 004 60 00, *hic@grupo-continental.com*, Fax 21 797 36 69 - 🛗 🍴 📺 ♿ 🚗 - 🅿 25/180. 🅰🅴 ⓐ ⓜⓞ 🆅🅸🆂🅰 🅹🅲🅱. ✂
FR q
Refeição 22,50 - ⊇ 10,50 - **210 qto** 180/205 - 10 suites.
◆ Hotel de fachada actual onde se encontram os executivos de empresa. Aconchegantes quartos dotados de numerosos detalhes e correctas zonas sociais. Refeitório de nível algo inferior.

Real Parque, Av. Luís Bívar 67, ✉ 1069-146, ✆ 21 319 90 00, *info@hoteisreal.com*, Fax 21 357 07 50 – 🛗 🍴 📺 ♿ 🚗 - 🅿 25/100. 🅰🅴 ⓐ ⓜⓞ 🆅🅸🆂🅰 🅹🅲🅱. ✂
FR a
Cozinha do Real : Refeição lista 28 a 37 – **147 qto** ⊇ 155/175 – 6 suites.
◆ Reuniões, negócios e turismo. Refinado mobiliário, qualidade e bom gosto por todos os lados. Interior clássico-actual, moderna fachada e elegante zona nobre. O restaurante é muito aconchegante, com uma montagem de bom nível.

Real Palacio, Rua Tomás Ribeiro, ✉ 1050-228, ✆ 213 19 95 00, *info@hoteisreal.com*, Fax 213 19 95 01, 🛋 – 🛗 - 🍴 qto, 🍴 📺 ♿ 🚗 - 🅿 25/230. 🅰🅴 ⓐ ⓜⓞ 🆅🅸🆂🅰 🅹🅲🅱. ✂
FR s
Refeição 35,50 – **143 qto** ⊇ 215/240 – 4 suites.
◆ Conjunto de estilo clássico-actual em cuja decoração se combinam o mármore e as madeiras nobres. Possui salas de reunião modulares e quartos de equipamento completo. O refeitório complementa a sua ementa com um nutrido buffet.

Villa Rica, Av. 5 de Outubro 295, ✉ 1600-035, ✆ 21 004 30 00, Fax 21 004 34 99, 🛋, 🏊 – 🛗 🍴 📺 ♿ 🚗 - 🅿 25/500. 🅰🅴 ⓐ ⓜⓞ 🆅🅸🆂🅰. ✂
CN a
Ouro Preto Refeição lista 45 a 61 – **166 qto** ⊇ 126/141 – 5 suites.
◆ Original pela sua concepção arquitectónica e pelas alternativas vanguardistas que oferece em mobiliário e decoração. As zonas nobres destacam pela sua luminosidade. O restaurante Ouro Preto brinda com a sua ementa o detalhe de qualidade na cozinha.

Sana Metropolitan Park H., Rua Soeiro Pereira Gomes-parcela 2, ✉ 1600-198, ✆ 21 798 25 00, *comer@metropolitan-lisboa-hotel.pt*, Fax 21 795 08 64 – 🛗 🍴 📺 ♿ 🚗 - 🅿 25/250. 🅰🅴 ⓐ ⓜⓞ 🆅🅸🆂🅰 🅹🅲🅱. ✂
CN v
Refeição 16 – **315 qto** ⊇ 165/195.
◆ Conceitos como a modernidade e funcionalidade a serviço da empresa. Espaçoso hall, equipadas salas de conferências e quartos actuais de cálida decoração.

Fénix, Praça Marquês de Pombal 8, ✉ 1269-133, ✆ 21 386 21 21, *fenixlisbia@fenixlisboa.com*, Fax 21 386 01 31 – 🛗 🍴 📺 ♿ - 🅿 25/100. 🅰🅴 ⓐ ⓜⓞ 🆅🅸🆂🅰 🅹🅲🅱. ✂
FS g
Bodegón : Refeição lista 20 a 28 – **119 qto** ⊇ 140/160 – 4 suites.
◆ Um clássico em plena Praça Marquês de Pombal. As suas cuidadas zonas nobres complementam-se com quartos de completo equipamento e bom conforto geral. Restaurante de elegantes detalhes e tons suaves.

Marquês de Pombal sem rest com snack-bar, Av. da Liberdade 243, ✉ 1250-143, ✆ 21 319 79 00, *info@hotel-marquesdepombal.pt*, Fax 21 319 79 90 – 🛗 🍴 📺 ♿ - 🅿 25/120. 🅰🅴 ⓐ ⓜⓞ 🆅🅸🆂🅰 🅹🅲🅱. ✂
FS e
123 qto ⊇ 166/178.
◆ De recente construção. Congressos e reuniões num clima moderno e funcional : óptimos materiais, tecnologias actuais e sala de conferências modulável.

Sana Reno H. sem rest, Av. Duque d'Ávila 195-197, ✉ 1050-082, ✆ 21 313 50 00, *sanareno@sanahotels.com*, Fax 21 313 50 01, 🏊 – 🛗 🍴 📺 ♿ 🚗 - 🅿 25/115. 🅰🅴 ⓐ ⓜⓞ 🆅🅸🆂🅰. ✂
FR m
89 qto ⊇ 120/130 – 3 suites.
◆ Profissionalismo nos arredores do parque Eduardo VII. Renovado e ampliado no ano de 1998. O seu elegante hall anuncia uma esmerada estadia em quartos cálidos e funcionais.

LISBOA p. 20

Diplomático, Rua Castilho 74, ✉ 1250-071, ℰ 21 383 90 20, *reservas@hotel-diplomatico.mailpac.pt*, Fax 21 386 21 55 – 🛗 🗐 📺 **P** – 🅰 25/80   FS c
90 qto.
♦ Conjunto renovado, com cálidas zonas nobres e quartos confortáveis. Sábia escolha no centro de Lisboa, onde se encontram negócios, congressos e turismo. Restaurante muito bem disposto, com detalhes de elegância clássica que o tornam aconchegante.

Barcelona sem rest, Rua Laura Alves 10, ✉ 1050-138, ℰ 21 795 42 73, *reservas@3kboteis.com*, Fax 21 795 42 81 – 🛗 🗐 📺 ✤ ⇔ – 🅰 25/230. 🆎 ① ⓜ 𝘝𝘐𝘚𝘈 JCB. ✻   FR z
120 qto ⊇ 125/150 – 5 suites.
♦ No centro financeiro da cidade e de acordo com os novos tempos. Aloje-se num ambiente moderno de ecos vanguardistas. Alegre decoração colorista e pleno conforto.

Mercure Lisboa Malhoa, Av. José Malhoa-lote 1684, ✉ 1099-051, ℰ 21 720 80 00, *h3346@accor-hotels.com*, Fax 21 720 80 89, 🅼 – 🛗, 🍴 qto, 🗐 ✤ ⇔ – 🅰 25/200. 🆎 ① ⓜ 𝘝𝘐𝘚𝘈. ✻   ER b
Refeição 14 – ⊇ 7,50 – **103 qto** 92/98 – 1 suite.
♦ O factor mais destacado são os seus quartos, com um desenho de vanguarda que sabe criar um ambiente aconchegante com o conforto óptimo para o descanso. Atractiva piscina panorâmica. Refeitório de estilo informal, combinando a ementa e o buffet.

Quality H., Campo Grande 7, ✉ 1700-087, ℰ 21 791 76 00, *quality.lisboa@netcabo.pt*, Fax 21 795 75 00, 🅵🆂 – 🛗 🗐 📺 ✤ ⇔ – 🅰 25/70. 🆎 ① ⓜ 𝘝𝘐𝘚𝘈. ✻   CN c
Refeição 19,20 – **80 qto** ⊇ 250/280 – 2 suites.
♦ Hotel de linha funcional com quartos bem equipados. Um ar actual e prático define o seu espírito, com vocação para as grandes reuniões de empresa.

Amazónia Jamor, Av. Tomás Ribeiro 129 Queijas, ✉ 2795-891 Linda-A-Pastora, ℰ 21 417 56 38, *reservas@amazoniahoteis.com*, Fax 21 417 56 30, ≤, 🅵🆂, 🅹, 🅼, ✻ – 🛗 🗐 📺 ✤ ⇔ **P** – 🅰 25/200. 🆎 ① ⓜ 𝘝𝘐𝘚𝘈 JCB. ✻   por ④ : 10 km
Refeição lista 25 a 33 – **93 qto** ⊇ 120/140 – 4 suites.
♦ Quartos espaçosos de estilo moderno, os melhores com jacuzzi. Interessantes ofertas complementares. Congressos, seminários e banquetes.

Flórida sem rest, Rua Duque de Palmela 34, ✉ 1250-098, ℰ 21 357 61 45, *sales@hotel-florida.pt*, Fax 21 314 13 47 – 🛗 🗐 📺 – 🅰 25/100. 🆎 ① ⓜ 𝘝𝘐𝘚𝘈 JCB. ✻   FS x
72 qto ⊇ 120/135.
♦ Clássico renovado recentemente. O mobiliário dos seus quartos é um pouco antiquado, compensado com casas de banho em mármore. Luminosa sala para pequeno almoço.

Vila Galé Ópera, Travessa do Conde da Ponte, ✉ 1300-141, ℰ 21 360 54 00, *reserv.opera@vilagale.pt*, Fax 21 360 54 50, 🅵🆂, 🅹 – 🛗, ✤ qto, 🗐 📺 ✤ ⇔ – 🅰 25/230. 🆎 ① ⓜ 𝘝𝘐𝘚𝘈 JCB. ✻   ABQ a
Refeição 25 – **243 qto** ⊇ 96/120 – 16 suites.
♦ Encontra-se junto ao centro de congressos, que determina o seu tipo de clientela. Amplo hall, quartos modernos de conforto funcional e uma completa oferta de fitness. Restaurante de montagem actual, decorado com detalhes alusivos ao mundo da música.

Amazónia Lisboa sem rest, Travessa Fábrica dos Pentes 12, ✉ 1250-106, ℰ 21 387 70 06, *reservas@amazoniahoteis.com*, Fax 21 387 90 90, 🅹 climatizada – 🛗 🗐 📺 ✤ ⇔ – 🅰 25/200. 🆎 ① ⓜ 𝘝𝘐𝘚𝘈 JCB. ✻   FS d
192 qto ⊇ 105/180.
♦ Perto da Praça Marquês de Pombal. Modernas suites e quartos funcionais, destacando os que têm varanda. Organização profissional.

Clarión Suites sem rest com snack-bar, Rua Rodrigo da Fonseca 44, ✉ 1250-193, ℰ 21 004 66 00, *clarion.suites@grupo-continental.com*, Fax 21 386 30 00, 🅹 – 🛗 🗐 📺 ⇔. 🆎 ① ⓜ 𝘝𝘐𝘚𝘈 JCB. ✻   FS m
⊇ 9 – **57 apartamentos** 88/94.
♦ Oferece apartamentos muito confortáveis dentro da sua funcionalidade. As zonas comuns são algo reduzidas, embora o mobiliário e a decoração foram bem actualizados.

York House, Rua das Janelas Verdes 32, ✉ 1200-691, ℰ 21 396 24 35, *reservations@yorkhouselisboa.com*, Fax 21 397 27 93, 🈂 – 🗐 📺 – 🅰 25/90. 🆎 ① ⓜ 𝘝𝘐𝘚𝘈 JCB. ✻   FU e
Refeição lista 33 a 40 – ⊇ 14 – **32 qto** 160/175.
♦ Num convento do séc. XVI. Os quartos têm um mobiliário de época e uma decoração personalizada de estilo português. Encanto, conforto actual e distinguida elegância. Bonita e agradável esplanada-refeitório de simples montagem, na sombra das árvores.

Novotel Lisboa, Av. José Malhoa 1642, ✉ 1099-051, ℰ 21 724 48 00, *Ho784@accor-hotels.com*, Fax 21 724 48 01, ≤, 🈂, 🅹 – 🛗, ✤ qto, 🗐 📺 ✤ ⇔ – 🅰 25/300. 🆎 ① ⓜ 𝘝𝘐𝘚𝘈 JCB.   ER e
Refeição 17 – ⊇ 7 – **246 qto** 78/86.
♦ Funcionalidade na sua decoração e nos materiais empregados. Correctas instalações, moderno serviço e quartos bem equipados. Banquetes e convenções. No seu refeitório, oferece-se um variado buffet.

LISBOA p. 21

🏨 **Sana Classic Executive H.** sem rest, Av. Conde Valbom 56, ✉ 1050-069, ℘ 21 795 11 57, *sana-classic.executive@sanahotels.com*, Fax 21 795 11 66 – |≑| ≡ 📺 ₲ ⟺ – 🏊 25/55. 🆎 ① ⓶ 𝗩𝗜𝗦𝗔. ⌘ FR g
72 qto ⌑ 67/77.
♦ Boa localização e acertada escolha para o cliente de empresa. Prático e funcional. Hall-recepção moderno, confortáveis quartos bem equipados e casas de banho em mármore.

🏨 **Miraparque,** Av. Sidónio Pais 12, ✉ 1050-214, ℘ 21 352 42 86, *hotel@miraparque.com*, Fax 21 357 89 20 – |≑| ≡ 📺. 🆎 ① ⓶ 𝗩𝗜𝗦𝗔. ⌘ FS k
Refeição 16,50 – **96 qto** ⌑ 90/100 – PA 30.
♦ Apesar das suas instalações, algo desfasadas, o seu classicismo proporciona um estilo agradável, amável e duradouro. Fachada renovada e correctos quartos.

🏨 **Eduardo VII,** Av. Fontes Pereira de Melo 5, ✉ 1069-114, ℘ 21 356 88 22, *sales@hoteleduardovii.pt*, Fax 21 356 88 33, ≼ – |≑| ≡ 📺 – 🏊 25/100. 🆎 ① ⓶ 𝗩𝗜𝗦𝗔 𝗝𝗖𝗕. ⌘ FS p
Varanda : Refeição lista 22 a 38 – ⌑ 6 – **137 qto** 74/97 – 1 suite.
♦ Junto ao parque Eduardo VII. Surpreender-lhe-á o seu estilo clássico e bem cuidado. Reduzidos quartos que, entretanto, destacam pelo seu cálido conforto e esmerada decoração. O seu restaurante panorâmico Varanda tem impressionantes vistas sobre a cidade.

🏨 **Marquês de Sá,** Av. Miguel Bombarda 130, ✉ 1050-167, ℘ 21 791 10 14, *reservas.oms@dinippohotels.com*, Fax 21 793 69 86 – |≑| ≡ 📺 ⟺ – 🏊 25/150. 🆎 ① ⓶ 𝗩𝗜𝗦𝗔 𝗝𝗖𝗕. FR c
Refeição 15,50 – **164 qto** ⌑ 135/165.
♦ Junto à Fundação Gulbenkian. Negócios e prazer encontram um cuidado ambiente de grande qualidade. Organização amável e quartos bem equipados. Possui também um luminoso refeitório em tons azuis e um amplo hall.

🏨 **As Janelas Verdes** sem rest, Rua das Janelas Verdes 47, ✉ 1200-690, ℘ 21 396 81 43, *janelas.verdes@heritage.pt*, Fax 21 396 81 44 – |≑| ≡ 📺. 🆎 ① ⓶ 𝗩𝗜𝗦𝗔 𝗝𝗖𝗕. ⌘ FU e
⌑ 14 – **29 qto** 260/290.
♦ Mansão de finais do séc. XVIII com um belo pátio ajardinado e um elegante salão social. O conjunto é cálido e romântico, com um íntimo classicismo.

🏨 **Nacional** sem rest, Rua Castilho 34, ✉ 1250-070, ℘ 21 355 44 33, *hotelnacional@mail.telepac.pt*, Fax 21 356 11 22 – |≑| ≡ 📺 ₲ ⟺. 🆎 ① ⓶ 𝗩𝗜𝗦𝗔. FST s
59 qto ⌑ 83/96 – 2 suites.
♦ De linha actual, organização profissional e amável serviço. Quartos um pouco pequenos, mas modernos e bem equipados.

🏨 **Sana Rex H.** sem rest, Rua Castilho 169, ✉ 1070-050, ℘ 21 388 21 61, *sanarex@sanahotels.com*, Fax 21 388 75 81 – |≑| ≡ 📺 – 🏊 25/50. 🆎 ① ⓶ 𝗩𝗜𝗦𝗔. ⌘ FS a
68 qto ⌑ 120/130.
♦ Renovado no ano de 1996. O luxo de encontrar um clima familiar e moderno ao mesmo tempo em pleno centro da cidade. Cálidas instalações, elegante recepção e cuidados quartos. Refeitório de ar rústico com profusão de madeira onde se combinam a ementa e o buffet.

🏨 **Da Torre,** Rua dos Jerónimos 8, ✉ 1400-211, ℘ 21 361 69 40, *hoteldatorre.belem@mail.telepac.pt*, Fax 21 361 69 46 – |≑| ≡ 📺 – 🏊 25/50. 🆎 ① ⓶ 𝗩𝗜𝗦𝗔 𝗝𝗖𝗕. ⌘ AQ e
Refeição - ver rest. ***São Jerónimo*** – **59 qto** ⌑ 80/95.
♦ Em Belém, próximo aos Jerónimos. Bom salão social de estilo clássico português e quartos pequenos mas muito dignos. Belos azulejos e madeiras definem a sua decoração.

🏨 **Berna** sem rest, Av. António Serpa 13, ✉ 1069-199, ℘ 21 781 43 00, *hotelberna@viphotels.com*, Fax 21 793 62 78 – |≑| ≡ 📺 ⟺ – 🏊 25/180. 🆎 ① ⓶ 𝗩𝗜𝗦𝗔 𝗝𝗖𝗕. ⌘ GR a
⌑ 7,50 – **240 qto** 64,50/70.
♦ Lazer e negócio encontram o seu alojamento no centro moderno da cidade. Quartos reduzidos mas equipados, casas de banho com espaço justo e zonas comuns suficientes.

🏨 **Jorge V** sem rest, Rua Mouzinho da Silveira 3, ✉ 1250-165, ℘ 21 356 25 25, *info@hoteljorgev.com*, Fax 21 315 03 19 – |≑| ≡ 📺. 🆎 ① ⓶ 𝗩𝗜𝗦𝗔. ⌘ FT r
49 qto ⌑ 85/99,50.
♦ Sinta o prazer de estar em família. Gosto actual e funcional próximo à Avenida da Liberdade. Quartos simples mas correctos com porta dupla. Casas de banho em mármore.

🏨 **Real Residência,** Rua Ramalho Ortigão 41, ✉ 1070-228, ℘ 21 382 29 00, *info@hoteisreal.com*, Fax 21 382 29 30 – |≑| ≡ 📺 🅿 – 🏊 25/70. 🆎 ① ⓶ 𝗩𝗜𝗦𝗔 𝗝𝗖𝗕. ⌘ FR e
Refeição 27,50 – **24 apartamentos** ⌑ 155/187,50.
♦ Qualidade, conforto e elegância. Apartamentos T1 amplos e bem equipados : casas de banho em mármore, decoração clássica e bons materiais. O reduzido refeitório é agradável, combinando elementos modernos com atractivos detalhes rústicos.

LISBOA p. 22

🏨 **Comfort H. Príncipe** sem rest, Av. Duque d'Ávila 201, ✉ 1050-082, ℰ 21 353 61 51, comfortprincipe@esoterica.pt, Fax 21 353 43 14 – |≡| ≡ 📺 P. AE ① ⓜ VISA JCB. ※
67 qto ☐ 65/80. FR m
• De linha prática e actual. Correcto hall-recepção e quartos de escassa decoração, apesar de terem um adequado tamanho.

🏨 **Ibis Lisboa Liberdade** sem rest, Rua Barata Salgueiro 53, ✉ 1250-043, ℰ 21 330 06 30, h3137@accor-hotels.com, Fax 21 330 06 31 – |≡|, ⇔ qto, ≡ 📺 ♣,
⇐. AE ① ⓜ VISA FT a
☐ 5 – 70 qto 64.
• Ao mais puro estilo da cadeia, em pleno coração da cidade. Pequena zona social, refeitório funcional para pequeno almoço e quartos com equipamento básico.

🏨 **Nazareth** sem rest, Av. António Augusto de Aguiar 25-4°, ✉ 1050-012, ℰ 21 354 20 16, reservas@residencianazareth.com, Fax 21 356 08 36 – |≡| ≡ 📺. AE ①
ⓜ VISA JCB. ※ FRS y
☐ 3 – 32 qto 48/60.
• Tem um certo encanto familiar, com os seus quartos aconchegantes e bem equipados, com casas de banho completas. Ambiente agradável no centro de Lisboa.

🏨 **Horizonte** sem rest, Av. António Augusto de Aguiar 42, ✉ 1050-017, ℰ 21 353 95 26, residehorizonte@netcabo.pt, Fax 21 353 84 74 – |≡| ≡ 📺. AE ① ⓜ VISA. ※ FS t
52 qto ☐ 48/60.
• Renovados quartos de linha prática e casas de banho reduzidas mas modernas, dentro duma manutenção correcta e adequada. Frente ao parque Eduardo VII.

XXX **Casa da Comida**, Travessa das Amoreiras 1, ✉ 1250-025, ℰ 21 388 53 76, reservas@casadacomida.pt, Fax 21 387 51 32 – ≡. AE ① ⓜ VISA JCB. ※ FT e
fechado sábado meio-dia, domingo e 2ª feira meio-dia – **Refeição** lista 45 a 67.
• Não perca uma autêntica jóia ! Cozinha refinada e imaginativa, com alto profissionalismo e um belíssimo pátio repleto de plantas. É elegante e muito aconchegante.

XXX **Pabe,** Rua Duque de Palmela 27-A, ✉ 1250-097, ℰ 21 353 74 84, Fax 21 353 64 37 – ≡. AE ① ⓜ VISA JCB. ※ FS x
Refeição lista 44 a 50.
• Atractivo pub inglês num cálido estilo rústico. Possui três confortáveis e cuidados ambientes, destacando a sala com balcão à vista. Um clássico de grande sabor !

XXX **Conventual,** Praça das Flores 45, ✉ 1200-192, ℰ 21 390 91 96, Fax 21 390 91 96 – ≡. AE ① ⓜ VISA. ※ FT m
fechado agosto, sábado meio-dia, domingo e 2ª feira meio-dia – **Refeição** lista 30 a 47.
• Não saia de Lisboa sem conhecer esta elegante e consolidada casa. Boas instalações, exclusivo ambiente e uma ementa bem compensada.

XXX **São Jerónimo** - Hotel Da Torre, Rua dos Jerónimos 12, ✉ 1400-211, ℰ 21 364 87 97, Fax 21 363 26 92 – ≡. AE ① ⓜ VISA JCB. ※ AQ e
fechado sábado meio-dia e domingo – **Refeição** lista 24 a 35.
• Pertence ao hotel Da Torre. Espaçoso bar com zona de espera e um aconchegante interior definido por uma moderna decoração. Esmerada cozinha e grande profissionalismo.

XX **Quinta dos Frades,** Rua Luís Freitas Branco 5-D, ✉ 1600-488, ℰ 21 759 89 80, Fax 21 758 67 18 – ≡. AE ① ⓜ VISA. ※ CN r
fechado agosto, sábado noite, domingo e feriados – **Refeição** lista 19 a 26.
• Um animado ambiente, onde poderá degustar uma grande variedade de queijos e produtos de qualidade. Comodidade, atento serviço e profissionalismo em distintos espaços.

XX **XL,** Calçada da Estrela 57, ✉ 1200-661, ℰ 21 395 61 18, Fax 21 395 85 12 – ≡. AE ⓜ VISA. ※ FU n
fechado do 1 ao 21 de agosto e domingo – **Refeição** - só jantar, reservas aconselháveis - lista aprox. 32.
• Oferece uma grata selecção de vinhos espanhóis e um saboroso cordeiro. O local desfruta de uma labiríntica mas engenhosa distribuição, com certo encanto e ar colonial.

XX Vela Latina, Doca do Bom Sucesso, ✉ 1400-038, ℰ 21 301 71 18, vela-latina@ip.pt, Fax 21 301 93 11, ☂ – ≡ AQ x
• Termine as suas compras num centro comercial com lojas. Cozinha portuguesa num contexto envidraçado. Esplanada com tecto, funcionalidade e séria organização.

XX **Saraiva's,** Rua Engenheiro Canto Resende 3, ✉ 1050-104, ℰ 21 354 06 09, Fax 21 353 19 87 – ≡. AE ① ⓜ VISA JCB. ※ FR v
fechado sábado e feriados – **Refeição** lista 22 a 29.
• Possui solos alcatifados e um elegante mobiliário moderno ao estilo dos anos 90. Profissionalismo sério e estimado, clientela de bom nível e um ambiente animado.

XX **Estufa Real,** Jardim Botânico da Ajuda - Calçada do Galvão, ✉ 1400, ℰ 21 361 94 00, estufa.real@clix.pt, Fax 21 361 90 18 – ≡ P. AE ① ⓜ VISA. ※ AQ b
fechado sábado meio-dia – **Refeição** - só almoço - lista 22 a 39.
• Relaxante localização no Jardim Botânico da Ajuda. O belo ambiente envidraçado, numa espécie de estufa, veste-se com atractivos detalhes de vanguarda.

LISBOA p. 23

※※ **Adega Tia Matilde,** Rua da Beneficência 77, ✉ 1600-017, ☎ 21 797 21 72, Fax 21 797 21 72 – 🍽 🚗. AE ① ⑩ VISA. ※ FR h
fechado sábado noite e domingo – **Refeição** lista 23 a 28.
• Concorrida casa, organização familiar e bons talentos profissionais. Especialidades portuguesas. Plantas, azulejos, estilo clássico-moderno e flores frescas nas mesas.

※※ **Varanda da União,** Rua Castilho 14 C-7°, ✉ 1250-069, ☎ 21 314 10 45, Fax 21 314 10 46, ≤ – 🛗 🍽 AE ① ⑩ VISA JCB. ※ FT b
fechado domingo – **Refeição** lista aprox. 35.
• Bela visão panorâmica sobre os telhados lisboetas, no 7° andar dum edifício de habitação. Atendido por uma brigada numerosa, baseia o seu êxito na qualidade do produto.

※※ **O Polícia,** Rua Marquês Sá da Bandeira 112, ✉ 1050-150, ☎ 21 796 35 05, Fax 21 796 97 91 – 🍽. AE ① ⑩ VISA. ※ FR c
fechado sábado noite, domingo e feriados – **Refeição** lista 26 a 35.
• Afamados peixes. Expositor de produtos, correcta montagem e duas entradas. Sala em quatro ambientes, organização familiar e concorrido ambiente. É conveniente reservar.

※ **Mãe d'Água,** Travessa das Amoreiras 10, ✉ 1250-025, ☎ 21 388 28 20, Fax 21 387 12 66 – 🍽. AE ① ⑩ VISA. ※ FT e
fechado sábado meio-dia e domingo – **Refeição** lista 26 a 35.
• Evocador nome e decoração moderna, simpática e personalizada. Aconchegante e confortável. O reduzido espaço acentua o seu carácter cálido. Experiência profissional ao serviço.

※ **Sua Excelência,** Rua do Conde 34, ✉ 1200-367, ☎ 21 390 36 14, *sua xcelencia@mail.telepac.pt*, Fax 21 396 75 85, 🌳 – 🍽. AE ① ⑩ VISA JCB EU t
fechado setembro e 4ª feira – **Refeição** lista 26 a 48.
• Gratificante impressão dentro da sua simplicidade. Conjunto bem equipado, agradável e familiar. Surpreenda-se com a sua cozinha de toque personalizado. Pátio com toldo.

※ **Solar dos Nunes,** Rua dos Lusíadas 68-72, ✉ 1300-372, ☎ 21 364 73 59, Fax 21 363 16 31 – 🍽. AE ① ⑩ VISA JCB. ※ AQ t
fechado de 9 ao 23 de agosto e domingo – **Refeição** lista 24 a 35.
• Concorrido e aconchegante ambiente em dois espaços de simples mas adequada montagem. Eficaz e profissional organização familiar. Clientela diversificada, empresas e lazer.

※ **Coelho da Rocha,** Rua Coelho da Rocha 104-A, ✉ 1350-079, ☎ 21 390 08 31 – 🍽. AE ⑩ VISA. ※ ET x
fechado agosto e domingo – **Refeição** lista 32 a 37.
• Muito concorrido, séria organização e atento profissionalismo. Pequeno e familiar. Deguste a sua grata cozinha e saboreie os seus peixes e frutos do mar. Cálida montagem.

※ **Caseiro,** Rua de Belém 35, ✉ 1300-354, ☎ 21 363 88 03, Fax 21 364 23 39 – 🍽. AE ① ⑩ VISA. ※ AQ s
fechado agosto e domingo – **Refeição** lista 24 a 34.
• De certo tipismo, oferece produtos de gratificante e simples elaboração, que o converteram num afamado clássico da zona.

※ **O Funil,** Av. Elias Garcia 82-A, ✉ 1050-100, ☎ 21 796 60 07, *ofunil@netcabo.pt*, Fax 21 793 30 51 – 🍽. AE ① ⑩ VISA. ※ GR n
fechado domingo noite – **Refeição** lista 23 a 34.
• A sua cozinha tradicional possui pratos destacados, como o seu bacalhau ao estilo Funil. Simples instalações em dois ambientes de claro carácter funcional.

Restaurantes de Fados

※※ **Clube de Fado,** São João da Praça 94, ✉ 1100-521, ☎ 21 885 27 04, *info@clube-de-fado.com*, Fax 21 888 26 94 – 🍽. AE ① ⑩ VISA JCB. ※ LYZ h
Refeição - só jantar - lista 32 a 43.
• De aspecto geral cuidado e agradável ambiente, com um simpático bar de espera. Os elementos rústicos próprios da antiga construção recriam o seu cálido contexto.

※※ **Sr. Vinho,** Rua do Meio-à-Lapa 18, ✉ 1200-723, ☎ 21 397 26 81, *restsrvinho@telepac.pt*, Fax 21 395 20 72 – 🍽. AE ① ⑩ VISA JCB. ※ FU r
fechado domingo – **Refeição** - só jantar - lista aprox. 50.
• Cozinha clássica da zona ao som da típica canção lisboeta, num ambiente agradável e aconchegante. Sala algo apertada e uma ementa compensada.

※※ **A Severa,** Rua das Gáveas 51, ✉ 1200-206, ☎ 21 342 83 14, Fax 21 346 40 06 – 🍽. AE ① ⑩ VISA. ※ JY b
fechado 5ª feira – **Refeição** lista 35 a 50.
• Típico restaurante de fados dirigido por uma numerosa família, que baseia o seu êxito na qualidade dos produtos. Decoração de estilo clássico-português, de apreciado conforto.

LISBOA p. 24

※ **Adega Machado,** Rua do Norte 91, ⊠ 1200-284, ℘ 21 322 46 40, Fax 21 346 75 0?
– 🍴, AE ⓓ ⓜⓞ VISA JCB. ※ JY
fechado 2ª feira – **Refeição** - só jantar - lista 36 a 44.
♦ Agradável decoração e ambiente de estilo regional, com as mesas pouco espaçosas, onde a canção típica lisboeta assume certo protagonismo sobre a cozinha.

※ **O Forcado,** Rua da Rosa 221, ⊠ 1200-464, ℘ 21 346 85 79, Fax 21 347 48 87 –
AE ⓓ ⓜⓞ VISA JCB. ※ JX
fechado 4ª feira – **Refeição** - só jantar - lista aprox. 45.
♦ Fados e bailes regionais. Correcta montagem com as mesas um pouco apertadas, onde servem uma ampla selecção gastronómica, acompanhada duma extensa adega.

LOIVOS *Vila Real* 733 H 7 – *629 h*.
Lisboa 453 – Braga 115 – Bragança 106 – Porto 148 – Vila Real 54.

em Matosinhos *Nordeste : 5 km :*

⌂ Quinta do Real ⌾ sem rest, ⊠ 5400-740 Santa Leocádia CHV, ℘ 276 96 62 53
Fax 276 96 52 40, ⛱, 🞭 – 🅿
10 qto.
♦ Antiga casa numa pequena aldeia rural. O ambiente familiar respira-se em todas as suas dependências, no seu mobiliário e decoração, com detalhes próprios dum nobre passado

Os nossos guias de hotéis, os nossos guias turísticos
e os nossos mapas de estradas são complementares.
Utilize-os conjuntamente.

LOULÉ *Faro* 733 U 5 – *12 075 h*.
🛈 *Edifício do Castelo* ⊠ 8100-564 ℘ 289 46 39 00.
Lisboa 299 – Faro 16.

🏨 **Loulé Jardim H.** sem rest, Praça Manuel de Arriaga, ⊠ 8100-665, ℘ 289 41 30 94
loulejardim@mail.telepac.pt, Fax 289 46 31 77, ⛱ – 🛗 🍴 📺 ⟺ – 🔒 25/100. AE ⓓ
ⓜⓞ VISA JCB
52 qto ⌑ 55/71,50.
♦ Moderno e confortável, destaca pela sua aconchegante zona social e por equipados quartos, sendo que alguns deles possuem um pequeno salão privado. Eficiente direcção

※ **Bica Velha,** Rua Martin Moniz 17, ⊠ 8100-606, ℘ 289 46 33 76, *jimena.bicavella@*
lix.pt, Fax 289 46 33 76 – AE ⓓ ⓜⓞ VISA JCB. ※
fechado 15 dias em novembro e sabado noite – **Refeição** - só jantar - lista 20 a 26.
♦ Dirigido pelos seus proprietários, a decoração dá ao ambiente um agradável ar rústico ao mesmo tempo que os tectos abobadados se erguem com serena dignidade.

LOURINHÃ *Lisboa* 733 O 2 – *8 797 h* – Praia.
Lisboa 74 – Leiria 94 – Santarém 81.

🏠 **Estalagem Bela Vista** ⌾, Rua D. Sancho I - Santo André, ⊠ 2530-144
℘ 261 41 41 61, Fax 261 41 41 38, ⛱, ▣, ※ – 📺 🅿 ※ rest
Refeição 15 – **31 qto** ⌑ 55/65.
♦ Pequeno hotel de carácter familiar dirigido com dignidade. Agradáveis exteriores, diversas zonas sociais, e quartos funcionais bem equipados.

🍽 **Figueiredo** ⌾ sem rest, Largo Mestre Anacleto Marcos da Silva, ⊠ 2530
℘ 261 42 25 37, Fax 261 42 25 37 – 📺
18 qto ⌑ 42,50.
♦ Ares quotidianos num hotelinho modesto, válido como recurso. Apesar de que os seus quartos são um pouco escuros, o conforto fica garantido. Escassa área nobre.

LOUSÃ *Coimbra* 733 L 5 – *6 941 h alt. 200*.
🛈 *Rua João de Cáceres* ⊠ 3200-953 ℘ 239 99 03 76 *cmlousan@mail.telepac.pt*
Fax 239 99 03 79.
Lisboa 212 – Coimbra 36 – Leiria 83.

🍽 **Martinho** sem rest, Rua Movimento das Forças Armadas, ⊠ 3200-249,
℘ 239 99 13 97, Fax 239 99 43 35 – 📺 🅿 ※
13 qto ⌑ 25/35.
♦ As suas modestas instalações vêm-se compensadas pelo agradável ambiente e pelo ar familiar. Quartos com suficiente conforto, na sua maioria com casas de banho com duche.

OUSADA Porto 733 I 5 – 4051 h.
Lisboa 349 – Porto 44 – Braga 47 – Vila Real 60 – Viana do Castelo 114.

a estrada N 207-2 Nordeste : 10 km :

⌂ **Casa de Juste** ⌾, ✉ 4620-823, ☎ 919 85 52 00, casadejuste@hotmail.com, Fax 255 91 19 96, ⛲, 🐎 – 🅿 ⓂⒸ 𝕍𝕀𝕊𝔸. ✗
fechado janeiro e fevereiro – **Refeição** (fechado domingo) - só clientes, só menú - 25 – **14 qto** ⛌ 80/90.
♦ Casona do séc. XVII numa extensa quinta agrícola dedicada à produção de vinho. Quartos e zona social com mobiliário actual. Refeitório reservado para clientes alojados.

USO Aveiro 733 K 4 – 2750 h alt. 200 – Termas.
🛈 Rua Emídio Navarro 136 ✉ 3050-902 ☎ 231 93 91 33 itlb@oninet.pt Fax 231 93 90 07.
Lisboa 230 – Aveiro 44 – Coimbra 28 – Viseu 69.

🏨 **Grande H. de Luso** ⌾, Rua Dr. Cid de Oliveira 86, ✉ 3050-210, ☎ 231 93 79 37, info@hoteluso.com, Fax 231 93 79 30, ⛲, ▣, 🐎, ✗ – 🛗 ≡ 📺 ♿ 🅿 – 🔥 25/380. 🅰🅴 ⓞ ⓂⒸ 𝕍𝕀𝕊𝔸. ✗
Refeição 24 – **141 qto** ⛌ 87/111 – 2 suites.
♦ Conforto actualizado num edifício dos anos 40, que se comunica directamente com o complexo termal adjacente. Ampla zona nobre e equipadas salas de conferências. Refeitório de estilo clássico-funcional realçado por um grande mural frontal.

🏩 **Alegre** ⌾, Rua Emidio Navarro 2, ✉ 3050-224 Luso, ☎ 231 93 02 56, geral@alegrehotels.com, Fax 231 93 05 56, ⛲ – 📺 🅿 🅰🅴 ⓞ ⓂⒸ 𝕍𝕀𝕊𝔸 JCB. ✗
Refeição (fechado sábado) 15 – **18 qto** ⛌ 47/50.
♦ Casa senhorial construída em 1859, com um bonito ambiente ajardinado. Em conjunto tem certo encanto, com tectos altos, chãos em madeira e mobiliário clássico de qualidade.

MACEDO DE CAVALEIROS Bragança 733 H 9 – 8784 h alt. 580.
Lisboa 510 – Bragança 42 – Vila Real 101.

🏨 **Estalagem do Caçador**, Largo Manuel Pinto de Azevedo, ✉ 5340-219, ☎ 278 42 63 54, Fax 278 42 63 81, ⛲ – 🛗, ≡ rest, 📺 🚗. 🅰🅴 ⓞ ⓂⒸ 𝕍𝕀𝕊𝔸. ✗ rest
Refeição lista 24 a 28 – **25 qto** ⛌ 72/96.
♦ Uma bela decoração veste os cantos desta velha casa, cujas paredes albergam os quartos personalizados em distintos estilos. Paixão pelo mobiliário antigo. Refeitório cheio de encanto, realçado com o calor que outorgam as coisas de sempre.

✗ **O Montanhês**, Rua Camilo Castelo Branco 19, ✉ 5340-237, ☎ 278 42 24 81, o_montanhês@iol.pt, Fax 278 42 24 82 – ≡ 🅿 🅰🅴 ⓞ ⓂⒸ 𝕍𝕀𝕊𝔸. ✗
fechado domingo noite – **Refeição** lista aprox. 27.
♦ Dispõe de dois refeitórios rústicos, o de Inverno com uma grelha à vista e o de verão, num alto, com o tecto em madeira. Cozinha regional especializada em carnes.

a estrada de Mirandela Noroeste : 1,7 km :

✗ **Costa do Sol** com qto, ✉ 5340, ☎ 278 42 63 75, costa.do.sol@iol.pt, Fax 278 42 63 76, Rest. típico, ⛲, 🐎 – ≡ rest, 📺 🅿 🅰🅴 ⓞ ⓂⒸ 𝕍𝕀𝕊𝔸. ✗
Refeição (fechado 2ª feira) lista 18 a 27 – **30 qto** ⛌ 20/35.
♦ Negócio que baseia a sua actividade no restaurante, de correcta montagem e com uma zona de passagem de agradável tipismo. Complementa-se com quartos um pouco funcionais.

MACHICO Madeira – ver Madeira (Arquipélago da).

Arquipélago da MADEIRA

MADEIRA
(Arquipélago da)★★★

733 - 255 427 h.

Arquipélago de origem volcânico, está situado a 800 km da Costa Africana e a mais de 900 km ao sudoeste de Lisboa.

O clima suave todo o ano (entre 16ºC e 20ºC) e sua vegetação exuberante fazem das ilhas um lugar privilegiado para o descanso e o ócio.

O arquipélago da Madeira, com uma superfície de 782 km^2 é composto de duas ilhas (Madeira e Porto Santo) e dois grupos de ilhéus inabitados, as ilhas Desertas e as ilhas Selvagens.

MADEIRA : A ilha é constituída por uma cadeia de montanhas com uma altitude superior a 1.200 m., onde culminam alguns picos (Pico Ruivo : 1.862 m.). O litoral é muito escarpado. As praias são raras e geralmente pedregosas.

A capital da ilha é Funchal.

A cultura do vinho da ilha foi introduzida na Madeira a partir do séc. XV. As três principais castas são o Sercial, o Boal e o Malvasía, o mais afamado. Também se produz o Verdelho.

Os bordados (em tela, linho, organdi) são uns dos principais recursos da ilha.

PORTO SANTO : A ilha prestasse aos maiores contrastes. É constituída por uma vasta planície onde se erguem alguns picos, sendo o mais elevado o Pico do Facho (517 m.).

Uma imensa praia de areia dourada com mais de 7 km., situada ao longo da Costa Sul, um clima ameno e mais seco do que na Madeira, atraem os turistas para esta ilha pacata.

Os habitantes de Porto Santo vivem da pesca e de algumas culturas. A vinha produz um excelente vinho branco, muito doce.

MADEIRA (Arquipélago da) ★★★ 733 - 255 427 h.

    ver : Funchal e Vila Baleira.
    para Madeira ver : Lisboa. Em Madeira ver : Funchal, Vila Baleira.

MADEIRA

Caniço 733 B Z.

🛈 Rua Robert Baden Powell ✉ 9125-036 ☎ 291 93 29 19 turismocanico@madeiratourism.org.
Funchal 8.

Quinta Splendida, Rua da Ponte da Oliveira 11, ✉ 9125-001, ☎ 291 93 04 00, hotel@quintasplendida.net, Fax 291 93 04 01, ≼, 🍴, ℍ, ☒ climatizada – 📺 P
🅿 25/150
121 apartamentos – 20 qto.
♦ Atractivo complexo formado por vários edifícios, em torno a um agradável espaço ajardinado. Possui quartos e apartamentos de distinto nível, todos bem equipados. Restaurante a la carte, A Perla, decorado num elegante estilo clássico.

em Caniço de Baixo Sul : 2,5 km :

Riu Palace Madeira, Praia dos Reis Magos, ✉ 9125-024 Caniço, ☎ 291 93 93 00, palace.madeira@riu.com, Fax 291 93 93 93, ≼ mar, 🍴, ℍ, ☒ climatizada, ☒, ※ – 📶 ▤ 📺 P – 🅿 25/54
Refeição - buffet - - **306 qto** – 21 suites.
♦ De grande capacidade e bem situado, já que todos os seus quartos desfrutam de vista sobre o oceano. Conjunto de ambiente clássico, com divisões amplas e de completo equipamento. O restaurante centra a sua actividade num nutrido buffet.

Oasis Atlantic, Praia dos Reis Magos, ✉ 9125-024 Caniço, ☎ 291 93 01 00, oasis.atlantic@netmedeira.com, Fax 291 93 01 09, ≼, ℍ, ☒ climatizada, ☒, 🍴 – 📶 ▤ 📺 ℎ P – 🅿 25/70. 🅰🅴 ① ⓂⓄ 🆅🅸🆂🅰 🅹🅲🅱. ※
Refeição 18 - **Atalaia** (só jantar) **Refeição** lista 34 a 41 – **170 qto** ☐ 125/145 – 5 apartamentos.
♦ As suas modernas e equipadas instalações proporcionam-lhe uma gratificante estadia. Quartos confortáveis, amplas zonas nobres e uma grande oferta em serviços complementares. O restaurante Atalaia recria um ambiente cálido e detalhista.

Tropical sem rest, Caminho do Cais de Oliveira, ✉ 9125-028 Caniço, ☎ 291 93 49 91, hotel.tropical@net.pt, Fax 291 93 49 93, ≼, ☒ – 📶 📺 🅰🅴 ① ⓂⓄ 🆅🅸🆂🅰. ※
☐ 6,75 – **39 apartamentos** 60/80.
♦ Estabelecimento dotado de espaçosos apartamentos T1 de estilo funcional e aspecto moderno, equipados com um conforto muito correcto. Organização séria e ambiente tranquilo.

Caniço - MADEIRA

🏠 **Inn & Art** ⚘, Robert Baden Powell 61-62, ✉ 9125-036 Caniço de Baixo, ℘ 291 93 82 00, info@innart.com, Fax 291 93 82 19, 🍴 – 📺 AE ① ⓜ VISA ✂
Refeição lista 20 a 32 – **10 qto** ☐ 85/100.
♦ Neste atractivo hotel, pendurado sobre uma falésia, respira-se uma atmosfera que combina o boémio com o artístico, com uns agradáveis quartos de estilo neo-rústico. O seu restaurante conta com um forno à vista do cliente e uma espectacular esplanada.

ira do Serrado 733 B Y.
Funchal 14.

🏛 **Estalagem Eira do Serrado** ⚘, alt. 1 095, ✉ 9000-421 Funchal, ℘ 291 71 00 60, eiradoserrado@mail.telepac.pt, Fax 291 71 00 61, ≤ montanhas e Curral das Freiras, 🍴 – 📺 📺 P AE ① VISA ✂
Refeição lista aprox. 20 – **25 qto** ☐ 40/50.
♦ Cenário natural presidido pelas imponentes montanhas do Curral das Freiras. Desfrute das vistas e das suas confortáveis instalações. Concorrido mas correcto refeitório panorâmico.

streito de Câmara de Lobos 733 B Y – 10 236 h.
Funchal 9.

🏛 **Quinta do Estreito** ⚘, Rua José Joaquim da Costa, ✉ 9325-034, ℘ 291 91 05 30, quintaestreito@charminghotelsmadeira.com, Fax 291 91 05 49, ≤ vinhas, entorno rural e o mar ao fondo, 🍴 climatizada, 🍴 – 📺 📺 ⓖ 🍴 P – 🏛 25. AE ① ⓜ VISA JCB ✂
Refeição - ver rest. **Bacchus** e rest. **Adega da Quinta** – **48 qto** ☐ 240/270.
♦ Moderno edifício instalado numa quinta com vinhedos. Relaxe-se nos seus espaçosos quartos, decorados num elegante estilo clássico-moderno.

XXX **Bacchus** - Hotel Quinta do Estreito, Rua José Joaquim da Costa, ✉ 9325-034, ℘ 291 91 05 30, quintaestreito@charminghotelsmadeira.com, Fax 291 91 05 49, 🍴 – 📺 P AE ① ⓜ VISA JCB ✂
Refeição lista aprox. 43.
♦ Situado numa antiga casa decorada com todos os detalhes ao lado do hotel. Completam a sua oferta o bar no 1º andar e uma pequena biblioteca na cobertura. Brigada profissional.

XX **Adega da Quinta** - Hotel Quinta do Estreito, Rua José Joaquim da Costa, ✉ 9325-034, ℘ 291 91 05 30, quintaestreito@charminghotelsmadeira.com, Fax 291 91 05 49, ≤, 🍴 – P AE ① ⓜ VISA JCB ✂
Refeição - cozinha regional - lista aprox. 35.
♦ Um agradável refeitório e uma adega típica formam este cálido conjunto rústico, situado num ângulo da mesma quinta onde se situam o hotel e o restaurante Bacchus.

X **Santo António**, João Gonçalves Zarco 656, ✉ 9325-033, ℘ 291 91 03 60, Fax 291 91 03 69 – P AE ⓜ VISA ✂
Refeição - carnes na brasa - lista 20 a 25.
♦ Afamado na zona pela sua especialidade em carnes na brasa, apresentadas na típica espetada sobre a mesa. Bons produtos e um modesto serviço.

aial 733 B Y – 1961 h.
Arred.: Santana★ (estrada ≤★) Noroeste : 8 km – Estrada do Porto da Cruz (≤★★) Sudeste : 8 km.
Funchal 50.

unchal 733 B Y – 103 932 h.
Ver: ≤★ de ponta da angra BZ V– Sé★ (tecto★) BZ – Museu de Arte Sacra (colecção de quadros★) BY M2– Museu Frederico de Freitas★ BY – Quinta das Cruzes★★ AY – Largo do Corpo Santo★ DZ – Jardim Botânico★ ≤★ Y.
Arred.: Miradouro do Pináculo★★ 4 km por ② – Pico dos Barcelos★ (❋★) 3 km por ③ – Monte (localidade★★) BY M2– Quinta do Palheiro Ferreiro★★ 5 km por ② – Câmara de Lobos (localidade★, estrada ≤★) passeio pela levada do Norte★ – Cabo Girão★ 9 km por ③ X – Eira do Serrado ❋★★★ (estrada ≤★★, ≤★) Noroeste : 13 km pela Rua Dr. Pita – Curral das Freiras (localidade★, ≤★) Noroeste : 17 km pela Rua Dr. Pita.
⛳ ⛳ Santo da Serra, 25 km por ② ℘ 291 55 01 00 Fax 291 55 01 05.
✈ do Funchal 16 km por ② - Direcção dos aeroportos da Madeira ℘ 291 52 07 00 Fax 291 52 43 22.
🚢 para Porto Santo : Porto Santo Line, Rua da Praia 4 ✉ 9000 ℘ 291 21 03 00 Fax 291 22 64 34 – para Porto Santo : Porto Santo Line ℘ 291 22 65 11.
🛈 Av. Arriaga 18 ✉ 9004-519 ℘ 291 21 19 00 info@madeiratourism.org Fax 291 23 21 51 – **A.C.P.** Rua Dr. Antonio José de Almeida 17-2º ✉ 9000-026 ℘ 291 22 36 59 Fax 291 22 05 52.
Porto Moniz 98 ① – Santana 55 ①

FUNCHAL

Alfândega (R. da)	BZ 3	Bettencourt (R. do)	CY 9
Aljube (R. do)	BZ 4	Brigadeiro Oudinot (R.)	CY 10
Aranhas (R. dos)	ABZ 6	Carmo (Pr. do)	CY 20
Autonomia (Pr. da)	CZ 7	Carne Azeda (R. da)	BY 12
		Carvalho Araújo (R.)	AZ 15
		Casa da Luz (R.)	CZ 16
		Chafariz (Largo do)	CZ 19

Conceição (R. da)	CY 2
Conselheiro Aires Ornelas (R.)	CY 2
Conselheiro José Silvestre Ribeiro (R.)	BZ 2
Dr Fernão de Ornelas (R.)	CZ 2
Encarnação (Calç da)	BY 2
Hospital Velho (R. do)	CYZ 3

Arquipélago da MADEIRA

Reid's Palace, Estrada Monumental 139, ⊠ 9000-098, ℘ 291 71 71 71, reservatio
s@reidspalace.com, Fax 291 71 71 77, ≤ baía do Funchal, 😊, ⅃, ☼ climatizada, 🦐, 🐕
– 🛗 – 🛋 TV P – 🔓 25/80. AE ① ◑ VISA. ※ rest
Refeição - só jantar - 72 - **Les Faunes** (só jantar, fechado junho-setembro e 2ª feira
Refeição lista 55 a 70 – **150 qto** ⊇ 520/590 – 14 suites.
 ♦ Um símbolo cuja história remete ao ano de 1891. Elegantes instalações e exteriores de
luxo, com um jardim semi-tropical sobre um promontório rochoso. O atractivo restauran
Les Faunes está decorado num estilo de princípios do séc. XX.

mperatriz D. Amélia (R. da) . . . **AZ** 36	Miguel Carvalho (R.) . . . . **CY** 51	Santa Clara (Calç.) . . . . **BY** 67
vens (R.) . . . . **BZ** 37	Mouraria (R. da) . . . . **BY** 52	São Francisco (R. de) . . . . **BZ** 69
oão Tavira (R.) . . . . **BZ** 39	Phelps (Largo do) . . . . **CY** 58	Saúde (Calç.) . . . . **BY** 72
atino Ceolho (R.) . . . . **CZ** 40	Ponte de S. Lázaro (R.) . . . . . . **AZ** 60	Til (R. do) . . . . **BY** 73
azareto (Caminho do) . . . . **DZ** 42	Pretas (R. das) . . . . **BY** 61	Visconde do Anadia
Maravilhas (R. das) . . . . **AZ** 46	Ribeirinho (R.) . . . . **CY** 63	(R.) . . . . **CYZ** 78
Marquês do Funchal (R.) . . . . . **BY** 49	Sabão (R. do) . . . . **CZ** 66	Zarco (Av.) . . . . **BZ** 81

Arquipélago da MADEIRA

🏨 **Royal Savoy**, Rua Carvalho Araújo, ✉ 9000-022, ✆ 291 21 35 00, savoy.reservatio
n@netmadeira.com, Fax 291 22 31 03, ≤, 🌴, 🎿, 🏊, climatizada, 🎾, ✂ – 🛗 ≡ 📺
☎ 🚗 **P** – 🛂 25/40. 🆎 ⓓ ⓒ 💳 🆑 ✂ **AZ** s
Armada (só jantar) **Refeição** lista 36 a 42 - **The Galley : Refeição** lista 35 a 40 - **101 qto**
⌷ 675/700 – 61 suites.
   ♦ Magnífico hotel situado na 1ª linha de mar, com piscinas e esplanadas em terrenos ganhos
ao mesmo. Ampla zona social com piano-bar e uns quartos de elevado conforto. O atractivo
restaurante Armada esta decorado com modernidade e alguns detalhes orientais.

FUNCHAL

Bela de S. Tiago
  (R.) .... **X** 8
Carne Azeda (R. da) .... **V** 12
Carvalho Araújo (R.) .... **X** 15
Casa Branca (Caminho da) .... **X** 18
Comboio (R. do) .... **V** 21

Dr João Abel de Freitas
  (Estr.) .... **V** 27
Favila (R.) .... **X** 31
Gorgulho (R.) .... **X** 33
Lazarêto (Caminho do) .... **X** 42
Levada dos Barreiros
  (R. da) .... **X** 43
Luís de Camões (Av.) ...... **X** 45
Maravilhas (R. das) .... **X** 46

Monumental (Estr.) .... **X** 47
Nova (Estr.) .... **V** 54
Palheiro (Caminho do) ...... **X** 55
Pedro José Ornelas (R.) .... **X** 57
Rochinha (R. da) .... **X** 64
São Roque (Caminho de) .. **X** 70
V. Cacongo (Estr.) .... **V** 75
Velho da Ajuda (Caminho) .. **X** 76
Voltas (Caminho das) ...... **V** 79

Quinta das Vistas, Caminho de Santo António 52, ✉ 9000-187, ✆ 291 75 00 07
quintavistas@charminghotelsmadeira.com, Fax 291 75 00 17, ≤ Funchal, mar e montan
has, 🍴, 🏋, ☼ climatizada, 🏊, 🚗 - 🛗 🚭 📺 ♿ 🅿 - 🎪 25/80. 🆎 ⓘ ⓜ VISA. 🚫
Refeição lista 30 a 42 - **64 qto** ⊂ 225/320 - 7 suites. X
♦ Desfruta de espectaculares vistas graças a sua situação na parte alta da cidade. Exce
lentes espaços sociais e uns quartos equipados com materiais de grande qualidade. O res
taurante conta com uma sala envidraçada e uma agradável esplanada com tecto.

The Cliff Bay, Estrada Monumental 147, ✉ 9004-532, ✆ 291 70 77 00, info@
cliffbay.com, Fax 291 76 25 24, ≤, 🍴, Serviços de terapéutica, 🏋, ☼ climatizada, 🏊
🚗, ✂ - 🛗 🚭 📺 🚐 🅿 - 🎪 25/80. 🆎 ⓘ ⓜ VISA. 🚫 X
Il Gallo d'Oro (só jantar) **Refeição** lista 45 a 54 - **The Rose Garden Refeição** lista 35 a 4
Blue Lagoon (só almoço) **Refeição** lista 30 a 38 - **197 qto** ⊂ 257/340,50 - 4 suites.
♦ Deixe-se seduzir pela beleza da ilha e desfrute duma estadia inesquecível neste ele
gante hotel. Quartos de excelente equipamento e exóticos jardins. Ampla e selecta oferta
culinária, desde o buffet e a cozinha italiana no Il Gallo D'Oro.

Estalagem Quinta da Casa Branca, Rua da Casa Branca 7, ✉ 9000-088
✆ 291 70 07 70, estalagem@quintacasabranca.pt, Fax 291 76 50 70, 🍴, 🏋
☼ climatizada, 🚗 - 🚭 qto, 📺 ♿🅿. 🆎 ⓘ ⓜ VISA. 🚫
Casa da Quinta (só jantar) **Refeição** lista 30 a 54 - ⊂ 15 - **41 qto** 240/400 - 2 suites
♦ Instalações de serena arquitectura moderna, situada numa formosa quinta rodeada d
cuidados jardins. Suficiente zona nobre e quartos de grande conforto. O restaurante Cas
da Quinta desfruta de certo prestígio e possui um sossegado ar rústico.

Estalagem Quinta da Bela Vista, Caminho do Avista Navios 4 - 3 km, ✉ 9000
129, ✆ 291 70 64 00, info@belavistamadeira.com, Fax 291 70 64 01, 🏋, ☼ climatizada
🚗, ✂ - 🛗 🚭 📺 🆎 ⓘ ⓜ VISA JCB. 🚫   por Rua Doctor Pita X
Refeição lista 36 a 55 - **82 qto** ⊂ 147/196 - 7 suites.
♦ Quinta de finais do séc. XIX, situada numa extensa e cuidada quinta ajardinada. Possu
quartos decorados com um toque elegante, e zonas comuns detalhistas. O restaurante
situado no antigo edifício nobre da casa, possui uma destacável beleza.

164

Funchal - MADEIRA

Quinta Bela São Tiago, Rua Bela São Tiago 70, ⊠ 9060-400, ℘ 291 20 45 00, *hotel.qta.bela.s.tiago@mail.telepac.pt*, Fax 291 20 45 10, ≤ mar e cidade, 😊, **Ló**, 🏊 climatizada, 🚗 – 📶 🔲 📺 📞 📌 . 🆎 ① ⓪ VISA. ※ DZ a
Refeição 33,50 – **46 qto** ⊇ 216/309 – 6 suites.
• Na zona mais típica da cidade. Instalado numa casa senhorial do séc. XIX, restaurada e ampliada com dois edifícios, resultando um conjunto moderno e confortável. O refeitório destaca pela sua boa montagem e pelo alto nível gastronómico.

Estalagem Quintinha de São João, Rua da Levada de São João 4, ⊠ 9000-191, ℘ 291 74 09 20, *quintinhasj@mail.telepac.pt*, Fax 291 74 09 28, **Ló**, 🏊 climatizada, 🚗, ※ – 📶 🔲 📺 🚗. 🆎 ① ⓪ VISA JCB. AZ d
Refeição - ver rest. **A Morgadinha** – **37 qto** ⊇ 130,75/168 – 6 suites.
• Situada numa das quintas históricas da cidade. Conjuga a arquitectura clássica e uma cálida decoração interior, muito ao estilo das antigas residências madeirenses.

Quinta da Penha de França sem rest com snack-bar, Rua Imperatriz D. Amélia 85, ⊠ 9000-014, ℘ 291 20 46 50, *info@hotelquintapenhafranca.com*, Fax 291 22 92 61, 🏊 climatizada, 🚗 – 📶 📺 📌 🆎 ① ⓪ VISA. ※ AZ e
76 qto ⊇ 81/117.
• Belo conjunto de estilo português, cujos quartos estão repartidos entre a antiga casa senhorial e os edifícios mais recentes, rodeados por um frondoso jardim.

Penha França Mar sem rest com snack-bar ao almoço, Rua Carvalho Araújo 1, ⊠ 9000-022, ℘ 291 20 46 50, *info@hotelquintapenhafranca.com*, Fax 291 22 92 61, ≤, 🏊 – 📶 🔲 📺 📌 🆎 ① ⓪ VISA. AZ b
33 qto ⊇ 81/117.
• Funciona como um anexo da Quinta da Penha de França, com a qual se comunica através dum elevador e duma ponte exterior. Quartos amplos e de bom equipamento.

Estalagem Quinta Perestrello, Rua Dr. Pita 3, ⊠ 9000-089, ℘ 291 70 67 00, *quintaperestrello@charminghotelsmadeira.com*, Fax 291 70 67 06, 🏊 climatizada, 🚗 – 🔲 📺 📞 📌 🆎 ① ⓪ ※ X d
Refeição - só jantar lista aprox. 25 – **37 qto** ⊇ 145/205.
• Atractiva casa senhorial do séc. XIX com um cuidado jardim. Alberga uns quartos de corte clássico, com os chãos em madeira, mobiliário português e em muitos casos varanda.

Windsor sem rest com snack-bar, Rua das Hortas 4-C, ⊠ 9050-024, ℘ 291 23 30 81, *hotelwindsor@netmadeira.com*, Fax 291 23 30 80, 🏊 – 📶 📺 📌 ※ CY r
67 qto ⊇ 58/66.
• Hotelzinho situado no centro da localidade. Dispõe de quartos alegres e bem cuidados, com casas de banhos standard e reduzidas zonas públicas.

Madeira sem rest com snack-bar, Rua Ivens 21, ⊠ 9001-801, ℘ 291 23 00 71, *info@hotelmadeira.com*, Fax 291 22 90 71, 🏊 – 📶 📺 – 🅿 25/70. 🆎 ① ⓪ VISA. ※ BZ z
47 qto ⊇ 57/66 – 6 suites.
• Cuidadas instalações de aspecto actual e ar funcional, em plena zona urbana. Possui quartos muito completos e correctas zonas sociais.

Quinta Palmeira com snack-bar, Av. do Infante 17-19, ⊠ 9000-015, ℘ 291 22 18 14, *quintapalmeira@mail-telepac.pt*, Fax 291 22 29 13, 😊, 🚗 – 📌 🆎 ① ⓪ VISA. ※ AZ h
Refeição lista 25 a 40.
• Ocupa a antiga casa do Capitão Câmara, guardião da baía durante o reino de João I. Snack-bar, sala de banquetes, loja de souvenirs e atractiva esplanada com plantas.

Dom Pepe, Edifício Stadium - Rua Levada dos Barreiros 86, ⊠ 9000-161, ℘ 291 76 32 40, *dompepe@netmadeira.com*, Fax 291 77 46 83 – 🔲. 🆎 ① ⓪ VISA. ※ X f
fechado domingo – **Refeição** lista 23 a 31.
• Restaurante que recentemente mudou de localização, transferindo-se ao centro da localidade. Possui um viveiro de frutos do mar e uma adega de vinhos próprios.

Casa Velha, Rua Imperatriz D. Amélia 69, ⊠ 9000-018, ℘ 291 20 56 00, *albatroz.cvelha@mail.telepac.pt*, Fax 291 22 25 04, 😊 – 🔲. 🆎 ① ⓪ VISA. ※ AZ a
Refeição lista 33 a 37.
• Atractivo estabelecimento de linha clássica distribuído em dois andares. Instalações de correcto conforto e um discreto serviço de mesa.

Dona Amélia, Rua Imperatriz D. Amélia 83, ⊠ 9000-018, ℘ 291 22 57 84, *albatroz.cvelham@mail.telepac.pt*, Fax 291 22 25 04 – 🔲. 🆎 ① ⓪ VISA. ※ AZ c
Refeição lista 30 a 36.
• Do mesmo proprietário que o restaurante Casa Velha. Refeitório em dois níveis, de aspecto cuidado, decorado com detalhes que lhe conferem um aconchegante ambiente.

MADEIRA - Funchal

A Morgadinha - *Hotel Estalagem Quintinha de São João*, Rua da Levada de São João 4, ⊠ 9000-191, ℘ 291 74 09 20, *quintinhasj@mail.telepac.pt*, Fax 291 74 09 28 – 🖃, 🅰
⓪ ⓜ⓮ VISA JCB. ✄   AZ c
Refeição - só jantar - lista 21 a 29.
♦ Outro serviço da Estalagem Quintinha S. João, de funcionamento um pouco mais simples e linha funcional mais alegre. Possui entrada independente e directa à sala.

ao Nordeste da cidade : 5,5 km :

Choupana Hills ⚘, Travessa do Largo da Choupana, ⊠ 9060-348 Funchal
℘ 291 20 60 20, *info@choupanahills.com*, Fax 291 20 60 21, ≼ Funchal e mar, 🍴, 🛠
⬛ climatizada, 🔲, 🏨 – 🖃 TV & 🅿. 🅰🅴 ⓪ ⓜ⓮ VISA. ✄
Refeição lista aprox. 45 – 60 **qto** ⊊ 310/345 – 4 suites.   por Caminho do Meio   V
♦ O edifício principal é formado por duas grandes cabanas unidas, com um elegante interior de desenho moderno. Os quartos, distribuídos em bungalows, têm o máximo conforto. Amplo restaurante dotado com uma decoração actual e uma atractiva esplanada.

pela estrada de Camacha por ② : 8 km :

Estalagem Casa Velha do Palheiro ⚘, Palheiro Golf-São Gonçalo, ⊠ 9060-415 Funchal, ℘ 291 79 03 50, *info@casa-velha.com*, Fax 291 79 49 25, 🍴, ⬛ climatizada,
🐎, ✗, 🛠 – 🖃 TV 🅿. 🅰🅴 ⓪ ⓜ⓮ VISA. ✄ rest
Refeição lista 50 a 61 – **35 qto** ⊊ 171/238 – 2 suites.
♦ Situada numa bela paisagem rodeada de idílicos jardins, próximo a um campo de golfe. Uma antiga casa senhorial e dois edifícios novos anexos albergam as suas elegantes dependências. Refeitório de excelente montagem e brigada profissional.

ao Sudoeste da cidade :

Madeira Regency Palace ⚘, Estrada Monumental 275 - 4,8 km, ⊠ 9000-250
℘ 291 70 30 00, *regencypalace@madeiraregency.pt*, Fax 291 70 30 07, ≼, 🛠
⬛ climatizada, 🔲, ✗ – 🏨 🖃 TV & 🅿. – 🛠 25/160. 🅰🅴 ⓪ ⓜ⓮ VISA. ✄
Refeição - só jantar - 32,45 – **121 apartamentos** ⊊ 167/177 – 91 qto.
♦ Edifício de ar colonial dotado de quartos e apartamentos T1 de grande conforto. Distinguidas zonas nobres e exteriores de exuberante vegetação tropical. O refeitório combina a ementa com o serviço de buffet.

Madeira Palácio, Estrada Monumental 265 - 4,5 km, ⊠ 9000-250 Funchal
℘ 291 70 27 02, *hmp@hotelmadeirapalacio.com*, Fax 291 70 27 03, ≼, 🍴, 🛠
⬛ climatizada, 🔲, 🐎, ✗ – 🏨 🖃 TV 🅿. – 🛠 25/220. 🅰🅴 ⓪ ⓜ⓮ VISA. ✄
Vice Rei (só jantar) **Refeição** lista 38 a 52 - *Cristovão Colombo* (só jantar) **Refeição** lista aprox. 32 - *La Terrasse* : **Refeição** lista 23 a 35 – **225 qto** ⊊ 165/210 – 25 suites.
♦ Um luxo em conforto e instalações. Amplo hotel de linha clássica, dotado de aconchegantes quartos e elegantes zonas comuns. Seriedade e grande profissionalismo. O restaurante Vice-Rei resulta ser um prazer gastronómico, ainda que o hotel ofereça outras opções.

Madeira Regency Cliff, Estrada Monumental 6, ⊠ 9000-108 Funchal
℘ 291 71 07 00, *regencycliff@madeiraregency.pt*, Fax 291 71 07 01, ≼, 🛠
⬛ climatizada, 🔲, – 🏨 🖃 TV ☎ 🅰🅴 ⓪ ⓜ⓮ VISA. ✄
Refeição 28 – **57 qto** ⊊ 127/137 – 2 suites.
♦ Conjunto algo funcional embora dotado de um bom nível de conforto, com material de qualidade e na 1ª linha de praia, pelo que desfruta de boas vistas sobre o mar.

Pestana Bay ⚘, Praia Formosa - 5,8 km, ⊠ 9000-247, ℘ 291 70 19 00, *bay@pestana.org*, Fax 291 76 16 95, ≼, 🛠, ⬛ climatizada, 🐎 – 🏨 TV 🅿. – 🛠 25/180. 🅰🅴 ⓪ ⓜ⓮ VISA. ✄
Refeição 26 – ⊊ 12 – **193 qto** 123/148 – 13 suites.
♦ A estratégica localização sobre o mar confere-lhe uma grande atracção. Possui quartos equipados com cozinha e áreas comuns quase sem separação.

Pestana Gardens sem rest com snack-bar, Praia Formosa - 5,8 km, ⊠ 9000-247
℘ 291 70 01 20, *atgreservas@pestana.org*, Fax 291 76 67 33, ≼, ⬛ climatizada – 🏨 TV
🅿. 🅰🅴 ⓪ ⓜ⓮ VISA
⊊ 9,60 – **55 apartamentos** 160.
♦ Conjunto de linha clássica formado por apartamentos T1 correctamente equipados e zonas nobres algo reduzidas. Bom nível de manutenção e suficiente conforto.

Machico 733 B Y – 11 947 h.

Arred. : Miradouro Francisco Álvares da Nóbrega★ Sudoeste : 2 km – Santa Cruz (Igreja de S. Salvador★) Sul : 6 km.

🛈 Forte de Nossa Senhora do Amparo ⊠ 9200 ℘ 291 96 22 89.
Funchal 29.

Monte 733 BY.

Ver: *Localidade*★★.
Funchal 4.

Estalagem Quinta do Monte ⚜, Caminho do Monte 192, ✉ 9050-288 Funchal, ℘ 291 78 01 00, *quintamonte@charminghotelsmadeira.com*, Fax 291 78 01 10, ≤, ℔, ⛲, ☞ – 🛗 🔲 📺 🅿 – 🛎 25/50. 🆎 ⓘ 🔴 🆅🆂🅰 ᴊᴄʙ. ⌘
Refeição 40 – **38 qto** ⊇ 124/155 – 4 suites.
♦ A paz do ambiente e a arquitectura típica fundem-se nesta quinta de frondosa vegetação. Antiga casa senhorial, mobilada com óptimo gosto em elegantes dependências. Restaurante algo frio na sua decoração mas com uma selecta cozinha clássica.

Pico do Arieiro 733 B Y.

Ver: *Mirador*★★.
Excurs.: *Pico Ruivo*★★★ (❄★★) 3 h. a pé.
Funchal 23.

Ponta Delgada 733 B 2.

Funchal 40.

pela estrada de São Vicente *Sudoeste : 1 km e desvio a direita 1,2 km :*

Monte Mar Palace ⚜, Sítio do Montado, ✉ 9240-104 SVC, ℘ 291 86 00 30, *montemar@mail.telepac.pt*, Fax 291 86 00 31, ≤ océano, ⛲, 🅿 – 🛗 🔲 📺 🚗 🅿 – 🛎 25/70. 🆎 ⓘ 🔴 🆅🆂🅰 ᴊᴄʙ. ⌘
Refeição 15 – **106 qto** ⊇ 126/140 – 4 suites.
♦ Conjunto actual que desfruta de umas impressionantes vistas desde as suas janelas. Ampla zona social e quartos de completo equipamento, com as casas de banho em mármore. No restaurante oferece-se tanto serviço de ementa como de buffet.

Ponta do Sol 733 A 2 – 4 224 h.

Funchal 22.

Estalagem da Ponta do Sol ⚜, Quinta da Rochinha, ✉ 9360, ℘ 291 97 02 00, *info@pontadosol.com*, Fax 291 97 02 09, ≤ mar, ⛱, ℔, ⛲, 🅿 – 🛗 🔲 📺 🅿. 🆎 ⓘ 🔴 🆅🆂🅰. ⌘
Refeição 17 – **54 qto** ⊇ 75/110.
♦ Surpreende pelo seu desenho arquitectónico, já que é um edifício antigo, com anexos modernos, na parte alta de uma falésia. Decoração minimalista e magníficas vistas. O seu restaurante desfruta de uma montagem actual e uma bela panorâmica sobre o oceano.

Porto Moniz 733 A Y – 1 700 h.

Ver: *Localidade*★, *escolhos*★.
Arred.: *Estrada de Santa* ≤★ *Sudoeste : 6 km – Seixal (localidade*★*) Sudeste : 10 km – Estrada escarpada*★★ *(≤★) de Porto Moniz a São Vicente, Sudeste : 18 km.*
🛈 ✉ 9270-095 ℘ 291 85 01 80.
Funchal 106.

Moniz Sol ⚜, ✉ 9270-095, ℘ 291 85 01 50, *reservas@hotelmonizsol.com*, Fax 291 85 01 55, ≤, ⛱, 🅿 – 🛗, ⇌ qto, 🔲 📺 – 🛎 25/50. 🆎 ⓘ 🔴 🆅🆂🅰. ⌘
Refeição 12,50 – **46 qto** ⊇ 50/65 – 1 suite.
♦ Hotel de recente construção que resulta actual tanto no mobiliário como na decoração, com janelas que inundam de luz todas as suas divisões. Agradável e funcional. O restaurante, de grande capacidade, está muito orientado a grupos.

Salgueiro, ✉ 9270-095, ℘ 291 85 00 80, *hotelsalgueiro@hotmail.com*, Fax 291 85 00 89, ⛱ – 🛗 📺 🚗. 🆎 ⓘ 🔴 🆅🆂🅰. ⌘
Refeição lista aprox. 37 – **19 qto** ⊇ 27,50/35 – 1 apartamento.
♦ Situado numa bela paisagem de vinhedos e pescadores, junto a piscinas naturais. Estabelecimento dotado de aconchegantes quartos, bem dirigido pelos seus empregados. O seu popular restaurante, que foi a origem do negócio, foi recentemente actualizado.

Cachalote, ✉ 9270-095, ℘ 291 85 31 80, Fax 291 85 37 25, ≤ – 🆎 ⓘ 🔴 🆅🆂🅰
Refeição - só almoço - lista aprox. 34.
♦ Casa de longa trajectória erigida sobre rochas vulcânicas, onde se formaram piscinas naturais. Sala com certo tipismo e outra mais moderna de grande capacidade.

Santa Cruz 733 B 2 – 6 026 h.
Funchal 14.

na via rápida : *Noreste : 1,3 km :*

Estalagem Albatroz, Quinta Dr. Américo Durão, Sítio da Terga, ✉ 9100-187 Santa Cruz, ✆ 291 52 02 90, *info@albatrozhotel.com*, Fax 291 52 44 14, ≤ oceáno, 佘, ⌒, ⚒ – |‡|, ▤ qto, TV ✆P. – ⚒ 25/80. AE ① ⓂⓄ VISA. ⌘
Refeição 25 – **18 qto** ☳ 150/180 – 2 suites.
◆ Aprecia-se o interesse por dar um bom serviço ao cliente. Os seus amplos quartos estão decorados num estilo rústico actual, com mobiliário de qualidade e boas vistas. No restaurante, luminoso e de correcta montagem, oferecem uma ementa tradicional.

São Vicente 733 A Y.
Funchal 55.

Estalagem Praia Mar, Sítio do Calhãu, ✉ 9240, ✆ 291 84 23 83, *estalagem.praia mar@clix.pt*, Fax 291 84 27 49, ≤ – |‡| TV. AE ① ⓂⓄ VISA. ⌘
Refeição 15,50 – **20 qto** ☳ 27,50/40.
◆ Hotel de simples organização familiar situado frente ao mar. Os quartos, suficientemente equipados, resultam muito válidos dentro da sua categoria. Espaçoso refeitório de carácter popular, com uma grande lareira e o tecto de madeira.

Serra de Água 733 A Y.
Ver : Sítio★.
Funchal 39.

na estrada de São Vicente :

Pousada dos Vinháticos ⚘, Norte : 2,2 km, ✉ 9350-306, ✆ 291 95 23 44, *info@dorisol.pt*, Fax 291 95 25 40, ≤ montanhas – TV P. AE ① ⓂⓄ VISA. ⌘
Refeição 20 – **21 qto** ☳ 53/70.
◆ Desfrute duma privilegiada situação no coração verde da ilha, imersa entre uma exuberante vegetação. Uma casa de pedra e outra de madeira albergam os quartos. Refeitório com uma deslumbrante vista sobre o vale.

Encumeada ⚘, Norte : 3,8 km, ✉ 9350 Serra de Água, ✆ 291 95 12 82, *recepco@residencialencumeada.com*, Fax 291 95 12 81, ≤ montanhas – TV P. AE ① ⓂⓄ VISA. ⌘
Refeição 12,50 – **50 qto** ☳ 30/45.
◆ De simples organização familiar e linha clássica, isolado em plena montanha. Possui espaçosos quartos dotados de mobiliário de boa factura. Restaurante modesto mas alegre centrado na clientela de passagem.

PORTO SANTO

Vila Baleira 733 D X – 567 h – Praia.
Ver : Largo do Pelourinho★.
Arred. : A Pedreira★ 8 km a Sudoeste – Pico das Flores ≤★ 9 km a Sudoeste.

✈ do Porto Santo 2 km - Direcção dos aeroportos da Madeira ✆ 291 98 01 20 Fax 291 98 01 21.

⛴ para Funchal : Porto Santo Line ✆ 291 21 03 00 Fax 291 22 64 34.

🛈 Av. Henrique Vieira e Castro 5 ✉ 9400-179 Porto Santo ✆ 291 98 23 61 (ext. 203) Fax 291 98 35 62.

Torre Praia ⚘, Rua Goulart Medeiros, ✉ 9400-164 Porto Santo, ✆ 291 98 04 50, *reservas@torrepraia.pt*, Fax 291 98 24 87, ≤, Ⅰ₅, ⌒ – |‡| ▤ TV P. AE ① ⓂⓄ VISA. ⌘
Refeição 20 – **62 qto** ☳ 140,50/156 – 4 suites.
◆ Instalações de vanguarda e uma localização de luxo, uma praia de fina areia amarela. Desfrute dos seus espaçosos quartos dotados de adequados salões. O restaurante surpreende na zona pelo desenho actual e a sua variada ementa internacional.

ao Sudoeste :

Vila Baleira ⚘, Cabeço da Ponta - 5,7 km, ✉ 9400-030 apartado 258 Porto Santo, ✆ 291 98 08 00, *vila.baleira@ferpinta.pt*, Fax 291 98 08 01, ≤, Serviços de talassoterapia, Ⅰ₅, ⌒, ⛱, ⚒ – |‡| ▤ TV ₺ P. – ⚒ 25/190. AE ① ⓂⓄ VISA. ⌘
Refeição - so buffet - 22,50 – **224 qto** ☳ 172,50/216 – 32 suites.
◆ Amplitude e conforto são os seus melhores valores. Desfrute duma grata estadia e dos seus completos quartos. Possui um serviço de talassoterapia. Espaçoso refeitório envidraçado onde poderá degustar um saboroso buffet.

Vila Baleira - PORTO SANTO

🏨 **Luamar** ⌂ sem rest com snack-bar, Cabeço da Ponta - 5,5 km, ✉ 9400-030 Porto Santo, ℘ 291 98 41 21, *reservas@torrepraia.pt*, Fax 291 98 31 00, ≤, ⌘, ⌘ – 🛗 📺 🅿 AE ⦿ ⦿ VISA ✂
63 apartamentos ☐ 114.
♦ Apartamentos T1 em regime hoteleiro dotados de um correcto equipamento. Possuem um bom conforto geral dentro da funcionalidade dos seus materiais.

MAFRA Lisboa 733 P 1 – *11 276 h alt. 250*.

Ver : *Palácio e Convento de Mafra*★★ : *basílica*★★ *(zimbório*★*), palácio e convento (biblioteca*★*).*

🛈 Terreiro D. João V ✉ *2640-492* ℘ *261 81 71 70 turismo@cm-mafra.pt* Fax 261 81 71 77.
Lisboa 47 – Sintra 23.

MAIA Porto 733 I 4 – *35 625 h*.

Lisboa 314 – Braga 44 – Porto 11 – Vila Real 98.

🏨 **Egatur Maia,** Rua Simão Bolívar 375, ✉ 4470-214, ℘ 22 943 56 50, *recepc.maia@egatur.com*, Fax 22 943 56 59 – 🛗 ▭ 📺 ✆ & ⇌ 🅿 – 🅰 25/400. AE ⦿ ⦿ VISA ✂
Refeição 14,53 – **80 qto** ☐ 80,68/92,21 – 8 suites.
♦ Conjunto moderno, bastante central e de espaçosas instalações, com um bar integrado nas zonas nobres. Os seus acolhedores quartos dispõem de um mobiliário funcional. Restaurante dotado de aceso independente.

🏨 **Central Parque** sem rest, Av. Visconde de Barreiros 83, ✉ 4470-151, ℘ 22 947 55 63, *hcp.maia@mail.telepac.pt*, Fax 22 947 55 65 – 🛗 ▭ 📺 ✆ & ⇌ – 🅰 25. AE ⦿ ⦿ VISA ✂
40 qto ☐ 80/90.
♦ Na avenida principal da localidade. Moderno hotelzinho dotado de aconchegantes zonas comuns, decoradas com detalhes de bom gosto e quartos confortáveis.

em Nogueira Este : 3,5 km :

🏨 **Albergaria Machado** ⌂, Rua Dr. António José de Almeida 442, ✉ 4475-456 Nogueira Maia, ℘ 22 961 70 40, Fax 22 961 70 41 – 🛗 ▭ 📺 🅿
ver rest. **Machado** – **10 qto** ☐ 40/50.
♦ De nova construção e amável organização familiar. A zona social resulta algo reduzida e possui quartos muito cuidados, com os chãos em madeira e casas de banho modernas.

🍴 **Machado** - *Hotel Albergaria Machado*, Rua Dr. António José de Almeida 467, ✉ 4475-456 Nogueira Maia, ℘ 22 941 08 39, Fax 22 961 70 41 – ▭ 🅿
fechado 2ª e 3ª feira – **Refeição** *- só menú, vitela assada - 23.*
♦ Quantidade, qualidade e bons preços estão assegurados neste restaurante típico, que oferece como prato estrela a vitela assada ao estilo Lafões. Vinho de colheita própria.

MALHOU Santarém 733 N 3.

Lisboa 101 – Santarém 27 – Leiria 53 – Coimbra 112 – Portalegre 128.

🍴🍴 **O Malho,** Rua Padre Reis, ✉ 2380-537, ℘ 249 88 27 81, Fax 249 88 27 81 – ▭ 🅿 VISA ✂
fechado agosto, domingo noite e 2ª feira – **Refeição** *lista 20 a 25.*
♦ Vila de estilo ribatejano com a fachada em cor branca. Possui um bar à entrada e dois refeitórios de esmerada montagem, um deles como esplanada de Inverno para banquetes.

MANGUALDE Viseu 733 K 6 – *8 904 h alt. 545*.

🚗 ℘ *232 62 32 22*.
Lisboa 317 – Guarda 67 – Viseu 18.

🏨 **Estalagem Casa d'Azurara,** Rua Nova 78, ✉ 3530-215, ℘ 232 61 20 10, *info@azurara.com*, Fax 232 62 25 75, ⌘, ⌘ – 🛗, ▭ rest, 📺 🅿 AE ⦿ ⦿ VISA ✂ rest
Refeição lista 17 a 22 – **15 qto** ☐ 94/107.
♦ Hotelzinho cheio de graça e encanto instalado numa antiga casa senhorial, que dispõe de atractivos quartos decorados com um gosto apurado. Refeitório situado num sítio sereno e aberto a um bonito jardim.

MANGUALDE

Estalagem Cruz da Mata, Estrada N 16, ✉ 3530-114, ℘ 232 61 95 60 Fax 232 61 27 22, ⛉, ※ – 🗏 📺 🅿 – 🛋 25/150. 🖭 ⓘ 🅜🅞 🆅🅸🆂🅰. ※ rest
Refeição 12 – **28 qto** ⊃ 48/58.
◆ Pequeno hotel de clara funcionalidade e adequado equipamento, que possui uma zona social suficiente e confortáveis quartos cuidados com esmero. O restaurante resulta algo frio na sua decoração, mas é muito luminoso.

pela estrada N 16 Este : 2,8 km :

Senhora do Castelo ⊛, Monte da Senhora do Castelo, ✉ 3534-909 apartado 4, ℘ 232 61 99 50, hotel.sra.castelo@cotel.pt, Fax 232 62 38 77, ⇐ Serras da Estrela e Caramulo, ⛉, 🗏, ※ – 🛗 🗏 📺 🅿 – 🛋 25/200. 🖭 ⓘ 🅜🅞 🆅🅸🆂🅰. ※
Refeição 15 – **83 qto** ⊃ 40/50 – 4 suites.
◆ Desfrute de uma situação dominante com vistas as serras da Estrela e do Caramulo. O seu funcional interior alberga quartos amplos e bem equipados, com casas de banho actuais. Refeitório panorâmico muito correcto mas sem grandes detalhes.

MANTEIGAS Guarda 733 K 7 – 3 065 h alt. 775 – Termas – Desportos de Inverno na Serra da Estrela : ⛷ 3.

Arred. : Poço do Inferno★ (cascata★) Sul : 9 km – Sul : Vale glaciário do Zêzere★★, ⇐★
🄱 Rua Dr. Estevez de Carvalho 2 ✉ 6260-144 ℘ 275 98 11 29 Fax 275 98 11 29.
Lisboa 355 – Guarda 49.

Casa das Obras sem rest, Rua Teles de Vasconcelos, ✉ 6260-185, ℘ 275 98 11 55, turismo@casadasobras.pt, Fax 275 98 11 55, ⛉, 🐎 – 📺 🅿. ※
6 qto ⊃ 70/80.
◆ Casona senhorial que conserva no seu interior a atmosfera do séc. XVIII, com mobiliário de época na zona nobre e cálidos detalhes nos quartos. Casas de banho actuais.

na estrada N 232 Este : 1.5 km :

Quinta dos Fragas ⊛, sem rest, ✉ 6260-162, ℘ 275 98 24 20, quintadosfragas@clix.pt, Fax 275 98 24 21, ⇐, ⛉ – 📺 🅿. ※
10 qto ⊃ 40/60 – 4 apartamentos.
◆ Antiga casa de campo restaurada, com certo estilo montanhês na sua fachada. Zona comum com bar de aspecto aconchegante e quartos funcionais dotados de casas de banho standard.

pela estrada das Caldas Sul : 2 km e desvio a esquerda 1,5 km :

Albergaria Berne ⊛, Quinta de Santo António, ✉ 6260-191, ℘ 275 98 13 51, albergaria_berne@hotmail.com, Fax 275 98 21 14, ⇐, 🍽, ⛉ – 🛗, 🗏 rest, 📺 🅿. 🖭 🅜🅞 🆅🅸🆂🅰. ※
fechado do 15 ao 30 de setembro – **Refeição** (fechado domingo noite e 2ª feira) 14,50 – **17 qto** ⊃ 40/50.
◆ Pequeno hotel familiar situado fora da localidade, cujo interior alberga uma zona social íntima e aconchegante, e quartos funcionais com casas de banho actuais. Refeitório panorâmico onde se aprecia a quotidianidade que define o resto da casa.

na estrada de Gouveia Norte : 13 km :

Pousada de São Lourenço ⊛, ✉ 6260-200, ℘ 275 98 00 50, guest@pousadas.pt, Fax 275 98 24 53, ⇐ vale e montanha – 🗏 rest, 📺 🅿. 🖭 ⓘ 🅜🅞 🆅🅸🆂🅰. ※
Refeição 26 – **21 qto** ⊃ 128/140.
◆ A sua localização proporciona-nos formosas vistas sobre o vale. Típico hotel de montanha, cujo estilo e decoração recriam um ambiente decididamente entranhável. Adequado conforto. Restaurante de impecável montagem, aberto à serenidade dos seus belos arredores.

MARINHA GRANDE Leiria 733 M 3 – 28 372 h alt. 70 – Praia em São Pedro de Moel.

🄱 Rua Bernardino Gomes ✉ 2430 ℘ 244 56 66 44.
Lisboa 143 – Leiria 12 – Porto 199.

Cristal, Estrada de Leiria (Embra), ✉ 2430-091, ℘ 244 57 45 30, hoteiscristal@hoteiscristal.pt, Fax 244 57 45 33 – 🛗 🗏 📺 🅿 – 🛋 25/100
70 qto.
◆ Serviço e qualidade misturam-se neste moderno estabelecimento. Quartos confortáveis e salões de convenções para empresas. Dirigido a uma clientela de negócios. O seu espaçoso refeitório de estilo clássico oferece uma pequena ementa e um completo buffet.

MARRAZES Leiria – ver Leiria.

170

MARTINCHEL Santarém 733 N 5 – 713 h.
Lisboa 136 – Castelo Branco 121 – Leiria 74.

ao Nordeste : 2 km :

Estalagem Vale Manso ⚜, ✉ 2200-648, ☎ 241 84 00 00, reservas@estalagem valepemanso.com, Fax 241 84 00 09, ≤ barragem e montanhas, ⛱, ※ – 🛗 ▬ 📺 🐾 🅿
– 🏋 25/120. 🆎 ① ⓜ ⓥⓢ JCB. ※
Refeição 30 – 22 qto ⇌ 130/150 – 2 suites.
◆ Deixe-se seduzir pelo seu belo ambiente. Elegantes instalações e quartos que destacam pelo seu conforto e equipamento. Recebe os seus clientes com uma cesta de frutas. Restaurante panorâmico de excelente montagem, com formosas vistas sobre a barragem.

MARVÃO Portalegre 733 N 7 – 178 h alt. 865.
Ver : Sítio★★ – A Vila★ (balaustradas★) – Castelo★ (✳★★) : aljibe★.

🛣 Estrada N 246-1, Sudoeste : 8 km ☎ 245 99 37 55 Fax 245 99 38 05.
🛈 Rua Largo de Santa Maria ✉ 7330-101 ☎ 245 99 38 86 museu.marvão@mail.telepac.pt Fax 245 99 35 26.

Lisboa 226 – Cáceres 127 – Portalegre 22.

Pousada de Santa Maria ⚜, Rua 24 de Janeiro 7, ✉ 7330-122, ☎ 245 99 32 01, recepcao.stamaria@pousadas.pt, Fax 245 99 34 40, ≤ – 🛗, ✳ qto, ▬ 📺. 🆎 ① ⓜ ⓥⓢ. ※
Refeição 26 – 28 qto ⇌ 138/150 – 1 suite.
◆ Pousada central, de ar regional, cujo interior alberga uma cuidada zona social, com confortáveis quartos com mobiliário antigo e casas de banho actuais. Refeitório panorâmico com grandes janelas que se abrem às montanhas.

Albergaria El Rei D. Manuel ⚜, Largo de Olivença, ✉ 7330-104, ☎ 245 90 91 50, alberg.d.manuel@mail.telepac.pt, Fax 245 90 91 59, ≤, 🍽 – 🛗 ▬ 📺 🐾. 🆎 ⓜ ⓥⓢ. ※
Refeição 11 – 15 qto ⇌ 53/60.
◆ Hotelzinho de nova construção e organização simples, situado no coração desta bonita vila. Confortáveis quartos, destacando nove deles pelas suas excelentes vistas. Refeitório atractivo e de ar regional onde encontrará um ambiente cómodo e agradável.

Casa D. Dinis ⚜ sem rest, Rua Dr. Matos Magalhães 7, ✉ 7330-121, ☎ 245 99 39 57, casad.dinis@vizzavi.pt, Fax 245 99 39 59 – ▬ 📺. 🆎 ① ⓜ ⓥⓢ. ※
9 qto ⇌ 45/55.
◆ Casa tradicional levada por um amável casal. Dispõe de uma acolhedora sala social com lareira e quartos muito correctos na sua categoria, com as casas de banho renovadas.

MATOSINHOS Porto – ver Porto.

MATOSINHOS Vila Real – ver Loivos.

MEALHADA Aveiro 733 K 4 – 4 043 h alt. 60.
Lisboa 221 – Aveiro 35 – Coimbra 19.

na estrada N 1 Norte : 1,5 km :

Pedro dos Leitões, Rua Álvaro Pedro 1, ✉ 3050-382, ☎ 231 20 99 50, Fax 231 20 99 59 – 🅿. 🆎 ⓜ ⓥⓢ. ※
Refeição - leitão assado - lista aprox. 20.
◆ Supõe toda uma experiência acumulada na tradição do leitão, ocupam-se da criação e retalhadura do animal. Renovado classicismo na sua decoração.

Os preços indicados podem aumentar,
em caso de variações significativas do custo de vida.
Solicite a confirmação do preço definitivo quando efectue
a sua reserva de hotel.

Se se atrasa no caminho e não pode chegar
antes das 18h, confirme telefonicamente a sua reserva, é mais seguro...
e é o costume.

MELGAÇO Viana do Castelo 733 F 5 – 761 h – Termas.

🛈 Rua da Loja Nova ✉ 4960-371 ✆ 251 40 24 40 Fax 251 40 24 37.

Lisboa 451 – Braga 110 – Ourense 61 – Viana do Castelo 89 – Vigo 54.

XX Panorama, Edifício do Mercado Municipal, ✉ 4960, ✆ 251 41 04 00, Fax 251 41 04 83, ⇐ – 🍴, AE MC VISA. ⌧
fechado do 15 ao 30 de outubro e 2ª feira – **Refeição** lista aprox. 25.
◆ Boa vista panorâmica sobre o país vizinho, uma montagem muito correcta, e uma decoração com toques personalizados realçada por numerosas garrafas de vinho.

em Peso Oeste : 3,5 km :

Quinta do Reguengo ≫ sem rest, ✉ 4960-267 Melgaço, ✆ 251 41 01 50, geral@hoteldoreguengo.pt, Fax 251 41 01 59, ⛱ – 🛗 🍴 📺 ♿ 🅿. ⌧
12 qto ⊇ 75/82 – 3 suites.
◆ Hotel de amável organização familiar, rodeado por um pequeno vinhedo graças ao qual produzem o seu próprio vinho Albarinho. Quartos de excelente conforto na sua categoria.

Albergaria Boavista, ✉ 4960-235 Melgaço, ✆ 251 41 64 64, Fax 251 41 63 50, ⛱, ⌧ – 🛗 🍴 📺 ♿ 🅿. AE MC VISA. ⌧
Refeição lista aprox. 29 – **51 qto** ⊇ 50/65.
◆ O edifício principal alberga confortáveis quartos, enquanto que num anexo possuem dependências mais funcionais que somente funcionam no Verão. Refeitório diáfano de montagem clássica na parte antiga do hotel.

X **Adega do Sossego**, ✉ 4960-235 Melgaço, ✆ 251 40 43 08 – 🍴. AE MC VISA. ⌧
fechado do 1 ao 15 de maio, 20 setembro-7 outubro e 4ª feira – **Refeição** lista 20 a 31.
◆ Restaurante familiar situado numa pequena ruela. Dispõe de dois andares, com uma cálida decoração rústica que combina as paredes em pedra e os tectos em madeira.

MESÃO FRIO Vila Real 733 I 6.

Lisboa 375 – Braga 88 – Porto 77 – Vila Real 36 – Viseu 89.

na estrada N 108 Este : 2 km :

Pousada Solar da Rede ≫, Santa Cristina, ✉ 5040-336, ✆ 254 89 01 30, solar.da.rede@douroazul.com, Fax 254 89 01 39, ⇐ vinhedos, vale e rio Douro, ⛲, ⛱, 🐎, ⌧ – 🍴 📺 🅿. ♿ 25/400. AE ⓘ MC VISA. ⌧
Refeição 26 – **29 qto** ⊇ 183/195.
◆ Casa senhorial do séc. XVIII cujo núcleo principal alberga os quartos mais aconchegantes, estando o resto distribuído numa série de edifícios dispersos entre vinhedos. Elegante refeitório onde a sobriedade evidencia um óptimo gosto decorativo.

MIRA Coimbra 733 K 3 – 7 782 h – Praia.

Arred. : Varziela : Capela (retábulo★) Sudeste : 11 km.

Lisboa 221 – Coimbra 38 – Leiria 90.

na praia Noroeste : 7 km :

Sra. da Conceição sem rest, Av. Cidade de Coimbra 217, ✉ 3070-761, ✆ 231 47 16 45, mirarsc@portugalmail.pt, Fax 231 47 16 45 – 🛗 📺 🅿.
23 qto ⊇ 60/65.
◆ Pequeno estabelecimento de organização familiar, situado numa formosa zona de praia à entrada da localidade. Reduzida recepção e quartos funcionais.

MIRANDA DO DOURO Bragança 733 H 11 – 2 127 h alt. 675.

Ver : Sé (retábulos★) – Museu Regional da Terra de Miranda★.

Arred. : Barragem de Miranda do Douro★ Este : 3 km – Barragem de Picote★ Sudoeste : 27 km.

🛈 Largo do Menino Jesus da Cartolinha ✉ 5210-191 ✆ 273 43 11 32 mirdouro@mail.telepac.pt Fax 273 43 10 75.

Lisboa 524 – Bragança 85.

Turismo sem rest, Rua 1º de Maio 5, ✉ 5210-191, ✆ 273 43 80 30, Fax 273 43 13 35 – 🛗 🍴 📺 ♿. AE ⓘ MC VISA JCB
29 qto ⊇ 20/40.
◆ Hotel central, cujo interior de linha clássica alberga uma reduzida zona nobre, que é compensada pelos quartos amplos e bem equipados.

MIRANDELA Bragança 733 H 8 - 11 186 h.

Ver : Museu Municipal Armindo Teixeira Lopes★.

🖪 Rua D. Afonso II (Praça do Mercado) ⊠ 5370-287 ℘ 278 20 02 72 info@bib-sarmento-pimentel.rcts.pt Fax 278 26 57 68.

Lisboa 475 - Bragança 67 - Vila Real 71.

D. Maria, Rua Dr. Jorge Pires 3, ⊠ 5370-430, ℘ 278 24 84 55, cep@netc.pt, Fax 278 24 84 08 – ▤. 𝗔𝗘 ⓂⒺ 𝗩𝗜𝗦𝗔. ⌀
fechado 2ª feira – **Refeição** lista aprox. 27.
• Aconchegante restaurante de estilo actual com uma elegante zona de bar na entrada. Uma excelente montagem e uma impecável manutenção definem o seu interior.

O Grês, Av. Nossa Senhora do Amparo, ⊠ 5370-210, ℘ 278 24 82 02 – ▤. 𝗔𝗘 ⓂⒺ 𝗩𝗜𝗦𝗔. ⌀
fechado do 1 ao 15 de julho e domingo noite – **Refeição** lista 30 a 40.
• Discreto estabelecimento de carácter funcional, com instalações muito cuidadas que são realçadas com uma decoração actual. Cozinha à vista.

ao Nordeste : 1,5 km :

Jorge V sem rest, Av. das Comunidades Europeias, ⊠ 5370-205, ℘ 278 26 50 24, Fax 278 26 50 25 – ▤ 📺 🚗 🅿. 𝗔𝗘 ⓞ ⓂⒺ 𝗩𝗜𝗦𝗔. ⌀
31 qto ⌑ 25/40.
• Hotel de aspecto actual situado nos arredores da localidade. Tem quartos de linha clássica simples, onde o equipamento e o conforto ficam garantidos.

MOGADOURO Bragança 733 H 9 - 3 638 h.

Lisboa 471 - Bragança 94 - Guarda 145 - Vila Real 153 - Zamora 97.

A Lareira com qto, Av. Nossa Senhora do Caminho 58, ⊠ 5200-207, ℘ 279 34 23 63 – ▤ rest, 📺. ⌀ qto
fechado janeiro – **Refeição** (fechado 2ª feira) lista 12 a 18 – **10 qto** ⌑ 20/30.
• Restaurante e quartos em negócio compartilhado. Modesto refeitório onde servem uma reconfortante cozinha de estilo regional com preços atractivos, destacando as carnes.

MOIMENTA DA BEIRA Viseu 733 J 7 - 2 402 h.

Lisboa 338 - Viseu 51 - Guarda 84 - Vila Real 62 - Porto 131.

pela estrada N 226 Sudeste : 2,5 km :

Verdeal ⌂ sem rest, ⊠ 3620, ℘ 254 58 40 61, hotelverdeal@clix.pt, Fax 254 58 40 63, 🏊 – 🛗 ▤ 📺 ♿ 🅿 – 🔑 25/200. 𝗔𝗘 ⓞ ⓂⒺ 𝗩𝗜𝗦𝗔. ⌀
10 qto ⌑ 35/60.
• De moderna construção nos arredores da localidade. Quartos de estilo actual, com mobiliário funcional, chãos em parquet e todos eles dotados de varanda.

MONÇÃO Viana do Castelo 733 F 4 - 2 379 h - Termas.

Ver : Miradouro★.

🖪 Praça Deu-La-Deu (Casa do Curro) ⊠ 4950-452 ℘ 251 65 27 57 Fax 251 65 27 51.

Lisboa 451 - Braga 71 - Viana do Castelo 69 - Vigo 48.

na estrada de Sago Sudeste : 3 km :

Solar de Serrade ⌂ sem rest, Mazedo, ⊠ 4950-280 Mazedo, ℘ 251 65 40 08, quintadeserrade@clix.pt, Fax 251 65 40 41, Produção de vinho Alvarinho – 📺 🅿 – 🔑 25/400. ⌀
10 qto ⌑ 65/95 – 4 suites.
• Casa armoriada de arquitectura senhorial, numa quinta agrícola dedicada à produção de vinho Alvarinho. Salões de época e elegantes quartos, a maioria com mobiliário antigo.

MONCARAPACHO Faro 733 U 6 - 7 591 h.

Lisboa 286 - Faro 18 - Beja 156 - Olhão 9 - São Brás de Alportel 14.

na estrada N 398 Norte : 4,5 km :

Casa da Calma ⌂ sem rest, Sítio do Pereiro, ⊠ 8700-123, ℘ 289 79 10 98, info@casadacalma.com, Fax 289 79 15 99, 🏊 climatizada, 🌳 – 📺 🅿. ⓂⒺ 𝗩𝗜𝗦𝗔
7 qto ⌑ 78/138.
• Conjunto de estilo regional situado em pleno campo. Oferece cuidados quartos com mobiliário em pinho, a maioria deles com casas de banho com duche, e uma agradável varanda.

MONCHIQUE Faro 733 U 4 – 5 375 h alt. 458 – Termas.

Arred.: *Estrada★ de Monchique à Fóia* ≤★, *Monte Fóia★* ≤★.

🛈 Largo dos Chorões ✉ 8550 ✆ 282 91 11 89.

Lisboa 260 – Faro 86 – Lagos 42.

✗ **Albergaria Bica-Boa** com qto, Estrada de Lisboa 266, ✉ 8550-427, ✆ 282 91 22 71, enigma@mail.telepac.pt, Fax 282 91 23 60, 🍴 – AE ⓞ VISA. ※ rest
Refeição lista aprox. 31 – **4 qto** ☐ 65,50.
   ♦ O seu reduzido tamanho e uma cálida rusticidade conformam um ambiente íntimo e aconchegante. Agradáveis exteriores com esplanada e árvores complementados com cuidados quartos.

na estrada da Fóia :

🏨 **Estalagem Abrigo da Montanha** ⏿, Sudoeste : 2 km, ✉ 8550, ✆ 282 91 21 31, abrigodamontanha@hotmail.com, Fax 282 91 36 60, ≤ vale, montanha e mar, 🍴, ⛱ – ☐, AE ⓞ VISA. ※
Refeição 15 – **11 qto** ☐ 71,35/87,85 – 3 suites.
   ♦ Antiga casa de pedra com esplanadas e uma localização que nos oferece formosas vistas. Apesar da sua linha funcional, a decoração reflecte um gosto excelente e refinado. Agradável e luminoso restaurante aberto à imensidão dos seus arredores.

nas Caldas de Monchique Sul : 6,5 km :

🏨 **Albergaria do Lageado** ⏿, ✉ 8550-232 Monchique, ✆ 282 91 26 16, Fax 282 91 13 10, 🍴, ⛱ – ⚒, AE ⓞ ⓜ VISA JCB. ※
abril-outubro – **Refeição** 15 – **20 qto** ☐ 50/60.
   ♦ Apesar das suas modestas instalações, é um recurso correcto e atractivo. Esmerada manutenção e uma estética que homenageia as tradições do país. Restaurante decorado com certo tipismo, cujas paredes são realçadas por base de azulejos.

As principais vias comerciais aparecen resenhadas em *vermelho*
na lista de ruas que figura junto as plantas das cidades.

MONDIM DE BASTO Vila Real 733 H 6 – 3 473 h.

Lisboa 404 – Amarante 35 – Braga 66 – Porto 96 – Vila Real 45.

pela estrada de Vila Real Sul : 2,5 km :

⌂ **Quinta do Fundo** ⏿, Vilar de Viando, ✉ 4880-212, ✆ 255 38 12 91, Fax 255 38 20 17, 🍴, ⛱, ※ – 🅿. ※
fechado janeiro – **Refeição** - só jantar, só clientes - 30 – **5 qto** ☐ 50 – 2 suites.
   ♦ Cálido ambiente familiar numa quinta agrícola com adegas próprias, onde é produzido e engarrafado o popular vinho verde. Quartos de cándida simplicidade.

MONFORTINHO (Termas de) Castelo Branco 733 L 9 – 608 h alt. 473 – Termas.

🛈 Av. Conde da Covilhã - Edifício das Piscinas Municipais ✆ 277 43 42 23 Fax 277 43 42 23.
Lisboa 310 – Castelo Branco 70 – Santarém 229.

🏨 **Astória** ⏿, ✉ 6060-072, ✆ 277 43 04 00, hotelastoria@monfortur.pt, Fax 277 43 04 09, 🍴, 🛀, ⛱, ☐, 🐎, ※ – 🛗 ☐ TV 🅿 – 🔒 25/150. AE ⓞ ⓜ VISA. ※
Refeição 17,50 – **83 qto** ☐ 70/110.
   ♦ Aconchegante hotel de estação termal, cujo excelente equipamento antecede a um conforto moderno e actual. Elegante interior onde impera uma estética de excelente gosto. As grandes janelas e a alegre decoração conformam um refeitório cheio de graça e encanto.

🏨 **Fonte Santa** ⏿, ✉ 6060-072, ✆ 277 43 03 00, hotel.fonte.santa@monfortur.pt, Fax 277 43 03 09, ⛱, ※ – 🛗 ☐ TV ☏ 🅿. AE ⓞ ⓜ VISA. ※
Refeição 22 – **45 qto** ☐ 150.
   ♦ Estabelecimento de linha funcional e adequado equipamento, situado num belo parque. Confortáveis quartos com casas de banho actuais. Luminoso restaurante de estilo regional, com vigas de madeira no tecto e um bela base azulejada.

🏨 **Das Termas**, Padre Alfredo, ✉ 6060-072, ✆ 277 43 03 10, Fax 277 43 03 11 – ☐ TV 🅿
20 qto.
   ♦ Hotelzinho de carácter familiar, cujo equipamento cumpre com as necessidades básicas do conforto. Aconchegantes quartos com mobiliário em madeira e casas de banho actuais.

MONSANTO Castelo Branco 733 L 8 – 1 160 h alt. 758.
   Ver : Castelo : ✻★★.
   Lisboa 328 – Castelo Branco 73 – Ciudad Rodrigo 132 – Guarda 90.

🏨 **Pousada de Monsanto** ⌇, Rua da Capela 1, ✉ 6060-091 Monsanto IDN, ✆ 277 31 44 71, guest@pousadas.pt, Fax 277 31 44 81, ≤ – 🛗 ▦ TV. Æ ① ◎ VISA JCB. ※
Refeição 26 – **10 qto** ⌇ 128/140.
   ♦ Pequena pousada situada numa aldeia pitoresca, com uma parte moderna e outra de estilo antigo. Oferece quartos de ar rústico dotados de um equipamento completo.

MONSARAZ Évora 733 Q 7 – 977 h alt. 342.
   Ver : Localidade★★ – Sítio★★ – Rua Direita★.
   🅱 Largo D. Nuno Alvares Pereira 5 ✉ 7200-175 ✆ 266 55 71 36.
   Lisboa 191 – Badajoz 96 – Évora 59 – Portalegre 144 – Setúbal 159.

🏛 **Estalagem de Monsaraz** ⌇ sem rest, Largo de S. Bartolomeu 5, ✉ 7200-175, ✆ 266 55 71 12, estalagem.mosaraz@clix.pt, Fax 266 55 71 01, ≤ planicie desde a esplanada, ⌇, 佘 – ▦ TV ѣ. Æ ① ◎ VISA JCB. ※
19 qto ⌇ 67/90.
   ♦ Conjunto rústico-regional situado ao pé das muralhas, com uma piscina-jardim que desfruta de belas vistas. As suas cálidas instalações têm o aroma do quotidiano.

⌂ **Casa Parroquial Santo Condestável** ⌇ sem rest, Rua Direita 4, ✉ 7200-175, ✆ 266 55 71 81 – TV. ※
5 qto ⌇ 25/30.
   ♦ Desfrute do descanso numa casa tradicional desta agradável localidade. Adequado conforto e bons níveis de limpeza e manutenção dentro da sua categoria.

ao Sul : 2,5 km :

🏯 **Horta da Moura** ⌇, ✉ 7200-999 apartado 64 Reguengos de Monsaraz, ✆ 266 55 01 00, hortadamoura@hortadamoura.pt, Fax 266 55 01 08, 佘, ⌇, ※ – ▦ TV ѣ. P. – 🝔 25/180. Æ ① ◎ VISA ※ rest
Refeição (fechado 3ª feira) 17,50 – **25 qto** ⌇ 80/85 – 1 apartamento.
   ♦ Prédio rústico envolvido no silêncio da planicie alentejana. Cálido ambiente de estilo regional onde destacam os quartos de grande tamanho. Atractivo refeitório em dois níveis, colorista e com tectos em madeira.

pela estrada de Telheiro Norte : 1,5 km e desvío a direita 1,3 km :

⌂ **Monte Alerta** ⌇ sem rest, ✉ 7200-175 apartado 101, ✆ 266 55 01 50, geral@montealerta.com, Fax 266 55 73 25, ≤, 🗦, ⌇, 佘 – ▦ TV. ◎ VISA. ※
8 qto ⌇ 60/80.
   ♦ Casa de campo familiar com magníficas instalações e atractivos exteriores. Dispõe de uma ampla zona social e espaçosos quartos decorados com mobiliário de época.

MONTARGIL Portalegre 733 O 5 – 2 781 h.
   Lisboa 131 – Portalegre 104 – Santarém 72.

🏨 **Barragem**, Estrada N 2, ✉ 7425-999, ✆ 242 90 41 75, Fax 242 90 42 55, ≤, 佘, ⌇, ※ – ▦ TV P. – 🝔 25/180. Æ ① ◎ VISA. ※
A Panela : Refeição lista 20 a 26 – **18 qto** ⌇ 70/80 – 3 suites.
   ♦ A sua localização junto à barragem oferece-nos todo um leque de actividades náuticas. Hotel de estrada com quartos funcionais e bem equipados, todos com varanda. Refeitório principal rodeando um balcão e outra sala de tectos altos para banquetes.

MONTE Madeira – ver Madeira (Arquipélago da).

MONTE ESTORIL Lisboa – ver Estoril.

MONTE GORDO Faro – ver Vila Real de Santo António.

Dê-nos a sua opinião sobre os restaurantes recomendados,
as suas especialidades e os vinhos da região.

MONTE REAL Leiria 733 M 3 – 2 777 h alt. 50 – Termas.

ₐ Largo Manuel da Silva Pereira (Parque Municipal) ✉ 2425-041 ✆ 244 61 21 67.

Lisboa 147 – Leiria 16 – Santarém 97.

D. Afonso, Rua Dr. Oliveira Salazar, ✉ 2425-044, ✆ 244 61 12 38, Fax 244 61 13 22, ⬜, ✇ – ⏣, ☰ rest, 📺 ⟷ – ⛳ 25/600. 🆎 🆘 VISA. ✇
abril-dezembro – **Refeição** - só menú - 15 – **74 qto** ⚏ 63/68.
* Um hotel de cuidadas instalações, embora na sua decoração e mobiliário começa a apreciar-se o passar do tempo. Quartos bem equipados e boa zona de lazer. Refeitório de grande capacidade e adequada montagem, onde basicamente oferecem um prato do dia.

Santa Rita, Rua de Leiria 35, ✉ 2425-039, ✆ 244 61 21 47, santarita@mail.telepac.pt, Fax 244 61 21 72, ⬜ – 📺 🅿. VISA. ✇
abril-outubro – **Refeição** - só menú - 12 – **42 qto** ⚏ 45/60.
* Hotelzinho de séria organização e impecável manutenção. Possui quartos de linha clássica decorados com mobiliário antigo e uma magnífica piscina no exterior.

Colmeia, Estrada da Base Aérea 5, ✉ 2425-022, ✆ 244 61 25 33, rcolmeia@iol.pt, Fax 244 61 19 30 – ⏣, ☰ rest, 📺 🅿. – ⛳ 25/80. ✇
maio-outubro – **Refeição** - só clientes - 11 – **46 qto** ⚏ 40/50.
* Negócio familiar de correcta organização dirigido com dignidade. Quartos funcionais de distinto conforto, com casas de banho completas.

em Ortigosa na estrada N 109 - Sudeste : 4 km :

Saloon, ✉ 2425-710 Ortigosa, ✆ 244 61 34 38, info@quintadopaul.pt, Fax 244 61 37 03, ☕ – ☰ 🅿. 🆎 ⓞ 🆘 VISA. ✇
Refeição lista aprox. 30.
* Instalado numa quinta. Tem um certo carácter típico e possui uma sala principal de estilo rústico, com bom mobiliário e um adequado serviço de mesa.

Escreva-nos...
Os seus elogios como tambem as suas críticas
serao examinados com toda a atencao.
Os nossos inspectores voltarao a ver
os hoteis e restaurantes que nos indicar.
Gracas a vossa colaboracao, este guia sera
sempre mais exacto e mais completo.
Anticipadamente gratos !

MONTEMOR-O-NOVO Évora 733 Q 5 – 8 298 h alt. 240.

ₐ Largo Calonste Gulbenkian ✉ 7050-192 ✆ 266 89 81 03 turismo@cm-montemornovo.pt Fax 266 89 81 90.

Lisboa 112 – Badajoz 129 – Évora 30.

Bar Alentejano, Av. Sacadura Cabral 25, ✉ 7050-304, ✆ 266 89 22 24 – ☰. 🆎 🆘 VISA
fechado do 15 ao 30 de setembro, domingo noite e 2ª feira – **Refeição** lista 22 a 26.
* Restaurante de ar rústico-regional com um bar privativo à entrada e uma sala, decorada com utensílios de lavoura, que destaca pelo seu tecto em madeira a duas águas. Cozinha alentejana.

pela estrada de Alcácer do Sal Sudoeste : 3 km e desvio a direita 1 km :

Monte do Chora Cascas ⚘, ✉ 7050-apartado 296, ✆ 266 89 96 90, info@montechoracascas.com, Fax 266 89 96 99, ☕, ⬜, ☲, ✇ – 🅿.
só clientes, só jantar, só buffet – **7 qto**.
* Um turismo rural de autentico luxo. Desfruta de magníficos quartos, personalizados e decorados com muito bom gosto, assim como de uma elegante sala social com piano e lareira.

MONTEMOR-O-VELHO Coimbra 733 L 3 – 2 853 h.

Ver : Castelo★ (✻★).

Lisboa 206 – Aveiro 61 – Coimbra 29 – Figueira da Foz 16 – Leiria 77.

Ramalhão, Rua Tenente Valadim 24, ✉ 3140-255, ✆ 239 68 94 35 – 🆎 🆘 VISA. ✇
fechado outubro, domingo noite e 2ª feira – **Refeição** lista 19 a 24.
* Numa casa do séc. XVI. Sala de cálido estilo rústico e correcto mobiliário onde poderá degustar uma cozinha típica baseada em antigas receitas. Preços moderados.

MONTIJO Setúbal 733 P 3 – 25 561 h.
Lisboa 40 – Setúbal 24 – Vendas Novas 45.

Tryp Montijo Parque H., Av. João XXIII-193, ⊠ 2870-159, ℰ 21 232 66 00, tryp.
montijo.parque@solmeliaportugal.com, Fax 21 231 52 61 – 🛎 📺 ♿ 🚗 – 🏛 25/180.
AE ⓘ ⓜ VISA JCB. ⸙
Refeição lista aprox. 17 – **84 qto** ⊇ 74/89.
• Estabelecimento de moderna fachada cujo interior descobre uma zona social relaxada e quartos correctos na sua funcionalidade, com materiais de qualidade standard. Agradável refeitório decorado com detalhes regionais.

Taverna D'el Rei, Rua Gago Coutinho 89, ⊠ 2870-330, ℰ 212 31 49 23, info@tavernadelrei.com, Fax 910 985 7960 – ▣. AE ⓘ ⓜ VISA. ⸙
fechado julho, domingo noite e 2ª feira – **Refeição** lista 20 a 34.
• Casa de piso térreo com entrada directa ao refeitório, de estilo rústico e com vigas de madeira. Oferece uma ementa regional com algum prato baseado nas elaborações locais.

MORA Évora 733 P 5 – 2 820 h.
Lisboa 117 – Évora 59 – Santarém 75 – Portalegre 114 – Setúbal 111.

Afonso, Rua de Pavia 1, ⊠ 7490-207, ℰ 266 40 31 66, res.afonso@iol.pt,
Fax 266 40 33 66 – ▣. AE ⓘ ⓜ VISA. ⸙
fechado do 1 ao 15 de março, do 15 ao 30 de setembro e 4ª feira – **Refeição** lista 26 a 31.
• Negócio familiar central, com um bar e um refeitório neo-rústico, dotado de atraentes arcos e o tecto em lousas de argila. Cozinha alentejana, pratos de caça e uma boa adega.

NANTES Vila Real – ver Chaves.

NAZARÉ Leiria 733 N 2 – 10 080 h – Praia.
Ver : Sítio★★ - O Sítio ≤★ B- Farol : sítio marinho★★ – Igreja da Misericórdia (miradouro★) B.

🛈 Av. da República ⊠ 2450-101 ℰ 262 56 11 94 camaranazaregap@mail.telpac.pt Fax 262 55 00 19.

Lisboa 123 ② – Coimbra 103 ① – Leiria 32 ①

Plano página seguinte

Miramar, Rua Abel da Silva 36 - Pederneira, ⊠ 2450-060, ℰ 262 55 00 00, reservations@hotelmiramar.pt, Fax 262 55 00 01, 🏋, 🏊 – 🛎 ▣ 📺 ♿ – 🏛 25/100. AE ⓜ VISA. ⸙
B t
Refeição lista aprox. 25 – **40 qto** ⊇ 95/100 – 7 apartamentos.
• Situado num dos miradouros com mais encanto da localidade. Instalações recentemente ampliadas com quartos confortáveis, casas de banho actualizadas e nova piscina. Restaurante distribuído em dois andares, um com profusão de madeira e o outro com vistas sobre o mar.

Maré, Rua Mouzinho de Albuquerque 8, ⊠ 2450-901, ℰ 262 56 12 26, hotel.mare@mail.telepac.pt, Fax 262 56 17 50 – 🛎 ▣ 📺. AE ⓘ ⓜ VISA JCB. ⸙
A r
Refeição 25 – **36 qto** ⊇ 70,66/93,52.
• Ressalta pela sua proximidade à praia. Dispõe de uma ampla recepção, correcta zona social e uns quartos de estilo actual, com chãos em alcatifa e casas de banho completas. Possui um refeitório clássico e uma sala para banquetes nos últimos andares do hotel.

Ribamar, Rua Gomes Freire 9, ⊠ 2450-222, ℰ 262 55 11 58, Fax 262 56 22 24, ≤ –
📺. AE ⓘ ⓜ VISA. ⸙
A b
fechado do 12 ao 27 de dezembro – **Refeição** lista aprox. 17 – **25 qto** ⊇ 70/105.
• Estabelecimento um pouco antiquado mas bem situado frente à praia. Possui quartos clássicos decorados com ornamentos regionais e casas de banho detalhistas. Restaurante montado com certo atractivo, num ambiente típico e aconchegante.

Mar Bravo com qto, Praça Sousa Oliveira 67-A, ⊠ 2450-159, ℰ 262 56 91 60, mar-bravo@clix.pt, Fax 262 56 91 69, ≤, 🍽 – 🛎 ▣ 📺. AE ⓘ ⓜ VISA JCB
A s
Refeição - peixes e mariscos - lista 17 a 39 – **16 qto** ⊇ 120.
• A actividade principal radica num restaurante envidraçado, de correcta montagem e com vistas para o mar. Possui também equipados quartos com casas de banho actuais.

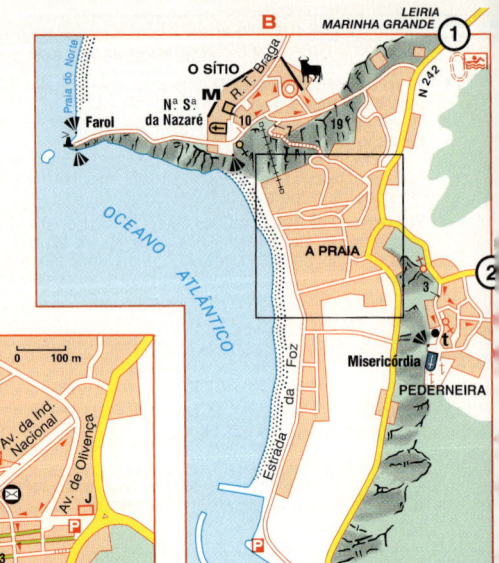

PORTUGAL

NAZARÉ

28 de Maio (R.)	**B** 19
Abel da Silva (R.)	**B** 3
Açougue (Trav. do)	**A** 4
Adrião Batalha (R.)	**A** 6
Azevedo e Sousa (R.)	**B** 7
Carvalho Laranjo (R.)	**A** 9
Dom F. Roupinho (R.)	**B** 10
Dr Rui Rosa (R.)	**A** 12
Gil Vicente (R.)	**A** 13
M. de Albuquerque (R.)	**A** 15
M. de Arriaga (Pr.)	**A** 16
República (Av. da)	**A**
Sousa Oliveira (Pr.)	**A** 18
Sub-Vila (R.)	**A**
Vieira Guimarães (Av.)	**A**

NELAS Viseu 733 K 6 – 4 073 h.

🛈 Largo Dr. Veiga Simão ✉ 3520-062 ☏ 232 94 43 48.
Lisboa 277 – Coimbra 81 – Viseu 19.

🏨 **Nelas Parq**, Av. Dr. Fortunato de Almeida, ✉ 3520-056, ☏ 232 94 14 70, hotelnel
sparq@mail.telepac.pt, Fax 232 94 49 14 – 📶 📺 ⚙ 🅿 – 🔥 25/250. 🆎 ⓞ ⓜ ⓥⓘⓢⓐ
❄ rest
Refeição 8 – **72 qto** ⌂ 60/70 – 4 suites.
   ♦ Edifício remodelado e acondicionado para o seu uso como hotel. Correcta zon
   social dotada de sofás muito coloristas e quartos de conforto actual, com mobiliári
   funcional. Cuidado refeitório e uma destacada zona de banquetes com aceso indepen
   dente.

🍴 **Bem Haja**, Rua da Restauração 5, ✉ 3520-069, ☏ 232 94 49 03, bemhaja@netcabo.pt
Fax 232 94 49 03 – 🍽. 🆎 ⓞ ⓜ ⓥⓘⓢⓐ. ❄
Refeição lista 22 a 30.
   ♦ Acolhedora casa cujas salas possuem certo estilo neo-rústico, combinando a
   paredes em pedra e com os quadros modernos. Cozinha regional com queijos de elaboraçã
   própria.

🍴 **Os Antónios**, Largo Vasco da Gama, ✉ 3520-079, ☏ 232 94 95 15, Fax 232 94 94 9
– 🍽. 🆎 ⓞ ⓜ ⓥⓘⓢⓐ. ❄
Refeição lista 18 a 27.
   ♦ Restaurante instalado numa antiga casa, cuja fachada e íntimo interior conservar
   ainda o calor da tradição. Possui também uma zona de bar e um pavilhão aberto par
   banquetes.

NOGUEIRA Porto – ver Maia.

ÓBIDOS Leiria 733 N 2 – 651 h alt. 75.

Ver : *A Cidadela medieval*★★ *(Rua Direita*★*, Praça de Santa Maria*★*, Igreja de Santa Maria : interior*★*, Túmulo*★*) - Murallas*★★ *(≤*★★*).*

🛈 Rua da Farmácia ⌧ 2510-076 ℘ 262 95 92 31.

Lisboa 92 – Leiria 66 – Santarém 56.

Pousada do Castelo, Paço Real, ⌧ 2510-999 apartado 18, ℘ 262 95 50 80, guest@pousadas.pt, Fax 262 95 91 48 –
Refeição 26 – **9 qto** ⌯ 238/250.

♦ Antigo castelo convertido em Pousada, depois de que um terramoto o destruiu parcialmente a meados do séc. XX. Os seus quartos mantêm o sabor dos tempos antigos. Refeitório de impecável montagem num belo contexto.

Real d'Óbidos, sem rest, Rua D. João de Ornelas, ⌧ 2510-074, ℘ 262 95 50 90, info@hotelrealdobidos.com, Fax 262 95 50 99, ⌯ climatizada –
15 qto ⌯ 130/140 – 2 suites.

♦ Instalado parcialmente numa antiga casa restaurada fora das muralhas. Atractivo interior decorado com objectos medievais, boa sala social e confortáveis quartos.

Casa das Senhoras Rainhas, Rua Padre Nunes Tavares 6, ⌧ 2510-070, ℘ 262 95 53 60, info@senhorasrainhas.com, Fax 262 95 53 69,
Refeição lista aprox. 34 – **10 qto** ⌯ 151/165.

♦ Dentro do recinto amuralhado e integrado no baluarte defensivo. Instalações funcionais de conforto actual, com uma correcta sala social e quartos de linha clássica. Atractivo restaurante repartido com um bom serviço de mesa e uma ementa tradicional portuguesa.

Albergaria Josefa d'Óbidos, Rua D. João d'Ornelas, ⌧ 2510-130, ℘ 262 95 92 28, josefadobidos@iol.pt, Fax 262 95 95 33 –
Refeição *(fechado janeiro)* 14 – **34 qto** ⌯ 58/68.

♦ O seu nome honra uma pintora tenebrista do séc. XVII, cujo corpo jaz numa igreja da localidade. Quartos confortáveis, bem mobilados e casas de banho actuais. Amplo restaurante repartido em dois espaços, com a grelha à vista num deles.

Louro, sem rest, Casal da Canastra, ⌧ 2510-042, ℘ 262 95 51 00, hospedarialouro1@sapo.pt, Fax 262 95 51 01,
20 qto ⌯ 50/60.

♦ Conjunto de linha actual situado fora das muralhas. Possui uma sala social, onde também servem os pequenos almoços, e uns correctos quartos equipados com casas de banho modernas.

Albergaria Rainha Santa Isabel, sem rest, Rua Direita, ⌧ 2510-060, ℘ 262 95 93 23, arsio@oninet.pt, Fax 262 95 91 15 –
20 qto ⌯ 72,50/88,50.

♦ Hotelzinho central com quartos bem mobilados, cuidados e com casas de banho completas, alguns com duche. Pequeno salão com bar para pequeno almoço.

Casa d'Óbidos, sem rest, Quinta de S. José - Nordeste : 1,5 km, ⌧ 2510-135, ℘ 262 95 09 24, casadobidos@clix.pt, Fax 262 95 99 70,
6 qto ⌯ 69/80 – 3 apartamentos.

♦ Extensa quinta nos arredores da cidade. O edifício principal possui quartos com os chãos em madeira e mobiliário de época, reservando os seus apartamentos para o anexo.

A Ilustre Casa de Ramiro, Rua Porta do Vale, ⌧ 2510-084, ℘ 262 95 91 94, Fax 262 95 91 94 –
fechado janeiro e 5ª feira – **Refeição** lista 31 a 40.

♦ Estabelecimento situado na zona baixa da localidade, fora das muralhas. Sala rústica decorada com gosto, mediante barris de madeira e o chão empedrado. Ementa equilibrada.

Alcaide, Rua Direita 60, ⌧ 2510-001, ℘ 262 95 92 20, restalcaide@hotmail.com, Fax 262 95 92 20,
fechado 30 março-15 abril, do 9 ao 24 de novembro e 4ª feira – **Refeição** lista 18 a 25.

♦ Claro expoente do tipismo local dentro da zona amuralhada. Refeitório de estilo clássico no 1º andar, com um simples serviço de mesa. Peça as especialidades da casa.

o Noroeste : 3 km e desvío particular 0,5 km :

Casal do Pinhão, sem rest, Bairro da Senhora da Luz, ⌧ 2510, ℘ 262 95 90 78, casalpinhao@clix.pt, Fax 262 95 90 78,
8 qto ⌯ 75/85 – 2 apartamentos.

♦ Um bom referencial para os amantes do turismo rural em pleno campo. Casa familiar com quartos e apartamentos T1 de ar regional, em duas construções anexas.

OEIRAS Lisboa 733 P 2 – 33 939 h – Praia.

🛈 Jardim Municipal de Santo Amaro de Oeiras ✉ 2780-057 ✆ 21 442 39 46 dct@cm oeiras.pt Fax 214 40 85 11 e Estrada da Fundição de Oeiras ✉ 2780 ✆ 21 440 85 88 dct@cm-oeiras.pt Fax 21 440 85 11.

Lisboa 18 – Cascais 8 – Sintra 16.

em Santo Amaro de Oeiras :

✕ Patrício, Rua Mestre de Avis 4-B, ✉ 2780-230 Oeiras, ✆ 21 443 17 86 – 🍽. AE ① ⓜ VISA JCB. ✽
fechado 20 agosto-20 setembro, 4ª feira noite e 5ª feira – **Refeição** lista aprox. 19.
◆ Casa familiar dirigida com dignidade. Restaurante de discreta fachada cujo interio alberga uma sala de simples montagem, onde servem uma ementa atenta à tradição.

✕ Saisa, Praia, ✉ 2780 Oeiras, ✆ 21 443 06 34, ≤, 🌿 – AE ① ⓜ VISA JCB. ✽
fechado 2ª feira – **Refeição** - peixes e mariscos - lista 19 a 26.
◆ Atractiva localização ao pé da praia. Modesto estabelecimento num estilo clássico e cuidado. O seu expositor de produtos anuncia uma cozinha de qualidade. Direcção eficiente.

na autoestrada A 5 Nordeste : 4 km :

🏨 Ibis Lisboa-Oeiras sem rest, Área de Serviço, ✉ 2780-826, ✆ 21 421 62 15 h1634@accor-hotels.com, Fax 21 421 70 39 – ≠ qto, 🍽 📺 & 🅿. AE ① ⓜ VISA. ✽
⊑ 5 – **61 qto** 56.
◆ Recurso de estrada avaliado pelo seu correcto conforto e adequado equipamento Reduzida zona social e quartos funcionais, com mobiliário actual e casas de banho pequenas.

OLHÃO Faro 733 U 6 – 26 022 h – Praia.

Lisboa 299 – Faro 9 – Beja 142 – Portimão 74.

Boémia sem rest, Rua da Cerca 20, ✉ 8700-387, ✆ 289 71 45 13, Fax 289 70 33 7‹
– 🍽 📺 AE ① ⓜ VISA. ✽
⊑ 7 – **15 qto** 50/60.
◆ Simples estabelecimento de carácter familiar com uma reduzida recepção e quartos que, apesar de serem modestos, sabem atender às necessidades básicas de conforto.

OLIVEIRA DE AZEMÉIS Aveiro 733 J 4 – 11 689 h.

Excurs. : Arouca (Museu de Arte Sacra : quadros primitivos★) 33 km a Nordeste.
🛈 Praça José da Costa ✉ 3720-217 ✆ 256 67 44 63 oliveiradeazemeis.rotadaluz@ino anet.pt.
Lisboa 275 – Aveiro 38 – Coimbra 76 – Porto 40 – Viseu 98.

🏨 Dighton, Rua Dr. Albino dos Reis, ✉ 3720-241, ✆ 256 68 21 91, dighton@hotel dighton.com, Fax 256 68 22 48 – 🛗 🍽 📺 & ⟺ – 🔔 25/200. AE ① ⓜ VISA. ✽
D. Gomado : Refeição lista aprox. 30 – **92 qto** ⊑ 68,50/79 – 1 suite.
◆ Hotel central e confortável construído com materiais de excelente qualidade. Quarto um pouco impessoais, compensados por uma zona social ampla e bem disposta. Restau rante de cuidadas instalações cuja especialidade são os assados.

✕✕ Diplomata, Rua Dr. Simões dos Reis 125, ✉ 3720-245, ✆ 256 68 25 90, firmino-ri eiro@clix.pt, Fax 256 67 41 38 – 🍽. AE ① ⓜ VISA JCB. ✽
fechado do 15 ao 31 de agosto e domingo noite – **Refeição** lista 24 a 30.
◆ Aconchegante local com um interior dividido em duas salas de linha clássica, onde servem uma cozinha de estilo tradicional a preços atractivos. Eficiente direcção familiar.

OLIVEIRA DO HOSPITAL Coimbra 733 K 6 – 4 390 h alt. 500.

Ver : Igreja Matriz★ (estátua★, retábulo★).
🛈 Rua do Colégio (Casa da Cultura César de Oliveira) ✉ 3400 ✆ 238 60 92 6 Fax 238 60 92 69.
Lisboa 284 – Coimbra 82 – Guarda 88.

ORTIGOSA Leiria – ver Monte Real.

OURÉM Santarém 733 N 4 – 5 258 h.
Lisboa 135 – Castelo Branco 139 – Leiria 23.

Pousada Conde de Ourém, Largo João Manso - zona do castelo, ✉ 2490-481, ☏ 249 54 09 20, *guest@pousadas.pt*, Fax 249 54 29 55, ⊇ – 📶 🖵 📺 🅿 🖭 ① ⓐ 𝒱𝐼𝒮𝐴. ※
Refeição 26 – **30 qto** ⊇ 138/150.
♦ Próxima ao castelo e com um acesso um pouco complicado. Quartos de esmerado equipamento e uma reduzida zona social, ocupando dois edifícios e um anexo. Restaurante de discreta montagem e ambiente agradável.

OURIQUE Beja 733 T 5 – 3 041 h.
Lisboa 190 – Beja 60 – Faro 105 – Portimão 95 – Setúbal 158.

São Lourenço sem rest e sem ⊇, Estrada de Garvão, ✉ 7670-253, ☏ 286 51 27 60, Fax 286 51 27 67, ≤ – 📺 🅿. ※
16 qto 25/35.
♦ Edifício funcional situado nos arredores da localidade. Possui uma pequena recepção e quartos de simples mobiliário, com os chãos em cortiça e as casas de banho reduzidas.

*Neste guia um mesmo símbolo, impresso a **preto** ou a vermelho,*
ou a mesma palavra com carácteres
de tamanhos diferentes não têm o mesmo significado.
Leia atentamente as páginas de introdução.

OUTEIRO Vila Real 733 G 6.
Lisboa 431 – Braga 74 – Ourense 85 – Porto 123 – Vila Real 104.

Estalagem Vista Bela do Gerês, Estrada N 308 - Este : 1 km, ✉ 5470-332 Outeiro MTR, ☏ 276 56 01 20, *estarit@estalagemvistabela.co.pt*, Fax 276 56 01 21, ≤ montanhas e barragem de Paradela, ⊇ – 📺 🅿. ⓐ 𝒱𝐼𝒮𝐴. ※
Refeição 12 – **14 qto** ⊇ 45/75.
♦ Oferece uma bela localização de interesse paisagístico. A sua construção em pedra garante uma perfeita integração com as montanhas e a barragem de Paradela. Simples restaurante de linha regional, onde uma lareira esquenta o ambiente.

OUTEIRO DA CORTIÇADA Santarém – ver Rio Maior.

OVAR Aveiro 733 J 4 – 17 185 h – Praia.
🛈 Rua Elias Garcia ✉ 3880-213 ☏ 256 57 22 15 Fax 256 58 31 92.
Lisboa 294 – Aveiro 36 – Porto 40.

Albergaria São Cristóvão, Rua Aquilino Ribeiro 1, ✉ 3880-151, ☏ 256 57 51 05, Fax 256 57 51 07 – 📶, 🍽 rest, 📺 ⇔ – 🛠 25/150. 🖭 ① ⓐ 𝒱𝐼𝒮𝐴. ※
Refeição - só jantar - lista 37 a 45 – **57 qto** ⊇ 30/40.
♦ O seu correcto conforto e a esmerada manutenção convertem-no num recurso válido e adequado à sua categoria. Modestos quartos, a maioria com casas de banho com duche.

PAÇO DE ARCOS Lisboa 733 P 2 – 23 496 h – Praia.
Lisboa 20.

Solar Palmeiras, Av. Marginal, ✉ 2781-801, ☏ 21 446 83 00, *comercial@ncaxias.pt*, Fax 21 446 83 99, ≤, ⊇ – 📶 🖵 📺 🅿 – 🛠 25/35. 🖭 ① ⓐ 𝒱𝐼𝒮𝐴
Refeição - ver rest. **La Cocagne** – **34 suites** ⊇ 94/114.
♦ Antigos apartamentos T1 convertidos em hotel, por essa razão todos os seus quartos possuem salão e cozinha, estando esta última sem equipar. Correcta organização.

Real Oeiras, Rua Alvaro Rodrigues de Azevedo 5, ✉ 2770-197, ☏ 21 446 99 00, *rea loeiras@hoteisreal.com*, Fax 21 446 99 01, ⊇ – 📶, ※ qto, 🖵 📺 ✆ ⇔ 🅿 – 🛠 25/400. 🖭 ① ⓐ 𝒱𝐼𝒮𝐴 JCB. ※
Do Real : Refeição lista 22 a 28 – **97 qto** ⊇ 140/150 – 3 suites.
♦ Hotel de linha moderna, actual e funcional, muito focado ao homem de negócios. Os quartos resultam luminosos, com os chãos em alcatifa e umas correctas casas de banho.

PAÇO DE ARCOS

XXX **La Cocagne** - Hotel Solar Palmeiras, Av. Marginal, ⊠ 2781-801, ℰ 21 441 42 31, comercial@ncaxias.pt, Fax 21 446 83 99, ≤, 舎 - ≡ ℙ. 𝔸𝔼 ⓞ ⓜ◉ 𝕍𝕀𝕊𝔸. ⋇
Refeição lista 34 a 41.
• Mansão senhorial cuja origem está no séc. XIX. Cuidado refeitório seguido duma sala exterior, aberta à toda a luz e cor do oceano.

XX **Os Arcos**, Rua Costa Pinto 47, ⊠ 2780-582, ℰ 21 443 33 74, Fax 21 441 08 77 - ≡ 𝔸𝔼 ⓞ ⓜ◉ 𝕍𝕀𝕊𝔸 ᴊᴄʙ. ⋇
Refeição - peixes e mariscos - lista 19 a 28.
• Negócio familiar com dois refeitórios, um deles com vistas para o mar. Peculiar ambiente onde convivem detalhes rústicos com uma decoração rica em mármore.

PALMELA Setúbal 733 Q 3 - 16 116 h.

Ver: Castelo★ (❊★), Igreja de São Pedro (azulejos★).
🛈 Castelo de Palmela ⊠ 2950-221 ℰ 21 233 21 22.
Lisboa 43 - Setúbal 8.

🏨 **Pousada de Palmela** ⩔, Castelo de Palmela, ⊠ 2950-997, ℰ 21 235 12 26, guest@pousadas.pt, Fax 21 233 04 40, ≤ - ❘≣❘ ≡ 📺 ℙ. - 🛆 25/35. 𝔸𝔼 ⓞ ⓜ◉ 𝕍𝕀𝕊𝔸 ᴊᴄʙ. ⋇
Refeição 26 - 28 qto ⊇ 178/195.
• Situado num convento do séc. XV, numa zona alta. A vigorosa muralha descobre um ambiente de austera elegância, aproveitando os vestígios do antigo castelo. Serviço de buffet e pratos tradicionais no vetusto claustro.

🏠 **Varanda Azul** sem rest., Rua Hermenegildo Capelo 3, ⊠ 2950-234, ℰ 21 233 14 51, residencial.varandazul@netvisao.pt, Fax 21 233 14 54 - ❘≣❘ ≡ 📺 ⇌. 𝔸𝔼 ⓜ◉ 𝕍𝕀𝕊𝔸. ⋇
17 qto ⊇ 45/60.
• Funcional mas mobilado com certo gosto. Possui quartos íntimos, equipados com casas de banho em mármore. O hall-salão e a esplanada do 2º andar conformam a zona nobre.

em Quinta do Anjo Oeste : 3,5 km :

X **Alcanena** com buffet, Rua Venancio da Costa Lima 99, ⊠ 2950-701 Quinta do Anjo, ℰ 21 287 01 50, alcanena@clix.pt, Fax 21 288 85 23 - ≡. 𝔸𝔼 ⓞ ⓜ◉ 𝕍𝕀𝕊𝔸. ⋇
fechado 4ª feira - Refeição lista aprox. 30.
• Deguste um variado buffet na sua sala regional ou, se preferir, escolha os elaborados pratos servidos no refeitório envidraçado. Pratos fartos e boa adega.

PARADELA Vila Real 733 G 6.

Ver: Represa★ : sítio★.
Lisboa 437 - Braga 70 - Porto 120 - Vila Real 136.

PARCHAL Faro - ver Portimão.

PAREDE Lisboa 733 P 1 - 17 830 h - Praia.

Lisboa 21 - Cascais 7 - Sintra 15.

XX **Dom Pepe**, Rua Sampaio Bruno 4-1º, ⊠ 2775-279, ℰ 21 457 06 36, Fax 21 457 06 36, ≤ - ≡. 𝔸𝔼 ⓞ ⓜ◉ 𝕍𝕀𝕊𝔸. ⋇
fechado 2ª feira - Refeição lista 25 a 36.
• Restaurante ao pé da estrada dirigido por uma brigada profissional. Esmerado refeitório com belas vistas para o mar, mobiliário de qualidade e cuidadoso serviço de mesa.

XX **Toscano**, Travessa Barbosa de Magalhães 2, ⊠ 2775-162, ℰ 21 457 28 94, Fax 21 457 28 94, ≤ - ≡. 𝔸𝔼 ⓞ ⓜ◉ 𝕍𝕀𝕊𝔸 ᴊᴄʙ. ⋇
fechado 3ª feira - Refeição lista 27 a 35.
• Os 15 anos de experiência avaluam uma boa trajectória. Renovado na sua totalidade, tem uma sala de apoio seguida dum refeitório aberto ao majestuoso oceano.

PAUL Lisboa - ver Torres Vedras.

*Se se atrasa no caminho e não pode chegar antes das 18h,
confirme telefonicamente a sua reserva,
é mais seguro... e é o costume.*

PEDRA FURADA Braga 733 H 4.

Lisboa 344 – Braga 29 – Porto 40 – Viana do Castelo 36.

Pedra Furada, Estrada N 306, ✉ 4755-392, ℘ 252 95 11 44 – 🍴 P. AE ⓘ ⓜ VISA. ✖
fechado do 25 ao 31 de agosto e 2ª feira noite – **Refeição** lista aprox. 23.
• Casa de pasto afamada na zona, onde se elabora uma cozinha de tendência caseira com produtos cultivados por eles mesmos. Tratamento amável num ambiente de ar regional.

PEDRAS SALGADAS Vila Real 733 H 7 – 1 094 h. – Termas.

Lisboa 429 – Braga 105 – Bragança 126 – Porto 129 – Vila Real 36.

Avelames ⓢ, Parque, ✉ 5450-140, ℘ 259 43 71 40, pedras@unicer.pt, Fax 259 43 71 41, ⌦, 🍴, ✖ – 🛏 🍴 TV & P. – 🚗 25/450. AE ⓘ ⓜ VISA. ✖
Comida Refeição 18,50 – **80 qto** ⌂ 81,50/93 – 5 suites.
• Edifício do princípio do séc. XX, situado num parque. Sofreu uma interessante restauração, destacando a sala de congressos num anexo que foi um antigo casino. Luminoso restaurante onde ainda sobrevive o calor de tempos passados.

PEDREIRAS Leiria 733 N 3 – 2 655 h.

Lisboa 113 – Leiria 19 – Santarém 78.

na estrada N 109 Norte : 2,5 km :

D. Abade, Santeira, ✉ 2480-112, ℘ 244 47 01 47, dom-abade@dom-abade.com, Fax 244 47 01 81 – 🍴 P. AE ⓜ VISA. ✖
fechado do 1 ao 7 de janeiro e 4ª feira – **Refeição** lista 15 a 22.
• Um bom lugar para fazer uma paragem na sua viagem. Conta com várias salas envidraçadas, de boa montagem e estilo moderno, diferenciando entre buffet, ementa, pratos do dia e banquetes.

PEDRÓGÃO GRANDE Leiria 733 M 5 – 2 788 h.

Lisboa 150 – Castelo Branco 82 – Coimbra 65 – Leiria 90.

ao Este : 3 km :

Lago Verde, Vale de Góis, ✉ 3270-159, ℘ 236 48 62 40, Fax 236 48 62 44, ≤ – 🍴 P. AE ⓜ VISA. ✖
fechado do 1 ao 7 de julho e 2ª feira – **Refeição** lista aprox. 20.
• Restaurante panorâmico que desfruta de uma privilegiada localização na margem do rio Zêzere, com uma ampla e luminosa sala pendurada a modo de varanda sobre a barragem.

As plantas das cidades estão oriendas com o Norte situado na parte superior.

PEDRÓGÃO PEQUENO Castelo Branco 733 M 4 – 916 h.

Lisboa 199 – Castelo Branco 79 – Coimbra 69 – Leiria 88 – Santarém 131.

ao Norte : 2 km :

Varandas do Zézere ⓢ, Monte Senhora da Confiança, ✉ 6100-532, ℘ 236 48 02 10, info@hotel-varandasdozezere.com, Fax 236 48 02 19, ≤ serra da Lousã, 🍴 – 🛏 🍴 TV & P. – 🚗 25/350. AE ⓜ VISA. ✖
Refeição lista 22 a 28 – **47 qto** ⌂ 50/63 – 4 suites.
• Situado na parte alta de uma montanha, pelo que resulta muito tranquilo e desfruta de magníficas vistas. Reduzidas zonas nobres e quartos funcionais de correcto conforto. Restaurante panorâmico de adequada montagem.

PEGO Santarém 733 N 5 – 2 570 h.

Lisboa 152 – Castelo Branco 102 – Leiria 91.

na estrada N 118 Este : 2,5 km :

Abrantur ⓢ sem rest, ✉ 2206-905 apartado 2, ℘ 241 83 34 64, Fax 241 83 32 87, ≤, 🍴, ✖ – 🛏 🍴 TV & P. – 🚗 25/200. AE ⓘ ⓜ VISA JCB. ✖
54 qto ⌂ 40/55.
• Complexo distribuído em dois edifícios, sendo que o hotel ocupa um destes. Ampla zona social e quartos confortáveis com mobiliário moderno-funcional.

PENACOVA Coimbra 733 L 5 – 3 584 h.

🛈 Largo Alberto Leitão 5 ✉ 3360-191 ✆ 239 47 03 00 Fax 239 47 80 98.
Lisboa 226 – Coimbra 21 – Porto 129.

Palacete do Mondego, Av. Dr. Bissaya Barreto 3, ✉ 3360-191, ✆ 239 47 07 00, palacete.penacova@mail.telepac.pt, Fax 239 47 07 01, ≤ vale e montanha, 🍽, ≦ – 📶
▫ 📺 ✆ & 🅿 ⓘ ⓜ 💳 JCB. ❊
Refeição 15 – **36 qto** ⊇ 69/85 – 2 suites.
◆ Atractiva localização num lugar elevado, com agradáveis vistas desde a piscina. Confortáveis quartos com casas de banho completas e um aconchegante salão social. Restaurante de correcta montagem, dotado com grandes janelas e chãos em madeira.

PENAFIEL Porto 733 I 5 – 7 883 h alt. 323.

Lisboa 352 – Porto 38 – Vila Real 69.

Pena H. sem rest, Parque do Sameiro, ✉ 4560, ✆ 255 71 14 20, penahotel@mail. telepac.pt, Fax 255 71 14 25, ◩, ❊ – 📶 ▫ 📺 🅿 – 🄰 25/250. 🄰🄴 ⓘ ⓜ 💳
JCB. ❊
46 qto ⊇ 37,50/47,50 – 4 suites.
◆ De linha actual, situado ao lado duma igreja emblemática na zona. Quartos funcionais bem equipados e áreas comuns um pouco sóbrias devido à sua decoração impessoal.

PENEDONO Viseu 733 J 7 – 1 085 h.

Lisboa 369 – Guarda 71 – Vila Real 77 – Viseu 67.

Estalagem de Penedono, ✉ 3630-246, ✆ 254 50 90 50, estalagemdepenedono@iol.pt, Fax 254 50 90 59 – ▫ 📺 🚗 🅿 ⓘ ⓜ 💳. ❊
Refeição 18 – **37 qto** ⊇ 50/70.
◆ Confortável e situado junto ao castelo. Apesar de que as suas instalações aproveitem parte das dependências duma antiga casa, o seu interior é moderno e muito alegre.

PENHAS DA SAÚDE Castelo Branco 733 L 7 – Desportos de inverno na Serra da Estrela : ⛷ 3

Lisboa 311 – Castelo Branco 72 – Covilhã 10 – Guarda 55.

Serra da Estrela, alt. 1 550, ✉ 6200-073 apartado 332 Covilhã, ✆ 275 31 03 00, hse@turistrela.pt, Fax 275 31 03 09, ≤, ❊ – ▫ 📺 🅿 🄰🄴 ⓜ 💳. ❊
Refeição 17 – **37 qto** ⊇ 90/120.
◆ Hotel de montanha instalado num edifício horizontal, cujo interior alberga os quartos exteriores, funcionais e bem equipados com casas de banho actuais. Refeitório agradável muito cuidado e de cálida iluminação.

PENICHE Leiria 733 N 1 – 15 595 h – Praia.

Ver : *O Porto : regresso da pesca*★.
Arred. : *Cabo Carvoeiro*★ – *Popoa* (❊ ★) – *Remédios (Nossa Senhora dos Remédios azulejos*★) ❊★.
Excurs. : *Ilha Berlenga*★★ : *passeio em barco*★★★, *passeio a pé*★★ (*sítio*★, ≤★) 1 h. de barco.
🚢 para a Ilha da Berlenga (15 maio-15 setembro) : Viamar, no porto de Peniche ✆ 262 78 56 46.
🛈 Rua Alexandre Herculano ✉ 2520 ✆ 262 78 95 71 turismocmp@iol.pt Fax 262 78 95 71.
Lisboa 92 – Leiria 89 – Santarém 79.

Sol Peniche, Estrada do Baleal, ✉ 2520, ✆ 262 78 04 00, sol.peniche@solmelia portugal.com, Fax 262 78 38 15, ≤, 🛁, ≦, ◩ – 📶 ▫ 📺 & 🅿 – 🄰 25/200. 🄰🄴 ⓜ
💳. ❊
Refeição 14 – **100 qto** ⊇ 68/80 – 2 suites.
◆ Atractivo tanto para o cliente de trabalho como para o cliente em férias, já que dispõe de várias salas de reuniões e uma boa oferta lúdica. Todos os seus quartos têm varanda. Restaurante espaçoso e de montagem funcional.

Maciel sem rest, José Estêvão 38, ✉ 2520-466, ✆ 262 78 46 85, info@residencia maciel.com, Fax 262 08 47 19 – 📺 🄰🄴 ⓜ 💳. ❊
11 qto ⊇ 55/60.
◆ Pequena pensão de impecável manutenção e simples organização familiar. Uma atractiva escada de madeira antecede os quartos, dotados de um correcto conforto.

PERNES Santarém 733 N 4 – 1689 h.
Lisboa 106 – Abrantes 54 – Caldas da Rainha 72 – Fátima 35.

ao Nordeste na autoestrada A 1 :

🏨 **Do Prado,** Área de Serviço de Santarém, ⊠ 2035, ℘ 243 44 03 02, hotel.prado@clix.pt, Fax 243 44 03 40, ⊃, 畧, ⊡ TV ఉ, 🅿 – 🏛 25/40. 𝔸𝔼 ⓜ VISA. ✄
Refeição 13 – **30 qto** ⊇ 52,50/62,50.
• Situado junto à auto-estrada. Faça uma paragem no caminho e descanse neste hotelzinho com quartos de linha funcional e correcto conforto.

PESO Viana do Castelo – ver Melgaço.

PESO DA RÉGUA Vila Real 733 I 6 – 9101 h.
🅱 Rua da Ferreirinha ⊠ 5050-261 ℘ 254 31 28 46 Fax 254 32 22 71.
Lisboa 379 – Braga 93 – Porto 102 – Vila Real 25 – Viseu 85.

🏨 **Régua Douro,** Largo da Estação da CP, ⊠ 5050-237, ℘ 254 32 07 00, info@hotelreguadouro.com, Fax 254 32 07 09, ≤, 畧, 𝐼₅, ⊃ – |≵| ≡ TV ఉ, ⇔ 🅿 – 🏛 25/200. 𝔸𝔼 ⓞ ⓜ VISA. ✄
Refeição 18,50 – **67 qto** ⊇ 90/110 – 10 suites.
• Clássico hotel de cidade com instalações modernas e confortáveis. Zona social ampla e bem disposta, com equipados quartos de carácter funcional. Restaurante panorâmico com vistas sobre o Douro e sobre os vinhedos da outra beira.

PICO DO ARIEIRO Madeira – ver Madeira (Arquipélago da).

*Os preços indicados podem aumentar,
em caso de variações significativas do custo de vida.
Solicite a confirmação do preço definitivo quando efectue
a sua reserva de hotel.*

PINHÃO Vila Real 733 I 7 – 875 h alt. 120.
Arred. : Norte : Estrada de Sabrosa★★ ≤★.
Lisboa 399 – Vila Real 30 – Viseu 100.

🏨 **Vintage House,** Lugar da Ponte, ⊠ 5085-034, ℘ 254 73 02 30, vintagehouse@hotelvintagehouse.com, Fax 254 73 02 38, ≤, ⊃, ✄ – |≵| ≡ TV 🅿 – 🏛 25/60. 𝔸𝔼 ⓞ ⓜ VISA. ✄
Rabelo : **Refeição** lista 39 a 46 – **41 qto** ⊇ 155/170 – 2 suites.
• Elegante hotel banhado pelas águas do Douro, cujo interior alberga uma cuidada zona social e distinguidos quartos, abertos à luz e à cor da paisagem exterior. Cálido refeitório clássico que evidencia um excelente gosto decorativo.

ao Norte : 5 km :

🏠 **Casa de Casal de Loivos** ⊛, ⊠ 5085-010 Casal de Loivos, ℘ 254 73 21 49, casadecasaldeloivos@ip.pt, Fax 254 73 21 49, ≤ rio Douro e arredores, ⊃ – ✄
fechado janeiro – **Refeição** - só clientes, só menú, só jantar - 22,45 – **6 qto** ⊇ 70/90.
• Antiga casa de pedra situada na parte alta de uma colina, desfrutando de uma magnífica panorâmica. Sala social com lareira, correctos quartos e um refeitório privado.

🏠 **Casa do Visconde de Chanceleiros** ⊛, Chanceleiros, ⊠ 5085-201, ℘ 254 73 01 90, casa-visconde@chanceleiros.com, Fax 254 73 01 99, ≤, 畧, ⊃, ✄ – TV 🅿 𝔸𝔼 ⓜ VISA. ✄
Refeição - só clientes a pedido - 30 – **9 qto** ⊇ 95/100.
• A sua original decoração combina os estilos clássico e regional com bom gosto. Zonas comuns no edifício principal e quartos nos anexos, com vistas ao rio Douro.

POÇO BARRETO Faro 733 U 4.
Lisboa 253 – Faro 52 – Beja 122 – Lagoa 12 – Silves 7.

✕ **O Alambique,** ⊠ 8300-042 Silves, ℘ 282 44 92 83, info@alambique.de, Fax 282 44 92 83, 畧 – ≡ 🅿 ⓜ VISA. ✄
fechado 15 novembro-15 dezembro e 3ª feira – **Refeição** - só jantar - lista 22 a 30.
• Casa de piso térreo situada junto à estrada, com duas salas de tectos altos e correcta montagem separadas por dois arcos em pedra. Agradável esplanada na parte de trás.

POMBAL Leiria 733 M 4 – 16 049 h.

🛈 Viaduto Engenheiro Guilherme Santos ✉ 3100-427 ☎ 236 21 32 30.
Lisboa 153 – Coimbra 43 – Leiria 28.

Do Cardal sem rest, Largo do Cardal, ✉ 3100-440, ☎ 236 21 82 06, Fax 236 21 81 36 – 📶 🔲 📺 🛏 – 🅰 25/50. AE ① ⓜⓞ VISA
27 qto ⇌ 35/45.
• Hotelzinho central de organização familiar. Possui quartos decorados com mobiliário clássico e casas de banho espaçosas que nalguns casos contam com varanda.

Sra. de Belém 🦢 sem rest, Av. Heróis do Ultramar 185 (Urb. Sra. de Belém), ✉ 3100-462, ☎ 236 20 08 00, Fax 236 20 08 01 – 📶 🔲 📺 🅿 VISA
27 qto ⇌ 30/45.
• Estabelecimento bem levado em família e dotado de umas cuidadas instalações. Os seus luminosos quartos têm um mobiliário moderno e chãos em madeira sintética.

na estrada N 1 Noroeste : 2 km :

O Manjar do Marquês com snack-bar, ✉ 3100-373, ☎ 236 20 09 60, manjarmarques@mail.telepac.pt, Fax 236 21 88 18 – 🔲 🅿 AE ① ⓜⓞ VISA JCB. ✂
fechado do 9 ao 25 de julho e domingo noite – **Refeição** lista 19 a 28.
• Complexo situado nos arredores da localidade, com snack-bar, refeitório a a carte, sala de banquetes e loja de produtos típicos. Um bom recurso de estrada.

PONTA DELGADA Madeira – ver Madeira (Arquipélago da).

PONTA DO SOL Madeira – ver Madeira (Arquipélago da).

PONTE DA BARCA Viana do Castelo 733 G 4 – 2 308 h.
Arred. : Bravães (Igreja de São Salvador★ - portal★) 3,5 km a Sudoeste.
Excurs. : Lindoso (espigueiros★) 29 km a Nordeste.
🛈 Largo da Misericórdia 11 ✉ 4980-613 ☎ 258 45 28 99 Fax 258 45 28 99.
Lisboa 412 – Braga 32 – Viana do Castelo 40.

PONTE DE LIMA Viana do Castelo 733 G 4 – 2 752 h alt. 22.
Ver : Ponte★ - Igreja-Museu dos Terceiros (talhas★).
🏌 🏌 Golfe de Ponte de Lima, Sul : 2 km ☎ 258 74 34 15 Fax 258 74 34 24.
🛈 Praça da República ✉ 4990-062 ☎ 258 94 23 35 Fax 258 94 23 08.
Lisboa 392 – Braga 33 – Porto 85 – Vigo 70.

ao Sudeste : 3,5 km :

Madalena, Monte de Santa Maria Madalena, ✉ 4990-909 apartado 27, ☎ 258 94 12 39 Fax 258 74 11 55, ≤, 🍴 – 🅿 AE ① ⓜⓞ VISA ✂
fechado novembro e 4ª feira – **Refeição** – só almoço no inverno salvo 6ª feira e sábado – lista 25 a 38.
• Privilegiada localização na parte alta de um monte, com uma bela panorâmica. Os seus muros albergam um bar, um refeitório clássico com vistas e uma agradável esplanada.

PONTIDO Vila Real – ver Vila Pouca de Aguiar.

PORTALEGRE 🅿 733 O 7 – 15 274 h alt. 477.
Arred. : Pico São Mamede ✾★ – Estrada★ escarpada de Portalegre a Castelo de Vide por Carreiras, Norte : 17 km.
🛈 Rossio (Palácio Póvoas) ✉ 7300 ☎ 245 33 13 59 Fax 245 33 02 35.
Lisboa 238 – Badajoz 74 – Cáceres 134 – Mérida 138 – Setúbal 199.

Mansão Alto Alentejo sem rest, Rua 19 de Junho 59, ✉ 7300-155, ☎ 245 20 22 90, mansaoaltoalentejo@netc.pt, Fax 245 30 92 69 – 🔲 📺 AE ⓜⓞ VISA. ✂
12 qto ⇌ 35/45.
• Estabelecimento de recente renovação nos arredores da Catedral. Se a sua atractiva fachada harmoniza com as tradições locais, o seu interior aposta pelo aspecto regional.

Rolo, Av. Pio XII-Lote 7 R/C Dto, ✉ 7300-073, ☎ 245 20 56 46, Fax 245 20 34 85, 🍴 – 🔲
• Restaurante típico bem dirigido por um simpático casal. Apesar de que a sua disposição é um pouco apertada, uma cándida decoração conforma um ambiente cálido e aconchegante.

PORTEL Évora 733 R 6 – 2825 h.
Lisboa 176 – Beja 41 – Évora 42 – Faro 181 – Setúbal 144.

Refúgio da Vila, Largo Dr. Miguel Bombarda 8, ⊠ 7220-369, ℘ 266 61 90 10, info @refugiodavila.com, Fax 266 61 90 11, 🍽, 🏊 – 🛗 ■ 📺 ♿ 🅿 – 🚗 25/120. 🆎 ⓞ ⓜ VISA JCB. ※
Adega do Refúgio : Refeição lista 24 a 32 – **30 qto** ⇌ 96/118.
• Casa senhorial do séc. XIX reabilitada com maestria. Quartos de tectos altos, sendo que alguns deles possuem um mobiliário de época e casas de banho actuais. Elegante salão social. O sóbrio restaurante tem uma entrada independente e recria um ambiente confortável.

PORTIMÃO Faro 733 U 4 – 36 243 h – Praia.
Ver : ≤★ da ponte sobre o rio Arade X.
Arred. : Praia da Rocha★★ (miradouro★, enseadas★★) Z A.

🏌18 🏌9 🏌5 Penina, por ③ : 5 km ℘ 282 42 02 00 Fax 282 42 03 00.
🛈 Av. Zeca Afonso ⊠ 8500-512 ℘ 282 47 07 17 turismo@cm-portimao.pt Fax 282 47 07 18 e Av. Tomás Cabreira (Praia da Rocha) ⊠ 8500-802 ℘ 282 41 91 32.
Lisboa 290 ③ – Faro 62 ② – Lagos 18 ③

Plano página seguinte

Nelinanda sem rest, Rua Vicente Vaz das Vacas 22, ⊠ 8500-746, ℘ 282 41 78 39, Fax 282 41 78 43 – 🛗 ■ 📺   X d
28 qto.
• Hotel central que modernizou as suas instalações após uma acertada reforma baseada em critérios actuais, garantindo assim um correcto conforto e um adequado equipamento.

Arabi sem rest, Praça Manuel Teixeira Gomes 13, ⊠ 8500-531, ℘ 282 46 02 50, arabi@expo-lusa.net, Fax 282 46 02 69 – 📺. ⓞ ⓜ VISA. ※   X t
fechado dezembro – **17 qto** ⇌ 30/60.
• De simples organização e discreta linha clássica, possui quartos de carácter funcional, a maioria delas com casas de banho completas. Esmerada manutenção.

O Bicho, Largo Gil Eanes 12, ⊠ 8500-536, ℘ 282 42 29 77, mpna@mail.pt, Fax 282 48 45 60 – ■. ※   X c
fechado dezembro e domingo – **Refeição** - peixes e mariscos - lista 24 a 38.
• Amplo restaurante dirigido pelos seus proprietários. Esmerado interior com um modesto serviço de mesa, onde servem saborosas especialidades de peixes e frutos do mar.

em Parchal por ② : 2 km :

O Buque, Estrada N 125, ⊠ 8400-612 Parchal, ℘ 282 42 46 78 – ■. 🆎 ⓞ ⓜ VISA. ※
fechado 4ª feira – **Refeição** lista aprox. 33.
• A excelente manutenção evidencia uma eficiente direcção de carácter familiar. Cozinha semi-vista e espaçoso refeitório de estilo clássico com um mobiliário de muito bom nível.

A Lanterna, Estrada N 125 - cruzamento de Ferragudo, ⊠ 8400-611 Parchal, ℘ 282 41 44 29, chrisstillwell@hotmailcom, Fax 282 41 42 31 – ■. ⓞ ⓜ VISA. ※
fechado 20 novembro-20 dezembro e domingo – **Refeição** - só jantar - lista 20 a 25.
• Apesar do simples conforto, é um recurso simpático e aconchegante. Sem ementa, possui um quadro onde se anunciam os pratos da casa. Gratificante quotidianidade.

na Praia da Rocha Sul : 2,3 km :

Algarve Casino, Av. Tomás Cabreira, ⊠ 8500-802 Portimão, ℘ 282 40 20 00, hotelalgarve@solverde.pt, Fax 282 40 20 99, ≤ praia, 🏋, 🏊, 🌊, 🍽, ※ – 🛗, ⇌ qto, ■ 📺 ♿ 🅿 – 🚗 25/200. 🆎 ⓞ ⓜ VISA JCB. ※ rest   Z y
Amendoeiras (só jantar) **Refeição** lista 29 a 47 - **Aladino** (só jantar) **Refeição** lista 37 a 69 - **Zodíaco** (só almoço) **Refeição** lista 35 a 67 – **193 qto** ⇌ 205/264 – 16 suites.
• Desfruta de uma zona social renovada e actual, assim como uns correctos quartos clássicos. Atractivos exteriores com vistas à praia. Extensa oferta culinária, destacando o restaurante Das Amendoeiras pela sua montagem e o Aladino por estar no casino.

PORTIMÃO

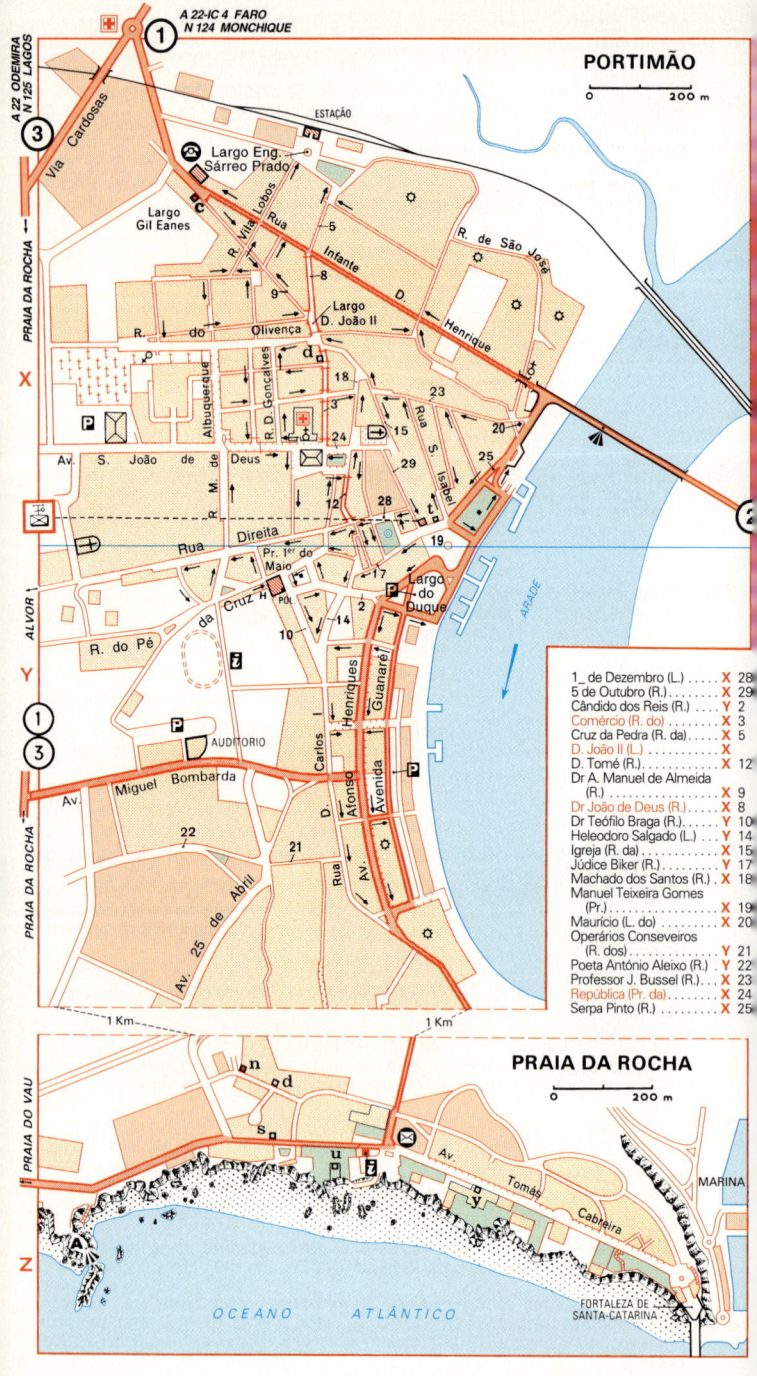

1_ de Dezembro (L.)	. . . . .	X 28
5 de Outubro (R.)	. . . . .	X 29
Cândido dos Reis (R.)	. . .	Y 2
Comércio (R. do)	. . . . .	X 3
Cruz da Pedra (R. da)	. . .	X 5
D. João II (L.)	. . . . .	X
D. Tomé (R.)	. . . . .	X 12
Dr A. Manuel de Almeida (R.)	. . . . .	X 9
Dr João de Deus (R.)	. . .	X 8
Dr Teófilo Braga (R.)	. . .	Y 10
Heleodoro Salgado (L.)	. .	Y 14
Igreja (R. da)	. . . . .	X 15
Júdice Biker (R.)	. . . . .	X 17
Machado dos Santos (R.)	.	X 18
Manuel Teixeira Gomes (Pr.)	. . . . .	X 19
Maurício (L. do)	. . . . .	X 20
Operários Conseveiros (R. dos)	. . . . .	Y 21
Poeta António Aleixo (R.)	.	Y 22
Professor J. Bussel (R.)	. .	X 23
República (Pr. da)	. . . . .	X 24
Serpa Pinto (R.)	. . . . .	X 25

PRAIA DA ROCHA

188

PORTIMÃO

Bela Vista sem rest, Av. Tomás Cabreira, ⊠ 8500-802 Portimão, ℘ 282 45 04 80, *inf
.reservas@hotelbelavista.net*, Fax 282 41 53 69, ≼ rochedos e mar – 🛗 📺 🅿 AE ⓘ ⓜ
VISA. 🌫   Z u
14 qto ⊊ 110/115.
♦ Antiga casa senhorial situada ao pé da praia, com um estilo decorativo que aposta pela elegância e sobriedade. Quartos um pouco reduzidos mas com casas de banho actuais.

Avenida Praia sem rest, Av. Tomás Cabreira, ⊠ 8500-802 Portimão, ℘ 282 41 77 40, *avenidapraiahotel@mail.telepac.pt*, Fax 282 41 77 42, ≼ – 🛗 ▤ 📺. AE ⓘ ⓜ
VISA. 🌫   Z s
abril-novembro – **61 qto** ⊊ 85/95.
♦ Pequeno hotel inspirado em critérios práticos e funcionais, onde uma esmerada manutenção evidencia uma organização que cumpre com as expectativas.

Toca sem rest, Rua Engenheiro Francisco Bívar, ⊠ 8500-809 Portimão, ℘ 282 41 89 04, Fax 282 42 40 35 – 📺 🅿. 🌫   Z d
março-outubro – **15 qto** ⊊ 60/70.
♦ Agradável quotidianidade num hotelzinho simples mas muito limpo que, apesar das suas discretas instalações, segue sendo um recurso válido na sua categoria.

Titanic, Rua Engenheiro Francisco Bívar, ⊠ 8500-809 Portimão, ℘ 282 42 23 71, Fax 282 41 53 23 – ▤. AE ⓘ ⓜ VISA. 🌫   Z n
fechado 27 novembro-27 dezembro – **Refeição** - só jantar - lista 19 a 26.
♦ Situado nos arredores da localidade, tem uma excelente manutenção. Amplo bar de espera e um elegante refeitório de estilo clássico, realçado com um estimado mobiliário.

na estrada de Alvor Y *Oeste : 4 km :*

Por-do-Sol, ⊠ 8500, ℘ 282 45 95 05, 🍴 – 🅿. AE ⓘ ⓜ VISA. 🌫
fechado 24 novembro-27 dezembro – **Refeição** lista aprox. 24.
♦ Afastado do ruidoso centro, as suas instalações albergam uma esplanada, um bar tipo inglês muito bem montado e uma sala com correcto mobiliário. Direcção eficiente.

na Praia do Vau *Sudoeste : 3 km :*

Vau'Hotel, Encosta do Vau, ⊠ 8500-820 Portimão, ℘ 282 41 15 92, *vauhotel@mail.telepac.pt*, Fax 282 41 15 94, ⬚ – 🛗 ▤ 📺. AE ⓘ ⓜ VISA. 🌫
Refeição 15 – **74 apartamentos** ⊊ 150.
♦ Apartamentos T1 em regime de hotel com cozinha americana e casas de banho actuais. Cuidada linha clássica, adequado conforto e uma zona social reduzida, mas aconchegante.

na Praia dos Três Irmãos *Sudoeste : 4,5 km :*

Pestana Alvor Praia 🌫, ⊠ 8501-904 Portimão, ℘ 282 40 09 00, *alvorpraia@pe stana.com*, Fax 282 40 09 99, ≼ praia e baía de Lagos, 🍴, ⬚, ▦, 🔔, 🎾, 🌫 – 🛗 ▤ 📺 🅿. 🏌 25/400. AE ⓘ ⓜ VISA. 🌫
O Almofaríz (só jantar) **Refeição** lista 25 a 38
Harira (cozinha marroquina, só jantar, fechado domingo) **Refeição** lista 36 a 53
Sale e Pepe (só jantar) **Refeição** lista 25 a 39 – **181 qto** ⊊ 286/360 – 14 suites.
♦ Magnífico hotel onde um elevado equipamento antecede a um conforto moderno e actual. Espaçosa zona social e quartos renovados com acerto e maestria. Destaca o restaurante a la carte O Almofaríz, apesar de que existem outras opções distintas.

Pestana Delfim 🌫, ⊠ 8501-904 Portimão, ℘ 282 40 08 00, *reservas.algarve@pest ana.com*, Fax 282 40 08 99, ≼ praia e baía de Lagos, 🛋, ⬚, ▦, 🔔, 🌫 – 🛗 ▤ 📺 🅿.
312 qto – 13 suites.
♦ Situado numa zona tranquila, tem serenas vistas sobre o mar. Estimada linha clássica, suficiente área social e quartos funcionais, amplos e bem equipados. Refeitório de discreta montagem com serviço de ementa e buffet.

O Búzio, Aldeamento da Prainha, ⊠ 8500 Portimão, ℘ 282 45 87 72, *gilber togato@restaurantebuzio.com*, Fax 282 45 95 69, ≼, 🍴 – AE ⓘ ⓜ VISA. 🌫
fechado dezembro-fevereiro – **Refeição** - só jantar - lista 24 a 32.
♦ Instalado numa casa tipo chalet, segue mantendo a sua característica estética regional, animada com toques de certa modernidade. Serviço de mesa correcto.

PORTIMÃO

na Praia de Alvor *Sudoeste : 5 km :*

Pestana Don João II Village, ⊠ 8501-904 Alvor, ℘ 282 40 07 00, *pestana. otels@mail.telepac.pt*, Fax 282 40 07 99, ≤ praia e baía de Lagos, ⊼ climatizada,
Refeição 27 – **330 qto** ⊇ 182/235 – 22 suites.
• O seu nome alude ao rei que alentou a ciência náutica portuguesa. Recentemente renovado, possui uma adequada zona social e confortáveis quartos com casas de banho actuais. Amplo refeitório num ambiente alegre e colorista, onde se oferece ementa e buffet.

na estrada N 125 *por ③ : 5 km :*

Le Méridien Penina, ⊠ 8501-952 apartado 146, ℘ 282 42 02 00, *s.marketin @lemeridien-algarve.com*, Fax 282 42 03 00, ≤ golfe e campo,
Sagres *(só jantar, buffet)* **Refeição** 35
Grill *(só jantar)* **Refeição** lista aprox. 51
L'Arlecchino *(só jantar, fechado setembro-junho, 6ª feira e sábado)* **Refeição** lista aprox. 33 – **179 qto** ⊇ 325/350 – 17 suites.
• Um referencial para os amantes do golfe, onde o equipamento e o conforto alcançam a sua máxima expressão. Excelente direcção, belos exteriores e uma elegante zona nobre. Entre os seus restaurantes destaca o Grill pelo seu belíssimo mobiliário de estilo inglês.

PORTO

P 733 | 3 – 302 472 h. alt. 90.

Lisboa 310 ⑤– A Coruña/La Coruña 305 ① – Madrid 591 ⑤.

POSTOS DE TURISMO

🛈 *Rua do Clube Fenianos 25* ✉ *4000-172,* ☏ *22 339 34 72, Fax 22 332 33 03, Praça D. João I-43,* ✉ *4000-295,* ☏ *22 200 97 70, Fax 22 205 32 12 e Av. D. Afonso Henriques – Parque Basilio,* ✉ *4454-510 Matosinhos,* ☏ *22 938 44 14, Fax 22 937 32 13.*

INFORMAÇÕES PRÁTICAS

A.C.P. *Rua Gonçalo Cristovão 2,* ✉ *4000-263,* ☏ *22 205 67 32, Fax 22 205 66 98.*
⛳ *Miramar, por* ⑥ *: 9 km* ☏ *22 762 20 67.*
✈ *Francisco de Sá Carneiro, 17 km por* ①*,* ☏ *22 943 24 00 – T.A.P., Praça Mouzinho de Albuquerque 105* ✉ *4100-359,* ☏ *22 608 02 39, Fax 22 608 02 91, Portugalia, Av. da Boavista 1361-4º,* ✉ *4100-130,* ☏ *22 002 95 21.*
🚗 ☏ *22 200 72 22.*

CURIOSIDADES

Ver : *Sítio*★★ *– Vista de Nossa Senhora da Serra do Pilar*★ EZ *– As Pontes (ponte Maria Pia*★ FZ*, ponte D. Luis I*★★ EZ*) – As Caves do vinho do Porto*★ *(Vila Nova de Gaia)* DEZ *O Velho Porto*★★ *: Sé (altar*★*) – Claustro (azulejos*★*)* EZ*– Casa da Misericórdia (quadro Fons Vitae*★*)* EZ **P** *– Palácio da Bolsa (Salão árabe*★*)* EZ *– Igreja de São Francisco*★★ *(decoração barroca*★★*, árvore de Jessé*★*)* EZ *– Cais da Ribeira*★ EZ *– Torre dos Clérigos*★ ✲ ★ EY*.*

Outras curiosidades : *Fundação Engº António de Almeida (colecção de moedas de ouro*★*)* BU **M¹** *– Igreja de Santa Clara*★ *(talhas douradas*★*)* EZ **R** *– Fundação de Serralves*★ *(Museu Nacional de Arte Moderna) : Jardim*★*, grades de ferro forjado*★ AU **M²**.

PORTUGAL

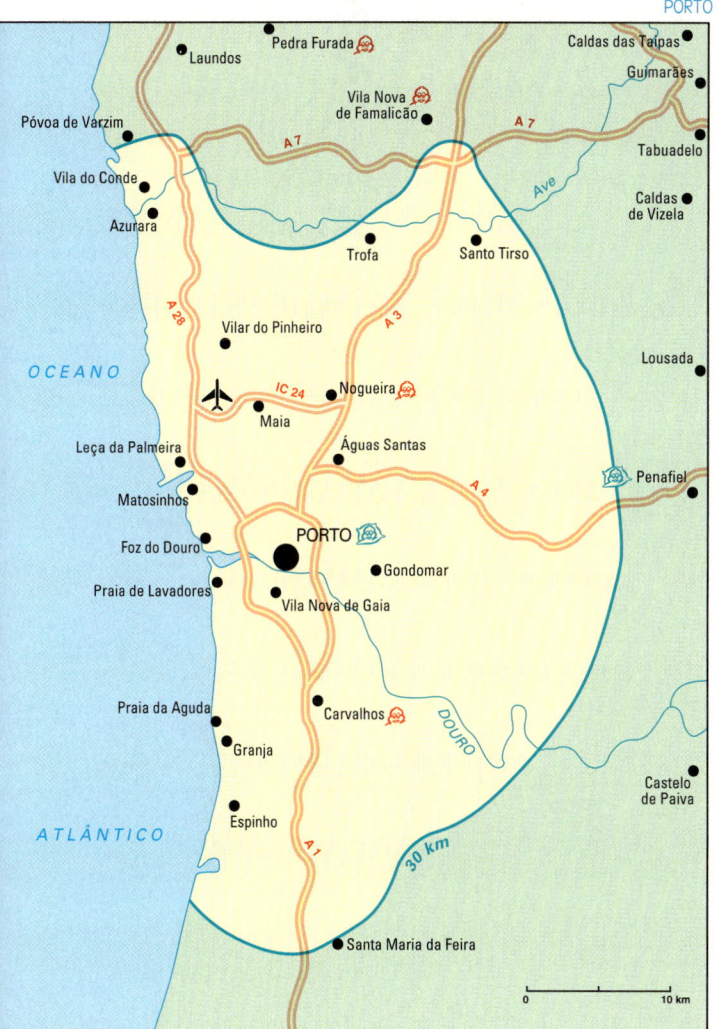

Sheraton Porto, Rua de Tenente Valadim 146, ✉ 4100-476, ✆ 220 40 40 00, *sheraton.porto@sheraton.com*, Fax 220 40 41 99, 😊 – 🛗, ✱ qto, 🔲 📺 📞 ♿ 🚗 – 🎪 25/850. AE ⓘ ⓜ VISA JCB. ✂
BU c
Refeição lista 36 a 43 – ☕ 15 – **250 qto** 135/155 – 16 suites.
 ♦ Um grande hotel em todos os sentidos, com um enorme hall que aglutina as zonas sociais e o piano-bar. Quartos de linha actual que ressaltam pelas suas casas de banho envidraçadas. O seu moderno restaurante complementa-se com uma zona para pequenos almoços.

Porto Palácio, Av. da Boavista 1269, ✉ 4100-130, ✆ 22 608 66 00, *portopalaciohotel@sonae.pt*, Fax 22 609 14 67, ≤, 🛁, 🏊 – 🛗 🔲 📺 ♿ 🚗 – 🎪 25/300. AE ⓘ ⓜ VISA JCB. ✂
BU e
Refeição 40 – ☕ 11,50 – **234 qto** 170/190 – 16 suites.
 ♦ Pela sua localização, tecnologia e serviço resulta ideal para o mundo do negócio. Linha actual e confortáveis quartos com as casas de banho em mármore. Amplo fitness.

193

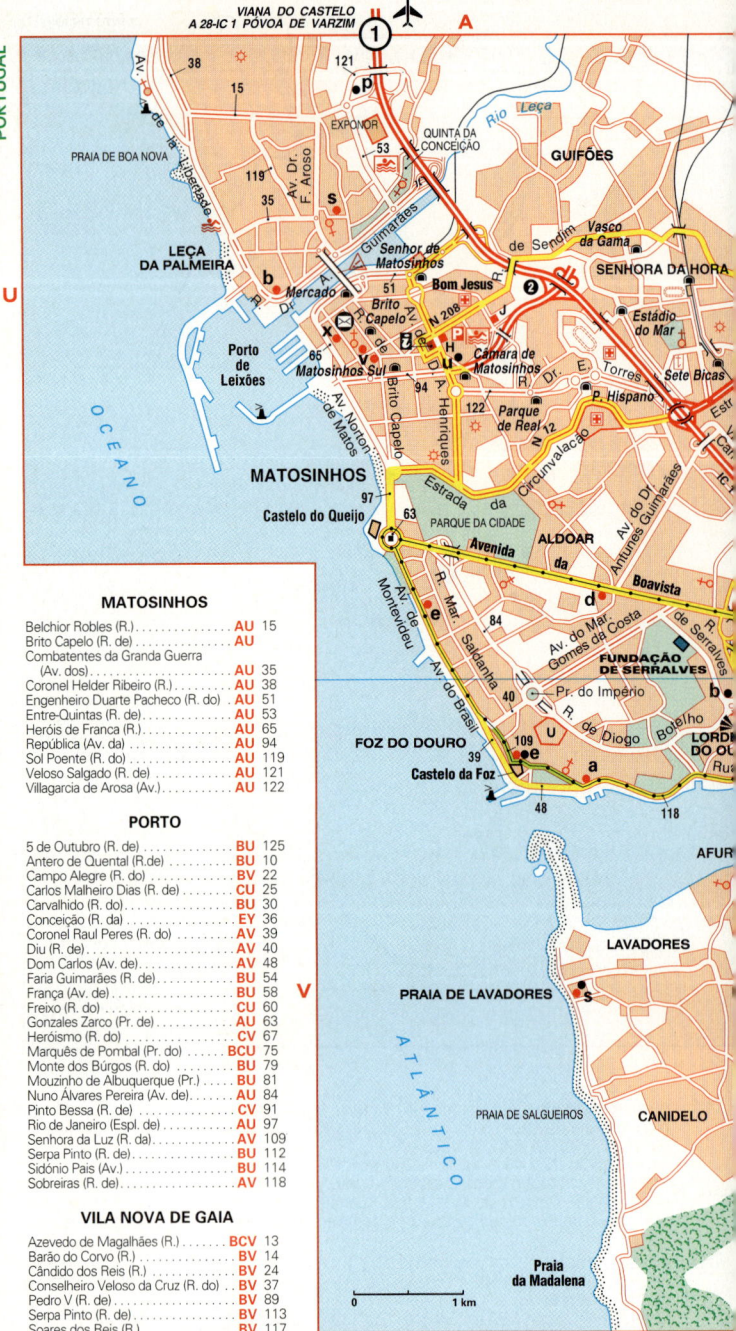

MATOSINHOS

Street	Ref	No
Belchior Robles (R.)	**AU**	15
Brito Capelo (R. de)	**AU**	
Combatentes da Granda Guerra (Av. dos)	**AU**	35
Coronel Helder Ribeiro (R.)	**AU**	38
Engenheiro Duarte Pacheco (R. do)	**AU**	51
Entre-Quintas (R. de)	**AU**	53
Heróis de Franca (R.)	**AU**	65
República (Av. da)	**AU**	94
Sol Poente (R. do)	**AU**	119
Veloso Salgado (R. de)	**AU**	121
Villagarcia de Arosa (Av.)	**AU**	122

PORTO

Street	Ref	No
5 de Outubro (R. de)	**BU**	125
Antero de Quental (R.de)	**BU**	10
Campo Alegre (R. do)	**BV**	22
Carlos Malheiro Dias (R. de)	**CU**	25
Carvalhido (R. do)	**BU**	30
Conceição (R. da)	**EY**	36
Coronel Raul Peres (R. do)	**AV**	39
Diu (R. de)	**AV**	40
Dom Carlos (Av. de)	**AV**	48
Faria Guimarães (R. de)	**BU**	54
França (Av. de)	**BU**	58
Freixo (R. do)	**CU**	60
Gonzales Zarco (Pr. de)	**AU**	63
Heróismo (R. do)	**CV**	67
Marquês de Pombal (Pr. do)	**BCU**	75
Monte dos Búrgos (R. do)	**BU**	79
Mouzinho de Albuquerque (Pr.)	**BU**	81
Nuno Álvares Pereira (Av. de)	**AU**	84
Pinto Bessa (R. de)	**CV**	91
Rio de Janeiro (Espl. de)	**AU**	97
Senhora da Luz (R. da)	**AV**	109
Serpa Pinto (R. de)	**BU**	112
Sidónio Pais (Av.)	**BU**	114
Sobreiras (R. de)	**AV**	118

VILA NOVA DE GAIA

Street	Ref	No
Azevedo de Magalhães (R.)	**BCV**	13
Barão do Corvo (R.)	**BV**	14
Cândido dos Reis (R.)	**BV**	24
Conselheiro Veloso da Cruz (R. do)	**BV**	37
Pedro V (R. de)	**BV**	89
Serpa Pinto (R. de)	**BV**	113
Soares dos Reis (R.)	**BV**	117

195

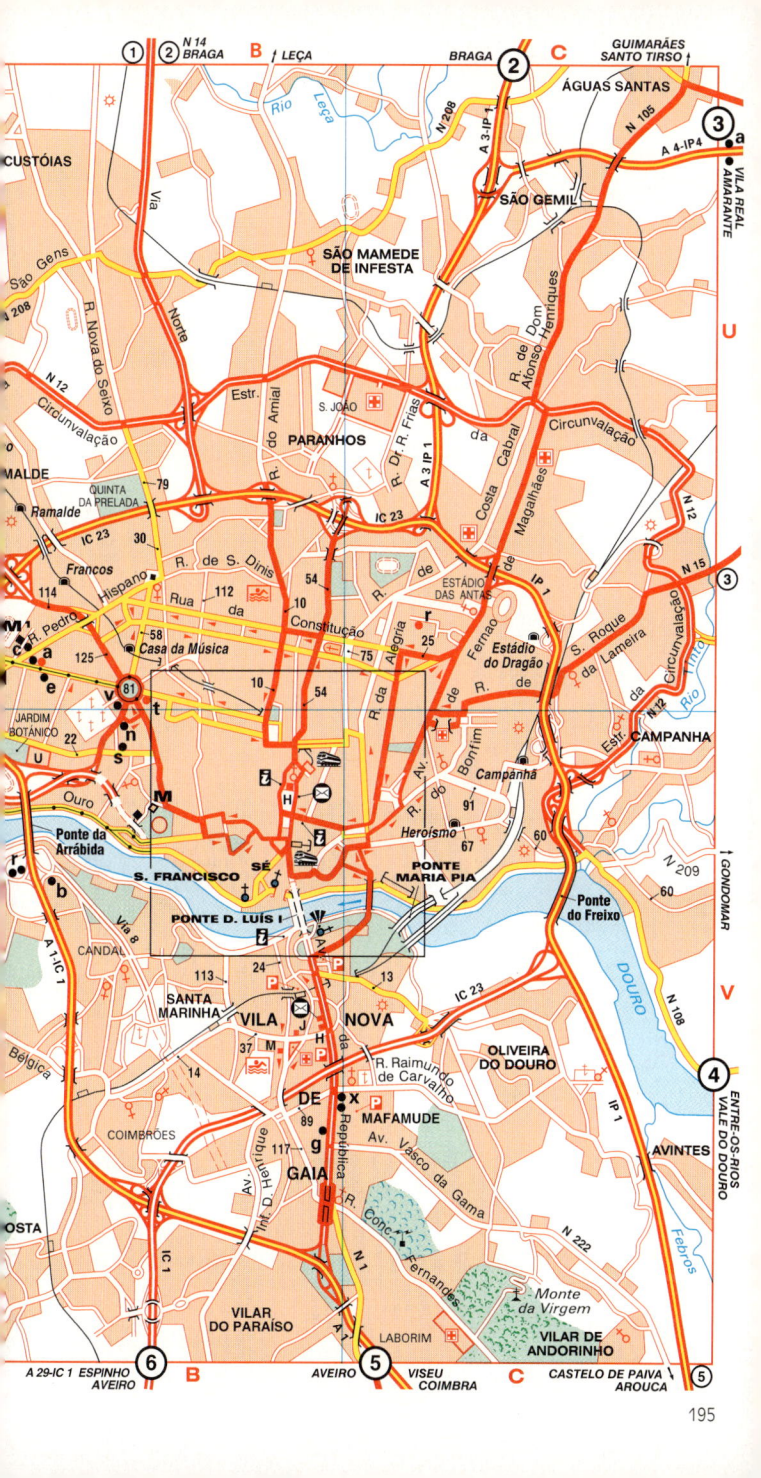

PORTUGAL

PORTO

Street	Grid	No.
31 de Janeiro (R. de)	**EY**	126
Alberto Aires Gouveia (R. de)	**DY**	3
Albuquerque (R. Af. de)	**DYZ**	4
Alferes Malheiro (R. do)	**EXY**	6
Almada (R. do)	**EXY**	
Almeida Garrett (Pr. de)	**EY**	7
Antero de Quental (R.de)	**EX**	10
Augusto Rosa (R. de)	**FZ**	12
Belomonte (R. de)	**EZ**	16
Boa Hora (R. da)	**DXY**	18
Bonjardim (R. do)	**EXY**	19
Carmelitas (R. das)	**EY**	27
Carmo (R. do)	**DEY**	28
Cimo da Vila (R. de)	**EY**	31
Clérigos (R. dos)	**EY**	33
Coelho Neto (R. de)	**FY**	34
Dom Afonso Henriques (Av.)	**EYZ**	46
Dona Filipa de Lencastre (Pr. de)	**EY**	49
Dr António Emílio de Magalhães (R. de)	**EY**	42
Dr Magalhães Lemos (R. do)	**EY**	43
Dr Tiogo de Almeida (R. do)	**DY**	45
Entreparedes (R. de)	**FY**	52
Faria Guimarães (R. de)	**EX**	54
Fernandes Tomás (R. de)	**EFY**	
Flores (R. das)	**EYZ**	
Fonseca Cardoso (R. de)	**EX**	57
Formosa (R.)	**EFY**	
Gomes Teixeira (Pr. de)	**EY**	61
Guedes de Azevedo (R. de)	**FXY**	64
Heróis e Mártires de Angola (R. de)	**EY**	66
Infante Dom Henrique (Pr. e R. do)	**EZ**	69
João das Regras (R. de)	**EX**	70
Lisboa (Pr. de)	**EY**	72
Loureiro (R. do)	**EY**	73
Mártires da Pátria (Campo dos)	**DEY**	76
Maternidade (R. da)	**DY**	78
Nova de São Crispim (R.)	**FX**	82
Oliveiras (R. das)	**EY**	85
Paraíso (R. do)	**EFX**	87
Passos Manuel (R. de)	**FY**	88
Piedade (R. da)	**DX**	90
Prov. Vicente José de Carvalho (R. do)	**DY**	93
Ribeira (Pr. da)	**EZ**	96
Sá da Bandeira (R. de)	**FXY**	
Sacadura Cabral (R.)	**DX**	99
Santa Catarina (R. de)	**FXY**	
São Domingos (L. de)	**EZ**	100
São João (R. de)	**EZ**	102
São João Novo (Pr. de)	**DZ**	103
São Lázaro (Passeio de)	**FY**	105
Saraiva de Carvalho (R. de)	**EZ**	106
Sé (Terreiro da)	**EZ**	108
Soares dos Reis (L. de)	**FY**	115
Trindade (R. da)	**DY**	120
Vimara Peres (Av.)	**EZ**	123
Vitória (R. da)	**EYZ**	124

197

PORTO

Le Meridien Park Atlantic, Av. da Boavista 1466, ✉ 4100-114, ℰ 22 607 25 00, *reservas.porto@lemeridien.pt*, Fax 22 600 20 31 – 🛗, ⇔ qto, 🖻 📺 ⚹ 🚗 – 🔏 25/450. 🆎 ① 🞰 VISA JCB. ⅍ rest
Refeição 23 – ⌸ 15,50 – **226 qto** 210/220 – 6 suites. BU a
◆ Profissionalismo, luxo e modernidade à sua disposição. Quartos e suites bem equipadas e aconchegantes. Banquetes, conferências e congressos com as melhores atenções. O luminoso refeitório é uma boa opção para degustar uma ementa cosmopolita.

Ipanema Park H., Rua Serralves 124, ✉ 4150-702, ℰ 22 532 21 00, *ipark@ipanemaparkhotel.pt*, Fax 22 610 28 09, ≼, 𝕴ᵦ, ⬓, ⬓ – 🛗 🖻 📺 ⚹ 🚗 🅿 – 🔏 25/350. 🆎 ① 🞰 VISA JCB.
Refeição 27,50 – **264 qto** ⌸ 138/150 – 17 suites. AV b
◆ Luxuoso edifício na área comercial e de negócios de Boavista. Uma tecnologia funcional e moderna é um factor imperante. Amplas e destacadas zonas nobres. O refeitório é de esmerada montagem, com um atractivo mobiliário de inspiração colonial.

Infante de Sagres, Praça D. Filipa de Lencastre 62, ✉ 4050-259, ℰ 22 339 85 00, *his.sales@mail.telepac.pt*, Fax 22 339 85 99, ✿ – 🛗 🖻 📺. 🆎 ① 🞰 VISA JCB. ⅍
Refeição lista 41 a 59 – **64 qto** ⌸ 150/165 – 9 suites. EY b
◆ Uma verdadeira jóia ! Experiência, encanto, categoria e prestígio. Personalidades insignes entre os seus hóspedes. Ricas madeiras, vitrais e móveis de época. Estadia inesquecível. O luxuoso restaurante possui uma nostálgica elegância e uma óptima decoração.

Tivoli Porto sem rest com snack bar, Rua Afonso Lopes Vieira 66, ✉ 4100-020, ℰ 22 607 79 00, *htporto@mail.telepac.pt*, Fax 22 607 79 45, ⬓ – 🛗 🖻 📺 🚗 – 🔏 25/180. 🆎 ① 🞰 VISA. ⅍
52 qto ⌸ 195/215 – 6 suites. AU z
◆ Num tranquilo bairro residencial. Zonas nobres não muito amplas, mas bem dispostas. Quartos com mobiliário de estilo inglês e casas de banho detalhistas em mármore.

Dom Henrique, Rua Guedes de Azevedo 179, ✉ 4049-009, ℰ 22 340 16 16, *d.henrique@webside.pt*, Fax 22 340 16 66, ≼ – 🛗 🖻 📺 – 🔏 25/80. 🆎 ① 🞰 VISA JCB. ⅍ FX b
Além Mar : Refeição lista 20 a 24 – **90 qto** ⌸ 150/180 – 22 suites.
◆ Adequado ponto de partida para conhecer a cidade. Desfrute da sua decoração actual e das suas equipadas instalações. Quartos de funcionalidade clássica. O restaurante é muito aconchegante e possui um mobiliário de qualidade.

Mercure Batalha, Praça da Batalha 116, ✉ 4049-028, ℰ 22 204 33 00, *h1975@accor-hotels.com*, Fax 22 204 34 98, ≼ – 🛗, ⇔ qto, 🖻 📺 ⚹ ⚹ – 🔏 25/120. 🆎 ① 🞰 VISA JCB. ⅍
Refeição 16 – ⌸ 7,70 – **140 qto** 85/95 – 9 suites. FY f
◆ Fique no centro histórico e comercial. Hotel actualizado que possui quartos de carácter prático, com abundantes detalhes clássicos. Restaurante panorâmico de boa montagem.

Ipanema Porto H., Rua Campo Alegre 156, ✉ 4150-169, ℰ 22 607 50 59, *ipanemaporto@ipanemaporto.com*, Fax 22 606 33 39 – 🛗 🖻 📺 ⚹ 🅿 – 🔏 25/350. 🆎 ① 🞰 VISA. ⅍
Refeição 20 – **140 qto** ⌸ 100/110 – 10 suites. BV s
◆ Na Boavista, convenções, negócios e turismo. Lembre da sua estadia no Porto, hospedando-se nesta casa de estilo moderno. Amplos e dotados quartos de estilo actual. Cálido refeitório que está em consonância com a sua categoria.

Fenix Porto sem rest, Rua Gonçalo Sampaio 282, ✉ 4150-365, ℰ 22 607 18 00, *sales@fenixporto.com*, Fax 22 607 18 10 – 🛗 🖻 📺 ⚹ 🚗. 🆎 ① 🞰 VISA. ⅍
148 qto ⌸ 92/102. BV n
◆ Edifício de linha actual que possui espaçosos quartos, onde a sobriedade e a funcionalidade definem o seu estilo, com casas de banho de qualidade e em alguns casos cozinha.

Pestana Porto, Praça da Ribeira, ✉ 4050-513, ℰ 22 340 23 00, *pestana.porto@pestana.com*, Fax 22 340 24 00, ≼ – 🛗 🖻 📺 ⚹ – 🔏 25/50. 🆎 ① 🞰 VISA JCB. ⅍
Refeição lista 23 a 42 – **48 qto** ⌸ 122/137. EZ x
◆ Pitoresco conjunto de edifícios na zona mais turística da localidade. Quartos confortáveis equipados com mobiliário actual, na sua maioria com vistas ao rio.

Grande H. do Porto, Rua de Santa Catarina 197, ✉ 4000-450, ℰ 22 207 66 90, *reservas@grandehotelporto.com*, Fax 22 207 66 99 – 🛗 🖻 📺 ⚹ ⚹ – 🔏 25/100. 🆎 ① 🞰 VISA. ⅍
Refeição 17,25 – **92 qto** ⌸ 108,15/118,45 – 7 suites. FY q
◆ Numa rua pedonal muito central e comercial. A zona nobre toma protagonismo numa elegante sala com colunas e possui quartos que foram recentemente actualizados. Possui também um atractivo restaurante clássico, com belas molduras e lustres de cristal.

PORTO

PORTUGAL

🏨 **Douro** sem rest, Rua da Meditação 71, ⌧ 4150-487, ℘ 22 600 11 22, *hoteldouro@clix.pt*, Fax 22 600 10 90 – 🛗 ▦ 📺 ♿ – 🅿 25/30. AE ⓘ ⓜ VISA. ⌘ BU v
44 qto ⌑ 75/80 – 1 suite.
• Um ambiente moderno e actual define o seu estilo. Hotel central com reduzidas zonas nobres. Quartos cálidos, destacando os que possuem casas de banho completas.

🏨 **Internacional**, Rua do Almada 131, ⌧ 4050-037, ℘ 22 200 50 32, Fax 22 200 90 63 – 🛗 ▦ 📺 – 🅿 25/45. AE ⓘ ⓜ VISA JCB. ⌘ EY a
O Almada *(fechado domingo e feriados)* **Refeição** lista 19 a 25 – **35 qto** ⌑ 75/85.
• Pequeno, familiar, aconchegante e confortável, com zonas nobres actuais. A sua decoração surpreende com detalhes dignos e originais, em pedra e cerâmica. O elegante restaurante O Almada oferece uma correcta ementa de sabor caseiro.

🏨 **Albergaria Miradouro**, Rua da Alegria 598, ⌧ 4000-037, ℘ 22 537 07 17, *alb.miradouro@net.vodafone.pt*, Fax 22 537 02 06, ≤ cidade e arredores – 🛗 ▦ 📺 🅿. AE ⓘ ⓜ VISA JCB. ⌘ FX d
Refeição - ver rest. **Portucale** – **30 qto** ⌑ 47/70.
• Pequeno hotel de carácter familiar no centro da cidade. Um certo sabor antigo na sua decoração é compensado por bons quartos correctamente equipados.

🏨 **Menfis** sem rest, Rua da Firmeza 19, ⌧ 4000-227, ℘ 22 518 00 03, *hmenfis@netcabo.pt*, Fax 22 510 18 26 – 🛗 ▦ 📺 ♿ 🚗. AE ⓘ ⓜ VISA JCB FY k
24 qto ⌑ 63/73 – 2 suites.
• Hotelzinho central, cuidado e organizado num estilo actual. Suficientes zonas nobres, bar comunicado à zona de pequenos almoços, correctos quartos e casas de banho completas.

🏨 **São José** sem rest, Rua da Alegria 172, ⌧ 4000-034, ℘ 22 207 68 60, *hotelsaojose@hotelsjose.pt*, Fax 22 332 04 46 – 🛗 ▦ 📺 ☏♿ 🚗. AE ⓘ ⓜ VISA. ⌘ FY a
43 qto ⌑ 60/65.
• Adequadas dependências dentro de boas instalações. Sério profissionalismo e correctos quartos onde destaca um mobiliário de estilo e casas de banho actuais.

🏨 **Nave**, Av. Fernão de Magalhães 247, ⌧ 4300-190, ℘ 22 589 90 30, Fax 22 589 90 39 – 🛗 ▦ 📺 ♿ 🚗 – 🅿 25/70. AE ⓘ ⓜ VISA JCB. ⌘ FXY m
Refeição 12,50 – **81 qto** ⌑ 50/60.
• Desfruta de uma localização próxima ao centro. Os quartos foram reformados, com solos revestidos de alcatifas e janela dupla. Casas de banho actuais e bom serviço.

🏨 **Da Bolsa** sem rest, Rua Ferreira Borges 101, ⌧ 4050-253, ℘ 22 202 67 68, *hoteldabolsa@mail.telepac.pt*, Fax 22 205 88 88 – 🛗 ▦ 📺 ♿. AE ⓘ ⓜ VISA. ⌘ EZ a
36 qto ⌑ 66/80.
• A cálida familiaridade dum pequeno hotel de elegante fachada. Equipamento básico mas cuidado e quartos que, ainda reduzidos, oferecem uma aconchegante decoração.

🏨 **América** sem rest, Rua Santa Catarina 1018, ⌧ 4000-447, ℘ 22 339 29 30, *hotelamerica@clix.pt*, Fax 22 208 38 62 – 🛗 ▦ 📺 ♿ 🚗. AE ⓘ ⓜ VISA FX g
21 qto ⌑ 55/65 – 1 apartamento.
• Pequeno estabelecimento de organização familiar e localização central, com casas de banho actuais e quartos idóneos para o descanso. Zonas comuns suficientes.

🏨 **Solar São Gabriel** sem rest, Rua da Alegria 98, ⌧ 4000-033, ℘ 22 332 39 32, *sgabriel@netc.pt*, Fax 22 332 39 57 – 🛗 ▦ 📺 🚗. AE ⓘ ⓜ VISA FY s
28 qto ⌑ 36,50/46,50.
• Próximo à Praça da Batalha. Hotel familiar de confortável ambiente e correcto equipamento. Adequada manutenção e discretos quartos de linha clássica.

🏨 **Rex** sem rest, Praça da República 117, ⌧ 4050-497, ℘ 22 207 45 90, *r.rex@netcabo.pt*, Fax 22 207 45 93 – 🛗 ▦ 📺 ♿ 🅿. AE ⓘ ⓜ VISA JCB EX u
20 qto ⌑ 50/60.
• Antiga morada que possui zonas nobres suficientes e quartos funcionais, destacando pela beleza dos seus altos tectos com relevos.

🏨 **Brasília** sem rest, Rua Álvares Cabral 221, ⌧ 4050-041, ℘ 22 339 55 20, *reservas@residencialbrasiliaporto.com*, Fax 22 200 65 10 – ▦ 📺 🚗. ⓜ VISA. ⌘ EX f
12 qto ⌑ 40/50.
• Descubra o encanto deste hotelzinho de agradável sabor antigo. Aconchegantes quartos de tectos elevados, solos alcatifados e mobiliário de estilo num cálido ambiente.

🏨 **Mira D'Aire** sem rest, Rua Álvares Cabral 197, ⌧ 4050-041, ℘ 222 08 31 13, *r.miradaire@netcabo.pt*, Fax 222 00 38 12 – ▦ 📺. AE ⓜ VISA. ⌘ EX f
⌑ 3 – **11 qto** 30/35.
• Casa centenária, simples e familiar, com uma bela escada em madeira. Os quartos são reduzidos embora confortáveis, com mobiliário provençal e casas de banho completas.

199

PORTO

PORTUGAL

XXX **Churrascão do Mar,** Rua João Grave 134, ✉ 4150-427, ℰ 22 609 63 82, churrascaodomar@mail.telepac.pt, Fax 22 600 43 37 – 🍽 🅿 AE ① ⓜ VISA. ※
BU d
fechado do 15 ao 31 de agosto e domingo – **Refeição** - peixes e mariscos - lista 21 a 31.
♦ Situado numa antiga casa senhorial, onde se oferece bons peixes e frutos do mar ao estilo tradicional. Agradável mobiliário e encantador ambiente inglês, clássico e elegante.

XXX **Portucale** - *Hotel Albergaria Miradouro,* Rua da Alegria 598-13°, ✉ 4000-037, ℰ 22 537 07 17, rest.portucale@net.vodafone.pt, Fax 22 537 02 06, ≤ cidade e arredores – 📞 🍽 🅿 AE ① ⓜ VISA JCB. ※
FX d
Refeição lista 34 a 48.
♦ No último andar do hotel Albergaria Miradouro, com espectaculares vistas sobre a cidade e os seus arredores. Cuidado classicismo, solos alcatifados e uma boa cozinha.

XX **D. Tonho,** Cais da Ribeira 13-15, ✉ 4050-509, ℰ 22 200 43 07, porto@dtonho.com, Fax 22 208 57 91 – 🍽 AE ① ⓜ VISA JCB. ※
EZ e
Refeição lista 25 a 40.
♦ Frente ao rio. Os muros de pedra cercam um ambiente clássico-vanguardista, algo ambíguo, de carácter funcional e correcta montagem. Ementa mediana de corte tradicional.

XX **Bull & Bear,** Av. da Boavista 3431, ✉ 4149-017, ℰ 22 610 76 69, Fax 22 610 95 36 – 🍽 AE ① ⓜ VISA. ※
AU d
fechado 15 dias em agosto – **Refeição** lista 30 a 41.
♦ Situado no edifício da Bolsa. Frequentado por gente de negócios. Ambiente algo impessoal num estilo moderno, com um amplo salão de espera e os chãos em madeira.

XX **Lider,** Alameda Eça de Queiroz 126, ✉ 4200-274, ℰ 22 502 00 89, Fax 22 502 70 02 – 🍽 AE ① ⓜ VISA. ※
CU r
Refeição lista 33 a 38.
♦ Situado numa zona tranquila e nova da cidade. Magnífica direcção e cuidada manutenção onde a luz natural inunda o seu clássico interior. Ambiente suave e atento serviço.

XX **Churrascão Gaúcho,** Av. da Boavista 313, ✉ 4050-115, ℰ 22 609 17 38, churrascaodomar@mail.telepac.pt, Fax 22 600 43 37 – 🍽 AE ① ⓜ VISA. ※
BU t
fechado do 1 ao 15 de agosto e domingo – **Refeição** lista 14 a 33.
♦ Um bom espaço rústico elegante, com tectos em madeira e paredes de pedra. Possui dois salas onde oferecem uma ementa de cozinha tradicional e alguns pratos brasileiros.

XX **Chinês,** Av. Vimara Peres 38, ✉ 4000-544, ℰ 22 200 89 15, Fax 22 200 90 82 – 🍽 AE ① ⓜ VISA JCB. ※
EZ y
Refeição - rest. chinês - lista 11 a 17.
♦ Numa das saídas da cidade. Tradicional decoração chinesa, bom mobiliário e adequado serviço para o seu conforto. Sala espaçosa com abundante luz natural.

XX **King Long,** Largo Dr. Tito Fontes 115, ✉ 4000-538, ℰ 22 205 39 88, Fax 22 606 64 44 – 🍽 AE ⓜ VISA. ※
EX p
Refeição - rest. chinês - lista 15 a 20.
♦ Selecto restaurante chinês que se converteu num clássico da localidade. Refeitório amplo e diáfano, com uma correcta montagem de decoração oriental.

X Dom Castro, Rua do Bonjardim 1078, ✉ 4000-122, ℰ 22 205 11 19
FX t
♦ Local ao estilo taberna regional, com atractivas vigas e uma decoração que cuida dos detalhes. Possui certo encanto e oferece uma reduzida ementa de sabor caseiro.

X **Toscano,** Rua Dr. Carlos Cal Brandão 22, ✉ 4050-160, ℰ 22 609 24 30, jr@restaurantetoscano.com, Fax 22 600 22 53 – 🍽 AE ① ⓜ VISA. ※
DX f
fechado domingo – **Refeição** - cozinha italiana - lista 19 a 31.
♦ Pequeno e frequentado restaurante ao rés-do-chão dum edifício de localização central. Espaços reduzidos mas bem aproveitados, com decoração actual e detalhes vanguardistas.

X **Mendi,** Av. da Boavista 1430-loja 1, ✉ 4100-114, ℰ 22 609 12 00 – 🍽 AE ① ⓜ VISA. ※
BU a
fechado 3 semanas em agosto e domingo – **Refeição** - cozinha indiana - lista 30 a 36.
♦ Exótico estabelecimento de estilo alegre e juvenil que destaca pela cozinha indiana, elaborada por profissionais autóctones, muito correcta e com uma extensa ementa.

PORTO

PORTUGAL

na Foz do Douro :

Boa Vista, Esplanada do Castelo 58, ⊠ 4150-196 Porto, ℰ 22 532 00 20, info@
hotelboavista.com, Fax 22 617 38 18, ⛱ – 🛗 🖃 📺 🚗 – 🏛 25/55. 🆎 ⓘ ⓜⓔ
VISA. ✻
Refeição (fechado domingo) 17,50 – **71 qto** ⊊ 71,60/79,80.   AV e
◆ Onde o rio Douro conflui com o oceano Atlântico. Boa opção para o cliente de empresa.
Linha clássica, quartos com mobiliário de pinho e casas de banho em mármore. Restaurante
panorâmico com vistas para o mar no último andar.

Don Manoel, Av. Montevideu 384, ⊠ 4150-516 Porto, ℰ 22 617 23 04,
Fax 22 610 44 37, ≤ – 🖃 🄿. 🆎 ⓘ ⓜⓔ VISA JCB. ✻   AU e
fechado 15 dias em agosto e domingo – **Refeição** lista 49 a 59.
◆ Situado num palacete com certo ar de seriedade e um alto nível dentro da sua categoria.
Cozinha tradicional e internacional dirigida por uma direcção responsável.

Foz Velha, Esplanada do Castelo 141, ⊠ 4150-196, ℰ 226 15 41 78, mail@fozvelh
a.com, Fax 226 10 17 37 – 🖃. 🆎 ⓘ ⓜⓔ VISA. ✻   AV e
fechado do 2 ao 16 de janeiro, 3ª feira e 4ª feira meio-dia – **Refeição** lista 30 a 40.
◆ Dois casais levam as rendas deste cuidado restaurante, onde se oferece uma atractiva
ementa de autor. As mesas situadas junto às janelas possuiem vistas sobre o mar.

Ó Macedo, Rua Passeio Alegre 552, ⊠ 4150-573 Porto, ℰ 22 617 01 66,
Fax 22 617 01 66 – 🖃. 🆎 ⓘ ⓜⓔ VISA JCB. ✻   AV a
fechado do 15 ao 30 de agosto e domingo – **Refeição** - peixes - lista aprox. 30.
◆ O vigamento à vista e as paredes em pedra realçam a sua cálida decoração rústica. Conta
com um sugestivo expositor de peixe fresco, sendo esta a especialidade da casa.

em Matosinhos :

Amadeos sem rest, Rua Conde Alto Mearim 1229, ⊠ 4450-036 Matosinhos,
ℰ 22 939 97 00, hotelamadeos@mail.telepac.pt, Fax 22 939 97 19 – 🛗 🖃 📺 ♿. 🆎 ⓘ
ⓜⓔ VISA   AU u
50 qto ⊊ 60/70.
◆ Boa escolha para o cliente de empresa. Casas de banho modernas e quartos
funcionais. Simpático pátio-esplanada, zonas nobres e uma linha actual configuram
o seu ambiente.

Os Lusiadas, Rua Tomás Ribeiro 257, ⊠ 4450-297 Matosinhos, ℰ 22 937 82 42,
Fax 22 937 56 41 – 🖃. 🆎 ⓘ ⓜⓔ VISA. ✻   AU v
fechado domingo – **Refeição** - peixes e mariscos - lista 36 a 56.
◆ A sua moderna ambientação inspira-se nos Lusíadas, a obra maestra de Camões.
Sala aconchegante com expositor de produtos, que combina com um discreto serviço
de mesa.

Esplanada Marisqueira Antiga, Rua Roberto Ivens 628, ⊠ 4450-249 Matosinhos,
ℰ 22 938 06 60, Fax 22 937 89 12, Viveiro próprio – 🖃. 🆎 ⓘ ⓜⓔ VISA   AU v
fechado 2ª feira – **Refeição** - peixes e mariscos - lista 32 a 46.
◆ Uma cozinha de qualidade em um estabelecimento muito frequentado. Animado
ambiente, magnífica oferta e escolhidos produtos. Boa organização e viveiro digno de
menção.

Rincão do Mar, Av. Serpa Pinto 204, ⊠ 4450-275 Matosinhos, ℰ 22 938 56 39,
churrascaodomar@mail.telepac.pt, Fax 22 938 56 41 – 🖃 🚗. 🆎 ⓘ ⓜⓔ
VISA. ✻   AU x
fechado 2ª semana de setembro e 2ª feira – **Refeição** - peixes e mariscos - lista
20 a 27.
◆ Aconchegante negócio instalado numa antiga casa reconstruída. Refeitório de correcta
montagem e moderna decoração em dois níveis, onde degustará pratos de sabor
marinheiro.

Marujo com snack-bar, Rua Tomaz Ribeiro 284, ⊠ 4450-294 Matosinhos,
ℰ 22 938 37 32, Fax 22 937 07 81 – 🖃. 🆎 ⓘ ⓜⓔ VISA. ✻   AU v
Refeição lista 23 a 33.
◆ Local organizado e clássico. Sala de mobiliário correcto e confortável. Cozinha tradicional
onde peixes e frutos do mar são os protagonistas.

PORTO ALTO Santarém 733 P 3 – 3 534 h.

Lisboa 45 – Évora 109 – Santarém 53 – Setúbal 54.

Albergaria S. Lourenço sem rest, Estrada N 10/10-5, ⊠ 2135-115 Samora Correia,
ℰ 263 65 44 47, s.lourenco@mail.telepac.pt, Fax 263 65 46 94 – 🛗 🖃 📺 ♿ 🄿. 🆎 ⓘ
ⓜⓔ VISA
48 qto ⊊ 50/60.
◆ Antigo hotel de estrada totalmente renovado. Quartos equipados com mobiliário funcional e casas de banho correctas. Múltipla zona nobre.

201

PORTO ANTIGO Viseu – ver Cinfães.

PORTO MONIZ Madeira – ver Madeira (Arquipélago da).

PORTO SANTO Madeira – ver Madeira (Arquipélago da).

PÓVOA DE LANHOSO Braga 733 H 5 – 4602 h.
Lisboa 375 – Braga 19 – Caldelas 24 – Guimarães 21 – Porto 68 – Viana do Castelo 69.

Póvoa de Lanhoso sem rest, Av. da República, ✉ 4830-908 apartado 96, ✆ 253 63 42 43, hotelpov@hotelpovoalanhoso.com, Fax 253 63 93 36 – 📶 📺 ⚙ 🚗 – 🏊 25/80. 🆎 ⓞ ⓜ VISA. ✂
38 qto 😋 49,90/59,90 – 1 suite.
♦ Estabelecimento dirigido à clientela de negócios, com um serviço básico de quarto e pequeno almoço. Divisões com suficiente conforto resultando práticas e actuais.

El Gaucho, Av. 25 de Abril 207-11º, ✉ 4830-512, ✆ 253 63 11 44, ≤, 🍴 – 📶 📺. 🆎 ⓞ ⓜ VISA. ✂
fechado do 15 ao 30 de setembro e 3ª feira – **Refeição** – carnes grelhadas – lista 20 a 25.
♦ A simpatia do casal proprietário e a cálida decoração rústica, ornamentada com detalhes argentinos, compensam uma entrada algo anódina. Deguste as suas escolhidas carnes.

pela estrada N 205 Este : 1,5 km e desvio à esquerda 0,5 km :

Vila Joaquina ⚙ sem rest, Lugar da Aldeia, ✉ 4830-191, ✆ 253 63 90 90, vilajoaquina@vilajoaquina.com, Fax 253 63 90 99, 🏊 – 📶 📺 ⚙ 🅿. 🆎 ⓞ ⓜ VISA. ✂
15 qto 😋 55/70.
♦ Casa de estilo colonial do princípio do séc. XX, restaurada e ampliada como hotel rural, num relaxante sítio entre campos, com horta própria e piscina.

em Calvos Nordeste : 3 km :

Maria da Fonte ⚙, ✉ 4830-065 Póvoa de Lanhoso, ✆ 253 63 96 00, info@mariadafonte.com, Fax 253 63 96 01, ≤, 🛁, 🏊, 🎾, 💆 – 📶 📺 ⚙ 🅿 – 🏊 25/250. 🆎 ⓞ ⓜ VISA JCB. ✂
Refeição 17,50 – **30 qto** 😋 74/95.
♦ Três edifícios típicos restaurados com muito cuidado formam este moderno conjunto, numa quinta de grande extensão. Desfrute da paz que transmite o seu bucólico ambiente. Luminoso refeitório panorâmico com predomínio dos tons brancos.

Se se atrasa no caminho e não pode chegar antes das 18h,
confirme telefonicamente a sua reserva,
é mais seguro... e é o costume.

PÓVOA DE VARZIM Porto 733 H 3 – 27810 h – Praia.
Ver : O bairro dos pescadores★ AZ.
Arred. : Rio Mau : Igreja de S. Cristóvão (capitéis★) por ② : 12 km.
🛈 Praça Marquês de Pombal ✉ 4490-442 ✆ 252 29 81 20 pturismo@cm-pvarzim.pt Fax 252 61 78 72.
Lisboa 348 ② – Braga 40 ① – Porto 31 ②
Plano página seguinte

Novotel Vermar ⚙, Rua da Imprensa Regional, ✉ 4490-518, ✆ 252 29 89 00, h2124 @accor-hotels.com, Fax 252 29 89 01, ≤, 🏊, 🎾 – 📶, ⚙ qto, 📺 🅿 – 🏊 25/700. 🆎 ⓞ ⓜ VISA. ✂ AY a
Refeição 19 – 😋 7,50 – **196 qto** 99/110 – 12 suites.
♦ Tranquilo hotel de linha clássica situado junto à praia. Dispõe de espaçosas e confortáveis zonas nobres, assim como de quartos funcionais de adequado conforto. Amplo restaurante com abundante luz natural.

Mercure Póvoa de Varzim, Largo do Passeio Alegre 20, ✉ 4490-428, ✆ 252 29 04 00, h3016@accor-hotels.com, Fax 252 29 04 01, ≤ – 📶, ⚙ qto, 📺 📞 ⚙ – 🏊 25/130. 🆎 ⓞ ⓜ VISA JCB. ✂ AZ a
Refeição 14 – 😋 7,50 – **84 qto** 65/70 – 2 suites.
♦ Uma localização de luxo e um equipamento de vanguarda ao estilo Mercure. Passe uns dias inesquecíveis a desfrutar do conforto proporcionado pelas suas modernas instalações. Correcto refeitório onde poderá degustar pratos tradicionais ou um variado buffet.

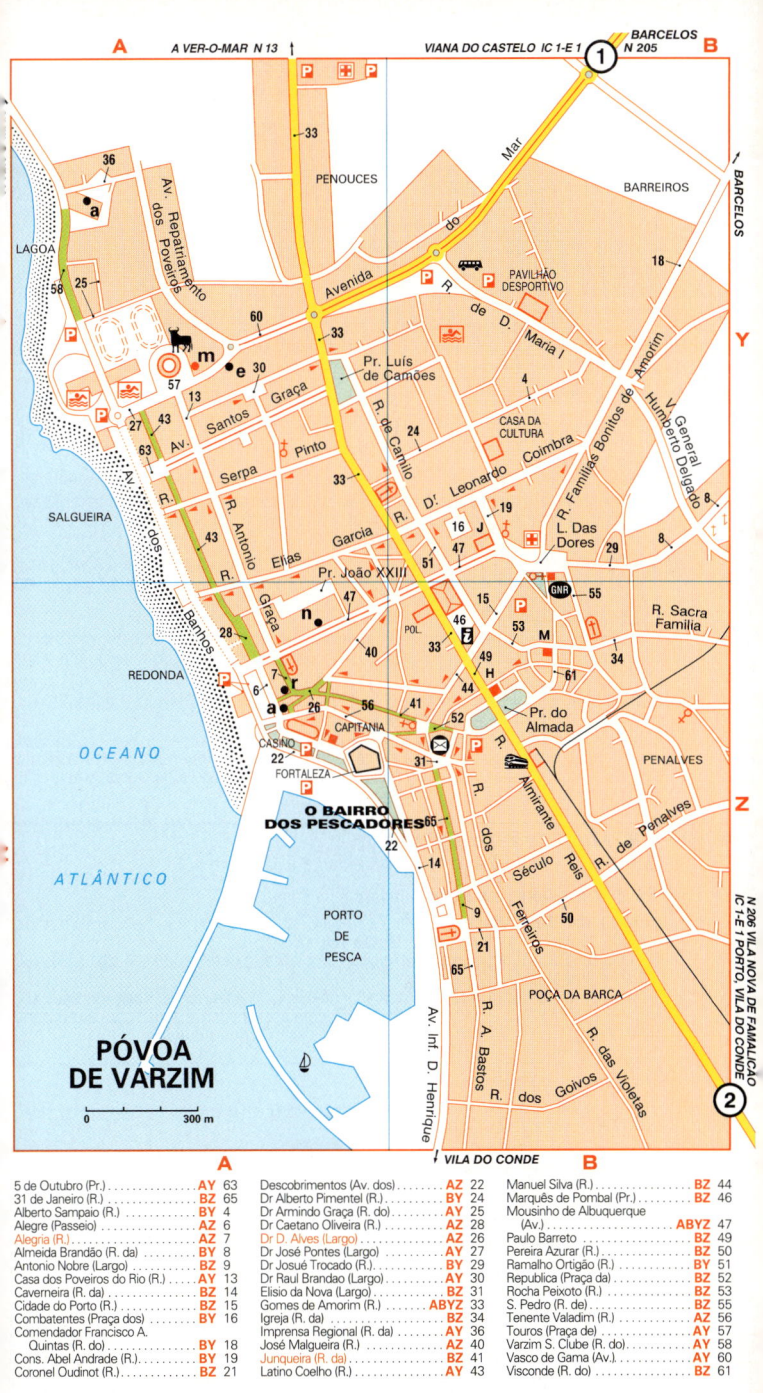

PÓVOA DE VARZIM

Street	Ref
5 de Outubro (Pr.)	AY 63
31 de Janeiro (R.)	BZ 65
Alberto Sampaio (R.)	BY 4
Alegre (Passeio)	AZ 6
Alegria (R.)	AZ 7
Almeida Brandão (R. da)	BY 8
Antonio Nobre (Largo)	BZ 9
Casa dos Poveiros do Rio (R.)	AY 13
Caverneira (R. da)	BZ 14
Cidade do Porto (R.)	BZ 15
Combatentes (Praça dos)	BY 16
Comendador Francisco A. Quintas (R. do)	BY 18
Cons. Abel Andrade (R.)	BY 19
Coronel Oudinot (R.)	BZ 21
Descobrimentos (Av. dos)	AZ 22
Dr Alberto Pimentel (R.)	BY 24
Dr Armindo Graça (R. do)	AY 25
Dr Caetano Oliveira (R.)	AZ 28
Dr D. Alves (Largo)	AZ 26
Dr José Pontes (Largo)	AY 27
Dr Josué Trocado (R.)	BY 29
Dr Raul Brandao (Largo)	AY 30
Elisio da Nova (Largo)	BZ 31
Gomes de Amorim (R.)	ABYZ 33
Igreja (R. da	BZ 34
Imprensa Regional (R. da)	AY 36
José Malgueira (R.)	AZ 40
Junqueira (R. da)	BZ 41
Latino Coelho (R.)	AY 43
Manuel Silva (R.)	BZ 44
Marquês de Pombal (Pr.)	BZ 46
Mousinho de Albuquerque (Av.)	ABYZ 47
Paulo Barreto	BZ 49
Pereira Azurair (R.)	BZ 50
Ramalho Ortigão (R.)	BY 51
Republica (Praça da)	BZ 52
Rocha Peixoto (R.)	BZ 53
S. Pedro (R. de)	BZ 55
Tenente Valadim (R.)	AZ 56
Touros (Praça de)	AY 57
Varzim S. Clube (R. do)	AY 58
Vasco de Gama (Av.)	AY 60
Visconde (R. do)	BZ 61

O BAIRRO DOS PESCADORES

203

PÓVOA DE VARZIM

🏨 **Costa Verde** sem rest, Av. Vasco da Gama 56, ✉ 4490-410, ℰ 252 29 86 00, hcvp
ovoa@mail.telepac.pt, Fax 252 29 86 09 – 🛗 📺 📞. AE ① ⓂⓄ VISA. ✀ AY e
57 qto ⊆ 60/70.
• Hotel de linha actual cujo desenho interior, com quatro quartos por andar, assemelha-se a um edifício de habitações. Zonas sociais ampliadas e bom conforto geral.

🏠 **Gett** sem rest, Av. Mouzinho de Albuquerque 54, ✉ 4490-409, ℰ 252 68 32 22, resi
dencial.gett@clix.pt, Fax 252 61 72 95 – 🛗 📺. AE ① ⓂⓄ VISA. ✀ AZ n
22 qto ⊆ 50/70.
• Ambiente aconchegante e detalhista na sua simplicidade, realçado por uma organização séria e amável de tipo familiar. Destaca a limpeza das suas instalações.

🍴 **O Pátio**, Av. Vasco da Gama (Edifício Rio), ✉ 4490-410, ℰ 252 68 43 25,
Fax 252 68 43 25 – 🍽. AE VISA. ✀ AY m
Refeição lista 20 a 29.
• Junto à praça de toiros. Sala ampla decorada em estilo clássico, onde servem uma ementa baseada em peixes e pratos portugueses. Direcção eficaz a cargo dos seus empregados.

pela estrada N 13 AY :

🏨 **Torre Mar** sem rest, A Ver-o-Mar - Norte : 2,3 km, ✉ 4490-091 A Ver-o-Mar,
ℰ 252 28 86 70, hotel.torre.mar@mail.telepac.pt, Fax 252 29 86 79 – 🛗 🍽 📺 🚗. 🅿.
AE ① ⓂⓄ VISA. ✀
31 qto ⊆ 46/63.
• A acertada organização e a boa manutenção são as suas notas características. Dotado de discretas zonas comuns e de um conforto muito válido dentro da sua categoria.

🏠 **Sol Póvoa** sem rest, Rua José Morneiro 100 - Norte : 1,8 km, ✉ 4490-100 A Ver-o-Mar,
ℰ 252 29 05 10, hotelsolpovoa@sapo.pt, Fax 252 29 05 19 – 🛗 📺 ♿ 🚗. 🅿. ⓂⓄ
VISA. ✀
30 qto ⊆ 45/62.
• Estabelecimento dotado de instalações funcionais de suficiente conforto, destacando a sua amável organização. Agradável exterior rodeado duma pequena zona verde.

🍴🍴 **O Marinheiro,** A Ver-o-Mar - Norte : 2 km, ✉ 4490-091 A Ver-o-Mar, ℰ 252 68 21 51,
Fax 252 68 21 52 – 🍽 🅿. AE ① ⓂⓄ VISA. ✀
Refeição - peixes e mariscos - lista aprox. 33.
• Um barco encalhado em terra firme alberga este original restaurante disposto em dois andares. Aconchegante decoração marinheira e uma variada selecção gastronómica.

PÓVOA E MEADAS Portalegre 733 N 7 – 696 h.

Lisboa 210 – Castelo Branco 60 – Portalegre 25 – Santarém 142.

na estrada da Barragem da Póvoa Sudoeste : 1.5 km :

🏡 **Quinta da Bela Vista** 🌿, ✉ 7320-014, ℰ 245 96 81 25, belavista@mail.pt,
Fax 245 96 81 32, 🏊, ✀ – 🍽 🅿. AE ⓂⓄ VISA. ✀
fechado do 5 ao 20 de janeiro – **Refeição** - só clientes a pedido - 18 – **4 qto** ⊆ 69/80 – 3 apartamentos.
• Casa de campo dos anos 30 definida pelo seu mobiliário de finais do séc. XIX. Ambiente familiar numa atmosfera de época, com aconchegante zona social e refeitório privado.

PRAIA AZUL Lisboa – ver Silveira.

PRAIA GRANDE Lisboa – ver Colares.

PRAIA DA AGUDA Porto 733 I 4 – Praia.

Lisboa 303 – Porto 16.

🍴🍴 **Dulcemar,** Av. Gomes Guerra 960, ✉ 4405-009 Arcozelo VNG, ℰ 22 762 40 77,
restaurante.dulcemar@vodafone.pt, Fax 22 762 78 24 – 🍽. AE ① ⓂⓄ
VISA. ✀
fechado 4ª feira – **Refeição** lista 17 a 25.
• Um clássico. Compensa a sua decoração algo desfasada com uma organização familiar séria e com uma boa montagem. Centrado na celebração de banquetes.

As páginas explicativas da introdução
ajudarão a tirar o máximo partido do seu Guia Michelin.

PRAIA DA AREIA BRANCA *Lisboa* 733 O 1 – *487 h – Praia.*

❼ *Praia da Areia Branca* ✉ *2530-216 Lourinhã,* ✆ *261 42 21 67 turismo@cm-laurinha.pt Fax 261 41 01 08.*
Lisboa 77 – Leiria 91 – Santarém 78.

Dom Lourenço, ✉ 2530 Lourinhá, ✆ 261 42 28 09, Fax 261 47 11 82 – 🍽 rest, 📺 P. AE ◉ VISA. ⌘ rest
fechado do 1 ao 15 de maio e do 1 ao 15 de novembro – **Refeição** *(fechado 2ª feira)* 12,50 – **11 qto** ⌂ 35/40 – 7 apartamentos.
♦ Hotelzinho de carácter familiar cuja manutenção e decoro convertem-no num recurso válido e adequado. Modestos quartos de correcto conforto. O refeitório foi ampliado e reformado, mas ainda reflecte certa simplicidade.

PRAIA DA BARRA *Aveiro – ver Aveiro.*

PRAIA DA FALÉSIA *Faro – ver Albufeira.*

PRAIA DA GALÉ *Faro – ver Albufeira.*

PRAIA DA ROCHA *Faro – ver Portimão.*

PRAIA DA SALEMA *Faro – ver Budens.*

PRAIA DA VIEIRA *Leiria* 733 M 3 – *800 h – Praia.*
Lisboa 152 – Coimbra 95 – Leiria 24.

Cristal Vieira Praia, Av. Marginal, ✉ 2425-696 Vieira de Leiria, ✆ 244 69 90 60, *cristalvieira@hoteiscristal.pt,* Fax 244 69 52 11, ≤, 𝄞, 🄿, – 🛗 🍽 📺 🚗 – 🅿 25/500
100 qto.
♦ A localização na 1ª linha de praia é a sua maior atracção. Quartos amplos correctamente equipados com casas de banho de bom nível e gratificantes vistas ao mar. A excelente visão panorâmica sobre o Atlântico enquadra o seu agradável e luminoso refeitório.

PRAIA DE ALVOR *Faro – ver Portimão.*

PRAIA DE FARO *Faro – ver Faro.*

PRAIA DE LAVADORES *Porto – ver Vila Nova de Gaia.*

PRAIA DE OFIR *Braga – ver Fão.*

PRAIA DE SANTA EULÁLIA *Faro – ver Albufeira.*

PRAIA D'EL-REI *Leiria – ver Serra d'El-Rei.*

PRAIA DO CARVOEIRO *Faro – ver Lagoa.*

PRAIA DO GUINCHO *Lisboa – ver Cascais.*

PRAIA DO PORTO DE MÓS *Faro – ver Lagos.*

PRAIA DO PORTO NOVO *Lisboa – ver Vimeiro (Termas do).*

PRAIA DO VAU *Faro – ver Portimão.*

PRAIA DOS TRES IRMÃOS *Faro – ver Portimão.*

QUARTEIRA Faro 733 U 5 – 16 129 h – Praia.

Vila Sol (Vilamoura), Noroeste : 6 km ℘ 289 30 05 01 Fax 289 31 64 99 – Laguna Golf Course (Vilamoura), Noroeste : 6 km ℘ 289 31 01 80 Fax 289 31 01 83 – Pinhal Golf Course (Vilamoura), Noroeste : 6 km ℘ 289 31 03 90 Fax 289 31 03 93.

☐ Praça do Mar ✉ 8125-156 ℘ 289 38 92 09.

Lisboa 308 – *Faro 22*.

Claudiana, Rua Torre de Água, ✉ 8125-504, ℘ 289 30 03 40, *claudiana@oninet.pt*, Fax 289 30 03 41, ⬚ – 📺 & 🅿
Refeição - só clientes, só jantar – **24 qto**.
◆ Hotel de simples organização, situado numa zona residencial. Possui quartos funcionais de suficiente conforto, a metade deles com casas de banho completas.

Alphonso's, Rua Abertura Mar, ✉ 8125-100, ℘ 289 31 46 14, ⛱ – ▪ ▦ ⓐ ⓓ ⓜ VISA ⊛
fechado sábado no inverno – **Refeição** lista 18 a 27.
◆ Casa assentada que deve a sua aceitação a uma direcção muito profissional. Refeitório simples com profusão de madeira onde se oferece uma ementa completa e equilibrada.

em Vilamoura :

Tivoli Marinotel ⚓, Oeste : 3,5 km, ✉ 8125-901 Quarteira, ℘ 289 30 33 03, *marinotel@mail.telepac.pt*, Fax 289 30 33 45, ≤, ⛱, ♨, ⬚, ☐, 🐎, ⛵, ⛳ – 🛗 ▪ 📺 & 🅿 – 🎪 25/1200
372 qto – 21 suites.
◆ Magnífico hotel de grande capacidade e múltiplas prestações que possui um excelente equipamento e um conforto actual. Dispõe também dum edifício exclusivo para congressos. O restaurante, Grill Sirius, oferece um elegante ambiente e um grande profissionalismo.

Vila Galé Marina, Oeste : 3 km, ✉ 8125-401 Quarteira, ℘ 289 30 00 00, *marina@vilagale.pt*, Fax 289 30 00 50, ≤, ⛱, ♨, ⬚, ☐ – 🛗 ▪ 📺 & 🚗 – 🎪 25/90. ⓐ ⓓ ⓜ VISA ⊛
Refeição - só jantar - 20 – **229 qto** ⊆ 152/190 – 14 suites.
◆ A sua reduzida zona social está compensada pelos quartos de notável tamanho, realçados com um mobiliário de ar marinheiro. Grande actividade de grupos. Restaurante informal que combina a ementa e o buffet.

Willie's, Rua do Brasil 2 - Área do Pinhal Golf Course - Noroeste : 6 km, ✉ 8125 Quarteira ℘ 289 38 08 49, Fax 289 38 06 84, ⛱ – ▪ 🅿 ⓐ ⓓ ⓜ VISA ⊛
fechado 10 janeiro-10 fevereiro e 4ª feira – **Refeição** - só jantar - lista 41 a 57.
◆ Situado numa elegante urbanização junto a um campo de golfe. Possui duas esplanadas e um refeitório tipo bistrot, com bar de apoio e belo salão. Esmerado serviço de mesa.

Pier One, Cais da Esperança - Clube Náutico - Oeste : 4 km, ✉ 8125 Quarteira ℘ 289 32 27 34, *pier.one@clix.pt*, Fax 289 38 00 43, ≤, ⛱ – ▪
Refeição - só jantar.
◆ Atractivo edifício de ar colonial dotado dum espaçoso bar com lareira ao rés-do-chão e um cuidado refeitório com esplanada estilo varanda no 1º andar.

QUATRO ÁGUAS Faro – ver Tavira.

QUELUZ Lisboa 733 P 2 – 48 860 h alt. 125.

Ver : *Palácio Nacional de Queluz*★★ *(sala do trono*★*) – Jardins do Palácio (escada dos Leões*★*).*

Lisboa 15 – Sintra 15.

Pousada de D. Maria I, Largo do Palácio, ✉ 2745-191, ℘ 21 435 61 58, *guest@pousadas.pt*, Fax 21 435 61 89 – 🛗 ▪ 📺 & 🅿 – 🎪 25/60. ⓐ ⓓ ⓜ VISA JCB ⊛
Refeição - ver rest. **Cozinha Velha** – **24 qto** ⊆ 182/195 – 2 suites.
◆ Magnífico palacete de fachada clássica que forma parte dum interessante conjunto histórico. Interior elegante, cujo estilo e decoração homenageiam à rainha Maria I.

Cozinha Velha - Hotel Pousada de D. Maria I, Largo do Palácio, ✉ 2745-191 ℘ 21 435 61 58, *guest@pousadas.pt*, Fax 21 435 61 89, ⛱ – ▪ 🅿 ⓐ ⓓ ⓜ VISA JCB ⊛
Refeição lista aprox. 40.
◆ Instalado nas antigas cozinhas do palácio, ainda conserva o calor de outros tempos. Agradável sítio cuja disposição rectangular respeitou a estrutura original.

QUELUZ

em Tercena *Oeste : 4 km :*

O Parreirinha, Av. Santo António 5, ✉ 2745-659 Barcarena, ℘ 21 437 93 11, Fax 21 439 33 30 – ▦. 🅰🅴 ⓘ 🆖 VISA. ✖
fechado agosto, domingo e feriados – Refeição lista aprox. 25.
• Casa ao rés-do-chão situada fora da localidade. Negócio familiar dotado de dois simples refeitórios, onde se oferece uma ementa sábia em peixes com preços moderados.

QUINTA DO ANJO *Setúbal – ver Palmela.*

QUINTA DO LAGO *Faro – ver Almancil.*

QUINTELA DE AZURARA *Viseu* 733 K 6 – *580 h.*

Lisboa 299 – Guarda 64 – Viseu 21.

Casa de Quintela ⌂, ✉ 3530-334, ℘ 232 62 29 36, Fax 232 61 84 56, ⌁, ✈, ✖ – 🅿. ✖
Refeição - só clientes a pedido - 20 – **5 qto** ⇆ 60/75 – 1 suite.
• Conjunto em pedra do séc. XVII dotado dum rico mobiliário. As dependências possuem certo encanto, com tectos em madeira e um cálido conforto. Refeitório familiar de uso privado.

REDONDO *Évora* 733 Q 7 – *6 015 h alt. 306.*

Lisboa 179 – Badajoz 69 – Estremoz 27 – Évora 34.

O Barro, Rua D. Arnilda e Eliezer Kamenezky 44, ✉ 7170-062, ℘ 266 90 98 99 – ▦. 🅰🅴 ⓘ 🆖 VISA. ✖
fechado do 9 ao 25 de agosto, do 9 ao 25 de novembro, domingo noite e 2ª feira – **Refeição** lista 24 a 30.
• Atractivo embora de reduzida capacidade. Conta com uma minúscula sala à entrada e outra mais confortável a diferente altura, de estilo rústico-regional e com o tecto em madeira.

em Aldeia da Serra *Norte : 10 km :*

Convento de São Paulo ⌂, Estrada N 381, ✉ 7170-120 Redondo, ℘ 266 98 91 60, *hotelconvspaulo@mail.telepac.pt*, Fax 266 98 91 67, ≤, ⌁, ✈, ✖ – ⌂ ▦ 📺 ♿ 🅿 – 🈴 25/110. 🅰🅴 ⓘ 🆖 VISA. ✖
Refeição lista 25 a 33 – **24 qto** ⇆ 175/190 – 8 suites.
• Compartilha o silêncio próprio dum convento. Linha sóbria, exteriores atractivos e uma zona social de carácter histórico com corredores vestidos por azulejos do s. XVIII. O mobiliário nobre e os azulejos antigos recriam um refeitório de serena austeridade.

REGUENGOS DE MONSARAZ *Évora* 733 Q 7 – *7070 h.*

Lisboa 169 – Badajoz 94 – Beja 85 – Évora 39 – Portalegre 124.

Província, Estrada de Évora N 256, ✉ 7200-999 apartado 54, ℘ 266 50 80 70, *geral@hotel-provincia.com*, Fax 266 50 80 71, 🛋, ⌁, ✈ – ⌂ ▦ 📺 ☏♿ 🅿. 🅰🅴 ⓘ 🆖 VISA JCB. ✖
Refeição - só jantar - 15 – **23 qto** ⇆ 105/120.
• Magnífico hotel de estilo alentejano dotado com elegantes instalações de ar regional e uns cuidados exteriores. Os seus quartos possuem mobiliário antigo e de forja. Luminoso restaurante presidido por uma lareira e com o tecto abobadado em tijolo.

ao Sudeste : *6 km :*

Herdade do Esporão, ✉ 7200-999 apartado 31, ℘ 266 50 92 80, *enotur@esporao.com*, Fax 266 51 97 53, 🍽 – ▦ 🅿. 🅰🅴 ⓘ 🆖 VISA. ✖
fechado do 1 ao 7 de agosto – **Refeição** - só almoço - lista 25 a 35.
• Conjunto regional numa extensa área de vinhedos ; barragem ao fundo. A esplanada e os agradáveis salões constituem um convite ao desfrute de algum vinho da sua afamada adega.

RIBEIRA DE SÃO JOÃO *Santarém – ver Rio Maior.*

Se deseja ampliar a informação relativa aos preços indicados nesta guia, consulte as páginas explicativas.

RIO MAIOR Santarém 733 N 3 – 11 532 h.
Lisboa 77 – Leiria 50 – Santarém 31.

RM sem rest, Rua Dr. Francisco Barbosa, ✉ 2040-247, ✆ 243 99 60 87, Fax 243 99 60 88 – 🛗 ☐ 📺 ✀
36 qto ☑ 35/50.
* Apesar do seu aspecto um tanto desfasado, possui um conforto geral muito válido. Hotelzinho central dotado de quartos espaçosos e aconchegantes, mas sóbrios em decoração.

Casa do Foral sem rest, Rua da Boavista 10, ✉ 2040-302, ✆ 243 99 26 10, *moinhoforal@hotmail.com*, Fax 243 99 26 11, 🛏 – 📺 ① ⓜ⑥ VISA
8 qto ☑ 48/65.
* Casa rústica do séc. XIX de localização central. Conserva no seu interior belos azulejos do séc. XVIII. Exteriores de grande atractivo, cuidado salão social e correctos quartos.

no Alto da Serra Noroeste : 4,5 km :

Cantinho da Serra, Antiga Estrada N 1, ✉ 2040-200 Rio Maior, ✆ 243 99 13 67, Fax 243 99 12 69 – ☐. AE ⓜ⑥ VISA ✀
fechado julho e 2ª feira – **Refeição** lista aprox. 25.
* Decoração típica realçada com detalhes regionais. Afamado na zona por sua cozinha baseada em produtos de qualidade. Atendido por uma brigada amável e detalhista.

em Ribeira de São João Sudeste : 7,5 km :

Quinta da Ferraria ⛳, Estrada N 114, ✉ 2040-511 Ribeira de São João, ✆ 243 94 50 01, *quinta.ferrara@mail.telepac.pt*, Fax 243 94 56 96, 🛏, 🌊 – ☐ 📺 🅿 – 🔼 25/200. AE ① ⓜ⑥ VISA ✀
Refeição 21,50 – **12 qto** ☑ 83/99 – 2 apartamentos.
* Cálidas instalações situadas num velho moinho de água. Como complemento oferece uma variada oferta lúdica, com um interessante museu de alfaias agrícolas.

em Outeiro da Cortiçada Este : 14 km :

Quinta da Cortiçada ⛳, ✉ 2040-174 Outeiro da Cortiçada, ✆ 243 47 00 00, *quinta.corticada@mail.telepac.pt*, Fax 243 47 00 09, 🛏, 🌊, ✀ – ☐ 🅿 – 🔼 25/120. AE ① ⓜ⑥ VISA ✀
Refeição 21,50 – **9 qto** ☑ 100,70/113.
* Antiga casa senhorial convertida num encantador hotel de turismo rural. A sua privilegiada localização e as elegantes dependências lhe conferem uma atracção especial.

ROMEU Bragança 733 H 8 – 301 h.
Lisboa 467 – Bragança 59 – Vila Real 85.

Maria Rita, Rua da Capela, ✉ 5370-620, ✆ 278 93 91 34, Fax 278 93 91 34 – ☐. ⓜ⑥ VISA
fechado 2ª feira e 4ª feira noite – **Refeição** lista 14 a 20.
* Uma casa muito cuidada, cálida e aconchegante, situada numa aldeia. Agradável decoração rústica, com muros de pedra e numerosos detalhes regionais. Preços contidos.

RUIVÃES Braga 733 G 5.
Lisboa 404 – Braga 49 – Porto 98.

Casa de Dentro (Capitão-Mor) ⛳ sem rest, ✉ 4850-341 Vieira do Minho, ✆ 253 65 81 17, *casadedentro@clix.pt*, Fax 253 65 81 17, 🛏, 🌊, ✀ – 🅿 – 🔼 25/200. ✀
5 qto ☑ 50/62,50.
* De organização familiar, numa pequena quinta agrícola com sítios ajardinados e castanheiros. Possui um salão polivalente de estilo actual e quartos de ar rústico.

SABROSA Vila Real 733 I 7 – 1 189 h.
Lisboa 419 – Braga 115 – Bragança 115 – Vila Real 20 – Viseu 114.

Quality Inn Sabrosa, Av. dos Combatentes da Grande Guerra 2, ✉ 5060-301, ✆ 259 93 02 40, *quality.douro@mail.telepac.pt*, Fax 259 93 02 60, 🛏 – 🛗 ☐ 📺 ♿ 🚗 – 🔼 25/70. AE ⓜ⑥ VISA ✀
Refeição 15 – **48 qto** ☑ 48/63 – 2 suites.
* Formado por um edifício moderno e outro mais antigo em pedra. A sua aconchegante zona social completa-se com quartos que apostam por uma linha actual e funcional. Correcto restaurante com mobiliário clássico.

SAGRES Faro 733 U 3 – 1 939 h – Praia.
Arred.: Ponta de Sagres★★★ Sudoeste: 1,5 km – Cabo de São Vicente★★★ (≤★★).
🔁 Rua Comandante Matoso ⊠ 8650-413 Vila do Bispo ✆ 282 62 48 73.
Lisboa 286 – Faro 113 – Lagos 33.

🏨 **Pousada do Infante** ⚜, ⊠ 8650-385, ✆ 282 62 02 40, guest@pousadas.pt, Fax 282 62 42 25, ≤ falésias e mar, 🏊, 🍴 – 🍽 📺 🅿 – 🎗 25/40. 🅰🅴 ⓞ ⓂⓄ 🆅🅸🆂🅰 🅹🅲🅱, ✂
Refeição 26 – **51 qto** ⇄ 178/190.
• O seu nome alude ao infante Dom Henrique, fundador da escola de navegação portuguesa. Após a recente reforma, os quartos simples melhoraram o seu conforto.

SANGALHOS Aveiro 733 K 4 – 4 350 h.
Lisboa 234 – Aveiro 25 – Coimbra 32.

🏨 **Estalagem Sangalhos** ⚜, ⊠ 3780-101, ✆ 234 74 36 48, estalagemdesangalhos @sapo.pt, Fax 234 74 32 74, ≤ vale e montanha, 🍽, 🏊 – 🍴 📺 🅿 – 🎗 25/150. 🅰🅴 ⓂⓄ 🆅🅸🆂🅰. ✂
Refeição 12 – **32 qto** ⇄ 47,50/60.
• Situada numa zona de interesse paisagístico imersa no silêncio da natureza. Em resumo, um confortável recurso rural que destaca pela tranquila atmosfera. Espaçoso refeitório panorâmico aberto à toda a luz e cor do seu ambiente.

SANTA CATARINA DA FONTE DO BISPO Faro 733 U 6 – 2 085 h.
Lisboa 273 – Faro 26 – Portimão 75.

na estrada N 270 Este : 2 km :

🏠 **Quinta da Fonte do Bispo** ⚜, Fonte do Bispo, ⊠ 8800-161, ✆ 281 97 14 84, info@qtfontebispo.com, Fax 281 97 17 14, 🍽, 🎾, 🏊, 🐎, 🍴 – 📺 🅿 – 🎗 25/250. ✂
Refeição - só clientes a pedido - 20 – **6 qto** ⇄ 90.
• Situada em pleno campo, põe à sua disposição cuidadas instalações de estilo rústico num ambiente sossegado. Quartos com mobiliário em forja e duche.

SANTA CLARA-A-VELHA Beja 733 T 4 – 780 h.
Lisboa 219 – Beja 110 – Faro 92 – Portimão 56 – Sines 86.

na barragem de Santa Clara Este : 5,5 km :

🏨 **Pousada de Santa Clara** ⚜, ⊠ 7665-879, ✆ 283 88 22 50, guest@pousadas.pt, Fax 283 88 24 02, ≤ barragem e montanhas, 🍽, 🏊 – 🛗 🍴 📺 ♿ 🅿 🅰🅴 ⓞ ⓂⓄ 🆅🅸🆂🅰 🅹🅲🅱. ✂
Refeição 26 – **18 qto** ⇄ 143/155 – 1 suite.
• Pousada encravada numa interessante paisagem natural. Instalações actuais, destacando os quartos pelo seu equipamento, mobiliário e excelentes casas de banho.

SANTA CRUZ Madeira – ver Madeira (Arquipélago da).

SANTA CRUZ DA TRAPA Viseu 733 J 5 – 1 389 h.
Lisboa 318 – Aveiro 76 – Viseu 31.

🏠 **Quinta do Pendão** ⚜, ⊠ 3660-257, ✆ 232 79 95 39, Fax 232 79 95 40, 🍽, 🏊 – 📺 🅿 🅰🅴 ⓞ ⓂⓄ 🆅🅸🆂🅰. ✂
Refeição - só clientes a pedido, só jantar - 25 – **22 qto** ⇄ 50/60.
• O tipismo e a rusticidade definem estas instalações em pleno campo. Quatro dos seus quartos possuem lareira e todos possuem casas de banho completas. Refeitório privado.

SANTA LUZIA Viana do Castelo – ver Viana do Castelo.

Os nossos guias de hotéis, os nossos guias turísticos
e os nossos mapas de estradas são complementares.
Utilize-os conjuntamente.

O Guia MICHELIN muda, mude de guia todos os anos.

SANTA MARIA DA FEIRA Aveiro 733 J 4 – 11 040 h alt. 125.

Ver : Castelo★.

🛈 Praça da República, ⊠ 4520-909 apartado 135 ℰ 256 37 08 02 gab.turismo@-feira.pt Fax 256 37 08 03.

Lisboa 291 – Aveiro 47 – Coimbra 91 – Porto 31.

Dos Lóios sem rest, Rua Dr. Antonio C. Ferreira Soares 2, ⊠ 4520-214, ℰ 256 37 95 70, info@residencialdosloios.com, Fax 256 37 95 79 – 📶 🖥 📺 ⚹ 🚗, 𝔸𝔼 ⓘ ⓜⓞ 𝕍𝕀𝕊𝔸. ⚹
32 qto ⊑ 45/55 – 4 suites.
* Hotel de organização familiar, cujo interior alberga uma reduzida zona nobre compensada pelos amplos e confortáveis quartos, com casas de banho actuais.

Novacruz sem rest, Rua S. Paulo da Cruz, ⊠ 4524-909 apartado 125, ℰ 256 37 14 00, novacruz@oninet.pt, Fax 256 37 23 16 – 📶 🖥 📺 ⚹ 🅿 – 🚹 25/130. 𝔸𝔼 ⓘ ⓜⓞ 𝕍𝕀𝕊𝔸
60 qto ⊑ 60/70 – 5 suites.
* Situado fora da localidade, com uma linha clássica e funcional, dirigida a uma clientela de negócios. Quartos com mobiliário simples e o chão em alcatifa.

Adega Monhé, Rua Dr. Elísio de Castro 55, ⊠ 4520-213, ℰ 256 37 54 12, adega-m estica@netvisao.pt, Fax 256 37 88 57 – 🖥. 𝔸𝔼 ⓘ ⓜⓞ 𝕍𝕀𝕊𝔸. ⚹
fechado do 2 ao 18 de janeiro e domingo – **Refeição** lista 22 a 33.
* Compensa a sua ambígua fachada com um interior moderno e actual, onde se aprecia a mão de um desenhador. Possui duas salas, a traseira mais luminosa e aberta ao exterior.

pela estrada N 223 Oeste : 4 km :

Ibis Porto Sul Europarque ⚹, Europarque, ⊠ 4520-153, ℰ 256 33 25 07, h1729 @accor-hotels.com, Fax 256 33 25 09, ⛱ – 📶 ⚹ qto, 🖥 📺 ⚹ 🅿 – 🚹 25/60. 𝔸𝔼 ⓘ ⓜⓞ 𝕍𝕀𝕊𝔸. ⚹ rest
Refeição lista 17 a 19 – ⊑ 5 – **63 qto** 49.
* Recurso discreto mas simpático, com o estilo próprio da cadeia. Materiais standard e quartos de escasso tamanho e simples decoração que resultam ser aconchegantes.

na estrada N 1 :

Feira Pedra Bela, Nordeste : 5 km, ⊠ 4520-506, ℰ 256 91 03 50, info@hotelped rabela.com, Fax 256 91 03 51, 𝓕₆, ⛱, ⚹ – 📶 📺 🚗 🅿. 𝔸𝔼 ⓘ ⓜⓞ 𝕍𝕀𝕊𝔸. ⚹
Refeição - ver rest. **Pedra Bela** – **50 qto** ⊑ 35/45.
* Estabelecimento familiar dirigido com amabilidade e orgulho, cujo interior alberga uma adequada zona nobre, quartos em processo de renovação e uma moderna piscina envidraçada.

Tigre com snack-bar, Lugar de Albarrada - São João de Ver, Nordeste : 5,5 km, ⊠ 4520-602 São João de Ver, ℰ 256 31 22 04, Fax 256 31 28 28 – 🖥 🅿
Refeição - mariscos.
* Casa dirigida com dignidade ; ampla ementa de frutos do mar, peixes e carnes. Apesar de que a sua decoração acusa a passagem do tempo, a manutenção resulta ser impecável.

Pedra Bela - Hotel Feira Pedra Bela, Nordeste : 5 km, ⊠ 4520-506, ℰ 256 91 13 38, restaurante@hotelpedrabela.com, Fax 256 91 03 51 – 🖥 🅿. 𝔸𝔼 ⓘ ⓜⓞ 𝕍𝕀𝕊𝔸. ⚹
Refeição lista 14 a 25.
* Típico restaurante de estrada dirigido ao cliente que está de passagem. A sua acertada direcção, unida a uma brigada numerosa, garantem um serviço rápido e eficaz.

SANTA MARINHA DO ZÊZERE Porto 733 I 6 – 166 h.

Lisboa 385 – Porto 81 – Viseu 94 – Vila Real 45 – Braga 83.

Casarão ⚹ sem rest, Igreja, ⊠ 4640-465, ℰ 254 88 21 77, Fax 254 88 81 51, ≤ vale do Douro, ⛱ – 📺 🅿. ⚹
5 qto ⊑ 50/65.
* Desfruta de excelentes vistas, dominando todo o Vale do Douro. Sala social com lareira, uma antiga cozinha em pedra e correctos quartos com os chãos em madeira.

SANTA MARTA DE PENAGUIÃO Vila Real 733 I 6 – 773 h.

Lisboa 360 – Braga 99 – Porto 96 – Vila Real 17 – Viseu 74.

na estrada N 2 Norte : 1 km :

Casal Agrícola de Cevêr ⚹, Quinta do Pinheiro-Sarnadelo, ⊠ 5030-569 Cevêr SMP, ℰ 254 81 12 74, casalagricoladecever@casalagricoladecever.com, Fax 254 81 12 74, ≤, ⛰, ⛱, ⚹ – 📺 🅿 – 🚹 25/80. 𝔸𝔼 ⓘ ⓜⓞ 𝕍𝕀𝕊𝔸 𝐉𝐂𝐁
Refeição - só clientes a pedido - 27 – **5 qto** ⊑ 67/80.
* O prazer do tradicional num ambiente gratificante e familiar, onde a cultura do vinho é o grande protagonista. A zona social possui um refeitório privado e correctos quartos.

SANTA MARTA DE PORTUZELO Viana do Castelo – ver Viana do Castelo.

SANTANA Setúbal – ver Sesimbra.

SANTARÉM P 733 O 3 – 28 669 h alt. 103.

Ver : Miradouro de São Bento★ ※★ B – Igreja de São João de Alporão (Museu Arqueológico★) B – Igreja da Graça★ B.

Arred. : Alpiarça : Casa dos Pátudos★ (tapeçarias★, faianças e porcelanas★) 10 km por ②.

🛈 Campo Infante da Câmara (Casa do Campino) ⌧ 2000-014 ✆ 243 33 03 30 regiao.ribatejo@netc.pt Fax 243 33 03 40 e Rua Capelo Ivens 63 ⌧ 2000-039 ✆ 243 30 44 37 turismo@cm-santarem.pt Fax 243 30 44 01.

Lisboa 78 ③ – Évora 115 ② – Faro 330 ② – Portalegre 158 ② – Setúbal 130 ③

SANTARÉM

1_ de Dezembro (R.) . . . . **B** 24	Alf. de Santarém (R.) . . . . **B** 4	Piedade (Largo da) . . . . **A** 15
5 de Outubro (Av.) . . . . **B** 25	Braamcamp Freire (R.) . . . . . . **B** 6	São Martinho (R. de) . . . . **B** 16
31 de Janeiro (R.) . . . . **A** 27	Cândido dos Reis (Largo) . . . . **A** 7	Serpa Pinto (R.) . . . . **AB**
Alex Herculano (R.) . . . . **A** 3	Capelo Ivens (R.) . . . . **AB** 9	Teixeira Guedes (R.) . . . . **A** 18
	G. de Azevedo (R.) . . . . **A** 10	Tenente Valadim (R.) . . . . **B** 19
	João Afonso (R.) . . . . **A** 12	Vasco da Gama (R.) . . . . **A** 21
	Miguel Bombarda (R.) . . . . **B** 13	Zeferino Brandão (R.) . . . . **A** 22

🏨 **Corinthia Santarém H.** 🐕, Av. Madre Andaluz, ⌧ 2000-210, ✆ 243 30 95 00, marketing.corinthia@mail.telepac.pt, Fax 243 30 95 09, ≤ vale e rio Tejo, 🏊 – 🛗 🍴 📺 🛋
P – 🕍 25/90. 🆎 ⓘ ⓜ VISA JCB. ✂ por Av. D.A. Henriques A
Refeição 12,50 – **102 qto** ⌸ 160/180 – 4 suites.
◆ Modernas instalações e uma localização excepcional, com o Tejo ao fundo. Quartos de completo equipamento e uma zona nobre decorada com certa austeridade.

SANTARÉM

Alfageme sem rest, Av. Bernardo Santareno 38, ⊠ 2005-177, ℘ 243 37 08 70, hot elalfageme@hotelalfageme.com, Fax 243 37 08 50 – |₤| ▬ TV ⅋ 🅿 – 🔏 25/200. ㄷ ◎◎ VISA. ⅋
67 qto ⊆ 65/75.
* Hotel moderno e bem equipado, próximo a zona histórica. Hall-recepção de adequada montagem, quartos aconchegantes e um amplo salão para pequenos almoço.

Victoria sem rest, Rua Segundo Visconde de Santarém 21, ⊠ 2005-365 ℘ 243 30 91 30, Fax 243 32 82 02 – ▬ TV. ⅋
23 qto ⊆ 35/60.
* De discreta mas atenta organização familiar. Possui quartos de distinto conforto que resultam correctos para a sua categoria.

SANTIAGO DO CACÉM Setúbal 733 R 3 – 7274 h alt. 225.

Ver : Á saida sul da Vila ≤★.
🛈 Largo do Mercado ⊠ 7540-135 ℘ 269 82 66 96 cmsc.bib@mail.telepac.pt Fax 269 82 94 98.
Lisboa 146 – Setúbal 98.

Albergaria D. Nuno sem rest, Av. D. Nuno Álvares Pereira 90, ⊠ 7450-103 ℘ 269 82 33 25, alb.d.nuno@mail.telepac.pt, Fax 269 82 33 28, ≤, ⛱, – |₤| ▬ TV 🅿 – 🔏 25/50. ㄷ ① ◎◎ VISA. ⅋
75 qto ⊆ 54/73.
* Instalações confortáveis com bom equipamento, numa zona residencial à saída da localidade. Quartos melhorados no respeitante à decoração, mas com casas de banho pouco modernas.

SANTIAGO DO ESCOURAL Évora 733 Q 5.

Lisboa 117 – Évora 28 – Setúbal 85 – Beja 86 – Santarém 100.

Manuel Azinheirinha, Rua Dr. Magalhães de Lima 81, ⊠ 7050-556, ℘ 266 85 75 04 – ▬. ⅋
fechado 2ª feira noite e 3ª feira – **Refeição** lista 20 a 25.
* Embora resulte muito modesto destaca pelo seu bom nível gastronómico, com uma equilibrada ementa de especialidades alentejanas e pratos tradicionais portugueses.

SANTO AMARO DE OEIRAS Lisboa – ver Oeiras.

SANTO ESTÊVÃO Vila Real – ver Chaves.

SANTO TIRSO Porto 733 H 4 – 13 961 h alt. 75.

🛈 Praça 25 Abril ⊠ 4780-373 ℘ 252 83 04 00 gap@cm-stirso.pt Fax 252 85 65 34.
Lisboa 345 – Braga 29 – Porto 28.

Cidnay, Praça do Município, ⊠ 4784-909 apartado 232, ℘ 252 85 93 00, reservas@hotelcidnay.pt, Fax 252 85 93 20, ≤, 😞, 🎾, – |₤| ▬ TV ⅋ 🚗 – 🔏 25/175. ㄷ ① ◎◎ VISA. ⅋
Refeição lista 24 a 30 – **66 qto** ⊆ 101/122 – 2 suites.
* Concebido para oferecer o maior bem-estar, conjugando tradição e modernidade. Quartos aconchegantes, áreas comuns abertas e jardins interiores de ar tropical. A fundadora do convento de Santo Tirso, Dona Unisco, dá nome ao restaurante.

São Rosendo, Praça do Município 6, ⊠ 4780-373, ℘ 252 85 30 54, saorosendo@v izzavi.pt, Fax 252 85 30 54, 😞 – ▬. ㄷ ① ◎◎ VISA. ⅋
fechado 2ª feira – **Refeição** lista 15 a 23.
* Afamado na zona. Refeitório clássico um pouco antiquado e de montagem algo reduzida, mas confortável. Ementa de sabor tradicional que introduz pratos leves.

Escreva-nos...
Os seus elogios como tambem as suas criticas
serao examinados com toda a atencao.
Os nossos inspectores voltarao a ver
os hoteis e restaurantes que nos indicar.
Gracas a vossa colaboracao, este guia sera
sempre mais exacto e mais completo.
Anticipadamente gratos !

ÃO BRÁS DE ALPORTEL Faro 733 U 6 – 10 032 h.

🛈 Largo de S. Sebastião 23 ✉ 8150-107 ✆ 289 84 31 65 turismo.saobras@rtalgarve.pt.
Lisboa 293 – Faro 17 – Portimão 63.

a estrada N 2 Norte : 2 km :

🏨 **Pousada de São Brás** ⚜, Poço dos Ferreiros, ✉ 8150-054, ✆ 289 84 23 05, guest@pousadas.pt, Fax 289 84 17 26, ≤ cidade, campo e colinas, 🏊, ※ – 🛗 🍽 📺 ♿ 🅿.
AE ① ⓪ VISA JCB. ※
Refeição 26 – **33 qto** ⊇ 148/160.
◆ Complexo hoteleiro composto por um edifício principal e um anexo. A sua acertada reforma, baseada em critérios actuais, proporcionou uma linha alegre, moderna e confortável. O restaurante oferece uma impressionante vista do ambiente.

ÃO MANÇOS Évora 733 Q 6 – 1016 h.

Lisboa 157 – Badajoz 123 – Beja 61 – Évora 23 – Portalegre 127.

🍴 **Moagem,** Rua Nova do Rossio 14, ✉ 7000-115, ✆ 266 72 22 00, moagem@monfalimtur.pt, Fax 266 74 23 67 – 🍽. ※
fechado do 15 ao 31 de maio e 3ª feira – **Refeição** lista 14 a 18.
◆ Antigo moinho de farinha que conserva intacta a sua maquinaria. Possui um bar à entrada e duas salas de estilo rústico, com pormenores alentejanos.

ÃO MARTINHO DO PORTO Leiria 733 N 2 – 2644 h – Praia.

Ver : ≤★.

🛈 Praça Engenheiro Federico Ulrich ✉ 2460-649 ✆ 262 98 91 10.
Lisboa 108 – Leiria 51 – Santarém 65.

ÃO MIGUEL DO OUTEIRO Viseu 733 k 5 – 969 h.

Lisboa 276 – Coimbra 72 – Viseu 15.

🏠 **Casa do Terreiro de São Miguel** ⚜ sem rest, ✉ 3460-456, ✆ 232 95 11 27, Fax 232 95 11 27, 🏊, 🐾, ※ – 🅿. ※
5 qto ⊇ 60/65.
◆ Conjunto do séc. XVIII com uma bela fachada. Alberga no seu interior modernas instalações, com quartos actualizados e casas de banho actuais.

ÃO PEDRO DE MOEL Leiria 733 M 2 – 436 h – Praia.

Lisboa 135 – Coimbra 79 – Leiria 22.

🍴 **Brisamar,** Rua Dr. Nicolau Bettencourt 23, ✉ 2430-496 Marinha Grande, ✆ 244 59 92 50, brisamar@sapo.pt, Fax 244 59 95 80 – 🍽. VISA. ※
fechado do 5 ao 20 de janeiro e 2ª feira – **Refeição** lista 29 a 33.
◆ Refeitório de estilo actual disposto em duas salas anexas, que destaca pela esmerada limpeza. Pratica uma cozinha muito correcta baseada em especialidades do mar.

ÃO PEDRO DE SINTRA Lisboa – ver Sintra.

ÃO PEDRO DO SUL Viseu 733 J 5 – 4011 h alt. 169 – Termas.

🛈 Largo dos Correios ✉ 3660-692 Várzea SPS ✆ 232 71 13 20.
Lisboa 321 – Aveiro 76 – Viseu 22.

as termas Sudoeste : 3 km :

🏨 **Do Parque** ⚜, ✉ 3660-692 Várzea SPS, ✆ 232 72 34 61, hotel.parque@clix.pt, Fax 232 72 30 47, ♨, 🏊 – 🛗 🍽 📺 🚗 🅿 – 🛎 25/70. AE ① ⓪ VISA. ※
Refeição 12 – **95 qto** ⊇ 46,40/70 – 2 suites.
◆ Central e bem dirigido, com uma zona social um pouco limitada, apesar de que há previsão de ampliá-la. Possui quartos de estilo actual, confortáveis e de completo equipamento. Moderno restaurante envidraçado onde oferecem uma pequena ementa.

🏨 **Vouga,** ✉ 3660-692 Várzea SPS, ✆ 232 72 30 63, Fax 232 72 35 00, ≤, 🌿, 🏊 – 🛗, 🍽 rest, 📺 🅿. ※
Refeição 11 – **48 qto** ⊇ 48/52,50.
◆ De organização familiar e construído em várias fases. Tem uma zona social com um bar actual, salão e recepção, mas o mais destacado é o conforto dos seus quartos. Refeitório muito luminoso graças às grandes janelas panorâmicas.

SÃO PEDRO DO SUL

Aparthotel Vouga sem rest, Rua de Mendes Frazão, ✉ 3660-692 Várzea SP
₢ 232 72 85 02, Fax 232 72 35 00 – 📶 📺 📞 ⚙ 🚗. ❄
18 qto ☐ 58,50/65 – 2 apartamentos.
• Modernas instalações, dotadas de correctas zonas nobres e quartos funcionais de bom conforto, todos eles com uma pequena cozinha incorporada e a maioria com varanda.

Albergaria Nossa Senhora da Saúde 🌿, ✉ 3660-692 Várzea SP
₢ 232 72 03 80, Fax 232 72 03 89, ≤ – 📶 📺 🚗. 🆎 🅥. ❄
fechado janeiro – **Refeição** 10 – ☐ 3,50 – **21 qto** 45/70.
• De atractiva fachada e situado na parte alta da cidade. Os seus espaçosos quartos possuem um mobiliário moderno e funcional, com solo alcatifado e boas casas de banho.

Adega da Ti Fernanda, Av. da Estação, ✉ 3660-692 Várzea SPS, ₢ 232 71 24 6
🌴 – 🍽. 🅥. ❄
fechado janeiro e 2ª feira – **Refeição** lista 15 a 18.
• O seu tipismo e a cândida rusticidade recriam um ambiente decididamente aconchegante. Agradável refeitório com mesas um pouco apertadas compensado por uma esmerada manutenção.

SÃO ROMÃO Guarda – ver Seia.

SÃO VICENTE Madeira – ver Madeira (Arquipélago da).

SEIA Guarda 733 K 6 – 6 928 h alt. 532.
Arred.: Estrada★★ de Seia à Covilhã (≤★★, Torre★★, ≤★) 49 km.
🅱 Rua Pintor Lucas Marrão ✉ 6270-513 ₢ 238 31 77 62 Fax 238 31 77 64.
Lisboa 303 – Guarda 69 – Viseu 45.

Camelo, Av. 1° de Maio 16, ✉ 6270-479, ₢ 238 31 01 00, hotelcamelo@mail.telep
c.pt, Fax 238 31 01 01, ≤, 🏊 – 📶 📺 🅿 – 🎾 25/50. 🆎 ⓞ ⓒ
🅥. ❄
Refeição (fechado domingo noite e 2ª feira) 12 – **74 qto** ☐ 49/69 – 5 suites.
• Hotel central com instalações desportivas bem acondicionadas, suficiente zona nobre e confortáveis quartos de carácter funcional com casas de banho actuais. Restaurante rústico muito apreciado pelos clientes de passagem.

em São Romão Sudoeste : 3 km :

Casa das Tílias sem rest, ✉ 6270-257 São Romão SEI, ₢ 238 39 00 55, casadas
as@tilias.com, Fax 238 39 01 23, 🏊, 🌴 – 📺 🅿. ❄
fechado 15 setembro-15 outubro – **6 qto** ☐ 60/65.
• Casa de princípios do séc. XIX com mobiliário e decoração de época. Correcta zona social e esmerados quartos, a maioria com casas de banho com duche.

SEIXAS Viana do Castelo – ver Caminha.

SERRA DA ESTRELA Castelo Branco 733 K y L 7 – Desportos de inverno ✶ 3.
Ver : ★ (Torre★★, ✻★★).
Hotéis e restaurantes ver : **Covilhã**, **Penhas da Saúde**.

SERRA DE ÁGUA Madeira – ver Madeira (Arquipélago da).

SERRA D'EL-REI Leiria 733 N 2 – 1 377 h.
🏖 Praia d'El-Rei : Nordeste : 7 km ₢ 262 90 50 05 Fax 262 90 50 09.
Lisboa 95 – Leiria 86 – Santarém 82.

Mar Azul sem rest, Largo da Igreja, ✉ 2525-810, ₢ 262 90 96 40, marazul@netv
ao.pt, Fax 262 83 16 69 – 📺. 🆎 ⓒ 🅥. ❄
10 qto ☐ 45/65.
• Pequeno hotel tipo pensão com quartos simples, dispostas em dois andares. Ha recepção unido a um refeitório-bar onde servem o pequeno almoço.

Quinta do Juncal 🌿 sem rest, Estrada N 114, ✉ 2525-801, ₢ 262 90 50 30, q
ntadojuncal@hotmail.com, Fax 262 90 50 31, 🏊, ❄ – 🅿. 🆎 ⓞ ⓒ 🅥
8 qto ☐ 54/60 – 3 apartamentos.
• Casa a modo de palacete situada numa grande quinta. Possui biblioteca, sala com lareira e quartos simples mas de suficiente conforto, com mobiliário em madeira forja.

SERRA D'EL-REI

a Praia d'El-Rei Nordeste : 7 km :

Praia d'El-Rei Marriott, Av. D. Inês de Castro 1, ✉ 2510-451 Amoreira, ℘ 217 21 06 31, info.pdr@marriott-pdr.com.pt, Fax 217 21 06 32, ≤, 佘, Lá, ⛴, ⛴, ⛴ – 劇 ≡ TV ℭ ゟ ℗ – ᾎ 25/250. AE ① ⓞ VISA JCB. ※
Romy (só jantar, fechado domingo e 2ª feira) **Refeição** lista 53 a 75 – **177 qto** ⊇ 190/290 – 1 suite.
• Situado em frente ao mar, numa área residencial com campo de golfe. Oferece quartos amplos e luminosos, com mobiliário clássico de qualidade e nalgum caso pormenores de luxo.

ERTÃ Castelo Branco 733 M 5 – 5 499 h.

Lisboa 248 – Castelo Branco 72 – Coimbra 86.

Lar Verde sem rest, Recta do Pinhal, ✉ 6100-751, ℘ 274 60 35 84, lar.verde@clix.pt, Fax 274 60 30 95, ≤, ⛴ – ≡ TV ℗. AE ① ⓞ VISA. ※
22 qto ⊇ 40/55.
• Estabelecimento de agradável quotidianidade e impecável manutenção, cujo interior alberga quartos amplos e bem equipados com casas de banho actuais.

Pontevelha, Alameda da Carvalha, ✉ 6100-730, ℘ 274 60 01 60, pontevelha@s-m.pt, Fax 274 60 01 69, ≤ – ≡. AE ① ⓞ VISA JCB. ※
fechado 2ª feira – **Refeição** lista 16 a 18.
• Espaçoso refeitório panorâmico com vistas à imensidão do seu ambiente, com uma atractiva grelha à vista e uma grande sala para banquetes. Saborosa cozinha de corte tradicional.

Santo Amaro, Rua Bombeiros Voluntários, ✉ 6100-730, ℘ 274 60 41 15, santoamaro@s-m.pt, Fax 274 60 01 69 – ≡. AE ① ⓞ VISA. ※
fechado 4ª feira – **Refeição** lista 16 a 18.
• Ressalta desde o exterior pela sua ampla janela de desenho moderno, onde se encontra a cafetaria. Refeitório de cuidada montagem e ambiente clássico, com uma atenta brigada.

ESIMBRA Setúbal 733 Q 2 – 5 793 h – Praia.

Ver : Porto★.
Arred. : Castelo ≤★ Noroeste : 6 km – Cabo Espichel★ (sítio★) Oeste : 15 km – Serra da Arrábida★ (Portinho de Arrábida★, Estrada de Escarpa★★) Este : 30 km.
🛈 Largo da Marinha 26-27 ✉ 2970-657 ℘ 21 228 85 40 pturismo@mun-sesimbra.pt Fax 21 228 82 65.
Lisboa 39 – Setúbal 26.

Do Mar ⓢ, Rua General Humberto Delgado 10, ✉ 2970-628, ℘ 21 228 83 00, hoteldomar@hoteldomar.pt, Fax 21 223 38 88, ≤ mar, ⛴, ⛴, 佘, ※ – 劇 ≡ TV ゟ ℗ – ᾎ 25/220. AE ① ⓞ VISA. ※
Refeição 19 – **166 qto** ⊇ 126/160 – 2 suites.
• Conjunto em escalões, situado numa bela paisagem com árvores e piscina. Desfrute de instalações que, apesar de que não têm grandes luxos, oferecem um bom nível de conforto. Formoso refeitório onde os peixes e os frutos do mar compartilham o protagonismo.

Ribamar, Av. dos Náufragos 29, ✉ 2970-637, ℘ 21 223 48 53, anthel.lda@clix.pt, Fax 21 223 43 17, 佘 – ≡. AE ⓞ VISA. ※
fechado dezembro – **Refeição** - peixes e mariscos - lista 28 a 34.
• Casa acreditada na zona onde oferecem um produto de boa qualidade. Refeitório moderno ambientado com detalhes marinheiros, cozinha à vista e agradável esplanada exterior.

m Santana Norte : 3,5 km :

Angelus, Praça Duques de Palmela 11, ✉ 2970-592 Sesimbra, ℘ 21 268 13 40, restaurante.angelus@clix.pt, Fax 21 223 43 17 – ≡. AE ⓞ VISA. ※
Refeição lista 26 a 32.
• É um clássico na localidade, conservando um estilo neo-rústico que ainda continua vigente. As suas salas desfrutam de uma cuidada montagem, com os chãos em soalho flutuante.

ESMARIAS Faro – ver Albufeira.

As páginas explicativas da introdução
ajudarão a tirar o máximo partido do seu Guia Michelin.

SETÚBAL ℗ 733 Q 3 – 87 521 h.

Ver: Castelo de São Filipe★ (※★) por Rua São Filipe AZ – Igreja de Jesus★ (quadros★ AY.

Arred.: Serra da Arrábida★ (Estrada de Escarpa★★) por ② – Quinta da Bacalhoa★ : jardim (azulejos★) por ③ : 12 km.

⛴ para Tróia : Transtroia (Cais de Setúbal) ✆ 265 53 75 80.

🛈 Rua de Santa Maria ✉ 2900-601 ✆ 265 53 42 22 Fax 265 53 44 02 e Travessa Fr Gaspar 10 ✉ 2901-388 apartado 73 ✆ 265 53 91 20 costa.azul@mail.telepac.p Fax 265 53 91 28 – **A.C.P.** Av. Bento Gonçalves 18 - A ✉ 2910-431 ✆ 265 53 22 9 Fax 265 23 92 37.

Lisboa 45 ① – Badajoz 196 ① – Beja 143 ① – Évora 102 ① – Santarém 130 ①

SETÚBAL

22 de Dezembro (Av.)	BY	46
Alexandre Herculano (Av. de)	BY	3
Almirante Reis (P. do)	AZ	4
Almocreves (R. dos)	BZ	6
Álvaro Castelões (R.)	BZ	7
António Girão (R.)	BZ	9
Arronches Junqueiro (R.)	BZ	12
Augusto Cardoso (R. de)	BZ	13
Bela Vista (Travessa da)	AZ	15
Bocage (Pr. do)	BZ	16
Bocage (R. do)	BZ	18
Ciprestes (Estrada dos)	CY	19
Clube Naval (R.)	AZ	20
Combatentes da Grande Guerra (Av. dos)	AZ	21
Defensores da República (Largo dos)	CZ	22
Dr António J. Granjo (R.)	BZ	24
Dr Paula Borba (R.)	BZ	25
Exército (Pr. do)	BZ	27
Machado dos Santos (Pr.)	AZ	31
Major Afonso Pala (R. do)	BZ	33
Mariano de Carvalho (Av.)	BY	34
Marquês da Costa (R.)	BZ	36
Marquês de Pombal (Pr.)	AZ	37
Mirante (R. do)	CY	38
Ocidental do Mercado (R.)	BZ	39
Paulino de Oliveira (R. de)	AZ	40
República de Guiné-Bissau (Av.)	BY	42
Santo António (Largo de)	BZ	43
Tenente Valadim (R.)	AZ	44
Trabalhadores do Mar (R. Dos)	AZ	45

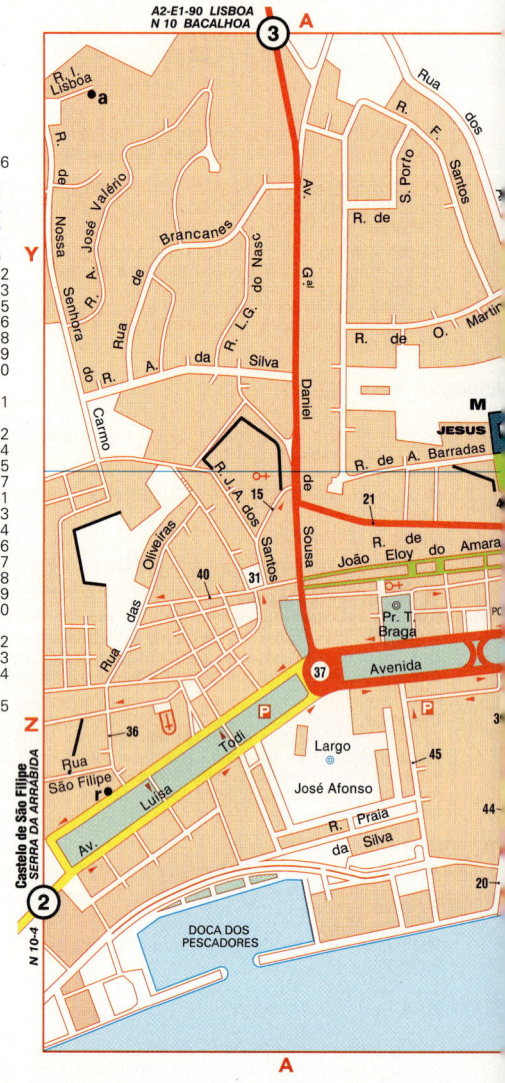

SETÚBAL

Estalagem do Sado, Irene Lisboa 1-3, ✉ 2900-028, ℘ 265 54 28 00, *estalagemdosado@clix.pt*, Fax 265 54 28 28, ≤ cidade e arredores – |♣| ▭ TV ☼ ⇌ P -
🛁 25/300. AE ① ⓜⓔ VISA JCB. ✵
Refeição *(fechado domingo)* 25 – **57 qto** ⇌ 90/110 – 9 suites.
AY a

♦ Instalado num antigo palacete que domina a cidade e os arredores. As suas amplas e elegantes dependências têm um equipamento de elevado nível. O restaurante, situado no último andar, oferece magníficas vistas.

Bonfim sem rest, Av. Alexandre Herculano 58, ✉ 2900-206, ℘ 265 55 07 00, *hotel.bonfim@mail.telepac.pt*, Fax 265 53 48 58, ≤ – |♣| ▭ TV ☼ - 🛁 25/130. AE ① ⓜⓔ
VISA. ✵
100 qto ⇌ 87/98.
BY b

♦ Boas instalações de linha actual junto a um belo parque. Quartos espaçosos de bom conforto e salão panorâmico no último andar.

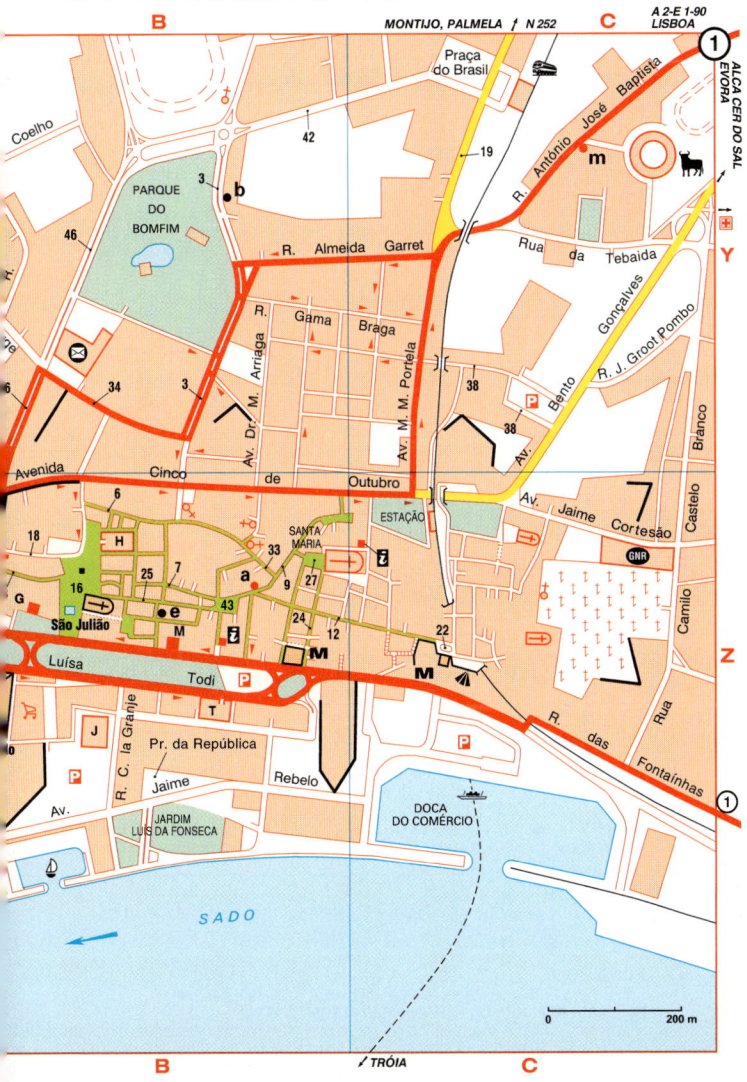

217

SETÚBAL
PORTUGAL

Isidro, Rua Professor Augusto Gomes 3, ✉ 2910-123, ☎ 265 53 50 99, Fax 265 53 51 1
– 🛗 📺 ♿ 🚗 – 🏊 25/75. AE ⓘ ⓜ VISA   por Av. Jaime Cortesão CZ
Refeição - ver rest. *Isidro* - **57 qto** ⊃ 52/62 – 13 apartamentos.
  • Um pouco afastado do centro. Possui quartos mobilados num estilo um pouco impesso
  com casas de banho em mármore. O hall-recepção e o bar constituem a sua escassa áre
  nobre.

Mar e Sol sem rest, Av. Luísa Todi 606-612, ✉ 2900-457, ☎ 265 53 46 0
Fax 265 53 20 36 – 🛗 📺 🚗 – 🏊 25/30. ⓜ VISA. ※   AZ
71 qto ⊃ 38/50.
  • Situado na avenida principal da localidade. Amplo espaço social ao rés-do-chão e quarto
  de idêntica ambientação e equipamento uniforme.

Bocage sem rest, Rua de São Cristóvão 14, ✉ 2900-611, ☎ 265 54 30 8(
residencial.bocage@iol.pt, Fax 265 54 30 89 – 📺 📼 AE ⓘ ⓜ VISA JCB. ※   BZ
38 qto ⊃ 35/50.
  • Amável e de modesta organização, situado em pleno centro. Instalações bem cuidada
  distribuídas em dois edifícios, destacando os quartos pela sua intimidade.

Isidro - *Hotel Isidro*, Rua Professor Augusto Gomes 3, ✉ 2910-123, ☎ 265 53 50 9
kyriadisidro@mail.telepac.pt, Fax 265 53 51 18 – 📺 🚗. AE ⓜ VISA. ※
Refeição lista aprox. 24.   por Av. Jaime Cortesão CZ
  • Situado junto ao hotel do mesmo nome, mas com funcionamento independente. Amp
  refeitório de estilo um pouco impessoal onde servem uma ementa média.

El Toro, Rua António José Baptista 111, ✉ 2910-401, ☎ 265 52 49 95 – AE ⓘ ⓜ
VISA. ※   CY
fechado do 10 ao 25 de setembro e 4ª feira – **Refeição** - cozinha espanhola - lista 19 a 26.
  • Junto à praça de toiros. Restaurante de cozinha espanhola que destaca pelos seus prato
  típicos, como o polvo à galega ou a paelha. Boa ementa e clientela de negócios.

O Beco, Rua da Misericórdia 24, ✉ 2900-502, ☎ 265 52 46 17, o_beco@hotmail.cor
Fax 265 54 81 18 – 📺. AE ⓜ VISA. ※   BZ
fechado agosto, domingo noite e 3ª feira noite – **Refeição** lista 18 a 30.
  • Casa de pasto de longa trajectória com o seu proprietário na direcção. Salas de estil
  clássico-regional, um pouco desfasadas em decoração e uma ementa de sabor tradicionа

na estrada N 10 *por* ① *:*

Novotel Setúbal ⓢ, Monte Belo - 2,5 km, ✉ 2900-509, ☎ 265 73 93 70, h155
@accor-hotels.com, Fax 265 73 93 93, ☕, ♨, ※ – 🛗, ⇄ qto, 📺 ♿ ℗ – 🏊 25/30
AE ⓘ ⓜ VISA JCB. ※ rest
Refeição lista aprox. 25 – ⊃ 7,25 – **105 qto** 70.
  • Ao mais puro estilo Novotel. Amplos quartos, jardim exterior e uma piscina catalogac
  pelos próprios clientes como uma das melhores da cadeia a nível europeu.

no Castelo de São Filipe *Oeste : 1,5 km :*

Pousada de São Filipe ⓢ, ✉ 2900-300, ☎ 265 55 00 70, guest@pousadas.p
Fax 265 53 92 40, ≤ Setúbal e Foz do Sado, ☕ – 📺 ℗ – 🏊 25/35. AE ⓘ ⓜ VI
JCB. ※   por Rua São Filipe AZ
Refeição 26 – **16 qto** ⊃ 183/195.
  • Pousada instalada dentro das muralhas duma antiga fortaleza, dominando o rio qu
  banha a cidade e o istmo de Tróia. Decoração rústica e quartos com vistas. Refeitóri
  panorâmico com uma atractiva esplanada no 1º andar.

SEVER DO VOUGA Aveiro 📖 J 4 – *2 728 h.*
Lisboa 278 – Aveiro 40 – Coimbra 80 – Porto 67 – Viseu 63.

O Cortiço, sem rest, Rua do Matadouro, ✉ 3740-255, ☎ 234 55 54 8(
Fax 234 55 54 82, ≤ – 🛗 📺 ℗ AE ⓘ ⓜ VISA. ※
21 qto ⊃ 27,50/37,50 – 1 suite.
  • Hotelzinho central com uma cálida zona social que inclui um salão para pequenos almoço
  Confortáveis quartos de linha funcional, destacando os que possuem banho completo

SILVEIRA Lisboa 📖 O 1 – *6 496 h.*
Lisboa 64 – Leiria 118 – Santarém 90 – Setúbal 101.

na Praia Azul *Oeste : 3 km :*

Praia Azul ⓢ, ✉ 2560-411 Silveira, ☎ 261 93 01 00, htl.praiaazul@clix.p
Fax 261 93 01 39, ≤, ♨ – 📺 rest, 📼 🚗 ℗. AE ⓜ VISA. ※
Refeição 16 – ⊃ 6,50 – **38 apartamentos** 60/80.
  • Frente à praia. A sua recente construção aproveitou as instalações dum antigo hote
  dos anos 60. Quartos com cozinha, como apartamentos T1. Restaurante situado num ed
  fício independente.

218

LVES Faro 733 U 4 – 10 768 h.
Ver : Castelo★ - Sé★.
Lisboa 265 – Faro 62 – Lagos 33.

Colina dos Mouros, Pocinho Santo, ⊠ 8300-999, ℘ 282 44 04 20, Fax 282 44 04 26, ≤, 徐, ⅄ – 🛗 ≣ TV & P – 🏛 25/100. 瓸 ⓜ VISA. ⋘
Refeição 12,50 – **57 qto** 🖘 70,80/80 – PA 20.
♦ Situado ao pé da estrada. Edifício de atractiva fachada e espaçosos quartos, cujas simples instalações são compensadas por um equipamento mais do que correcto.

ela estrada N 124 Nordeste : 6 km :

Quinta do Rio-Country Inn ⅍, Sítio de São Estévão, ⊠ 8300-999 apartado 217, ℘ 282 44 55 28, Fax 282 44 55 28 – P. ⋘
fechado do 15 ao 31 de dezembro – **Refeição** - só jantar, só clientes a pedido - 18 – **6 qto** 🖘 53.
♦ De agradável quotidianidade, propõe quartos muito discretos com cabeceiras de ferro forjado e casas de banho com duche. Esmerada manutenção.

NES Setúbal 733 S 3 – 12 461 h – Praia.
Arred. : Santiago do Cacém ≤★.
🛈 Largo do Poeta Bocage (Castelo de Sines) ⊠ 7520-152 ℘ 269 63 44 72 Fax 269 63 30 22.
Lisboa 165 – Beja 97 – Setúbal 117.

Albergaria Dom Vasco ⅍, sem rest, Rua do Parque, ⊠ 7520-202, ℘ 269 63 09 60, hotel@domvasco.com, Fax 269 63 09 70 – 🛗 ≣ TV &. 瓸 ① ⓜ VISA JCB. ⋘
27 qto 🖘 100/120.
♦ Descubra os seus exclusivos quartos de estilo personalizado, evocando pontos geográficos e personagens vinculadas à vida do navegante Vasco da Gama. Elegante zona nobre.

Aparthotel Sinerama sem rest, Rua Marquês de Pombal 110, ⊠ 7520-227, ℘ 269 00 01 00, sinerama@tdhotels.pt, Fax 269 00 01 99, ≤ – 🛗 ≣ TV – 🏛 25/100. 瓸 ① ⓜ VISA. ⋘
105 apartamentos 🖘 75/80.
♦ Apartamentos T1 e quartos em estilo funcional com materiais simples mas bem equipados com casas de banho actuais. Uma correcta área social completa as suas instalações.

O Migas, Rua Pero de Alenquer 17, ⊠ 7520-157, ℘ 269 63 67 67, mazetinha@netvisco.pt, Fax 269 63 67 67 – ≣. 瓸 ① ⓜ VISA JCB
fechado do 1 ao 15 de outubro e domingo – **Refeição** lista aprox. 28.
♦ Restaurante central e moderno, montado em dois níveis, oferece uma ementa surpreendente pelas inovadoras elaborações. Atendido pessoalmente pelo proprietário.

Para visitar uma cidade ou uma região :
utilize os Guias Verdes da Michelin.

NTRA Lisboa 733 P 1 – 2 162 h alt. 200.
Ver : Localidade★★★ - Palácio Real★★ (azulejos★★, tecto★★) Y – Museu de Arte Moderna★ Y – Museu do Brinquedo★ Z – Quinta da Regaleira★ (estrada de Colares N 375) Z.
Arred. : Sul : Parque da Pena★★ Z, Cruz Alta★★ Z, Castelo dos Mouros★ (≤★) Z, Palácio Nacional da Pena★★ ≤★★ Z – Parque de Monserrate★ Oeste : 3 km – Peninha ≤★★ Sudoeste : 10 km – Azenhas do Mar★ (sítio★) 16 km por ① – Cabo da Roca★ 16 km por ①.
🛈 Praça da República 23 ⊠ 2710-616 ℘ 21 923 11 57 dtur@cm-sintra.pt Fax 21 923 87 87 e Estação da C.P. Av. Miguel Bombarda ⊠ 2710-590 ℘ 21 924 16 23 Fax 21 924 16 23.
Lisboa 28 ③ – Santarém 100 ③ – Setúbal 73 ③

Plano página seguinte

Tivoli Sintra, Praça da República, ⊠ 2710-616, htsintra@mail.telepac.pt, Fax 21 923 72 45, ≤ – 🛗 ≣ TV & 🚗 P – 🏛 25/200. 瓸 ① ⓜ VISA. ⋘
Y d
Refeição lista 23 a 27 – **76 qto** 🖘 140/160.
♦ Hotel com suficiente conforto e correcta zona social. Equipados quartos de linha clássica, com um mobiliário que começa a acusar a passagem do tempo. Restaurante panorâmico com um esmerado serviço de mesa.

SINTRA

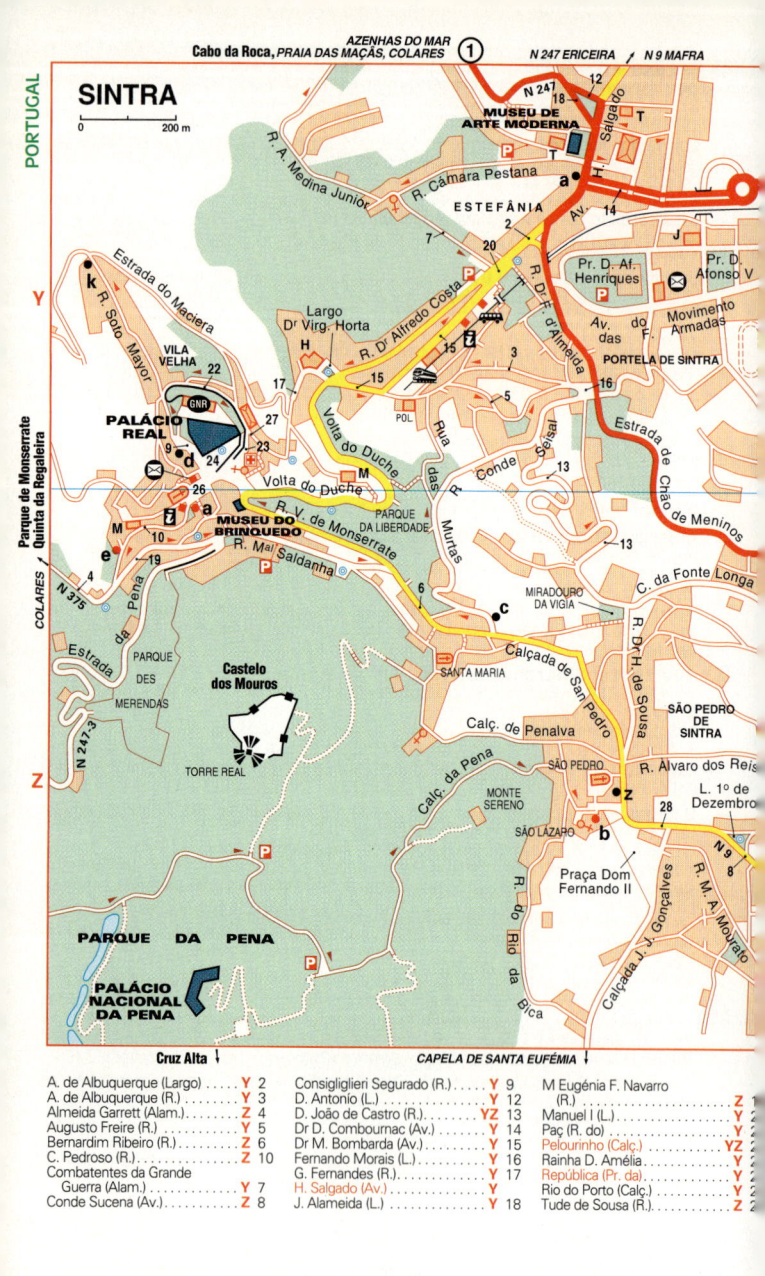

Street	Ref
A. de Albuquerque (Largo)	Y 2
A. de Albuquerque (R.)	Y 3
Almeida Garrett (Alam.)	Z 4
Augusto Freire (R.)	Y 5
Bernardim Ribeiro (R.)	Y 6
C. Pedroso (R.)	Z 10
Combatentes da Grande Guerra (Alam.)	Y 7
Conde Sucena (Av.)	Z 8
Consiglieri Segurado (R.)	Y 9
D. Antonio (L.)	Y 12
D. João de Castro (R.)	YZ 13
Dr D. Combournac (Av.)	Y 14
Dr M. Bombarda (Av.)	Y 15
Fernando Morais (L.)	Y 16
G. Fernandes (R.)	Y 17
H. Salgado (Av.)	Y
J. Alameida (L.)	Y 18
M Eugénia F. Navarro (R.)	Z
Manuel I (L.)	Y
Paç (R. do)	Y
Pelourinho (Calç.)	YZ
Rainha D. Amélia	Y
República (Pr. da)	Y
Rio do Porto (Calç.)	Y
Tude de Sousa (R.)	Z

☗ **Casa Miradouro** ⌾ sem rest, Rua Sotto Mayor 55, ✉ 2710-801, ✆ 21 910 71 00
mail@casa-miradouro.com, Fax 21 924 18 36, ≤ – AE ⓜ VISA. ✜   Y
fechado 9 janeiro-19 fevereiro – **6 qto** ⌚ 112/126.
♦ Casa senhorial cuja reabilitação lhe proporcionou todo o imprescindível para o se
novo uso. Cálida zona social e quartos modestos mas dignos e com casa de banh
completa.

220

SINTRA

Quinta das Murtas ⚐, Rua Eduardo Van Zeller 4, ✉ 2710-593, ℱ 21 924 62 76, inquires@quinta-das-murtas.com, Fax 21 924 02 46, ≤, 🍴, ♨ biológica, ☒ – 📺 🅿 AE VISA Z c
Refeição - só clientes a pedido, só buffet - 12 – **18 qto** ⊇ 60/75 – 4 apartamentos.
* Atractivo edifício que foi casa de hóspedes no passado. Destacam o bonito salão social cuja decoração evoca o séc. XVIII e os agradáveis exteriores, com uma piscina biológica.

Lawrence's ⚐, com qto, Rua Consiglieri Pedroso 38, ✉ 2710-550, ℱ 21 910 55 00, lawrences_hotel@iol.pt, Fax 21 910 55 05, ≤, – 📶 ≣ 📺 ♿ AE ① ⑩ VISA ⚐ rest Z e
Refeição lista 41 a 58 – **16 qto** ⊇ 225/290.
* Com a tradição de ser o mais antigo do lugar. Dirigido actualmente por holandeses, segue oferecendo um clima aconchegante. Os agradáveis quartos completam o negócio.

Tacho Real, Rua da Ferraria 4, ✉ 2710-555, ℱ 21 923 52 77, Fax 21 923 09 69, 🍴 – AE ⑩ VISA ⚐ Z a
fechado 4ª feira – **Refeição** lista 27 a 33.
* Decorado em estilo clássico, dispõe dum hall na entrada, bar de espera e um refeitório com grandes janelas e tecto abobadado em algumas partes.

em São Pedro de Sintra :

Estalagem Solar dos Mouros sem rest, Calçada de São Pedro 64, ✉ 2710-508 Sintra, ℱ 21 924 32 53, Fax 21 923 32 16 – ≣ 📺 AE ① ⑩ VISA JCB ⚐ Z z
7 qto ⊇ 75/85 – 1 suite.
* O casal proprietário dirige este hotelzinho de atractiva fachada, propondo-nos quartos de escasso tamanho mas correctamente equipados. Esmerada manutenção.

Cantinho de S. Pedro, Praça D. Fernando II-18, ✉ 2710-483 Sintra, ℱ 21 923 02 67, Fax 21 923 03 17 – AE ① ⑩ VISA ⚐ Z b
Refeição lista 26 a 37.
* Situado numa animada praça com restaurantes e diversos comércios. Fachada de ar rústico, bar com mesas de estilo antigo e um refeitório de estilo regional em dois níveis.

na Estefânia :

Nova Sintra, Largo Afonso de Albuquerque 25, ✉ 2710-519 Sintra, ℱ 21 923 02 20, reservas@novasintra.com, Fax 21 910 70 33, 🍴 – 📺 AE ⑩ VISA ⚐ Y a
Refeição 14,50 – **9 qto** ⊇ 50/80.
* Um recurso válido e simpático, situado numa antiga casa de ambiente familiar. Modestas instalações totalmente renovadas, destacando a sua agradável esplanada. Restaurante com certo encanto e cálida decoração.

na estrada de Colares Z pela N 375 :

Palácio de Seteais ⚐, Rua Barbosa du Bocage 8 - Oeste : 1,5 km, ✉ 2710-517, ℱ 21 923 32 00, Fax 21 923 42 77, ≤ campos em redor, ♨, ☒, ✗ – 📶 📺 🅿 AE ① ⑩ VISA ⚐
Refeição 46 – **29 qto** ⊇ 310/320 – 1 suite.
* Antigo palácio do séc. XVIII rodeado de jardins. Os seus quartos e os pequenos salões submergem-nos num fantástico ambiente de luxo e conforto. A decoração e o mobiliário do restaurante são testemunhas da elegância da época.

Quinta da Capela ⚐ sem rest, Oeste : 4,5 km, ✉ 2710-502, ℱ 21 929 01 70, quintadacapela@hotmail.com, Fax 21 929 34 25, ≤, 🏋, ♨, ☒ – 🅿 AE ① ⑩ VISA
7 qto ⊇ 130/160 – 2 suites.
* Casa senhorial tipo quinta com um belo jardim. Interior com agradáveis quartos, personalizados em distintos estilos, e dois bungalows de similares características.

na estrada da Lagoa Azul-Malveira por ④ : 7 km :

Penha Longa H. ⚐, ✉ 2714-511, ℱ 21 924 90 11, resort@penhalonga.com, Fax 21 924 90 07, ≤ campo de golfe e Serra de Sintra, 🍴, 🏋, ♨, ☒, ✗, 🎱₁₈ 🎱₉ – 📶 ≣ 📺 ♿ 🚗 🅿 – 🏛 25/280. AE ① ⑩ VISA JCB ⚐
Jardim Primavera : Refeição lista 58 a 69 - **Midori** (rest. japonês, só jantar) **Refeição** lista 54 a 67 – **160 qto** ⊇ 390/410 – 17 suites.
* Belo complexo com monumentos históricos do séc. XV, integrado numa reserva natural. Dispõe também dum magnífico palacete com capela. Grande profissionalismo. Correcto refeitório realçado por uma agradável decoração em tons suaves.

SORTELHA Guarda 733 K 8 – 579 h.
Lisboa 313 – Guarda 44 – Covilhã 33.

- **Casa da Cerca** sem rest, Largo de Santo António, ✉ 6320-536, ✆ 271 38 81 13, casadacerca@clix.pt, Fax 271 38 81 13, 🌴 – 🔲 P. ✱
  6 qto ☑ 50/70.
  • Edifício do séc. XVII em granito. Apesar de ter actualizado o interior, mantém um a antigo no seu estilo e mobiliário. Quartos com o chão em madeira e casas de banho actuais.

SOUSEL Portalegre 733 P 6 – 2 145 h.
Lisboa 185 – Badajoz 73 – Évora 63 – Portalegre 59.

ao Sudoeste : 3,5 km :

- **Pousada de São Miguel**, Estrada Particular, ✉ 7470-999 apartado 100 ✆ 268 55 00 50, guest@pousadas.pt, Fax 268 55 11 55, ≤ oliveiras, 🍴, 🏊 – ✱ qto 🔲 TV P. – 🅰 25/40. AE ① ⓜ VISA JCB. ✱
  Refeição 26 – 28 qto ☑ 143/155 – 4 suites.
  • Na parte alta de uma colina e com vistas aos olivais da região. Zona social decorada com motivos cinegéticos e quartos de equipamento completo, todos com varanda. Refeitório tranquilo e sossegado, ao calor dum belo mobiliário.

TÁBUA Coimbra 733 K 5 – 3 035 h alt. 225.
Lisboa 254 – Coimbra 52 – Viseu 47.

- **Turismo de Tábua** sem rest, Rua Profesor Dr. Caeiro da Mata, ✉ 3420-335 ✆ 235 41 30 40, geral@hoteltabua.com, Fax 235 41 31 66, 🏋, 🏊 – 🛗 🔲 TV 🚻 P. 🅰 ① ⓜ VISA
  74 qto ☑ 40/60.
  • Hotel de instalações funcionais situado em pleno centro. Quartos simples mas correctos com casas de banho completas e uma cafeteria frequentada por estudantes.

Se deseja ampliar a informação relativa aos preços indicados nesta guia, consulte as páginas explicativas.

TABUADELO Braga 733 H 5.
Lisboa 355 – Porto 49 – Braga 29.

- **Paço de São Cipriano** sem rest, ✉ 4835-461, ✆ 253 56 53 37, info@pacos ipriano.com, Fax 253 56 58 89, 🏊, 🌴 – P. AE ① ⓜ VISA. ✱
  7 qto ☑ 86/110.
  • Magnífico paço do séc. XV rodeado de belos jardins e um floresta autóctone. O seu interior transporta-nos a outras épocas, destacando a alcova da torre, de autêntico sonho.

TAVIRA Faro 733 U 7 – 10 434 h – Praia.
Ver : Localidade★.
🛈 Rua da Galeria 9 ✉ 8800-329 ✆ 281 32 25 11.
Lisboa 314 – Faro 30 – Huelva 72 – Lagos 111.

- **Vila Galé Tavira**, Rua 4 de Outubro, ✉ 8800-362, ✆ 281 32 99 00, tavira@vilagale.pt Fax 281 32 99 50, 🍴, 🏋, 🏊, 🏊 – 🛗 🔲 TV 🚻 🚗 – 🅰 25/500. AE ① ⓜ VISA. ✱
  Refeição 18 – 262 qto ☑ 136,40/170,50 – 6 suites.
  • Estabelecimento de linha moderna ao redor duma piscina central com jardim. Quartos funcionais, com mobiliário bem escolhido e casas de banho em mármore, e espaçosa zona nobre.

- **Convento de Santo António** sem rest, Rua de Santo António 56, ✉ 8800-705 ✆ 281 32 15 73, Fax 281 32 56 32, 🏊, 🌴 – P. AE. ✱
  março-novembro – **6 qto** ☑ 130/150 – 1 suite.
  • Num antigo convento, mantém o encanto dos tempos antigos mas adaptado ao conforto actual. As suas aconchegantes dependências estão decoradas com detalhes de óptimo gosto.

- **Avenida**, Av. Dr. Mateus T. de Azevedo 6, ✉ 8800-379, ✆ 281 32 11 13, 🍴 – 🔲. AE ⓜ VISA. ✱
  fechado maio e 3ª feira – **Refeição** lista 14 a 19.
  • Pequeno restaurante de carácter familiar e modestas instalações, cuja eficiente organização e escolhida ementa permitem de novo a sua recomendação.

TAVIRA

em Quatro Águas :

Vila Galé Albacora ⑤, Sul : 3 km, ✉ 8800, ℰ 281 38 08 00, *albacora@vilagale.pt*, Fax 281 38 08 50, 𝄞, ⏚, ▢ – ≡ 🆃🆅 & 🅿. – ⓐ 120. 🄰🄴 ① 🄼🄾 🆅🄸🆂🄰. ⌽
Refeição - buffet só jantar - 18 - **Arraial** *(só jantar, fechado 2ª feira e 3ª feira)* Refeição lista 22 a 32 – **161 qto** ⇄ 148/186.
♦ Junto à ria, numa antiga aldeia de pescadores. O seu interior alberga uma capela e discretos quartos com casas de banho actuais distribuídas ao redor duma piscina. O seu refeitório oferece um variado buffet.

Portas do Mar, Sul : 2 km, ✉ 8800 Tavira, ℰ 281 32 12 55, ≤, 🈴 – ≡ 🅿. 🄰🄴 ① 🄼🄾 🆅🄸🆂🄰. ⌽
fechado do 15 ao 30 de outubro e 3ª feira – **Refeição** - peixes e mariscos - lista 22 a 34.
♦ Casa especializada em peixes e frutos do mar que possui uma sala com mesas apertadas, compensada por uma decoração e um serviço de mesa muito cuidadoso. Eficiente direcção.

4 Águas, Sul : 2 km, ✉ 8800-602 Tavira, ℰ 281 32 53 29, *restaurant.quatroaguas@oninet.pt*, Fax 281 32 53 96, ≤, 🈴 – ≡ 🅿. 🄰🄴 ① 🄼🄾 🆅🄸🆂🄰. ⌽
fechado janeiro e 2ª feira – **Refeição** - peixes e mariscos - lista 22 a 30.
♦ Bem organizado, oferece uma cozinha baseada na bondade dos seus produtos. Pequeno viveiro na entrada e um refeitório de correcta montagem com serviço de mesa em consonância.

TERENA *Évora* 🟦733🟦 Q 7 – *859 h.*
Lisboa 204 – Évora 56 – Badajoz 63 – Portalegre 94 – Setúbal 172.

⌂ **Casa de Terena** ⑤ sem rest, Rua Direita 45, ✉ 7250-065, ℰ 268 45 91 32, *casadeterena@mail.telepac.pt*, Fax 268 45 91 55 – 🆃🆅 🆅🄸🆂🄰
fechado 15 dezembro-15 juneiro – **6 qto** ⇄ 65/80.
♦ Casa integrada no centro histórico, a poucos metros do castelo. Tem uma decoração de ar regional e a maioria dos seus quartos possuem casas de banho completas.

TERCENA *Lisboa* – *ver Queluz.*

TERRUGEM *Portalegre* 🟦733🟦 P 7 – *1 231 h.*
Lisboa 193 – Badajoz 37 – Évora 73 – Portalegre 63 – Setubal 162.

XXX **A Bolota Castanha,** Quinta das Janelas Verdes, ✉ 7350-491 Terrugem ELV, ℰ 268 65 61 18, *bolota.castanha@clix.pt*, Fax 268 65 75 04, ≤ campo – ≡ 🅿. 🄰🄴 ① 🄼🄾 🆅🄸🆂🄰. ⌽
fechado do 1 ao 7 de agosto e 2ª feira salvo feriados – **Refeição** lista 30 a 42.
♦ A experiência da sua proprietária garante o funcionamento desta cálida casa regional, cujas paredes albergam um refeitório aberto à beleza do campo alentejano.

TOLEDO *Lisboa* 🟦733🟦 O 2 – *415 h.*
Lisboa 69 – Peniche 26 – Torres Vedras 14.

O Pão Saloio, Rua Guerra Peninsular 27, ✉ 2530-782 Lourinha, ℰ 261 98 43 55, Fax 261 98 47 32 – ≡ 🅿. ⌽
fechado do 1 ao 15 de maio, do 1 ao 15 de outubro e 2ª feira – **Refeição** - grelhados - lista 18 a 26.
♦ Estabelecimento típico dirigido com dignidade. Cálida quotidianidade, esmerada manutenção e um agradável ambiente num estilo rústico bem cuidado.

TOMAR *Santarém* 🟦733🟦 N 4 – *15 764 h alt. 75.*

Ver : *Convento de Cristo★★ : igreja★ (charola dos Templários★★) edifícios conventuais★ (janela★★★) – Igreja de São João Baptista (portal★).*

🄱 Av. Dr. Cândido Madureira ✉ 2300-531 ℰ 249 32 24 27 *turismo@cm-tomar.pt* Fax 249 32 24 27.

Lisboa 145 – Leiria 45 – Santarém 65.

Dos Templários, Largo Cândido dos Reis 1, ✉ 2300-909 apartado 91, ℰ 249 31 01 00, *geral@hoteldostemplarios.pt*, Fax 249 32 21 91, ≤, 𝄞, ⏚, ▢, 🈴, ℅ – 🛗 ≡ 🆃🆅 & 🅿. – ⓐ 25/600. 🄰🄴 ① 🄼🄾 🆅🄸🆂🄰 🄹🄲🄱. ⌽
Refeição lista aprox. 43 – **171 qto** ⇄ 90,50/108,70 – 5 suites.
♦ As espaçosas instalações e um conforto actualizado fundem-se neste hotel, renovado com materiais de qualidade. Descubra o seu alegre interior e passe uma agradável estadia. Desfrute das belas vistas que lhe oferece o seu refeitório panorâmico.

223

TOMAR

🏨 **Estalagem de Santa Iria,** Parque do Mouchão, ✉ 2300-586, ☎ 249 31 33 26
Estalagem.Iria@clix.pt, Fax 249 32 12 38 – 📺 🅿 – 🎿 25/70. 🆎 ① ⓜ
𝗩𝗜𝗦𝗔. ✕
Refeição lista 19 a 26 – **13 qto** ⌒ 65/85 – 1 suite.
◆ Excelente localização num belo parque rodeado por um rio. Agradável conjunto com quartos agradáveis, decorados com mobiliário de qualidade standard.

🏨 **Sinagoga** sem rest, Rua Gil Avó 31, ✉ 2300-580, ☎ 249 32 30 83, *residencial.sinagoga@clix.pt*, Fax 249 32 21 96 – 📶 📺 🆎 ① ⓜ 𝗩𝗜𝗦𝗔 𝗝𝗖𝗕. ✕
23 qto ⌒ 33/49.
◆ A tranquilidade e o ambiente familiar são as notas características deste simples hotelzinho. Dispõe de quartos bem equipados e de uma modesta zona social.

🏨 **Cavaleiros de Cristo** sem rest, Rua Alexandre Herculano 7, ✉ 2300-554
☎ 249 32 12 03, *residencialcavcristo@sapo.pt*, Fax 249 32 11 92 – 📶 📺 🆎 ① ⓜ
𝗩𝗜𝗦𝗔. ✕
17 qto ⌒ 35/49.
◆ Junto ao rio Nabão. Estabelecimento de reduzidas dimensões, que destaca pelo completo equipamento dos seus quartos. Boa manutenção e pessoal amável.

TONDELA Viseu 733 K 5 – 4 002 h.
Lisboa 271 – Coimbra 72 – Viseu 24.

🏨 **S. José** sem rest, Av. Francisco Sá Carneiro, ✉ 3460-523, ☎ 232 81 34 51
Fax 232 81 34 42, ≤, 🏊 – 📺 🅿 – 🎿 25/200. 🆎 ① ⓜ 𝗩𝗜𝗦𝗔. ✕
40 qto ⌒ 45/53.
◆ Hotel situado nos arredores da localidade. No seu interior alberga uma agradável zona social e quartos bem cuidados com casas de banho actuais.

TORRÃO Setúbal 733 R 5 – 2 758 h.
Excurs.: Viana do Alentejo (Igreja : portal★) 25 km a Nordeste.
Lisboa 126 – Beja 51 – Évora 46 – Faro 168 – Setúbal 95.

ao Sudoeste pela estrada N 5 : 13,6 km :

🏨 **Pousada de Vale do Gaio** 🌿, junto da Barragem Trigo de Morais, ✉ 7595-034
☎ 265 66 96 10, *guest@pousadas.pt*, Fax 265 66 95 45, ≤, 🍽, 🏊, 🐎 – 📺 🅿 🆎
① ⓜ 𝗩𝗜𝗦𝗔 𝗝𝗖𝗕. ✕
Refeição 26 – **14 qto** ⌒ 143/155.
◆ Um lugar para esquecer-se do mundanal ruído desfrutando do seu idílico ambiente natural. Solicite os quartos do 1º andar, com excelentes vistas sobre a barragem. Coqueto refeitório com uma agradável esplanada exterior.

TORRE DE MONCORVO Bragança 733 I 8 – 3 033 h alt. 399.
Ver: ≤★ *desde a Estrada N 220.*
🛈 Travessa Campos Monteiro 21 (Casa da Roda) ✉ 5160-234 ☎ 279 25 22 8
Fax 279 20 02 40.
Lisboa 403 – Bragança 98 – Vila Real 109.

🏨 **Brasília** sem rest, Estrada N 220, ✉ 5160-220, ☎ 279 25 86 11, *hotelbrasilia@clix.p*
Fax 279 25 86 10, 🏊 – 📶 📺 🅿 ⓜ 𝗩𝗜𝗦𝗔
27 qto ⌒ 30/50 – 2 suites.
◆ Hotel de simples organização familiar cuja linha, sem ser de actualidade, é ainda suficientemente vigente. Adequada zona social e quartos de correcto conforto.

TORREIRA Aveiro 733 J 3 – 2 495 h – Praia.
🛈 Av. Hintze Ribeiro 30 ✉ 3870-323 ☎ 234 83 82 50.
Lisboa 290 – Aveiro 42 – Porto 54.

na estrada N 327 Sul : 5 km :

🏨 **Pousada da Ria** 🌿, Bico do Muranzel, ✉ 3870-301, ☎ 234 86 01 80, *guest@pc sadas.pt*, Fax 234 83 83 33, ≤ ria de Aveiro, 🍽, 🏊, ✕ – 📺 🅿 – 🎿 25/50. 🆎 ①
ⓜ 𝗩𝗜𝗦𝗔. ✕
Refeição 26 – **19 qto** ⌒ 148/165.
◆ Confortável Pousada que, além de instalações muito aconchegantes, tem uma encantadora esplanada sobre as águas em calma da ria. Quartos aconchegantes A beleza dos seus arredores encontra eco num refeitório sereno intimista.

TORRES NOVAS Santarém 733 N 4 – 11815 h.

🛈 Largo dos Combatentes 4-5 ⌧ 2350-437 ✆ 249 81 30 19 gab.cmt@cm-torresnovas.pt Fax 249 81 16 96.

Lisboa 118 – Castelo Branco 138 – Leiria 52 – Portalegre 120 – Santarém 38.

🏨 **Dos Cavaleiros** sem rest com snack-bar, Praça 5 de Outubro, ⌧ 2350-418, ✆ 249 81 93 70, hotel-dos-cavaleiros@clix.pt, Fax 249 819 37 91 – |≡| 🎛 ⏏ ♿. 𝗩𝗜𝗦𝗔
60 qto ⌂ 39,90/64,84.
  ◆ Estabelecimento de linha clássica que destaca pela sua atractiva fachada. Possui quartos de correcto conforto, com decoração e mobiliário modernos, e casas de banho standard.

TORRES VEDRAS Lisboa 733 O 2 – 15 518 h alt. 30 – Termas.

🛈 Rua 9 de Abril ⌧ 2560-301 ✆ 261 31 40 94 cmtv@cm-tvedras.pt Fax 261 33 66 60.
Lisboa 52 – Santarém 74 – Sintra 62.

🏨 **Império Jardim**, Praça 25 de Abril 17, ⌧ 2560-285, ✆ 261 31 42 32, reservas@imperio-online.com, Fax 261 32 19 01 – |≡| ≡ 🎛 🚗 – 🏛 25/180. 🅰🅴 ① 🆎 𝗩𝗜𝗦𝗔. ⌘
Refeição 15 – 47 qto ⌂ 45/55.
  ◆ Confortável hotel situado no centro da localidade. A reduzida zona nobre é compensada pelos quartos amplos e funcionais, a maioria com casas de banho completas.

🏨 **Dos Arcos** sem rest, Bairro Arenes (Estrada do Cadaval), ⌧ 2560-648, ✆ 261 31 24 89, residencialarcos@hotmail.com, Fax 261 32 38 70 – |≡| 🎛 🚗 – 🏛 25/40. 🅰🅴 🆎 𝗩𝗜𝗦𝗔
28 qto ⌂ 30/45.
  ◆ Pequeno estabelecimento de carácter familiar que tem quartos de suficiente conforto, um pouco sóbrios em decoração. Recurso válido e adequado à sua categoria.

🏨 **São Pedro** sem rest, Rua Mouzinho Albuquerque 2-G, ⌧ 2560-354, ✆ 261 33 01 30, Fax 261 33 01 35 – ≡ 🎛 🅿. 🅰🅴 🆎 𝗩𝗜𝗦𝗔. ⌘
18 qto ⌂ 30/40.
  ◆ Uma gratificante quotidianidade impera em todos os lugares. Sem zonas públicas. Amplos quartos correctamente equipados. São de destacar os que possuem casa de banho completa.

em Paúl pela estrada N 9 - Oeste : 3,5 km :

🍴 **Moínho do Paúl**, Av. da Lapa 13, ⌧ 2560-232 Torres Vedras, ✆ 261 32 36 96, Fax 261 31 43 75 – ≡ 🅿. 🅰🅴 🆎 𝗩𝗜𝗦𝗔. ⌘
fechado do 15 ao 31 de agosto e 5ª feira – **Refeição** lista 17 a 19.
  ◆ A experiência da família proprietária acredita o seu bom fazer. Restaurante de simples montagem e impecável manutenção que oferece uma discreta ementa.

em Gibraltar na estrada N 9 - Oeste : 5,5 km :

🏨 **Páteo da Figueira** sem rest, ⌧ 2560-122 Ponte do Rol, ✆ 261 33 22 64, pateodafigueira@mail.telepac.pt, Fax 261 33 22 65 – ≡ 🎛 🅿. 🅰🅴 ① 🆎 𝗩𝗜𝗦𝗔
20 qto ⌂ 40/50.
  ◆ Edifício moderno cuja arquitectura segue os ditados da tradição. Discreta organização e quartos de estilo clássico, cálidos e confortáveis.

TRANCOSO Guarda 733 J 7 – 2 209 h.

Lisboa 351 – Coimbra 145 – Guarda 45 – Viseu 71.

🍴🍴 **Área Benta**, Rua dos Cavaleiros 30-A, ⌧ 6420-040, ✆ 271 81 71 80, areabenta@mail.pt – ≡. 🆎 𝗩𝗜𝗦𝗔. ⌘
fechado do 1 ao 7 de setembro e 2ª feira – **Refeição** lista 19 a 23.
  ◆ Aconchegante casa de pedra com um bar de apoio com exposição de quadros ao rés-do-chão e duas salas de ar neo-rústico no 1º andar.

TROFA Porto 733 H 4 – 13 914 h.

Lisboa 330 – Amarante 73 – Braga 26 – Porto 28.

na estrada N 104 Este : 3,5 km :

🍴 **A Cêpa** com qto, Abelheira, ⌧ 4785-124, ✆ 252 41 34 77, restaurante.cepa@clix.pt, Fax 252 41 65 65, ⛱ – ≡ rest. 🎛 🅰🅴 🆎 𝗩𝗜𝗦𝗔
Refeição (fechado sábado e domingo) lista 18 a 25 – ⌂ 2,50 – **9 qto** 19/24.
  ◆ O adequado serviço de mesa e o amável atendimento familiar compensam a decoração pouco actual do refeitório. Completa a sua oferta com modestos quartos.

TROFA

na autoestrada A 3 *Sul* : 14 km :

Ibis Porto Norte sem rest, Área de Serviço Santo Tirso, ⊠ 4745-457 S. Mameda de Coronado, ℰ 22 982 50 00, h1635@accor-hotels.com, Fax 22 982 50 01 – ⇌ qto, 🖃 📺 &. 🅿. 🖭 ⓘ 🚾 *VISA*
⊃ 5 – **61 qto** 50.

◆ Ideal para uma noite em rota. Clássico hotel de cadeia, com instalações funcionais, que é muito válido devido à boa manutenção e aos preços comedidos.

VAGOS *Aveiro* 733 K 3 – *4 010 h.*
Lisboa 233 – Aveiro 12 – Coimbra 43.

Santiago sem rest, Rua Padre Vicente Maria da Rocha 20, ⊠ 3840-453 ℰ 234 79 37 86, hotuvagos@netc.pt, Fax 234 79 81 79 – 🛗 📺. 🖭 ⓘ 🚾 *VISA*. ✵
21 qto ⊃ 39/50.

◆ Estabelecimento de discretas instalações, com o equipamento imprescindível para cumprir com as necessidades básicas do conforto. Esmerada manutenção.

VALADO DOS FRADES *Leiria* 733 N 2 – *3 308 h.*
Lisboa 119 – Leiria 39 – Santarém 74.

Quinta do Campo 🦢 sem rest, Rua Carlos O'Neill 20, ⊠ 2450-801 apartado 48 ℰ 262 57 71 35, quintadocampo@mail.telepac.pt, Fax 262 57 75 55, 🏊, 🐎, ✵ – 🅿. 🏛 25/700. ⓘ 🚾 *VISA*. ✵
8 qto ⊃ 90/100 – **7 apartamentos**.

◆ Conjunto senhorial com os edifícios ao redor dum pátio. A casa principal conserva uma antiga biblioteca, salões e quartos, deixando os anexos para os apartamentos T1.

VALE DE AREIA *Faro – ver Ferragudo.*

VALE DO GARRÃO *Faro – ver Almancil*

VALE DO LOBO *Faro – ver Almancil.*

VALE FORMOSO *Faro – ver Almancil*

VALENÇA DO MINHO *Viana do Castelo* 733 F 4 – *3 106 h alt. 72.*
Ver : *Vila Fortificada*★ (≤★).
Arred. : *Monte do Faro*★★ (💥★★) *Este :* 7 km e 10 mn. a pé.
🛈 Av. de Espanha ⊠ 4930-677 ℰ 251 82 33 29 Fax 251 82 33 74.
Lisboa 440 – Braga 88 – Porto 122 – Viana do Castelo 52.

Valença do Minho, Av. Miguel Dantas, ⊠ 4930-678, ℰ 251 82 41 44 Fax 251 82 43 21, 🏊, ✵ – 🛗 🖃 📺 🚗 🅿. – 🏛 25/90. 🖭 ⓘ 🚾 *VISA*. ✵
Refeição 7 – **33 qto** ⊃ 35/50 – **3 suites**.

◆ Hotel de carácter funcional situado numa saída da localidade. Zona social bem disposta e quartos grandes, embora estejam a ficar algo antiquados. Simpático restaurante cuja estructura envidraçada recria um interior alegre e luminoso.

Mané, Av. Miguel Dantas 5, ⊠ 4930-678, ℰ 251 82 34 02, manevalenca@clix.pt Fax 251 82 34 43 – 🖃. 🖭 ⓘ 🚾 *VISA*. ✵
fechado janeiro e 2ª feira – **Refeição** lista 20 a 31.

◆ Negócio familiar com duas salas funcionais de linha clássica e um balcão de apoio. Resultam destacáveis a sua ementa de vinhos e a correcta elaboração de pratos tradicionais.

dentro das muralhas :

Pousada do São Teotónio 🦢, Baluarte do Socorro, ⊠ 4930-619, ℰ 251 80 02 60 guest@pousadas.pt, Fax 251 82 43 97, ≤ vale do Minho, Tui e montanhas de Espanha – 🖃 📺 &. 🖭 ⓘ 🚾 *VISA* 🄹🄲🄱. ✵
Refeição 26 – **18 qto** ⊃ 138/150.

◆ Situado numa das extremidades da muralha, oferece-nos uma privilegiada vista panorâmica sobre as águas do Minho. Actualizado e bem dirigido, possui um completo equipamento. Luminoso refeitório envidraçado, com o tecto em madeira.

VALENÇA DO MINHO

⌂ **Casa do Poço** 🌿, Travessa da Gaviarra 4, ✉ 4930-758, ℘ 251 82 52 35, *ECKERLEP*
hilippe@aol.com, Fax 251 82 54 69 – TV, AE, rest
fechado 5 janeiro-5 fevereiro – **Refeição** - só clientes a pedido, só jantar - 25 - **6 suites** ☑ 100/120.
• Casa do séc. XVI magnificamente restaurada, destacando a belíssima fachada e a galeria posterior. O mobiliário bem escolhido e o ambiente elegante impregnam todos os quartos.

✕ **Fortaleza,** Rua Apolinário da Fonseca 5, ✉ 4930-706, ℘ 251 82 31 46, Fax 251 82 54 62, 🌿 – ≡, AE ⓞ ⓜⓞ VISA,
fechado janeiro e 2ª feira – **Refeição** lista 22 a 30.
• Casa assentada na zona e bem dirigida pelo casal proprietário. O seu impecável aspecto e uma decoração simples mas actual conformam um ambiente cálido e aconchegante.

VALPAÇOS Vila Real **733** H 8 – *4 421 h.*
Lisboa 471 – Bragança 72 – Porto 167 – Vila Real 72.

🏨 **Comfort Inn Valpaços** sem rest, Rua Heróis do Ultramar, ✉ 5430-476, ℘ 278 71 01 70, hotelvalpacos@vizzavi.pt, Fax 278 71 35 25 – |≡| ≡ TV ♿ 🚗 – 🏛 25/200. AE ⓜⓞ VISA, – **40 qto** ☑ 40/50.
• Conjunto moderno, alegre e funcional, com zonas comuns um pouco pequenas mas detalhistas. Possui confortáveis quartos de estilo actual, muito correctos na sua categoria.

VIANA DO CASTELO 🅿 **733** G 3 – *28 725 h – Praia.*
Ver : *O Bairro Antigo*★ B : *Praça da República*★ B – *Hospital da Misericórdia*★ B- *Museu Municipal*★ (azulejos★★, faianças portuguesas★) A M.
Arred. : *Monte de Santa Luzia*★★, *Basílica de Santa Luzia* ✱★★ Norte : 6 km.
🅗 *Rua do Hospital Velho* ✉ 4900-540 ℘ 258 82 26 20 Fax 258 82 78 73.
Lisboa 388 ② – Braga 53 ② – Ourense 154 ③ – Porto 74 ② – Vigo 83 ③

VIANA DO CASTELO

Bandeira (R. da)	B
Cândido dos Reis (R.)	B 3
Capitão Gaspar de Castro (R.)	B 4
Carmo (R. do)	B 6
Combatentes da Grande Guerra (Av. dos)	AB 7
Conde da Carreira (Av. da)	A 9
Dom Afonso III (Av.)	B 10
Gago Coutinho (R. de)	B 12
Humberto Delgado (Av.)	A 13
João Tomás da Costa (Largo)	B 15
Luís de Camões (Av.)	B 16
República (Pr. da)	B 18
Sacadura Cabral (R.)	B 19
Santa Luzia (Estrada)	A 21
São Pedro (R. de)	B 22

VIANA DO CASTELO

Estalagem Casa Melo Alvim, Av. Conde da Carreira 28, ✉ 4900-343, ℰ 258 80 82 00, *hotel@meloalvimhouse.com*, Fax 258 80 82 20 – 🛗 🖥 📺 📞 – 🅰 25/80. 🆎 ⓞ ⓜⓞ 𝗩𝗜𝗦𝗔 JCB. ✀
Refeição lista 31 a 38 – **16 qto** ≂ 130/190 – 4 suites.
A

♦ Antiga casa senhorial na qual se unem diferentes estilos artísticos. A construção foi ampliada com a passagem dos anos e oferece quartos de elevado conforto. Refeitório íntimo decorado com sobriedade.

Rali sem rest, Av. Afonso III-180, ✉ 4900-477, ℰ 258 82 97 70, *hotelrali@sapo.pt*, Fax 258 82 00 60, 🔲 – 🛗 🖥 📺 📞 – 🅰 25/50. 🆎 ⓞ ⓜⓞ 𝗩𝗜𝗦𝗔 JCB. ✀
38 qto ≂ 54/70.
B

♦ Hotel de quartos um pouco desfasados, que são compensados por uma impecável manutenção e por uma aconchegante área social, realçada com toques de certa modernidade.

Albergaria Margarida da Praça, Largo 5 de Outubro 58, ✉ 4900-515, ℰ 258 80 96 30, Fax 258 80 96 39 – 🛗 🖥 📺. 🆎 ⓞ ⓜⓞ 𝗩𝗜𝗦𝗔. ✀
Refeição *(fechado fevereiro e 4ª feira)* lista 24 a 37 – **13 qto** ≂ 70/85.
B

♦ Conjunto actual, bem situado pela sua proximidade ao Porto. Os quartos possuem mobiliário moderno, chão em soalho e casas de banho algo reduzidas mas de desenho. Refeitório em dois níveis, com atraentes arcos em pedra e clara orientação ao cliente de passagem.

Cozinha das Malheiras, Rua Gago Coutinho 19, ✉ 4900-510, ℰ 258 82 36 80 – 🖥 🆎 ⓞ ⓜⓞ 𝗩𝗜𝗦𝗔. ✀
B

fechado do 22 ao 28 de dezembro e 3ª feira – Refeição lista 22 a 32.

♦ A nobreza da sua fachada anuncia um interior onde ainda sobrevive o velho estilo de palácio dos tempos antigos. Os tectos altos e os arcos em pedra definem a íntima atmosfera.

Fragata, Praça 1º de Maio, ✉ 4900-534, ℰ 258 82 99 32, Fax 258 82 90 27 – 🛗 🖥 🆎 ⓞ ⓜⓞ 𝗩𝗜𝗦𝗔. ✀
B

fechado domingo noite e 2ª feira – Refeição lista 19 a 25.

♦ No último andar de um centro comercial, oferecendo vistas sobre a zona velha desde algumas mesas. Cuidado refeitório onde destaca um viveiro central com lavagantes e lagostas.

Os 3 Potes, Beco dos Fornos 7, ✉ 4900-523, ℰ 258 82 99 28, *3potes@sapo.pt*, Fax 258 82 52 50 – 🆎 ⓞ ⓜⓞ 𝗩𝗜𝗦𝗔 JCB
B

fechado 2ª feira salvo maio-setembro – Refeição lista 18 a 25.

♦ Restaurante situado num atractivo sítio histórico. A sua decoração rústica-regional reveste-o dum tipismo decididamente aconchegante. Tratamento amável.

em Santa Luzia Norte : 6 km :

Pousada do Monte de Santa Luzia ⚜, ✉ 4901-909 apartado 30 Viana do Castelo, ℰ 258 80 03 70, *guest@pousadas.pt*, Fax 258 82 88 92, ≤ mar, vale e estuário do Lima, 🍽, 𝐹₆, 🏊, 🎾, ✀ – 🛗 🖥 📺 🅿 📞 – 🅰 25/100. 🆎 ⓞ ⓜⓞ 𝗩𝗜𝗦𝗔 JCB. ✀
Refeição 26 – **47 qto** ≂ 158/170 – 1 suite.

♦ Singular edifício de princípios do séc. XX, numa localização privilegiada pelas suas vistas sobre o mar e o estuário do Lima. O interior aposta pela sobriedade decorativa.

em Santa Marta de Portuzelo por ① : 5,5 km :

Camelo, Estrada N 202, ✉ 4900-252 Portuzelo, ℰ 258 83 90 90, Fax 258 83 90 99, 🍽 – 🖥 📞 🆎 ⓜⓞ
fechado 2ª quinzena de junho, 1ª quinzena de novembro e 2ª feira – Refeição lista aprox. 25.

♦ Muito popular na zona. Possui um bar de espera à entrada, um refeitório de linha actual e outro rústico com as paredes em pedra. Cozinha bem elaborada a preços contidos.

em Darque por N 103 : 5,5 km :

Quinta do Vale do Monte ⚜ sem rest, Lugar de Limão, ✉ 4900 Viana do Castelo, ℰ 258 32 52 14, *geral@quintavalemonte.com*, Fax 258 32 52 16, 🏊, 🎾, 📞
5 qto ≂ 75/80 – 1 apartamento.

♦ Os seus quartos resultam amplos e estão repartidos em torno ao cuidado jardim que rodeia a piscina. A sala social e as zonas comuns compartilham-se com os proprietários.

Solicite na sua livraria habitual o catálogo
com as publicações da Michelin.

VIDAGO — Vila Real 733 H 7 – 1 186 h alt. 350 – Termas.

🛈 Largo Miguel Carvalho ⊠ 5425-322 ℰ 276 90 74 70.

Lisboa 447 – Braga 108 – Bragança 109 – Porto 140 – Vila Real 38.

Vidago Palace ⊗, ⊠ 5425-307, ℰ 276 99 09 00, comercial@vidagopalace.com, Fax 276 90 73 59, ⏊, 🐎, ℀, 🍴 – ⫯ ▬ 📺 ⛾℗ – 🏌 25/250. ⓐⒺ ⓜⓞ 𝑽𝑰𝑺𝑨. ℀

Refeição lista aprox. 36 – **73 qto** ⊑ 130,50/147 – 9 suites.

• Edifício de impressionante fachada rodeado de árvores. Zona nobre num estilo romântico de princípios do séc. XX, que contrasta com os quartos de estilo moderno. Elegante refeitório de época com grandes janelas e tectos elevados.

VIEIRA DO MINHO — Braga 733 H 5 – 2 289 h alt. 390.

Lisboa 402 – Braga 34 – Porto 84.

em Canicada Noroeste : 7 km :

Pousada de São Bento ⊗, Estrada N 304, ⊠ 4850-047 Canicada, ℰ 253 64 91 50, guest@pousadas.pt, Fax 253 64 78 67, ≤ Serra do Gerês e rio Cávado, ⏊, 🐎, ℀ – ▬ 📺 ℗ ⓐⒺ ⓞ ⓜⓞ 𝑽𝑰𝑺𝑨. ℀

Refeição 26 – **29 qto** ⊑ 128/140.

• Isolada numa bela paisagem e com uma relaxante vista panorâmica sobre a região. Interior decorado num estilo de montanha com profusão em madeira. Quartos equipados. Agradável restaurante enquadrado pelas suas formosas vistas.

VILA BALEIRA — Madeira – ver Madeira (Arquipélago da) : Porto Santo.

VILA DE REI — Castelo Branco 733 M 5 – 2 504 h.

Lisboa 169 – Castelo Branco 78 – Coimbra 99 – Fátima 64 – Portalegre 103.

Albergaria D. Dinis O Lavrador, Rua Dr. Eduardo Castro, ⊠ 6110-218, ℰ 274 89 01 00, d.dinis@s-m.pt, Fax 274 89 01 09, ≤ – ⫯ ▬ 📺 ♿ ℗. 𝑽𝑰𝑺𝑨. ℀ rest

Refeição (fechado 4ª feira) lista 18 a 21 – **17 qto** ⊑ 37,50/50.

• Hotel de correcto conforto com uma reduzida zona social. Simplicidade e funcionalidade em instalações de linha actual, decoradas num estilo um pouco sóbrio e impessoal. O restaurante trabalha muito com clientes de passagem.

VILA DO CONDE — Porto 733 H 3 – 25 731 h – Praia.

Ver : Convento de Santa Clara★ (túmulos★).

🛈 Rua 25 de Abril 103 ⊠ 4480-722 ℰ 252 24 84 73 turismo@cm-viladoconde.pt Fax 252 24 84 22.

Lisboa 342 – Braga 40 – Porto 28 – Viana do Castelo 42.

Estalagem do Brazão sem rest, Av. Dr. João Canavarro, ⊠ 4480-668, ℰ 252 64 20 16, estalagembrazo@netcabo.pt, Fax 252 64 20 28 – ⫯ ▬ 📺 ⛾ ♿ ℗. 🏌 25/150. ⓐⒺ ⓜⓞ 𝑽𝑰𝑺𝑨. ℀

26 qto ⊑ 57,70/80,30 – 4 suites.

• Construção do séc. XVI com uma decoração de estilo antigo que evoca o seu histórico passado. Destacam o salão social de pedra e os quartos, todos com casas de banho actuais.

Le Villageois, Praça da República 94, ⊠ 4480-715, ℰ 252 63 11 19, garulas@portugalmail.pt, Fax 252 63 11 19, ☙ – ⓐⒺ ⓞ ⓜⓞ 𝑽𝑰𝑺𝑨 𝐉𝐂𝐁. ℀

fechado do 15 ao 30 de setembro e 2ª feira – **Refeição** lista aprox. 24.

• Instalado num atractivo edifício frente ao rio. Refeitório rústico-moderno realçado por um colorido serviço de mesa, onde poderá degustar uma cozinha de múltiplos sabores.

em Azurara pela estrada N 13 - Sudeste : 1 km :

Santana ⊗, ⊠ 4480-160, ℰ 252 64 04 60, geral@santanahotel.net, Fax 252 64 26 93, ≤, 🏋, ⏊ – ⫯ ▬ 📺 ♿ ℗ – 🏌 25/140. ⓐⒺ ⓞ ⓜⓞ 𝑽𝑰𝑺𝑨 𝐉𝐂𝐁. ℀

Santa Clara : Refeição lista 25 a 32 – **65 qto** ⊑ 81/106 – 10 suites.

• Situado numa localização privilegiada. O seu interior faz gala duma múltipla zona nobre e recreativa, além de quartos muito bem equipados. Restaurante envidraçado com magníficas vistas sobre o mosteiro de Santa Clara e o rio Ave.

VILA FRANCA DE XIRA Lisboa 733 P 3 – 18 442 h.

冒 Av. Almirante Cândido dos Reis 147 ⊠ 2600-123 ℘ 263 27 60 53 cmt@cm-vfxira.p Fax 263 27 07 88.
Lisboa 32 – Évora 111 – Santarém 49.

🏨 **Flora**, Rua Noel Perdigão 12, ⊠ 2600-218, ℘ 263 27 12 72, residencial.flora@clix.pt Fax 263 27 65 38 – 🍽 rest, 📺 AE ① ⓜ VISA. ⋘
 Flora *(fechado 15 agosto-15 setembro e domingo)* **Refeição** lista 25 a 34 – **21 qto** ⇌ 48/55.
 ◆ Hotelzinho familiar caracterizado pelos espaços reduzidos que são aproveitados com engenho e sutileza. Quartos funcionais, a metade deles com casas de banho completas Restaurante muito aconchegante e agradável que evidencia o gosto pelos pequenos detalhes.

XX **O Redondel**, Estrada de Lisboa (Praça de Touros), ⊠ 2600-263, ℘ 263 27 29 73 – 🍽 P. AE ① ⓜ VISA. ⋘
 fechado agosto e 2ª feira – **Refeição** lista 29 a 31.
 ◆ Estabelecimento de estilo rústico-regional situado ao rés-do-chão da praça de toiros A sua simples montagem é compensada por uma eficiente direcção e um tratamento amável.

XX **O Forno**, Rua Dr. Miguel Bombarda 143, ⊠ 2600-195, ℘ 263 28 21 06 Fax 263 28 21 06 – 🍽. AE ① ⓜ VISA JCB. ⋘
 fechado 3ª feira – **Refeição** lista 20 a 25.
 ◆ Negócio caracterizado pelas instalações bem cuidadas, um esmerado serviço de mes e uma organização que cumpre com as expectativas. Forno e grelha de assar à vista.

na estrada N 1 *Norte : 2 km :*

🏨 **Lezíria Parque**, ⊠ 2600-203, ℘ 263 27 66 70, reservas@leziriaparquehotel.pt Fax 263 27 69 90 – 📳 🍽 📺 ♿ P. – 🔥 25/200. AE ① ⓜ VISA. ⋘
 Refeição 18 – **67 qto** ⇌ 75/87 – 4 suites.
 ◆ Hotel de linha actual situado numa saída da localidade. Espaçosa zona nobre, salas de conferências bem dispostas e quartos confortáveis e modernos. No seu restaurante con vivem o buffet e a ementa.

pela estrada do Miradouro de Monte Gordo :

🏠 **Quinta do Alto** ⋒ sem rest, Norte : 3,5 km, ⊠ 2600, ℘ 263 27 68 50, geral@q intadoalto.com, Fax 263 27 60 27, ≤, 🏊, 🌳, ⋘ – 📺 P. – 🔥 25/350. ⓜ VISA
 10 qto ⇌ 70/82,50.
 ◆ Atractiva casa de campo senhorial com um ambiente familiar. Adequado equipamento aconchegante contexto e uma discreta organização. Tem agradáveis exteriores.

VILA FRESCA DE AZEITÃO Setúbal 733 Q 2 y 3 – 319 h.
Lisboa 34 – Sesimbra 14 – Setúbal 12.

🏨 **Club d'Azeitão** sem rest, Estrada N 10, ⊠ 2925-483 Azeitão, ℘ 21 219 85 90, ge al@hotelclubazeitao.com, Fax 21 219 16 29, 🏊, 🌳, ⋘ – 📳 🍽 📺 P. – 🔥 25/250. A ① ⓜ VISA JCB. ⋘
 46 qto ⇌ 75/80.
 ◆ Antiga casa senhorial que ampliou o número de quartos com a habilitação do edifíci anexo. Mobiliário clássico, boa lençaria e casas de banho completas.

VILA NOVA DE CERVEIRA Viana do Castelo 733 G 3 – 1 264 h.

冒 Praça do Município ⊠ 4920-284 ℘ 251 70 80 23 turismo_cerveira@hotmail.com Fax 251 70 80 24.
Lisboa 425 – Viana do Castelo 37 – Vigo 46.

🏨 **Pousada D. Diniz** ⋒, Largo do Terreiro, ⊠ 4920-296, ℘ 251 70 81 20, guest@ ousadas.pt, Fax 251 70 81 29 – 🍽 📺 P. – 🔥 25/70. AE ① ⓜ VISA JCB. ⋘
 Refeição 26 – **26 qto** ⇌ 133/145 – 3 suites.
 ◆ Interessante pousada assentada dentro dum conjunto amuralhado, onde as ruas antiga transformaram-se em corredores e as casas em quartos. O restaurante oferece excep cionais vistas sobre a localidade.

em Gondarém *pela estrada N 13 - Sudoeste : 4 km :*

🏨 **Estalagem da Boega** ⋒, Quinta do Outeiral, ⊠ 4920-061 Gondarém ℘ 251 70 05 00, Fax 251 70 05 09, 🏊, 🌳, ⋘ – 📺 P. – 🔥 25/30. AE ① VISA. ⋘
 Refeição *(fechado domingo noite)* - só buffet - 18,06 – **26 qto** ⇌ 110,46/115,65 – suites.
 ◆ Casa senhorial de gratificantes exteriores cujos quartos são distribuídos em três edifícios sendo que os mais aconchegantes albergam o núcleo primitivo. Os detalhes antigos evocan o seu passado. Confortável refeitório com um serviço de buffet muito completo.

VILA NOVA DE FAMALICÃO Braga 733 H 4 – 30 184 h alt. 88.

🛈 Rua Adriano Pinto Basto 112 ✉ 4760-114 ✆ 252 31 25 64 postodeturismo@cm-vn famalicao.pt Fax 252 32 37 51.
Lisboa 350 – Braga 18 – *Porto* 33.

Tanoeiro, Praça Dª Maria II-720, ✉ 4760-111, ✆ 252 32 21 62, restaurante-tanoeir o@clix t, Fax 252 31 71 01 – ■. AE ⓘ VISA. ✳
fechado domingo noite – **Refeição** lista aprox. 29.
♦ Já ao entrar notará que aqui se come bem. Casa com tradição na zona, com instalações bem cuidadas e uma cozinha de sabor regional que cumpre com as expectativas.

na estrada N 206 Nordeste : 1,5 km :

Moutados, Av. do Brasil 1223, ✉ 4764-983, ✆ 252 31 23 77, hotelmoutados@mail .telepac.pt, Fax 252 31 18 81 – |≡| ■ TV ⚑ P. – 🄰 25/100. AE ⓘ ⓘ VISA. ✳
Refeição - ver também rest. **Moutados de Baixo** - 18,50 – **57 qto** ⌑ 60/70.
♦ Situado nos arredores da cidade e orientado ao cliente de negócios. Zona comum de adequado conforto e quartos de linha funcional.

Moutados de Baixo - Hotel Moutados, Av. do Brasil 1701, ✉ 4764-983, ✆ 252 32 22 76, hotelmoutados@mail.telepac.pt, Fax 252 31 18 81 – ■ P. AE ⓘ ⓘ VISA. ✳
Refeição lista 20 a 28.
♦ Discreta montagem e um conforto muito digno, apoiados pela agradável organização familiar. No exterior há uma original colecção de aves, algumas exóticas.

na autoestrada A 7 Sudeste : 8,5 km :

Pransor Ceide sem rest com self-service, Área de serviço de Ceide, direcção Guimarães, ✉ 4760, ✆ 252 32 78 00, Fax 252 32 78 05 – |≡| ■ TV ⚑ P. AE ⓘ VISA. ✳
⌑ 7 – **20 qto** 44/53.
♦ Na área de serviço de Ceide, junto à auto-estrada. Ideal para o viajante de estrada, destacando as suas confortáveis instalações e a asseada manutenção.

Neste guia um mesmo símbolo, impresso a preto *ou a* vermelho,
ou a mesma palavra com carácteres
de tamanhos diferentes não têm o mesmo significado.
Leia atentamente as páginas de introdução.

VILA NOVA DE GAIA Porto 733 I 4 – 96 877 h.

🛈 Av. Diogo Leite 242 ✉ 4400-111 ✆ 22 370 37 35 turismo.vngaia @ mail.cm-gaia.pt Fax 22 375 19 02 e Rua General Torres (ed.Turismo) ✉ 4400-164 ✆ 223 71 03 91.
Lisboa 316 – *Porto* 3.

ver planta do Porto

Holiday Inn Porto, Av. da República 2038, ✉ 4430-195 apartado 368, ✆ 22 374 26 00, holiday.inn.prt@mail.telepac.pt, Fax 22 374 26 20, ≤, ♨ – |≡| ■ TV ⚑ ⚑ ⌑ – 🄰 25/200. AE ⓘ ⓘ VISA. ✳ BV **g**
Refeição 13,50 – ⌑ 6 – **90 qto** 110/120 – 2 suites.
♦ Desfrute duma gratificante estadia nas suas equipadas instalações. Quartos dirigidos para o cliente de negócios e zonas nobres um pouco reduzidas mas bem mobiladas. Atractivo restaurante panorâmico situado no 10º andar.

Cervantes sem rest, Av. da República 1559, ✉ 4430-205, ✆ 22 374 59 10, cervant es1559@iol.pt, Fax 22 374 59 11 – |≡| ■ TV – 🄰 25/40. AE ⓘ ⓘ VISA JCB. ✳ BCV **x**
53 qto ⌑ 59/62.
♦ Hotel central com quartos aconchegantes, mobiliário funcional de desenho moderno e casas de banho pequenas. Tem sala para pequenos almoços e salão-bar.

Davilina sem rest, Av. da República 1571, ✉ 4430-205, ✆ 22 375 75 96, davilina@n etc.pt, Fax 22 375 75 71 – |≡| TV. AE ⓘ ⓘ VISA. ✳ BCV **x**
28 qto ⌑ 35/40.
♦ Conjunto de suficiente equipamento mas de aspecto de pouca actualidade. Constitui um recurso muito válido pelos seus preços acessíveis.

Tromba Rija, Av. Diogo Leite 102, ✉ 4400-111, ✆ 223 74 37 62, Fax 223 74 37 63, 佘 – ■. AE ⓘ ⓘ VISA. ✳ EZ **s**
fechado domingo noite e 2ª feira meio-dia – **Refeição** - só buffet - 27,50.
♦ Possui duas salas, a do andar de baixo é de moderna montagem e com as paredes em pedra, enquanto que a do primeiro andar ressalta pela sua esplanada com vistas sobre o rio. Abundante buffet.

VILA NOVA DE GAIA

junto a Autoestrada A 1 :

Mercure Porto Gaia, Rua Manuel Moreira de Barros 618 D, ⊠ 4400-346
℘ 223 74 08 00, h3347@accor-hotels.com, Fax 223 74 08 01, 拿 – 陶, 綠 qto, ▤
℡ ⇔ – 益 25/130. ﬁ ② ⑩ ⑳ ﬇. ※
BV
Refeição lista aprox. 28 – ⊇ 7,50 – **103 qto** 83 – 1 suite.
♦ É de linha actual e encontra-se junto a um grande centro comercial. Conjunto
funcional dotado de um amplo hall-recepção e uns quartos de excelente equipamento
Refeitório alegre e luminoso, com o chão em madeira e uma ementa de corte
tradicional.

Novotel Porto Gaia, Lugar das Châs-Afurada, ⊠ 4400-499, ℘ 22 772 87 00, h105
@accor-hotels.com, Fax 22 772 87 01, ≼, 拿, ⬚, 綠 – 陶, 綠 qto, ▤ ℡ & ℘
益 25/200. ﬁ ② ⑩ ⑳.
BV
Refeição lista aprox. 23 – ⊇ 7 – **93 qto** 75.
♦ Clássico Novotel que mantém a linha da cadeia. Quartos funcionais de modesto conforto
e exteriores pouco atractivos exceptuando a zona de jardim com piscina.

Ibis Porto Gaia, Rua Mártires de S. Sebastião 247 - Afurada, ⊠ 4400-499
℘ 22 772 07 72, h1274@accor-hotels.com, Fax 22 772 07 88 – 陶, 綠 qto, ▤ ℡ &
– 益 25/80. ﬁ ② ⑩ ⑳. ※ rest
BV
Refeição lista aprox. 20 – ⊇ 5 – **108 qto** 54.
♦ Simplicidade e funcionalidade definem a sua estética, ao mais puro estilo da
cadeia. Quartos renovados com materiais de suficiente qualidade e casas de banho reduzidas.

na Praia de Lavadores Oeste : 7 km :

Casa Branca ⑤, Rua da Bélgica 86, ⊠ 4400-044 Vila Nova de Gaia, ℘ 22 772 74 00
reservas@casabranca.com, Fax 22 781 36 91, ≼, ƒ₅, ⬚, ※ – 陶 ▤ ℡ ℅ ⇔ ℘
益 25/650. ﬁ ② ⑩ ⑳. ※
AV
Refeição - ver rest. *Casa Branca* – **54 qto** ⊇ 110/120 – 4 suites.
♦ Serena localização numa atractiva paisagem da Costa Verde. Elegantes instalações de estilo clássico, áreas comuns mobiladas com detalhe e um completo
fitness.

Casa Branca - Hotel Casa Branca Av. Beira Mar 751, ⊠ 4400-382 Vila Nova de Gaia
℘ 22 772 74 00, restaurante@casabranca.com, Fax 22 781 36 91, ≼ – ▤ ℘. ﬁ ② ⑩
⑳. ※
AV
fechado 2ª feira – **Refeição** lista 22 a 39.
♦ De ar aconchegante e com detalhes de bom conforto, apesar do aspecto pouco actual
Possui uma colecção de pequenas estátuas de terracota e oferece uma extensa
ementa.

VILA NOVA DE MILFONTES Beja ⑦③③ S 3 – 4258 h – Praia.

🄱 Rua António Mantas ⊠ 7645-221 ℘ 283 99 65 99.
Lisboa 185 – Beja 109 – Faro 169 – Lagos 93 – Setúbal 109 – Sines 41.

Casa dos Arcos sem rest, Rua do Carris, ⊠ 7645-235, ℘ 283 99 62 64
Fax 283 99 71 56 – ▤ ℡ &. ※
18 qto ⊇ 60.
♦ Hotelzinho de carácter familiar e impecável fachada, combinando as cores branca
e azul. Oferece umas instalações simples mas cuidadas, com quartos e casas de banho
actuais.

Tasca do Celso, Rua dos Aviadores 34-A, ⊠ 7645, ℘ 283 99 67 53
ﬁ. ※
fechado 2ª feira – **Refeição** lista aprox. 20.
♦ Pequeno restaurante decorado com detalhes típicos e utensílios de lavoura. Oferece
uma ementa tradicional que expõem nuns quadros pendurados nas paredes. Produtos
frescos.

VILA POUCA DA BEIRA Coimbra ⑦③③ L 6 – 383 h.

Lisboa 271 – Coimbra 67 – Castelo Branco 118 – Viseu 55 – Aveiro 102.

Pousada Convento do Desagravo ⑤, ⊠ 3400-758, ℘ 238 67 00 80, quest@
pousadas.pt, Fax 238 67 00 81, ≼, ⬚, ※ – 陶 ▤ ℡ ℅& ℘. – 益 25/150. ﬁ ② ⑩
⑳ ﬇. ※
Refeição 26 – **21 qto** ⊇ 178/190 – 3 suites.
♦ Situado num antigo convento restaurado, com diferentes zonas nobres, um pátio
central com colunas e a sua própria igreja. Os quartos e as suas casa de banho são de
linha actual. Restaurante de cuidada montagem onde oferecem uma ementa de
tendência tradicional.

VILA POUCA DE AGUIAR Vila Real 733 H 7 – 3 456 h.
Lisboa 430 – Braga 98 – Bragança 122 – Porto 125 – Vila Real 30.

em Pontido pela estrada N 2 - Sudoeste : 6 km :

⌂ **Casa da Nogueirinha** sem rest, ✉ 5450-282 Telões VPA, ☏ 259 46 91 21, 🌊 – TV P
8 qto ⊃ 40.
• Casa senhorial que conserva um belo pátio interior com porche e galeria em pedra. Correcta zona nobre, cozinha à disposição do cliente e quartos rústicos.

VILA PRAIA DE ÂNCORA Viana do Castelo 733 G 3 – 4 688 h – Termas - Praia.
🛈 Av. Dr. Ramos Pereira ✉ 4910-432 ☏ 258 91 13 84 turismovpancora@portugalmail.pt Fax 258 91 13 38.
Lisboa 403 – Viana do Castelo 15 – Vigo 68.

🏨 **Meira**, Rua 5 de Outubro 56, ✉ 4910-456, ☏ 258 91 11 11, reservas@hotelmeira.com, Fax 258 91 14 89, 🌊 – 📶 🖥 TV 🕭 🚗 – 🛋 25/150. AE ⓜ VISA
fechado 21 dezembro-6 janeiro – **Refeição** 15 – **52 qto** ⊃ 70/90 – 3 suites.
• A sua direcção oferece-nos um agradável tratamento personalizado. Há uma zona social bem disposta e de quartos bem equipados com as casas de banho em mármore. Refeitório um pouco funcional mas aconchegante.

🏨 **Albergaria Quim Barreiros** sem rest, Av. Dr. Ramos Pereira 115, ✉ 4910-432, ☏ 258 95 91 00, quimbarreiros@hotmail.com, Fax 258 95 91 09, ≤ – 📶 🖥 TV. AE ⓞ ⓜ VISA. ✄
abril-23 outubro – **28 qto** ⊃ 65/75.
• A localização ao pé da praia evidencia que é dirigido para as férias. Pequeno hotel de simples organização, correcto conforto e completamente equipado.

Os preços indicados podem aumentar,
em caso de variações significativas do custo de vida.
Solicite a confirmação do preço definitivo quando efectue
a sua reserva de hotel.

VILA REAL P 733 I 6 – 16 138 h alt. 425.
Ver : Igreja de São Pedro (tecto★).
Arred. : Solar de Mateus★★ (fachada★★) Este : 3,5 Km Z – Estrada de Vila Real a Amarante ≤★ – Estrada de Vila Real a Mondim de Basto (descida escarpada★).
🛈 Av. Carvalho Araujo 94 ✉ 5000-657 ☏ 259 32 28 19 turismarao@mail.telepac.pt Fax 259 32 17 12 – **A.C.P.** Av. 1º de Maio 199 ✉ 5000-651 ☏ 259 37 56 50 Fax 259 37 56 50.
Lisboa 400 ② – Braga 103 ② – Guarda 156 ② – Ourense 159 ① – Porto 119 ② – Viseu 108 ②

Plano página seguinte

🏨 **Mira Corgo**, Av. 1º de Maio 76, ✉ 5000-651, ☏ 259 32 50 01, miracorgo@mail.telepac.pt, Fax 259 32 50 06, ≤, 🌊 – 📶 🖥 TV 🕭 🚗 P – 🛋 25/200. AE ⓞ ⓜ VISA. ✄
Refeição 15 – **144 qto** ⊃ 49/71 – 22 suites. Z a
• Estabelecimento de grande capacidade cuja renovação melhorou as suas instalações. Quartos de dois tipos, destacando os de nova construção pelo seu tamanho e conforto. Restaurante envidraçado de elegante linha clássica.

🏨 **Miraneve (Cabanelas)** sem rest, Rua D. Pedro de Castro, ✉ 5000-669, ☏ 259 32 31 53, hotelmiraneve@clix.pt, Fax 259 32 30 28 – 📶 🖥 TV 🚗. AE ⓞ ⓜ VISA JCB Y b
26 qto ⊃ 35/70.
• Pequeno e situado no centro da localidade. De eficiente organização e correcto conforto, propõe quartos bem cuidados e equipados com casas de banho actuais.

ao Sudoeste junto a estrada IP 4 - por ② : 12,5 km :

🏨 **Quality Inn Casa da Campeã** ⟨⟩, Vale de Campeã - saída 22 da estrada IP4, ✉ 5000-072 Campeã, ☏ 259 97 96 40, quality.vilareal@mail.telepac.pt, Fax 259 97 97 60, 🍴, 🌊 – 🖥 rest, TV 🕭 P. AE ⓞ ⓜ VISA. ✄
Refeição lista aprox. 20 – **34 qto** ⊃ 48/73 – 2 suites.
• Um hotel em pleno campo, confortável e bem dirigido, cujo interior alberga um pequeno hall-recepção, salão social com lareira e aconchegantes quartos. Refeitório de linha funcional.

VILA REAL

31 de Janeiro (R.) .... Y 31	Bessa Monteiro (R.) .... Y 7	Gonçalo Cristóvão (R.) .... Y 18
Alexandre Herculano (R.) .... Y 2	Boavista (R.) .... Y 8	Irmã Virtudes (R.) .... Z 20
Almeida Lucena (Av.) .... Y 3	Calvario (Rampa do) .... Y 9	Isabel Carvalho (R.) .... Y 21
António de Azevedo (R.) .... Y 4	Camilo Castelo Branco (R.) .. Z 10	S. Domingos (Tr.) .... Z 24
Aureliano Barriga (Av.) ...... Y 5	Cândido dos Reis (R.) .... Y 12	Santo António (R. de) .... Y 25
Avelino Patena (R.) .... Y 6	Central (R.) .... Y	Sarg Belizário Augusto
	D. Margarida Chaves (R.) ... Y 14	(R.) .... Y 26
	D. Pedro de Meneses (R.) ... Y 15	Serpa Pinto (R.) .... Y 28
	Direita (R.) .... Y	Teixeira de Sousa (R.) .... Z 30

Leia atentamente a introdução: é a chave do guia

VILA REAL DE SANTO ANTÓNIO Faro 733 U 7 – 10 542 h – Praia.
  para Ayamonte (Espanha), Av. da República 115 ℘ 281 54 31 52.
🛈 Centro Cultural António Aleixo ✉ 8900 ℘ 281 54 21 00 e Av. Marginal (em Monte Gordo) ✉ 8900 Monte Gordo ℘ 281 54 44 95.
Lisboa 314 – Faro 53 – Huelva 50.

VILA REAL DE SANTO ANTÓNIO

- **Guadiana** sem rest, Av. da República 94, ⊠ 8900-294, ℘ 281 51 14 82, *hotelguadiana@sommermar.net4b.pt*, Fax 281 51 14 78 – 📶 ≡ 📺. 🖭 ⓪ ⓜ 🆅🆂🅰. ⊛
37 qto ⊇ 60/75.
  * Atractivo hotel de elegante ar clássico, que alberga confortáveis quartos com tectos altos e casas de banho com algum detalhe antigo. Escassa zona social.

- **Apolo** sem rest, Av. dos Bombeiros Portugueses, ⊠ 8900-209, ℘ 281 51 24 48, *reservas@apolo-hotel.com*, Fax 281 51 24 50, ⛱, – 📶 ≡ 📺 🅿. 🖭 ⓪ ⓜ 🆅🆂🅰. ⊛
⊇ 7,50 – **42 qto** 95/105.
  * De simples organização, oferece discretas instalações que são compensadas por uma esmerada manutenção. Quartos correctos com casas de banho pouco modernas.

em Monte Gordo *Oeste : 4 km :*

- **Casablanca,** Praçeta Casablanca, ⊠ 8900-426 Monte Gordo, ℘ 281 51 14 44, *hotel@casablancainn.pt*, Fax 281 51 19 99, ⛱, ⛱ – 📶 ≡ 📺. 🖭 ⓪ ⓜ 🆅🆂🅰. ⊛
Refeição - só jantar - 9 – **42 qto** ⊇ 90/110.
  * Hotel pequeno e muito cuidado, com uma aconchegante zona social e quartos bem equipados, cujo mobiliário e decoração combinam o azulejo com a madeira.

- **Paiva** sem rest, Av. da Catalunha, ⊠ 8900-474 Monte Gordo, ℘ 281 51 11 87, Fax 281 51 16 68 – ≡ 📺. 🖭 ⓪ ⓜ 🆅🆂🅰. ⊛
fevereiro-outubro – **26 qto** ⊇ 90/120.
  * Estabelecimento de linha clássica situado no centro da localidade. Possui uma reduzida zona nobre e quartos funcionais com as casas de banho recentemente renovadas.

VILA VIÇOSA *Évora* **733** P 7 – *5 354 h.*

Ver : *Localidade*★ – *Terreiro do Paço*★ *(Paço Ducal*★*, Museu dos Coches*★ *: cavalariças reais*★*) – Porta dos Nós*★.
Lisboa 185 – Badajoz 53 – Évora 56 – Portalegre 76.

- **Pousada de D. João IV** ⊛, Terreiro do Paço, ⊠ 7160-251, ℘ 268 98 07 42, *guest@pousadas.pt*, Fax 268 98 07 47, ☕, ℔, ⛱, ☞ – 📶 ≡ 📺 ♿ 🅿 – 🔔 25/50. 🖭 ⓪ ⓜ 🆅🆂🅰 🆓🅲🅱. ⊛
Refeição 26 – **34 qto** ⊇ 178/190 – 2 suites.
  * No antigo convento real das Chagas de Cristo. O seu interior une a herança histórica com um elevado conforto, fazendo girar as zonas públicas ao redor do claustro. Elegante sala para pequenos almoços com o tecto abobadado e um luminoso refeitório.

As páginas explicativas da introdução
ajudarão a tirar o máximo partido do seu Guia Michelin.

VILAMOURA *Faro – ver Quarteira.*

VILAR DO PINHEIRO *Porto* **733** I 4 – *2 579 h.*
Lisboa 330 – Braga 43 – Porto 17.

- **Rio de Janeiro,** Estrada N 13 - Noroeste : 1 km, ⊠ 4485-860, ℘ 22 927 02 04, *churrascaodomar@mail.telepac.pt*, Fax 22 600 43 37 – ≡ 🅿. 🖭 ⓪ ⓜ 🆅🆂🅰. ⊛
fechado do 1 ao 15 de junho e 2ª feira – **Refeição** - rest. brasileiro - lista 14 a 21.
  * Próximo a uma área de serviço. Restaurante de grande aceitação na zona, que oferece uma ementa baseada em especialidades brasileiras. Discreta organização no seu estilo.

VILAR FORMOSO *Guarda* **733** K 9 – *2 481 h.*
Lisboa 382 – Ciudad Rodrigo 29 – Guarda 43.

- **Lusitano** sem rest, Av. da Fronteira, ⊠ 6355-286, ℘ 271 51 35 03, *lusitanohotel@elix.pt*, Fax 271 51 33 38 – 📶 ≡ 📺 ♿ 🅿 – 🔔 25/100. ⓜ 🆅🆂🅰
30 qto ⊇ 52/58 – 4 suites.
  * Bem dirigido e com uma fachada envidraçada que antecede a um interior de máxima actualidade. Quartos actuais, realçados com alguns toques modernos.

VIMEIRO (Termas do) Lisboa 733 O 2 – 1 443 h alt. 25 – Termas.

🚆 *Vimeiro Praia do Porto Novo* ✉ 2560-100 Torres Vedras ✆ 261 98 08 00 Fax 261 98 46 21.

Lisboa 71 – Peniche 28 – Torres Vedras 12.

Rainha Santa sem rest, Rua da Quinta 5 - Quinta da Piedade (Estrada de A. dos Cunhados), ✉ 2560-096 Maceira, ✆ 261 98 42 34, Fax 261 98 42 76 – 📺 🅿 🆎 ⓞ ⓜⓒ VISA. ✂

fechado 15 ao 31 de outubro – **19 qto** ⚏ 30/40.

◆ Pequeno hotel de carácter familiar com quartos funcionais que, apesar de serem equipados com o imprescindível, sabem atender às necessidades básicas do conforto.

na Praia do Porto Novo Oeste : 4 km :

Golf Mar ⚐, ✉ 2560-100 Maceira TVD, ✆ 261 98 08 00, *hotelgolfmar@eav.pt*, Fax 261 98 46 21, ≤, 🏊, 🏊, ✕, 🏌 – 🛗 🍽 🅿 – 🎿 25/400
242 qto – 9 suites.

◆ Situação privilegiada junto ao mar. Espaçosa zona social e quartos bem equipados, destacando os já renovados que são mais modernos e actuais. Refeitório de grande tamanho situado no 3º andar.

VISEU 🅿 733 K 6 – 20 454 h alt. 483.

Ver : *Cidade Velha*★ *: Adro da Sé*★ *Museu Grão Vasco*★★ **M** *(Trono da Graça*★*, primitivos*★★*) – Sé*★ *(liernes*★*, retábulo*★*) – Igreja de São Bento (azulejos*★*).*

🛈 *Av. Gulbenkian* ✉ *3510-055* ✆ *232 42 09 50 turismo@nt-dao-lafoes.com* Fax 232 42 09 57

A.C.P. *Rua da Paz 36* ✉ *3500-168* ✆ *232 42 24 70* Fax 232 42 24 37.

Lisboa 292 ③ *– Aveiro 96* ① *– Coimbra 92* ③ *– Guarda 85* ② *– Vila Real 108* ①

VISEU

Alexandre Herculano (R. de)	3
Alexandre Lobo (R.)	4
Andrades (R. dos)	5
Árvore (R. da)	6
Augusto Hilário (R.)	7
Casimiros (R. dos)	8
Chão do Mestre (R.)	9
Comércio (R. do)	10
Conselheiro Sousa Mercado (R.)	12
Direita (R.)	13
Dom Duarte (R.)	15
Dr M. de Aragão (R.)	16
Emídio Navarro (Av.)	18
Escura (R.)	19
Formosa (R.)	21
G. Barreiros (R.)	24
Gen. Humberto Delgado (Largo)	25
Hospital (R. do)	27
Infante D. Henrique (Av.)	28
Maj. Leop. da Silva (R.)	30
Nunes de Carvalho (R.)	31
República (Pr. da)	33
São Lázaro (R.)	34
Sé (Adro da)	36
Senhora da Piedade (R. da)	37
Vigia (Calçada da)	39
Vitória (R.)	40

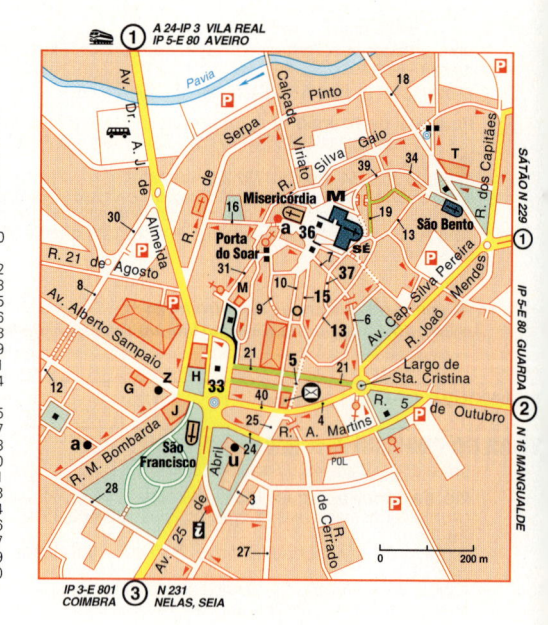

Montebelo ⚐, Urb. Quinta do Bosque, ✉ 3510-020, ✆ 232 42 00 00, *hotelmontebelo@grupovisabeira.pt*, Fax 232 41 54 00, ≤, 🏋, 🏊 – 🛗 🍽 📺 ♿ 🅿 – 🎿 25/250   *por Av. Infante D. Henrique*
92 qto – 8 suites.

◆ De linha moderna e magníficas instalações, o seu interior revela um gosto pelos grandes espaços. Confortáveis quartos com mobiliário de qualidade e casas de banho actuais. Restaurante panorâmico e de cuidada decoração onde oferecem uma cozinha diversificada.

VISEU

Grão Vasco, Rua Gaspar Barreiros, ⊠ 3510-032, ℰ 232 42 35 11, *meliagraovasco@mail.telepac.pt*, Fax 232 42 64 44, 佘, ⊇, 🐎 – |₿| ▤ 📺 🅿 – 🏛 25/180. 🆎 ⓞ 𝗩𝗜𝗦𝗔. ⅍ rest
Refeição lista 19 a 24 – **106 qto** ⊇ 78/87 – 3 suites.
• O seu nome refere-se a um famoso pintor português do séc. XVI. Um clássico do lugar que elevou o seu conforto após uma acertada renovação. Área social suficiente. Atractivo refeitório de cálida decoração com uma esplanada aberta à piscina.

Moinho de Vento sem rest, Rua Paulo Emílio 13, ⊠ 3510-098, ℰ 232 42 41 16, *moinho.vento@netc.pt*, Fax 232 42 96 62 – |₿| ▤ 📺 🚗 – 🏛 25/50. ⓜⓞ 𝗩𝗜𝗦𝗔. ⅍
30 qto ⊇ 39/50.
• Compensa as reduzidas dependências com um mobiliário de adequada qualidade e um bom conforto geral. Dispõe de uma luminosa sala para pequenos almoços no último andar.

Avenida sem rest, Av. Alberto Sampaio 1, ⊠ 3510-030, ℰ 232 42 34 32, Fax 232 43 56 43 – |₿| 📺. 🆎 ⓞ ⓜⓞ 𝗩𝗜𝗦𝗔
30 qto ⊇ 40/60.
• Hotelzinho central e discreto, de carácter familiar que conserva detalhes de tempos passados. A esmerada manutenção e o correcto conforto permitem de novo a sua recomendação.

Muralha da Sé, Adro da Sé 24, ⊠ 3500-069, ℰ 232 43 77 77, *muralha.se@iol.pt* – ▤. 🆎 ⓜⓞ 𝗩𝗜𝗦𝗔. ⅍
fechado do 1 ao 15 de outubro, domingo noite e 2ª feira – **Refeição** lista 19 a 23.
• O profissionalismo dos seus proprietários elevou o local até ao mais alto sucesso. Agradável casa onde servem uma interessante cozinha a preços módicos.

em Cabanões *por ③ : 3 km* :

Príncipe Perfeito ⅌, Bairro da Misericórdia, ⊠ 3500-895 Viseu, ℰ 232 46 92 00, *geral@hotelprincipeperfeito.pt*, Fax 232 46 92 10, ≤ – |₿| ▤ 📺 ♿ 🅿 – 🏛 25/300. 🆎 ⓞ ⓜⓞ 𝗩𝗜𝗦𝗔. ⅍
O Grifo : **Refeição** lista 20 a 28 – **38 qto** ⊇ 70/80 – 5 suites.
• De traçado nobre e tranquila localização, possui uma ampla zona social, atractivos exteriores e quartos confortáveis e bem equipados com casas de banho actuais. Restaurante em tons esbranquecidos, com tectos elevados e abundante luz natural.

Magalhães, Urb. da Misericórdia Lote A-5, ⊠ 3500-885 Viseu, ℰ 232 46 91 75, Fax 232 46 91 75 – ▤ 🅿. 🆎 ⓞ ⓜⓞ 𝗩𝗜𝗦𝗔 𝗝𝗖𝗕. ⅍
Refeição lista aprox. 21.
• Negócio familiar cujas instalações albergam um refeitório de discreta montagem, compensado por uma impecável manutenção e uma excelente organização.

na estrada N 16 *por ② :*

Onix sem rest, Via Caçador - 4,5 km, ⊠ 3500-761, ℰ 232 47 92 43, *hotelonix@hotelonix.pt*, Fax 232 47 87 44, ⊇ – |₿| ▤ 📺 ♿ 🅿 – 🏛 25/300. 🆎 ⓜⓞ 𝗩𝗜𝗦𝗔
75 qto ⊇ 35/49.
• Situado nos arredores da localidade, possui salas de reuniões bem dispostas, uma adequada zona social e quartos funcionais de correcto conforto.

Quinta da Magarenha, Via Caçador - 6,5 km - junto a saída 18 da Estrada IP5, ⊠ 3500-764, ℰ 232 47 91 06, *auinta@magarenha.com*, Fax 232 47 94 22 – ▤ 🅿. 🆎 ⓞ ⓜⓞ 𝗩𝗜𝗦𝗔. ⅍
fechado do 1 ao 15 de julho, domingo noite e 2ª feira – **Refeição** lista 20 a 25.
• Negócio de organização profissional com instalações bem cuidadas de linha clássica. Dispõe de quatro refeitórios, dois com serviço a carte e o resto para banquetes.

pela estrada N 2 *por ① : 4 km :*

Ibis Viseu, Vermum-Campo - saída 16 da Estrada IP5, ⊠ 3510-469, ℰ 232 45 70 60, *h2166@accor-hotels.com*, Fax 232 45 70 70, 佘 – ⅍ qto, ▤ ♿ 🅿 – 🏛 25/80. 🆎 ⓞ ⓜⓞ 𝗩𝗜𝗦𝗔. ⅍ rest
Refeição lista aprox. 17 – ⊇ 5 – **60 qto** 41.
• Estabelecimento situado nos arredores da cidade, cuja zona social integra num mesmo espaço a recepção, o bar e o restaurante. Linha funcional e bem cuidada.

MAPAS E GUIAS MICHELIN
MICHELIN MAPS AND GUIDES
CARTES ET GUIDES MICHELIN

Distâncias Algumas precisões

No texto de cada localidade encontrará a distância até às cidades dos arredores e à capital do país.

As distâncias deste quadro completam assim as que são dadas no texto de cada localidade.

A quilometragem é contada a partir do centro da localidade e pela estrada mais prática, ou seja, aquela que oferece as melhores condições de condução, mas que não é necessàriamente a mais curta.

Distances Commentary

The text on each town includes its distance from its immediate neighbours and from the capital.

The distances in the table completes that given under individual town headings in calculating total distances.

Distances are calculated from centres and along the best roads from a motoring point of view – not necessarily the shortest.

Distances Quelques précisions

Au texte de chaque localité vous trouverez la distance des villes environnantes et de sa capitale d'état.

Les distances intervilles de ce tableau complètent ainsi celles données au texte de chaque localité.

Les distances sont comptées à partir du centre-ville et par la route la plus pratique, c'est-à-dire celle qui offre les meilleures conditions de roulage, mais qui n'est pas nécessairement la plus courte.

Distancias entre as cidades principais
Distances between major towns
Distances entre principales villes

Lisboa - Setúbal: 48 km

	Alacant	Almería	Andorra la Vella	Badajoz	Barcelona	Beja	Bilbao	Braga	Burgos	Cáceres	Cádiz	Coimbra	Córdoba	A Coruña	Faro	Granada	Guarda	Lleida/Lérida	Lisboa	Madrid	Málaga	Murcia	Oviedo	Pamplona	Porto	Salamanca	Donostia-San Sebastián	Santander	Segovia	Setúbal	Sevilla	Valencia	Valladolid	Vigo	Vitoria-Gasteiz
Almería	286																																		
Andorra la Vella	615	869																																	
Badajoz	697	585	1008																																
Barcelona	515	768	185	1012																															
Beja	816	630	1191	182	1196																														
Bilbao	804	934	547	695	600	873																													
Braga	987	1026	1087	441	1091	648	1013																												
Burgos	651	781	595	540	600	489	719	158	606																										
Cáceres	927	838	1131	253	1135	337	692	163	538	315																									
Cádiz	505	319	993	266	850	780	359	708	627	300	519																								
Coimbra	636	451	1226	337	1083	344	1079	478	254	664	1025	408																							
Córdoba	796	610	1328	146	1185	327	544	587	632	415	318	435	591																						
A Coruña	1133	1075	1185	327	1094	806	146	904	654	475	908	289	715	237																					
Faro	347	161	931	462	833	368	469	209	399	288	596	149	162	1006	449																				
Granada	788	843	992	258	996	553	806	233	368	499	759	982	528	846	499	548																			
Guarda	484	738	151	859	155	1043	447	938	447	759	1077	163	982	926	1179	277	843																		
Lleida/Lérida	927	808	1235	225	1239	689	860	353	447	705	313	522	538	495	598	201	1086	315																	
Lisboa	418	546	607	399	611	583	390	566	237	300	626	300	315	727	589	277	647	458	367																
Madrid	469	199	1053	421	955	427	569	785	968	472	246	706	674	246	906	170	1078	407	419	122															
Málaga	82	215	666	642	569	745	785	968	288	518	436	908	566	903	622	991	534	769	534	724	724	832													
Murcia	863	987	824	607	877	786	283	469	518	622	835	903	746	286	1003	859	724	442	448	399	932	844													
Oviedo	670	923	473	748	477	927	157	701	211	659	1008	437	1146	688	688	991	359	389	289	389	874	719	967	742												
Pamplona	986	977	128	392	132	439	689	51	534	643	730	113	662	296	536	725	801	607	565	505	815	967	510	435												
Porto	631	754	834	299	838	478	396	242	210	300	595	210	464	536	623	855	205	210	161	303	680	612	308	449	356											
Salamanca	750	990	449	752	558	930	99	705	215	662	1070	662	1149	863	637	610	607	405	405	446	936	800	377	79	745	453										
Donostia-San Sebastián	805	935	641	667	439	694	100	154	578	697	963	665	451	1065	863	991	526	541	391	391	880	785	252	648	368	192									
Santander	512	698	702	389	568	406	607	503	300	482	462	483	526	807	508	323	549	210	91	380	493	190	166	409	353										
Segovia	896	1203	1208	140	896	352	199	237	237	634	1055	464	237	607	351	1055	48	807	339	339	952	868	581												
Setúbal	595	410	133	215	221	215	920	741	266	468	144	902	195	248	473	984	532	209	782	474	607	607	842	578	360										
Sevilla	173	445	750	347	870	469	656	767	282	125	516	944	487	722	33	609	499	222	498	368	920	946	448	581											
Valencia	615	738	713	421	717	623	623	585	650	418	861	438	611	279	564	194	353	415	256	122	329	683	595	683	718	654									
Valladolid	1011	1135	1111	536	1116	673	103	121	518	332	716	874	156	611	818	279	586	194	415	415	498	109	248	360											
Vigo	762	892	583	583	583	673	518	103	581	874	257	806	349	1007	349	1007	448	590	959	726	145	929	555	484	622	549									
Vitoria-Gasteiz	493	746	652	1116	652	66	103	606	564	971	350	512	404	512	404	765	348	837	95	343	343	502	311	878	752	311									
Zaragoza	493	746	304	711	308	894	289	789	299	611	833	697	776	1031	722	155	310	576	257	176	829	537	402	906	836	321	256	416	813	631	233	578	440	946	594

241

ESTRADAS PRINCIPAIS

▬▬▬	Auto-estrada
IP1 N125	Número da estrada
12	Distancia em quilómetros
⌂	Estabelecimentos dirigidos pelo Estado : Pousada

MAIN ROADS

▬▬▬	Motorway
IP1 N125	Road number
12	Distance in kilometres
⌂	State operated hotels: Pousada

PRINCIPALES ROUTES

▬▬▬	Autoroute
IP1 N125	Numéro de route
12	Distance en kilomètres
⌂	Établissements dirigés par l'État : Pousada

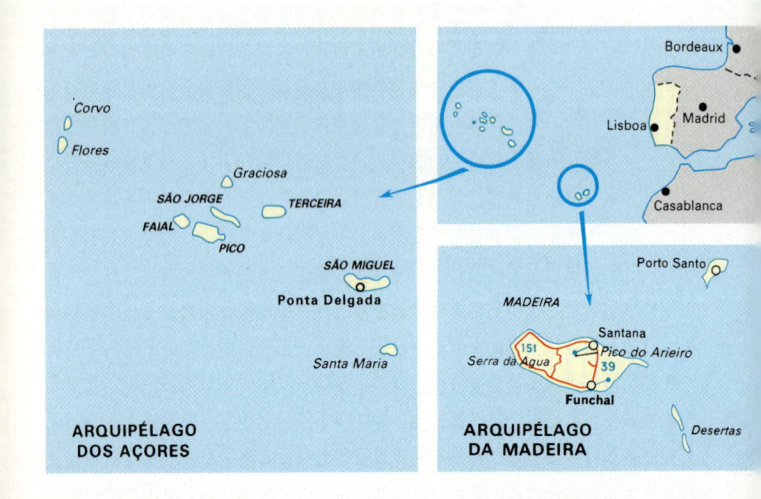

ARQUIPÉLAGO DOS AÇORES

Corvo
Flores
Graciosa
SÃO JORGE
TERCEIRA
FAIAL
PICO
SÃO MIGUEL
Ponta Delgada
Santa Maria

Bordeaux
Lisboa Madrid
Casablanca

ARQUIPÉLAGO DA MADEIRA

MADEIRA
Porto Santo
Santana
Serra da Água
Pico do Arieiro
151
39
Funchal
Desertas

242

0
80
100 km
OCEANO
ATÂNTICO
PORTUGAL
ESPAÑA
Pontevedra
Sanxenxo
VIGO
Baiona
Tui
Vila Nova de Cerveira
Valença do Minho
Rio Miño
Ourense
Monforte de Lemos
Ponferrada
O Barco
A Gudiña
Puebla de Sanabria
Verín
Viana do Castelo
Sta Luzia
Bouro
Caniçada
Braga
Chaves
Bragança
Ofir
Póvoa de Varzim
Vila do Conde
Guimarães
Vila Pouca de Aguiar
Macedo de Cavaleiros
Miranda do Douro
Matosinhos
Amarante
Vila Real
Alijó
PORTO
Mesão Frio
Lamego
RIO DOURO
Espinho
Torreira
Aveiro
Albergaria-a-Velha
Viseu
Mangualde
Almeida
Vilar Formoso
Fuentes de Oñoro
Ciudad Rodrigo
Guarda
Manteigas
Belmonte
Covilhã
Vila Pouca da Beira
Rio Mondego
Figueira da Foz
COIMBRA
Condeixa-a-Nova
Rio Zêzere
Monsanto
Plasencia
Leiria
Ourém
Castelo Branco
Nazaré
Batalha
Tomar
Fátima
Acobaçal
Caldas de Rainha
Peniche
Óbidos
Alcántara
Abrantes
RIO TEJO
Marvão
Cáceres
Trujillo
Torres Vedras
Santarém
Flor da Rosa
Portalegre
Ericeira
Queluz
Sintra
Estoril
LISBOA
Sousel
Estremoz
Elvas
Badajoz
Mérida
Arraiolos
Palmela
SETÚBAL
Montemor-o-Novo
Vila Viçosa
Évora
RIO GUADIANA
Alcácer do Sal
Rio Sado
Torrão
Alvito
Jerez de los Caballeros
Zafra
Grândola
Santiago do Cacém
Sines
Ferreira do Alentejo
Beja
Serpa
Ribª de Ardilla
Llerena
Odemira
Rio Mira
Sta Clara-a-Velha
Mértola
Aracena
Monchique
Ayamonte
Huelva
SEVILLA
Carmona
Sagres
Lagos
Portimão
Albufeira
Faro
Olhão
S. Brás de Alportel
Vila Real de Santo António
Punta Umbría
Mazagón
GUADALQUIVIR
Utrera
Sanlúcar de Barrameda
Jerez de la Frontera
Arcos de la

Indicativos telefónicos internacionais

para/to/en da/from/d'	AND	A	B	CH	CZ	D	DK	E	FIN	F	GB	GR
AND Andorra		0043	0032	0041	00420	0049	0045	0034	00358	0033	0044	0030
A Austria	00376		0032	0041	00420	0049	0045	0034	00358	0033	0044	0030
B Belgium	00376	0043		0041	00420	0049	0045	0034	00358	0033	0044	0030
CH Swizerland	00376	0043	0032		00420	0049	0045	0034	00358	0033	0044	0030
CZ Czech Republic.	00376	0043	0032	0041		0049	0045	0034	00358	0033	0044	0030
D Germany	00376	0043	0032	0041	00420		0045	0034	00358	0033	0044	0030
DK Denmark	00376	0043	0032	0041	00420	0049		0034	00358	0033	0044	0030
E Spain	00376	0043	0032	0041	00420	0049	0045		00358	0033	0044	0030
FIN Finland	00376	0043	0032	0041	00420	0049	0045	0034		0033	0044	0030
F France	00376	0043	0032	0041	00420	0049	0045	0034	00358		0044	0030
GB United Kingdom	00376	0043	0032	0041	00420	0049	0045	0034	00358	0033		0030
GR Greece	00376	0043	0032	0041	00420	0049	0045	0034	00358	0033	0044	
H Hungary	00376	0043	0032	0041	00420	0049	0045	0034	00358	0033	0044	0030
I Italy	00376	0043	0032	0041	00420	0049	0045	0034	00358	0033	0044	0030
IRL Ireland	00376	0043	0032	0041	00420	0049	0045	0034	00358	0033	0044	0030
J Japan	001376	00143	00132	00141	001420	00149	00145	00134	001358	00133	00144	00130
L Luxembourg	00376	0043	0032	0041	00420	0049	0045	0034	00358	0033	0044	0030
N Norway	00376	0043	0032	0041	00420	0049	0045	0034	00358	0033	0044	0030
NL Netherlands	00376	0043	0032	0041	00420	0049	0045	0034	00358	0033	0044	0030
PL Poland	00376	0043	0032	0041	00420	0049	0045	0034	00358	0033	0044	0030
P Portugal	00376	0043	0032	0041	00420	0049	0045	0034	00358	0033	0044	0030
RUS Russia	*	81043	81032	81041	810420	81049	81045	*	810358	81033	81044	*
S Sweden	009376	00943	00932	00941	009420	00949	00945	00934	009358	00933	00944	00930
USA	011376	01143	01132	01141	011420	01149	01145	01134	01358	01133	01144	01130

* *Não é possível a ligação automática*

Importante: para as chamadas internacionais, o (0) inicial do indicativo interurbano não se deve marcar (excepto nas ligações para Italia).

International dialling codes
Indicatifs téléphoniques internationaux

(H)	(I)	(IRL)	(J)	(L)	(N)	(NL)	(PL)	(P)	(RUS)	(S)	(USA)	
0036	0039	00353	0081	00352	0047	0031	0048	00351	007	0046	001	**Andorra AND**
0036	0039	00353	0081	00352	0047	0031	0048	00351	007	0046	001	**Austria A**
0036	0039	00353	0081	00352	0047	0031	0048	00351	007	0046	001	**Belgium B**
0036	0039	00353	0081	00352	0047	0031	0048	00351	007	0046	001	**Swizerland CH**
0036	0039	00353	0081	00352	0047	0031	0048	00351	007	0046	001	**Czech CZ Republic.**
0036	0039	00353	0081	00352	0047	0031	0048	00351	007	0046	001	**Germany D**
0036	0039	00353	0081	00352	0047	0031	0048	00351	007	0046	001	**Denmark DK**
0036	0039	00353	0081	00352	0047	0031	0048	00351	007	0046	001	**Spain E**
0036	0039	00353	0081	00352	0047	0031	0048	00351	007	0046	001	**Finland FIN**
0036	0039	00353	0081	00352	0047	0031	0048	00351	007	0046	001	**France F**
0036	0039	00353	0081	00352	0047	0031	0048	00351	007	0046	001	**United GB Kingdom**
0036	0039	00353	0081	00352	0047	0031	0048	00351	007	0046	001	**Greece GR**
	0039	00353	0081	00352	0047	0031	0048	00351	007	0046	001	**Hungary H**
0036		00353	0081	00352	0047	0031	0048	00351	*	0046	001	**Italy I**
0036	0039		0081	00352	0047	0031	0048	00351	007	0046	001	**Ireland IRL**
00136	00139	001353		001352	00147	00131	00148	001351	*	00146	0011	**Japan J**
0036	0039	00353	0081		0047	0031	0048	00351	007	0046	001	**Luxembourg L**
0036	0039	00353	0081	00352		0031	0048	00351	007	0046	001	**Norway N**
0036	0039	00353	0081	00352	0047		0048	00351	007	0046	001	**Netherlands NL**
0036	0039	00353	0081	00352	0047	0031		00351	007	0046	001	**Poland PL**
0036	0039	00353	0081	00352	0047	0031	0048		007	0046	001	**Portugal P**
81036	*	*	*	*	*	81031	81048	*		*	*	**Russia RUS**
00936	00939	009353	00981	009352	00947	00931	00948	009351	0097		0091	**Sweden S**
01136	01139	011353	01181	011352	01147	01131	01148	011351	*	01146		**USA**

Direct dialling not possible   * *Pas de sélection automatique*

Note: when making an international call, do not dial the first "0" of the city codes (except for calls to Italy).

Important : pour les communications internationales, le zéro (0) initial de l'indicatif interurbain n'est pas à composer (excepté pour les appels vers l'Italie).

*Principais marcas
de automóveis*

Main car manufacturers

*Principales marques
automobiles*

ALFA ROMEO *MOCAR GRANDE CENTRO*
Estrada Nacional 117 –
km 2,4 Alfragide
2720-412 AMADORA
Tel. 21 416 63 00
Fax 21 417 02 75

AUDI – *SIVA*
VOLKSWAGEN – *Quinta Mina*
SKODA *Casal S. Pedro Arneiro*
2054-909 AZAMBUJA
Tel. 263 40 70 00
Fax 263 40 70 99

B.M.W. *BAVIERA S.A.*
Rua da Guiné
(Edifício Salvador Caetano)
2685-334 PRIOR VELHO
Tel. 21 940 76 50
Fax 21 940 76 65

CITROËN *AUTOMÓVEIS CITROËN S.A.*
Av. Praia da Vitória 9
1000-245 LISBOA
Tel. 21 356 89 00
Fax 21 354 01 67

DAIHATSU *SOCIEDADE ELECTRO-*
MECÂNICA DE
AUTOMÓVEIS, LDA.
Rua Nova de S. Mamede 7
1269-118 LISBOA
Tel. 21 371 16 00
Fax 21 387 65 15

FERRARI *VIAUTO – AUTOMÓVEIS*
E ACESSÓRIOS, LDA.
Rua Borges Carneiro 31 r/c
1200-617 LISBOA
Tel. 21 395 14 10
Fax 21 397 41 75

FIAT – *FIAT AUTO PORTUGUESA S.A.*
LÂNCIA *Av. Eng. Duarte Pacheco 15*
1070-100 LISBOA
Tel. 21 389 64 00
Fax 21 389 64 79

FORD *FORD LUSITANIA*
Rua Rosa Araújo 2 – 2º
1250-195 LISBOA
Tel. 21 312 23 00
Fax 21 312 24 80

HONDA *HONDA AUTOMÓVEL DE*
PORTUGAL, S.A.
Quinta do Lavi –
Abrunheira
2714-506 SINTRA
Tel. 21 915 81 20
Fax 21 925 81 29

HYUNDAI- *ENTREPOSTO DE LISBOA*
NISSAN- *Praça José Queiroz 1*
SUBARU *1800-237 LISBOA*
Tel. 21 854 81 00
Fax 21 854 80 50

JAGUAR *JAGUAR AUTOMÓVEIS LDA.*
Rua Monte dos Burgos
1062/1070
4250-314 PORTO
Tel. 22 834 77 00
Fax 22 834 77 09

LADA *LADA-COMÉRCIO DE*
AUTOMÓVEIS, LDA.
Rua do Progresso 145
4455-533 PERAFITA
Tel. 22 996 12 03
Fax 22 995 99 50

MAZDA *MAZDA MOTOR DE*
PORTUGAL
Rua Rosa Araujo 2-1º
1250-195 LISBOA
Tel. 21 351 27 70
Fax 21 351 27 71

MERCEDES- *MERCEDES BENZ*
BENZ *PORTUGAL-COMÉRCIO DE*
AUTOMÓVEIS, S.A.
Abrunheira
2726-901 MEM-MARTINS
Tel. 21 925 70 00
Fax 21 925 70 10

MITSUBISHI MITSUBISHI MOTORS DE
PORTUGAL, S.A.
Rua de José Espírito
Santo 38
1900-627 LISBOA
Tel. 21 831 21 00
Fax 21 831 22 32

OPEL OPEL PORTUGAL-
COMÉRCIO E INDÚSTRIAS
DE VEÍCULOS, S.A.
Quinta da Fonte
Edifício Fernão de
Magalhães-2º
2780-666 PORTO SALVO
Tel. 21 440 75 00
Fax 21 440 75 62

PEUGEOT PEUGEOT PORTUGAL
AUTOMÓVEIS, S.A.
Rua Quinta do Paizinho 5
2795-650 CARNAXIDE
Tel. 21 416 66 00
Fax 21 417 62 56

PORSCHE CENTRO PORSCHE LISBOA
Rua Francisco Luís
Gomes 1
1801-002 LISBOA
Tel. 21 854 86 50
Fax 21 854 86 51

RENAULT RENAULT PORTUGUESA
Av. Marechal Gomes da
Costa 21-D
1800-255 LISBOA
Tel. 21 836 10 63
Fax 21 836 12 60

ROVER MG-ROVER PORTUGAL-
VEÍCULOS E PEÇAS, LDA.
Rua Vasco da Gama 11
2685 SACAVÉM
Tel. 21 940 60 00
Fax 21 940 60 93

SAAB- CIMPOMÓVEL-VEÍCULOS
SUZUKI LIGEIROS. S.A.
Edifício Cimpomóvel
Estrada Nacional 10, km 11
2695-370 SANTA IRIA
DA AZÓIA
Tel. 21 956 93 00
Fax 21 959 38 04

SEAT SOC. HISPÂNICA DE
AUTOMÓVEIS, S.A.
Estrada Nacional 249/4,
km 5,9
2776-954 SÃO DOMINGO
DE RANA
Tel. 21 448 14 00
Fax 21 448 14 80

TOYOTA SALVADOR CAETANO
I.M.V.T. S.A.
Edifício Salvador Caetano
Rua Guiné
Prior Velho
2686-963 SACAVÉM
Tel. 21 940 76 00
Fax 21 940 76 20

VOLVO AUTO-SUECO LDA.
Rua José Estêvão 74 A
1150-203 LISBOA
Tel. 21 317 02 60
Fax 21 353 77 04

Na mesma colecção
In the same series
Dans la même collection

Benelux
Deutschland
España & Portugal
Europe Main cities
France
Great Britain & Ireland
Ireland
Italia
London
Österreich
Paris
Suisse/Schweiz/Svizzera

Manufacture française des pneumatiques Michelin
Société en commandite par actions au capital de 304 000 000 EUR
Place des Carmes-Déchaux – 63 Clermont-Ferrand (France)
R.C.S. Clermont-Fd B 855 200 507

Todos os direitos reservados. Proibida a reprodução, total ou parcial, por qualquer meio ou processo, sem autorização prévia da editora.

© **Michelin et Cie, propriétaires-éditeurs**

Dépôt légal novembre 2004 – ISBN 2-06-710941-3
Printed in France 11-04

Fotogravura digital: MAURY Imprimeur, Malesherbes
Impressão – Encadernação: CLERC, Saint-Amand-Montrond

Population Portugal : « Source : Instituto
Nacional de Estatística – Portugal »

Illustrations de l'introduction : MICHELIN
Illustrations de la nomenclature : Rodolphe CORBEL